◎ 山东大学马克思主义理论工程研究生系列教材
◎ 山东大学出版基金资助项目(SDUPF014)

中国特色社会主义政治经济学基本问题研究

主　编　刘雅静
副主编　李茗茗　杨守宝　闵　琪

山东大学出版社
SHANDONG UNIVERSITY PRESS
·济南·

图书在版编目(CIP)数据

中国特色社会主义政治经济学基本问题研究 / 刘雅静主编. -- 济南 : 山东大学出版社, 2024. 10.
ISBN 978-7-5607-8376-5

Ⅰ. F120.2

中国国家版本馆 CIP 数据核字第 20246SW250 号

责任编辑 肖淑辉
封面设计 蓝海文化

中国特色社会主义政治经济学基本问题研究
ZHONGGUO TESE SHEHUI ZHUYI ZHENGZHI JINGJIXUE JIBEN WENTI YANJIU

出版发行 山东大学出版社
社　　址 山东省济南市山大南路 20 号
邮政编码 250100
发行热线 (0531)88363008
经　　销 新华书店
印　　刷 济南巨丰印刷有限公司
规　　格 720 毫米×1000 毫米 1/16
　　　　 21.75 印张 410 千字
版　　次 2024 年 10 月第 1 版
印　　次 2024 年 10 月第 1 次印刷
定　　价 78.00 元

目 录

第四篇 中国特色社会主义经济发展与经济运行

第五篇 中国特色社会主义对外经济关系

导　论

中国特色社会主义政治经济学，是植根于中国的土壤，立足当代中国国情和中国发展实践而产生的社会主义政治经济学，是指导当代中国特色社会主义经济建设和经济改革的科学指南。学习中国特色社会主义政治经济学，首先要了解中国特色社会主义政治经济学与社会主义政治经济学、马克思主义政治经济学、政治经济学、经济学之间的内在渊源关系，明确与西方经济学、马克思主义政治经济学、传统社会主义政治经济学相比较，中国特色社会主义政治经济学所呈现的鲜明时代特色、中国特色。同时，要明确中国特色社会主义政治经济学是开放的理论、发展的理论，与时俱进不仅是中国特色社会主义政治经济学重要的内在理论品质，也是中国特色社会主义政治经济学永葆生机活力的重要动力。

一

自从有了人类社会，就有了经济活动。在经济学说史上，最先使用"经济"一词的是古希腊思想家色诺芬。色诺芬在《经济论》一书中，把奴隶主的组织和管理活动概括为"经济"，意指家庭管理。所以，经济学最初被认为是研究家庭（奴隶主家庭或庄园）管理或规划的学问。古希腊著名思想家亚里士多德在《政治学》第一篇讨论治家问题时，比较详细地讨论了什么是经济学，认为经济学就是研究家庭经济问题。他的这种观点在欧洲流行了近两千年。

"政治经济学"作为独立的用语出现于 17 世纪。法国重商主义者安·德·蒙克莱田在 1615 年出版的《献给国王和王后的政治经济学》著作中，首次使用了"政治经济学"的概念。蒙克莱田使用"政治经济学"这一概念的目的在于说明他所论述的经济问题已经超出了自然经济的范围，不再是家庭或庄园经济的管理问题，而是国家或社会的经济问题。此后，"政治经济学"一词被广泛使用。

“政治经济学作为一门独立的科学，是在工场手工业时期才产生的。”[①]17 世纪中叶，资本主义开始进入工场手工业时期，资本主义生产方式逐渐形成。伴随着资本主义生产方式的形成，古典政治经济学应运而生。古典政治经济学产生于 17 世纪后半期，完成于 19 世纪初期。在英国，古典政治经济学从威廉·配第开始，经过亚当·斯密的发展，到大卫·李嘉图结束。在法国，古典政治经济学从布阿吉尔贝尔开始，经过以弗朗斯瓦·魁奈为代表的重农学派的发展，到西斯蒙第结束。古典政治经济学产生于资本主义生产方式确立和发展的上升时期，当时社会的主要矛盾是新兴资产阶级与封建地主阶级之间的矛盾，无产阶级与资产阶级之间的矛盾尚未充分展开。在这种情况下，以亚当·斯密、大卫·李嘉图等为代表的古典政治经济学家，代表处于上升时期的新兴资产阶级的利益，运用抽象分析方法较为公正、科学地研究了资本主义生产方式的内在联系和结构，在一定程度上揭示了资本主义生产、分配、交换和消费的内在矛盾和运行机制，构筑了包括一系列重要经济概念、范畴、理论、规律在内的经济理论体系，初步奠定了劳动价值理论的基础，在一定程度上研究了剩余价值，研究了社会总资本再生产、社会阶级结构和阶级对立的状况等，并在经济学说史上第一次将经济研究的重点从流通领域转向生产领域，使真正的现代经济科学得以确立。

19 世纪中叶，马克思、恩格斯创立了马克思主义政治经济学。马克思主义政治经济学虽是在批判地吸收和继承古典政治经济学思想精华的基础上发展、创新而形成的，但其在根本上不同于古典政治经济学。首先，在研究对象方面，古典政治经济学往往把物本身或者物与物之间的关系作为政治经济学的研究对象；而马克思主义政治经济学第一次明确提出“经济学研究的不是物，而是人和人之间的关系，归根到底是阶级和阶级之间的关系”[②]，从而在经济学说史上第一次揭示了生产关系对整个经济学的重要意义。其次，在研究方法方面，古典政治经济学往往局限于对经济现象和经济事物的表层关系进行研究，往往以观念代替现实、以范畴运动代替现实运动；而马克思主义政治经济学将唯物辩证法运用于政治经济学研究，强调从客观的经济事实出发，透过纷繁复杂的经济现象，揭示事物之间的本质联系，揭示经济运动的规律。再次，在立场观点方面，古典政治经济学家是资产阶级利益的代言人，他们所提出的理论和学说主要是为维护资产阶级的利益服务的；而马克思主义政治经济学则是劳动的经济学，是无产阶级的经济学，其理论、观点反映的是无产阶级的利益、愿望和诉求。马克思主义

① 《马克思恩格斯文集》第 5 卷，人民出版社 2009 年版，第 422 页。

② 《马克思恩格斯文集》第 2 卷，人民出版社 2009 年版，第 604 页。

政治经济学的创立，是人类经济思想史上的一次伟大革命。它第一次明确提出政治经济学研究的不是物，而是在物掩盖下的人与人之间的关系，即生产关系；它首次创立了劳动二重性学说，建立了科学的劳动价值理论，并在此基础上创立了剩余价值学说，阐明了资产阶级和无产阶级对立的经济根源；它详细分析了资本主义的经济制度、经济运行机制，揭示了资本主义生产方式的运行规律，在生产力和生产关系、经济基础和上层建筑矛盾运动的基础上阐明了资本主义制度必然要被更先进的社会制度所代替的历史必然性；马克思主义经典作家还对未来社会主义社会的经济制度以及社会资源的配置方式等提出了原则性构想。总之，马克思主义政治经济学解决了许多前人未曾解决也不可能解决的重大理论问题，创立了新的经济范畴，揭示了社会发展的客观经济规律，使政治经济学发生了划时代的变革，使政治经济学变成了真正的科学的政治经济学。

马克思主义政治经济学是科学的理论。但马克思主义政治经济学不是封闭的、静止的、凝固的学说，也不是某种教条，它提供给我们的首先是研究经济现象和经济问题的科学方法。随着时代的变迁和社会实践的发展，马克思主义政治经济学也在不断发展和创新，与时俱进是马克思主义政治经济学重要的理论品质。

19 世纪末 20 世纪初，资本主义进入了垄断资本主义阶段。在垄断资本主义阶段，资本主义在发展过程中出现了很多新的经济现象，产生了很多新的问题。在此背景下，列宁依据马克思主义政治经济学的基本原理和方法，对垄断资本主义的新现象、新问题进行了系统的研究，分析了垄断资本的本质特征及其在资本主义经济各方面所引起的深刻变化，揭示了垄断资本主义的变化趋势，创立了马克思主义的帝国主义学说，谱写了马克思主义政治经济学垄断资本主义部分的新篇章。同时，列宁通过对资本主义发展到垄断阶段后在经济政治发展方面日益表现出的不平衡性的分析，得出了社会主义革命有可能首先在一国或数国取得胜利的科学结论，并率先领导俄国人民成功进行了社会主义革命，建立了世界上第一个马克思主义政党领导下的社会主义国家，使社会主义由理论变为现实，从而大大丰富和发展了马克思主义政治经济学。社会主义政权确立后，列宁又从苏维埃俄国的实际国情出发，创造性地提出了新经济政策等理论，初步探索了经济文化相对落后国家如何建设和发展社会主义的问题。列宁去世后，斯大林在不断总结苏联社会主义经济建设经验教训的基础上，对社会主义经济建设中的许多重大问题进行了研究和探索，作出了一系列带有规律性的概括和总结：强调社会主义政治经济学的研究对象是社会生产关系；生产资料公有制是社会主义生产关系的基础；社会主义政治经济学的目的是揭示社会主义社会的经济运动规律；社会主义的基本经济规律是“用在高度技术基础上使社会主义生产不断增长和不断完善的办法，来保证最大限度地满足整个社会经常增长的物质和文化的需要”[①]；按劳分配是社会主义最基本的分配形式；社会主义应高度重视工业化和农业机械化；社会主义社会仍然存在商品生产，价值规律仍然存在并发挥作用等。苏联《政治经济学教科书》对政治经济学的研究对象问题、社会主义基本经济规律问题、社会主义制度下的商品生产和价值规律问题等的阐述和分析，大大丰富了马克思主义政治经济学的理论内容，标志着社会主义政治经济学学科体系的最初建立。

中国特色社会主义政治经济学是中国共产党人将马克思主义政治经济学基本原理和方法与中国实际相结合的产物，是对中国特色社会主义经济建设实践经验的总结和概括，是揭示中国特色社会主义经济运动规律的社会主义政治经济学。

新中国成立以后，以毛泽东同志为核心的党的第一代中央领导集体，坚持将马克思主义政治经济学基本原理与新中国成立初期独特的国情和经济社会发展状况相结合，创造性地提出了富有中国特色的过渡时期理论，带领全国人民创造性地走出了一条经济制度转型、经济体制转型和生产力持续增长同步发展的道路。社会主义经济制度确立后，围绕如何进行社会主义经济建设的问题，以毛泽东同志为核心的党的第一代中央领导集体强调，我国社会主义建设道路和建设模式，必须从我国的实际国情出发，走自己的道路，并提出了社会主义经济建设应坚持“发展工业和发展农业同时并举”的原则、应坚持“有计划地按比例发展”的方针、应“重视价值规律的作用”等重要思想，初步形成了适合我国国情、符合我国实际的经济发展思路和经济发展理念。

党的十一届三中全会后，我国进入改革开放和社会主义现代化建设新时期。改革开放初期，以邓小平同志为核心的党的第二代中央领导集体，将马克思主义政治经济学基本原理与社会主义初级阶段的中国实际相结合，明确提出了“走自己的路，建设有中国特色社会主义”的科学命题，并围绕对“什么是社会主义、怎样建设社会主义”重大理论和实践问题的探索，提出了“社会主义的本质是解放生产力，发展生产力，消灭剥削，消除两极分化，最终达到共同富裕”“社会主义的根本任务是发展生产力”“改革也是解放生产力”“科学技术是第一生产力”“社会主义也可以搞市场经济”等重要理论观点，确立了“以经济建设为中心，坚持四项

---

① 《斯大林文集(1934—1952 年)》，人民出版社 1985 年版，第 628 页。

基本原则，坚持改革开放”为核心内容的党在社会主义初级阶段的基本路线，初步探索了发展中国特色社会主义经济的新道路、新模式，初步构建了中国特色社会主义政治经济学的理论框架。

1992 年，党的十四大确定了我国经济体制改革的目标和方向——建立和完善社会主义市场经济体制。此后，围绕如何建立社会主义市场经济体制、如何发展和完善社会主义市场经济体制的问题，以江泽民同志为核心的党的第三代中央领导集体从理论和实践上进行了一系列探索，提出了“坚持和完善社会主义公有制为主体、多种所有制经济共同发展的基本经济制度”“公有制的实现形式可以而且应当多样化”“把按劳分配和按生产要素分配结合起来”等重要思想理论观点，丰富和发展了中国特色社会主义政治经济学的科学内涵。

党的十六大后，中国特色社会主义发展进入全面建设小康社会阶段，围绕着“什么是发展、为什么发展和怎样发展”等一系列重大经济发展问题，以胡锦涛同志为总书记的党中央明确提出了“科学发展观”的理论命题，强调发展要“以人为本”，要坚持“全面协调可持续”的基本要求，做到“统筹兼顾”。“科学发展观”的提出进一步丰富和发展了中国特色社会主义政治经济学的理论内涵。

党的十八大后，中国特色社会主义发展进入了新时代。以习近平同志为核心的党中央立足新时代我国改革开放和社会主义现代化建设的实践，坚持将马克思主义政治经济学基本原理与新时代中国的实际相结合，科学回应和回答了“新时代坚持和发展什么样的中国特色社会主义、怎样坚持和发展中国特色社会主义”“建设什么样的社会主义现代化强国、怎样建设社会主义现代化强国”“建设什么样的长期执政的马克思主义政党、怎样建设长期执政的马克思主义政党”等重大时代课题，形成和发展了习近平经济思想，明确“加强党对经济工作的全面领导，是我国经济发展的根本保证；坚持以人民为中心的发展思想，是我国经济发展的根本立场；进入新发展阶段，是我国经济发展的历史方位；坚持新发展理念，是我国经济发展的指导原则；构建新发展格局，是我国经济发展的路径选择；推动高质量发展，是我国经济发展的鲜明主题；坚持和完善社会主义基本经济制度，是我国经济发展的制度基础；坚持问题导向部署实施国家重大发展战略，是我国经济发展的战略举措；坚持创新驱动发展，是我国经济发展的第一动力；大力发展制造业和实体经济，是我国经济发展的主要着力点；坚定不移全面扩大开放，是我国经济发展的重要法宝；统筹发展和安全，是我国经济发展的重要保障;坚持正确工作策略和方法,是做好经济工作的方法论”①。2022 年 10 月,党的二十大报告进一步明确,“从现在起,中国共产党的中心任务就是团结带领全国各族人民全面建成社会主义现代化强国、实现第二个百年奋斗目标,以中国式现代化全面推进中华民族伟大复兴”,明确“高质量发展是全面建设社会主义现代化国家的首要任务”,并强调“中国式现代化,是中国共产党领导的社会主义现代化”,“中国式现代化是人口规模巨大的现代化”,“中国式现代化是全体人民共同富裕的现代化”,“中国式现代化是物质文明和精神文明相协调的现代化”,“中国式现代化是人与自然和谐共生的现代化”,“中国式现代化是走和平发展道路的现代化”;强调中国式现代化的本质要求是“坚持中国共产党领导,坚持中国特色社会主义,实现高质量发展,发展全过程人民民主,丰富人民精神世界,实现全体人民共同富裕,促进人与自然和谐共生,推动构建人类命运共同体,创造人类文明新形态”,进一步丰富了习近平经济思想的理论内涵。习近平经济思想既继承了马克思主义政治经济学的基本立场、观点和方法,又结合时代主题和实践要求实现了对马克思主义政治经济学的丰富、完善和创新,进一步丰富、发展和完善了中国特色社会主义政治经济学的理论内容,是中国特色社会主义政治经济学的最新理论成果。

二

中国特色社会主义政治经济学是涵盖了经济发展阶段、基本经济制度、市场经济体制、经济发展与运行、对外开放等诸多方面的发展理念和发展思想的科学的完整的理论体系。

其一,关于社会主义经济发展阶段理论。“正确认识党和人民事业所处的历史方位和发展阶段,是我们党明确阶段性中心任务、制定路线方针政策的根本依据,也是我们党领导革命、建设、改革不断取得胜利的重要经验。”②中国特色社会主义政治经济学强调,“我国正处于社会主义初级阶段”,同时强调“社会主义初级阶段不是一个静态、一成不变、停滞不前的阶段,也不是一个自发、被动、不用费多大气力自然而然就可以跨过的阶段,而是一个动态、积极有为、始终洋溢着蓬勃生机活力的过程,是一个阶梯式递进、不断发展进步、日益接近质的飞跃的

① 中共中央宣传部、国家发展和改革委员会:《习近平经济思想学习纲要》,人民出版社、学习出版社 2022 年版,第 3 页。

② 《习近平谈治国理政》第 4 卷,外文出版社 2022 年版,第 161 页。

量的积累和发展变化的过程”[①]，强调党的一切方针和政策必须从基本国情出发，绝不能脱离现实，超越阶段。

其二，关于社会主义本质论。科学认识社会主义是建设社会主义的前提。中国特色社会主义政治经济学强调，“社会主义的本质是解放生产力，发展生产力，消灭剥削，消除两极分化，最终达到共同富裕”。“解放生产力，发展生产力”是社会主义制度得以巩固和发展的物质前提和根本途径，是社会主义的根本要求和优越性的体现。只有社会主义才能创造更有利于生产力发展的条件，也只有大力发展生产力，创造更高水平的生产力，才能为全体社会成员提供更加丰富的物质文化产品，社会主义的优越性才能充分体现出来。“消灭剥削，消除两极分化”是确保发展成果由人民共享的重要条件，也是生产力持续发展和最终实现共同富裕的重要路径。“最终达到共同富裕”是社会主义的根本目的。贫穷不是社会主义，贫富两极分化也不是社会主义，只有全体社会成员实现共同富裕，才是真正科学的社会主义。社会主义本质论从生产力和生产关系相统一的角度揭示了社会主义的本质，体现了社会主义最大的优越性。

其三，关于社会主义经济发展理念。理念是行动的先导，发展理念指导发展实践。新中国成立以来，围绕发展理念，中国共产党人提出了一系列重要的思想，构成了中国特色社会主义政治经济学的核心内容。一是坚持和加强党对经济工作的全面领导。坚持和加强党对经济工作的全面领导是中国特色社会主义的重要特征，是中国特色社会主义制度的一大显著优势，是中国特色社会主义政治经济学的重要内容，是中国特色社会主义市场经济体制的一个重要特征。二是坚持科学发展观。科学发展观的第一要义是发展，强调要把发展作为党执政兴国的第一要务；科学发展观的核心是以人为本，强调要始终把实现好、维护好、发展好最广大人民的根本利益作为党和国家一切工作的出发点和落脚点，做到发展为了人民、发展依靠人民、发展成果由人民共享；科学发展观的基本要求是全面协调可持续，强调要按照总体布局，全面推进经济建设、政治建设、文化建设、社会建设、生态文明建设，促进现代化建设各个环节、各个方面相协调，促进生产关系与生产力、上层建筑与经济基础相协调；科学发展观的根本方法是统筹兼顾，强调要正确认识和妥善处理发展中的重大关系，使经济发展各方面相协调。三是坚持“创新、协调、绿色、开放、共享”发展。创新发展注重的是解决发展动力问题，协调发展注重的是解决发展不平衡问题，绿色发展注重的是解决人与

---

① 中共中央宣传部：《习近平新时代中国特色社会主义思想学习纲要（2023 年版）》，学习出版社、人民出版社 2023 年版，第 78 页。

自然和谐问题，开放发展注重的是解决发展内外联动问题，共享发展注重的是解决社会公平正义问题。“创新、协调、绿色、开放、共享”新发展理念系统回答了“为谁发展”“靠谁发展”“怎样发展”等一系列重大理论和现实问题，深刻揭示了新时代实现经济更高质量、更有效率、更加公平、更可持续发展的根本路径，是新时代中国特色社会主义经济思想的重要内容。

其四，关于社会主义基本经济制度。基本经济制度是一个社会经济制度的基础，是决定一个社会基本性质和发展方向的根本因素。中国特色社会主义政治经济学强调，在社会主义初级阶段，“公有制为主体、多种所有制经济共同发展，按劳分配为主体、多种分配方式并存，社会主义市场经济体制等均属于社会主义基本经济制度”。在所有制上，强调以公有制为主体、多种所有制经济共同发展是社会主义初级阶段的基本经济制度，强调公有制经济和非公有制经济都是社会主义市场经济的重要组成部分，都是我国经济社会发展的重要基础，要毫不动摇地巩固和发展公有制经济，毫不动摇地鼓励、支持、引导非公有制经济，形成各种所有制经济平等竞争、相互促进的新格局。在分配制度上，强调在社会主义初级阶段应实行以按劳分配为主体、多种分配方式并存的分配制度，把按劳分配与按生产要素分配结合起来，健全劳动、资本、土地、知识、技术、管理、数据等生产要素由市场评价贡献、按贡献决定报酬的机制，强调无论是在初次分配环节还是在再分配环节都要处理好公平与效率的关系，努力让发展成果更多更公平地惠及全体人民，逐步实现全体人民共同富裕。在经济体制上，强调社会主义也可以发展市场经济，强调中国特色社会主义经济体制改革的方向和目标是建立和完善社会主义市场经济体制，强调要不断深化经济体制改革，进一步健全和完善社会主义市场体系。

其五，关于社会主义经济体制改革。经济体制改革是同一种社会形态发展过程中的量变和部分质变，目的是解决现存经济体制中存在的不利于生产力发展的各种问题，冲破束缚生产力发展的经济体制障碍，在不改变基本经济制度的前提下，对生产关系和上层建筑的某些方面和环节进行改革，以进一步解放和发展生产力，促进生产力的发展。中国特色社会主义政治经济学强调，经济体制改革是推动中国特色社会主义经济发展的重要动力，是中国走向繁荣富强的必由之路。在社会主义初级阶段，经济体制改革的目标是建立和完善社会主义市场经济体制，努力形成与社会主义初级阶段基本国情相适应的比较成熟、比较定型的社会主义市场经济经济体制。中国特色社会主义政治经济学强调，要始终坚持改革的正确方向，坚持用改革的办法解决前进中的问题，提高决策的科学性，增强改革措施的协调性，不断推动社会主义市场经济体制的发展和完善。中国特色社会主义政治经济学强调，社会主义要保持强大的生命力，就必须通过改革不断完善自己，改革只有进行时，没有完成时。

其六，关于社会主义经济运行机制。经济运行机制是经济活动健康、有效运行的前提条件和保障。中国特色社会主义政治经济学强调，要"把市场的决定性作用与强有力的政府调控有机结合"，强调在市场作用和政府作用的问题上，一定要讲辩证法、两点论，既不能用市场在资源配置中的决定性作用取代甚至否定政府作用，也不能用更好发挥政府作用取代甚至否定市场在资源配置中的决定性作用，要推动有效市场和有为政府更好地结合。中国特色社会主义政治经济学强调，要加快构建以国内大循环为主体、国内国际双循环相互促进的新发展格局，发挥内需潜力，使国内市场和国际市场更好联通，以国内大循环吸引全球资源要素，更好利用国内国际两个市场、两种资源，提高在全球配置资源的能力，更好争取开放发展中的战略主动。中国特色社会主义政治经济学强调，要把实施扩大内需战略同深化供给侧结构性改革有机结合起来，在适度扩大总需求的同时，着力加强供给侧结构性改革，着力提高供给体系质量和效率，增强经济持续增长动力，推动我国社会生产力水平实现整体跃升，实现经济高质量发展。

其七，关于社会主义宏观调控理论。宏观调控是政府运用各种手段对国民经济进行的调节和控制。中国特色社会主义政治经济学强调，科学有效的宏观调控是完善社会主义市场经济体制、提高国家治理体系和治理能力现代化水平的必然要求，强调在发展社会主义市场经济的过程中，必须加强政府对国民经济的有效管理和宏观调控。一是高标准制定经济发展规划，发挥国家发展规划的战略导向作用；二是优化宏观经济政策制定和执行机制，增强宏观经济治理的前瞻性、战略性、系统性、有效性；三是加强市场监管，依法维护公平竞争的市场秩序；四是提供公共产品，加强和优化公共服务；五是管理国有资产，努力实现国有资产的保值和增值；六是增加就业，稳定物价，维护经济社会发展的稳定；七是统筹城乡发展，统筹区域发展，统筹经济社会发展，统筹人与自然和谐发展，统筹国内发展和对外开放，统筹中央和地方关系，统筹个人利益和集体利益、局部利益和整体利益、当前利益和长远利益，使经济发展各方面相协调，推动经济高质量发展；八是营造市场化、法治化、国际化一流营商环境。

其八，关于社会主义对外开放理论。当今的世界是开放的世界，中国的发展离不开世界。中国特色社会主义政治经济学强调，"对外开放是我国的一项长期的基本国策"，强调在经济发展过程中应积极主动参与全球经济合作与竞争，不断提升中国对外开放的能力和水平。中国特色社会主义政治经济学强调，必须牢固树立全球战略意识，实施互利共赢的开放战略，着力转变对外贸易增长方式，全面提高对外开放水平，扬长避短、趋利避害，在更大范围、更广领域、更高层次上参与国际经济合作和竞争，使对外开放更好地促进国内改革和发展；要把“引进来”和“走出去”更好地结合起来，充分利用和发挥国内国际两种资源、两个市场，扩大开放领域，优化开放结构，提高开放质量，完善内外联动、互利共赢、安全高效的开放型经济体系，推动我国经济与世界经济走向更深层次、更高层次的合作共赢；在对外开放中，必须始终注意维护国家的主权和经济安全，注意防范和化解国际风险的冲击，处理好对外开放与独立自主、自力更生的关系，把经济发展的立足点放在依靠自身力量的基础上。中国特色社会主义政治经济学强调，中国将始终是全球共同开放的重要推动者、世界经济增长的稳定动力源、各国拓展商机的活力大市场、全球治理改革的积极贡献者；中国将不断致力于推动经济全球化朝着更加开放、包容、普惠、平衡、共赢的方向发展，让各国人民共享经济全球化和世界经济增长成果。

上述这些基本理论相互联系、相互依存，构成了一个科学而完整的中国特色社会主义政治经济学的理论体系。

三

中国特色社会主义政治经济学是马克思主义政治经济学基本立场、观点、方法与当代中国特色社会主义建设实践相结合的产物，回应和回答的是当代中国在发展和改革中所面临的一系列具体问题，着力探索的是中国特色社会主义建设和发展的规律，写出的是当代“中国版”的马克思主义政治经济学，其既具有和马克思主义政治经济学一般原理相一致的方面，也有突出的中国特色、鲜明的时代色彩。

首先，中国特色社会主义政治经济学和马克思主义政治经济学是一脉相承的科学理论，二者在基本立场、观点、方法等方面都是完全一致的。

第一，二者的基本立场是一致的，都代表着最广大人民群众的根本利益。马克思主义政治经济学自诞生之日起，就始终站在无产阶级的立场上，致力于实现无产阶级和广大人民群众的根本利益。马克思主义政治经济学把经济发展的规律性与人们实践的目的性有机结合起来，科学地证明了社会主义代替资本主义的历史必然性，并在此基础上提出了消灭剥削、消除两极分化、实现人的自由全面发展和社会成员共同富裕的社会理想。在当代中国，中国特色社会主义政治经济学始终坚持马克思主义政治经济学的基本立场和价值观，坚持以人为本和人民主体地位，坚持以人民为中心的发展思想，坚持把实现人民对美好生活的向往作为现代化建设的出发点和落脚点，强调共同富裕是中国特色社会主义的本质要求。

第二，中国特色社会主义政治经济学的很多理论观点也是直接以马克思主义政治经济学的基本原理和观点为依据的。例如，关于社会主义的根本任务是发展生产力的观点、关于科学技术是生产力的观点、关于社会主义应当吸收人类创造的一切先进文明成果的观点等，都是前辈马克思主义者提出过的，中国特色社会主义政治经济学在继承前人的基础上把这些原理和观点运用于新的历史条件下，使这些理论得以丰富和发展。

第三，二者的研究方法是一致的，都坚持从客观的经济事实出发，坚持辩证唯物主义和历史唯物主义的研究方法。辩证唯物主义和历史唯物主义是马克思主义政治经济学的根本方法论。马克思、恩格斯运用辩证唯物主义和历史唯物主义方法论研究资本主义生产方式及与之相适应的生产关系、交换关系，揭示了资本主义产生、发展和终将走向灭亡的规律，建造了马克思主义政治经济学的宏伟大厦。辩证唯物主义和历史唯物主义也是中国特色社会主义政治经济学的根本方法论。中国特色社会主义政治经济学吸收和继承了马克思主义政治经济学的研究方法，始终坚持一切从实际出发、理论联系实际的原则，坚持运用辩证法观察事物、研究问题，强调理论研究要和历史发展进程相统一，强调只有坚持辩证唯物主义和历史唯物主义，才能不断把对中国特色社会主义规律的认识提高到新的水平。

其次，中国特色社会主义政治经济学立足的是当代中国国情和社会主义经济建设实践，揭示的是中国特定国情条件下社会主义经济发展和运行的特点与规律，提炼和总结的是中国特色社会主义经济发展实践的规律性成果，其在继承马克思主义政治经济学基本立场、观点、方法的同时，又有所发展和创新，无论是在研究对象上还是在研究观点上都体现了与传统马克思主义政治经济学不一样的中国特色。

第一，在研究任务上，马克思、恩格斯创立的政治经济学侧重研究的是资本主义条件下市场经济制度和经济运行问题，重在揭示资本主义生产方式的内在矛盾，重在揭示资本主义制度为先进的社会主义制度所代替的历史必然性，目的是为无产阶级革命斗争提供理论武器。中国特色社会主义政治经济学则是从当代中国最重要也是最基本的“经济的事实”——社会主义初级阶段的实际国情出发，重在揭示中国特色社会主义经济制度的本质，重在揭示中国特色社会主义经济体制演变、中国特色社会主义市场经济运行和经济发展的规律，目的是为当代中国社会主义经济建设和经济改革提供科学的理论指南。如果说，马克思、恩格斯创立的政治经济学是指导革命的政治经济学，那么中国特色社会主义政治经济学就是指导建设的政治经济学。

第二，在研究对象上，马克思、恩格斯创立的政治经济学，其研究对象主要是资本主义生产方式及与之相适应的资本主义生产关系和交换关系，而且重点是将生产关系作为研究对象，目的是揭示和说明资本主义生产关系的局限性以及资本主义终将会被社会主义所代替的历史必然性。中国特色社会主义政治经济学的研究对象是具有中国特色的生产方式以及与它相适应的生产关系和交换关系，着力研究的是中国特色社会主义经济建设实践中如何更好地处理生产力与生产关系的矛盾运动关系问题，目的是揭示中国特色社会主义经济制度产生、发展的规律。同时，中国特色社会主义政治经济学在研究对象上更加突出了生产力的重要性，强调中国特色社会主义政治经济学不仅要研究生产关系的调整和变革以适应生产力的发展问题，更要将保护和发展生产力作为其重要的研究对象。而且，作为中国特色社会主义政治经济学研究对象的生产关系在内容上也更加广泛，既要研究社会主义初级阶段的基本经济制度，也要研究社会主义初级阶段社会主义市场经济体制和经济运行机制；既要研究社会主义经济建设过程中生产、分配、交换、消费各环节的内在关系，也要研究生产力的合理组织、社会资源的优化配置问题。显然，与马克思、恩格斯创立的马克思主义政治经济学相比较，中国特色社会主义政治经济学的研究对象明显拓宽了。

第三，在经济范畴上，中国特色社会主义政治经济学继承了马克思主义政治经济学的基本经济范畴，如商品、货币、使用价值、价值、私人劳动、社会劳动、具体劳动、抽象劳动、价值规律、市场机制、所有制、公有制、私有制、劳动力、生产资料、劳动对象、劳动资料、资本积累、剩余价值、利息、地租、利润等。这些经济范畴体现着马克思主义政治经济学的核心思想，体现了中国特色社会主义政治经济学对马克思主义政治经济学的继承和坚持。与此同时，在继承马克思主义政治经济学基本经济范畴的基础上，中国特色社会主义政治经济学又创造性地提出了一系列符合中国国情、具有时代特点的经济范畴，讲了很多带有中国特色的原创性经济学术语，如以“人民为中心”“社会主义初级阶段”“社会主义市场经济”“混合所有制”“土地承包经营权流转”“科学发展观”“经济发展新常态”“转变经济增长方式”“新型城镇化道路”“‘五位一体’总体布局”“‘四个全面’战略布局”“一带一路”“供给侧结构性改革”“京津冀协同发展”“人类命运共同体”“精准扶贫”“新型政商关系”“稳中求进”“底线思维”“新质生产力”等。这些经济术语，使中国特色社会主义政治经济学的话语体系呈现出了鲜明的中国特色、中国风格、中国气派，体现了中国特色社会主义政治经济学对马克思主义政治经济学的重大理论创新。

第四，在理论观点上，中国特色社会主义政治经济学在继承马克思主义政治经济学基本原理和基本观点的基础上，又立足中国特色社会主义建设的实践，创造性地提出了一系列符合中国国情和发展规律，对指导中国特色社会主义经济建设有重要意义的新理念、新思想、新观点，讲了很多马克思主义经典作家未曾讲过的“新话”。如关于社会主义发展阶段，明确提出了社会主义初级阶段理论，强调我国处于并将长期处于社会主义初级阶段，强调社会主义初级阶段“是一个动态、积极有为、始终洋溢着蓬勃生机活力的过程，是一个阶梯式递进、不断发展进步、日益接近质的飞跃的量的积累和发展变化的过程”；关于社会主义本质，强调“社会主义的本质，是解放生产力，发展生产力，消灭剥削，消除两极分化，最终达到共同富裕”；关于经济发展理念，强调发展要“以人为本”，坚持“创新、协调、绿色、开放、共享”的科学发展理念；关于所有制结构，强调公有制经济和非公有制经济都是我国社会主义市场经济的重要组成部分，强调各种所有制经济应公平竞争、共同发展；关于分配制度，强调实行以按劳分配为主体、多种分配方式并存的分配制度，强调把按劳分配和按生产要素分配结合起来；关于经济体制，创造性地提出了社会主义市场经济理论，强调建立和完善社会主义市场经济体制是我国的经济体制改革目标，强调要大力发展社会主义市场经济；关于经济运行，强调把市场的决定性作用与强有力的政府调控相结合，强调“在市场作用和政府作用的问题上，要讲辩证法、两点论，‘看不见的手’和‘看得见的手’都要用好，努力形成市场作用和政府作用有机统一、相互补充、相互协调、相互促进的格局”；关于对外开放，强调“引进来”和“走出去”相结合，实行更加积极主动的开放战略……这些全新的经济发展思想和理念，体现了中国特色社会主义经济实践发展的要求，赋予了马克思主义政治经济学以更丰富的科学内涵，使马克思主义政治经济学的理论体系更加充实和完善。

总之，中国特色社会主义政治经济学作为马克思主义政治经济学同中国实际和时代特征相结合的产物，既继承了马克思主义政治经济学的基本原理、基本观点和方法，又实现了对马克思主义政治经济学基本原理的丰富、发展、完善和创新。它既是马克思主义的，又具有鲜明的中国特色、时代特色，是马克思主义政治经济学在中国的创造性运用和创新性发展，是当代中国的马克思主义政治经济学，是充分体现中国特色、中国风格、中国气派的经济学理论成果。

四

中国特色社会主义政治经济学是对社会主义政治经济学的继承、发展与创新。社会主义政治经济学是关于社会主义生产方式及其发展规律的科学，是马克思主义政治经济学的重要组成部分。马克思、恩格斯根据人类社会发展的规律和趋势，科学阐明了社会主义代替资本主义的历史必然性，揭示了未来社会的基本经济特征，包括生产资料社会占有、有计划调节社会生产、按劳分配和按需分配、个人自由全面发展等。这些思想为社会主义革命和建设指明了方向，奠定了社会主义政治经济学的科学基础。但是，由于受到历史条件的限制，马克思、恩格斯没有也不可能对社会主义政治经济学的全部细节进行设计。

以苏联高度集中的计划经济体制为基础的传统社会主义政治经济学，是社会主义政治经济学的第一个较为完整的理论形态。1954 年出版的苏联《政治经济学教科书》，在系统总结苏联社会主义建设经验的基础上，对社会主义政治经济学的研究对象问题、社会主义基本经济规律问题、社会主义制度下的商品生产和价值规律问题等作了详尽的阐述和分析，大大丰富了马克思主义政治经济学的理论内容，奠定了社会主义政治经济学理论体系的初步框架。当然，苏联《政治经济学教科书》也是存在局限性的。一是在商品经济问题上，理论不彻底，只承认消费资料是商品，否定生产资料是商品；只承认两种公有制之间交换的产品是商品，不承认全民所有制内部企业与企业之间交换的产品是商品。二是在经济体制上，过分强调计划的作用，把计划和市场对立起来，否认市场的作用。三是在对社会主义制度的认识上，过分强调团结一致性，否认矛盾性，特别是认为社会主义生产关系是同生产力发展完全相适应的，不承认其中有不相适应的方面，从而也就从根本上排斥了改革和完善社会主义生产关系的可能性。

中国社会主义经济制度确立后，以毛泽东同志为核心的党的第一代中央领导集体在总结苏联社会主义经济建设经验教训的基础上，初步提出了构建中国社会主义政治经济学的思路和方法，对社会主义政治经济学的发展作出了重要贡献。毛泽东在读苏联《政治经济学教科书》时，充分肯定了该书中关于政治经济学的研究对象是生产关系的思想。但同时强调，生产关系只是政治经济学研究的主要对象，除了生产关系外，政治经济学还必须将生产力和上层建筑纳入研究范围。毛泽东强调，“要研究清楚生产关系，就必须一方面联系研究生产力，另一方面联系研究上层建筑对生产关系的积极作用和消极作用”①，“要以生产力和生产关系的平衡和不平衡，生产关系和上层建筑的平衡和不平衡，作为纲，来研究社会主义社会的经济问题”②。在研究方法上，毛泽东强调，研究社会主义政治经济学，必须坚持辩证法的原则，要有哲学家的头脑，要坚持矛盾分析方法，同时要理论联系实际，从实际出发，从中国的具体国情出发，认真探索中国特色的社会主义经济建设道路和建设规律。在研究内容上，毛泽东强调，社会主义社会还存在商品生产、商品交换，价值规律依然存在并发挥作用；要从联系的角度分析和研究社会主义经济，在优先发展重工业的条件下，要工农业同时并举；要正确认识和处理“重工业和轻工业、农业”的关系、“沿海工业和内地工业”的关系、“国家、生产单位和生产者个人”的关系；“要努力把党内党外、国内国外的一切积极的因素，直接的、间接的积极因素，全部调动起来，把我国建设成为一个强大的社会主义国家”③。以毛泽东同志为核心的党的第一代中央领导集体围绕社会主义政治经济学研究所提出的上述思想观点，初步架构起了中国社会主义政治经济学的研究思路和基本框架。

党的十一届三中全会后，以邓小平同志、江泽民同志、胡锦涛同志为主要代表的中国共产党人从我国改革开放和社会主义现代化建设的实践出发，不断提炼和总结我国在改革开放和社会主义现代化建设过程中所取得的经验，并将其上升到理论的高度，创立和完善了具有中国特色的社会主义政治经济学理论体系。一方面，强调坚持以公有制为主体是中国特色社会主义政治经济学的根本，任何领域的改革都不能动摇这一根本；同时，又从中国多层次的生产力水平出发，明确提出要大力发展各种非公有制经济，强调公有制经济和非公有制经济都是社会主义市场经济的重要组成部分。另一方面，把公有制与市场经济有机地结合在一起，明确提出要建立和完善社会主义市场经济体制，强调要大力发展社会主义市场经济。把社会主义公有制与市场经济有机结合起来，这既是前无古人的创举又是中国特色之所在，它极大地解放和发展了社会生产力，凸显了中国特色社会主义政治经济学的优势。此外，在社会主义发展阶段问题上、在社会主义经济发展理念问题上、在社会主义发展目标问题上、在社会主义宏观调控问题

---

① 《毛泽东文集》第8卷，人民出版社1999年版，第131页。

② 《毛泽东文集》第8卷，人民出版社1999年版，第130～131页。

③ 中共中央文献研究室：《毛泽东传》第4册，中央文献出版社2011年版，第1448页。

上、在社会主义对外开放问题上，都提出了很多具有中国特色的、符合中国发展实际的、务实管用的新理念、新思想、新战略。这些理论成果，不仅进一步丰富和发展了对社会主义社会经济建设规律的认识，而且有力地指导了我国社会主义经济建设和经济发展的实践，开拓了社会主义政治经济学的新境界。

党的十八大以来，中国特色社会主义发展进入了新时代。以习近平同志为核心的党中央立足新时代中国特色社会主义经济发展的实际，科学回答了“新时代坚持和发展什么样的中国特色社会主义、怎样坚持和发展中国特色社会主义”“建设什么样的社会主义现代化强国、怎样建设社会主义现代化强国”等重大理论和实践问题，进一步发展和创新了社会主义政治经济学的理论，把社会主义政治经济学的发展推向了一个新的高度。一方面，明确提出了“要坚持中国特色社会主义政治经济学”的重大理论命题，并明确提出了坚持和发展中国特色社会主义政治经济学应坚持的重大原则，如“解放和发展社会生产力原则”“共同富裕原则”“发展社会主义市场经济原则”等。这些重大原则的提出，为构建和发展中国特色社会主义政治经济学开阔了思路，指明了方向。另一方面，在不断总结历史经验教训的基础上，在对国内外经济形势进行科学分析和研判的基础上，在不断总结和凝练新时代中国特色社会主义经济建设经验的基础上，在不断深刻回答我国经济发展的时代之问、人民之问、历史之问的基础上，提出了一系列具有创新性的经济发展理念和发展思想，如明确提出了“加强党对经济工作的全面领导”“坚持‘创新、协调、绿色、开放、共享’发展理念”“坚持和完善社会主义基本经济制度”“充分发挥市场在资源配置中的决定性作用，更好发挥政府作用”“把推进供给侧结构性改革作为经济工作的主线”“坚持区域协调发展战略”“把实施乡村振兴战略摆在优先位置”等发展理念、发展思想、发展战略。这些创新性的经济发展理念、发展思想、发展战略，进一步丰富和发展了中国特色社会主义政治经济学的理论内容，进一步升华了党对社会主义经济建设规律的认识。再一方面，创新性地提出了一系列发展和完善中国特色社会主义政治经济学的方法路径，强调必须坚持马克思主义的科学指导，立足当代中国实际，一切从实际出发，坚持问题导向，掌握科学的思维方法。这些理论成果，进一步丰富和发展了中国共产党人对社会主义经济建设、经济发展规律的认识，推动中国特色社会主义经济建设不断走向高质量发展，推进中国式现代化不断走向成功。

五

"时代是思想之母，实践是理论之源。"科学的理论之所以具有生命力，就在于它能够反映时代和实践的要求，随着时代和实践的发展而不断发展。中国特色社会主义政治经济学是马克思主义政治经济学与中国实践相结合的产物，是当代中国的马克思主义政治经济学，是当代"中国版"的社会主义政治经济学。时代在不断发展，实践在不断发展，中国特色社会主义政治经济学也应随着时代和实践的发展而不断发展和完善，与时俱进不仅是中国特色社会主义政治经济学的重要理论品质，也是中国特色社会主义政治经济学永葆生机和活力的重要源泉和动力。

习近平总书记指出，"要根据时代变化和实践发展，不断深化认识，不断总结经验，不断实现理论创新和实践创新良性互动"①；"要立足我国国情和我们的发展实践……揭示新特点新规律，提炼和总结我国经济发展实践的规律性成果，把实践经验上升为系统化的经济学说，不断开拓当代中国马克思主义政治经济学新境界"②；"实践没有止境，理论创新也没有止境。不断谱写马克思主义中国化时代化新篇章，是当代中国共产党人的庄严历史责任"③。习近平总书记的这些重要论述从理论上深刻揭示了理论创新与实践创新的内在联系，揭示了马克思主义政治经济学、中国特色社会主义政治经济学在理论创新和实践创新的良性互动中实现创新性发展的规律性。

当今世界正在经历百年未有之大变局，处在民族复兴关键时期的当代中国正在经历着有史以来最为广泛而深刻的社会变革，正在推进中国式现代化这一人类历史上非常宏大而独特的实践创新。这种前无古人的伟大实践，给理论创新提供了强大动力和广阔空间。一方面，实践在发展过程中会不断产生新问题、出现新矛盾，新问题、新矛盾会不断倒逼新理论的产生。另一方面，实践在发展过程中也会不断产生新的经验和做法，不断总结这些经验和做法，将其上升为系统化的经济学说，这也是推动理论不断完善和创新的源泉和动力。实践发展永无止境，理论创新永无止境。新时代新征程，我们必须不断强化问题意识、时代

---

① 《习近平在中共中央政治局第二十次集体学习时强调坚持运用辩证唯物主义世界观方法论 提高解决我国改革发展基本问题本领》，《人民日报》2015 年 1 月 25 日。

② 习近平：《论把握新发展阶段、贯彻新发展理念、构建新发展格局》，中央文献出版社 2021 年版，第 65～66 页。

③ 本书编写组：《党的二十大报告学习辅导百问》，学习出版社 2022 年版，第 14 页。

意识、战略意识，用深邃的历史眼光、宽广的国际视野把握事物发展的本质和内在联系，不断回答时代和实践提出的新的重大课题；既要善于运用中国特色社会主义政治经济学这一理论武器，把准规律、认清趋势、明确方向、推进实践、指导发展，也要及时把实践经验提炼上升为理论，不断丰富和发展中国特色社会主义政治经济学，使其永葆鲜活的生命力。

总之，中国特色社会主义政治经济学是伴随着我国社会主义现代化建设的实践逐步形成与发展起来的，也必将随着我国改革开放和现代化建设的进一步推进而不断发展和完善。在坚持中发展、在继承中创新，这是我们始终坚持的对待马克思主义政治经济学的科学态度，也应是我们对待中国特色社会主义政治经济学应有的态度。要确保中国特色社会主义政治经济学永葆生机和活力，要更好地发挥中国特色社会主义政治经济学对中国特色社会主义经济建设的指导作用，必须顺应时代变迁和实践发展的需要，不断推进中国特色社会主义政治经济学的理论发展和创新。

第一篇

中国特色社会主义政治经济学的形成与发展

第一章 中国特色社会主义政治经济学形成与发展的理论渊源

恩格斯曾指出："现代社会主义……同任何新的学说一样，它必须首先从已有的思想材料出发，虽然它的根子深深扎在经济的事实中。"[①]中国特色社会主义政治经济学的形成与发展亦是如此，它既是中国特色社会主义经济发展的内在要求，也是历代中国共产党人继承、发展与创新前人已有的经济思想理论精华的结果。马克思主义经典作家有关政治经济学的基本原理、中华优秀传统文化中的经世济民思想、西方经济学有关经济发展的有益观点，都是中国特色社会主义政治经济学得以形成与发展的重要思想和理论来源。正如习近平总书记所强调的，构建和发展中国特色社会主义政治经济学，"要善于融通马克思主义的资源、中华优秀传统文化的资源、国外哲学社会科学的资源，坚持不忘本来、吸收外来、面向未来"[②]。

第一节 对马克思主义政治经济学的继承

政治经济学是马克思主义的重要组成部分，是马克思、恩格斯理论最深刻、最全面、最详细的证明和运用。马克思主义政治经济学创立于19世纪中叶，是马克思、恩格斯顺应当时时代发展的需要，在批判地吸收和继承古典政治经济学和空想社会主义学说的科学成分的基础上，在长期参加无产阶级革命实践和科学分析、研究资本主义经济结构及其内在矛盾的基础上创立的。马克思、恩格斯在《共产党宣言》《资本论》《哥达纲领批判》《英国工人阶级状况》《社会主义从空想到科学的发展》《反杜林论》等经典著作中，通过对生产力与生产关系、经济基

① 《马克思恩格斯选集》第3卷，人民出版社2012年版，第391页。

② 中共中央宣传部：《中国共产党宣传工作简史》下册，人民出版社2022年版，第596页。

础与上层建筑之间的矛盾运动的分析，揭示了人类社会发展的一般规律；通过对社会生产关系的分析，揭示了“人们为之奋斗的一切，都同他们的利益有关”[①]，强调只有正确认识和处理人与人之间的利益关系，才能更好地推动社会进步和发展；通过对商品经济特点及规律、资本循环过程及条件、资本周转的影响因素、社会资本再生产的过程及条件的科学分析，不仅揭示了资本主义市场经济发展的规律和特点，而且揭示了市场经济和社会化大生产的一般规律；通过对资本主义经济制度和经济运行规律的分析，揭示了资本主义经济制度产生、发展的过程，揭示了资本主义制度终将会被社会主义制度所代替的历史必然性；通过对剩余价值生产和交换过程的分析，科学预见了未来经济全球化的发展趋势，指出“资产阶级，由于开拓了世界市场，使一切国家的生产和消费都成为世界性的了”[②]；通过对决定和影响生产力发展诸要素的分析，揭示了科学技术对社会生产力发展的促进作用，指出“生产力中也包括科学”[③]，强调科技进步是经济发展的动力。同时，在深刻剖析资本主义旧世界种种矛盾和弊端的基础上，马克思、恩格斯对未来理想社会的基本特征作了原则性预测，指出公有制经济将是社会主义制度的经济基础，生产力高度发达将是社会主义社会的重要特征，按劳分配将是社会主义制度的分配方式，共同富裕将是社会主义社会的主要价值追求。

19 世纪末 20 世纪初，资本主义进入垄断资本主义阶段，列宁依据马克思《资本论》的基本原理，对资本主义在发展中所呈现的新情况与新变化进行了深刻的理论思考，进一步发展了马克思主义政治经济学。在《帝国主义是资本主义的最高阶段》一书中，列宁对垄断资本主义的本质及特征作了高度的概括和分析，深刻揭示了资本主义进入垄断资本主义阶段后的发展趋势，论证了资本主义政治经济发展不平衡规律，创造性地提出了社会主义革命可以首先在一国或数国取得胜利的重要论断，并领导俄国人民取得了十月革命的胜利。十月革命胜利后，在领导世界上第一个社会主义国家进行开创性、大规模的社会主义建设过程中，列宁创造性地提出了新经济政策的理论和主张，强调在一个经济文化相对落后的国家建设社会主义，必须重视商品货币关系，学会利用“国家资本主义”发展经济，善于用“合作制”引导农民和小生产者走社会主义道路。列宁指出，社会主义要体现出比资本主义的优越性来，就必须大力发展经济，实现国家的工业化，认

① 《马克思恩格斯全集》第 1 卷，人民出版社 1995 年版，第 187 页。
② 《马克思恩格斯文集》第 2 卷，人民出版社 2009 年版，第 35 页。
③ 《马克思恩格斯全集》第 31 卷，人民出版社 1998 年版，第 94 页。

为“没有高度发达的大工业，那就根本谈不上社会主义”[①]，并且提出了著名的社会主义建设“公式”，即“苏维埃政权＋普鲁士的铁路秩序＋美国的技术和托拉斯组织＋美国的国民教育等等等等＋＋＝总和＝社会主义”[②]。这一“公式”的提出为推动俄国经济的恢复和促进社会主义建设的顺利进行提供了重要的理论指导。总之，列宁强调，一个国家的经济发展必须从本国实际出发，因地制宜，同时要积极并善于与其他国家合作，有效地利用本国和他国的各种资源来发展本国的经济。

马克思主义经典作家有关政治经济学的基本立场、观点、方法是中国特色社会主义政治经济学形成与发展的重要思想理论来源。中国特色社会主义政治经济学不仅直接继承了马克思主义政治经济学的基本立场和基本方法，而且继承和借鉴了马克思主义政治经济学的很多重要经济范畴和重要理论观点。

一、对马克思主义政治经济学基本立场的继承

马克思主义是关于无产阶级和全人类解放的科学，马克思主义政治经济学最鲜明的立场就是致力于实现无产阶级和广大人民群众的根本利益。马克思曾明确指出，无产阶级政治经济学“能代表的只是这样一个阶级，这个阶级的历史使命是推翻资本主义生产方式和最后消灭阶级。这个阶级就是无产阶级”[③]。马克思、恩格斯在《共产党宣言》中庄严宣告，“过去的一切运动都是少数人的，或者为少数人谋利益的运动。无产阶级的运动是绝大多数人的，为绝大多数人谋利益的独立的运动”[④]，强调在未来社会“生产将以所有的人富裕为目的”[⑤]。马克思的代表作《资本论》，从商品二因素和生产商品的劳动二重性出发，分析了资本主义生产、分配、交换过程，揭示了资本主义剥削的秘密，阐明了无产阶级受剥削、受压迫的经济根源，为无产阶级进行社会主义革命、开展“剥夺剥夺者”的革命斗争提供了科学的理论基础。列宁在领导俄国人民进行社会主义建设的初步实践中，也是反复强调，“在人民群众中，我们毕竟是沧海一粟，只有我们正确地表达人民的想法，我们才能管理。否则共产党就不能率领无产阶级，而无产阶级就不能率领群众，整个机器就要散架”[⑥]。总之，马克思主义政治经济学把经济发展的

① 《列宁全集》第41卷，人民出版社2017年版，第301页。

② 《列宁专题文集·论社会主义》，人民出版社2009年版，第381～382页。

③ 《马克思恩格斯选集》第2卷，人民出版社2012年版，第90页。

④ 《马克思恩格斯选集》第1卷，人民出版社2012年版，第411页。

⑤ 《马克思恩格斯选集》第2卷，人民出版社2012年版，第787页。

⑥ 《列宁选集》第4卷，人民出版社2012年版，第695页。

规律性与人们实践的目的性有机结合起来，科学地证明了社会主义代替资本主义的历史必然性，并在此基础上提出了消灭剥削、消除两极分化、实现人的自由全面发展和社会成员共同富裕的社会理想。

中国特色社会主义政治经济学坚持了马克思主义政治经济学的基本立场，坚持把增进人民福祉、促进人的全面发展、朝着共同富裕方向稳步前进作为经济学研究的重要使命，作为制定经济政策、部署经济工作、完善发展模式的出发点和落脚点。中国特色社会主义政治经济学将马克思主义政治经济学的人民立场与当代中国的实践相结合，创新性地提出了“以人为本”“以人民为中心”等发展理念，强调发展社会主义经济的根本目的是为了满足人民对美好生活的需要，强调逐步实现全体人民共同富裕是社会主义的本质要求。

二、对马克思主义政治经济学基本经济范畴的继承

经济范畴是对经济本质的概括和反映，政治经济学就是在一系列经济范畴的基础上建立和发展起来的。运用经济范畴，可以加深对经济规律的认识，并用于进一步探索和研究经济发展中出现的新情况、新问题，形成系统的经济学说。

马克思主义政治经济学中，有些经济范畴适用于一切商品经济和市场经济社会，不具有特定的社会制度属性，如生产力、生产关系、生产资料所有制、经济基础、上层建筑、社会生产方式、社会经济形态、社会经济结构、经济制度、商品、货币、商品经济、市场经济、价值、使用价值、劳动二重性、简单劳动、复杂劳动、具体劳动、抽象劳动、私人劳动、社会劳动、生产劳动、非生产劳动、体力劳动、脑力劳动、劳动生产率、价值规律、商品流通、货币流通、虚拟经济、实体经济、国家所有制、集体所有制、计划管理等。中国特色社会主义政治经济学直接吸收和使用了这些经济范畴，对我国社会主义商品经济、市场经济的特征与运行规律进行总结和凝练。

马克思主义政治经济学中，有些经济范畴适用于揭示资本主义经济制度的本质和经济运行规律，如资本、剩余价值、利润、利息、地租、固定资本、流动资本、简单再生产、扩大再生产、资本积累、资本有机构成、社会资本再生产、产业资本的循环、产业资本的周转、超额利润、垄断价格、商业资本、商业利润、银行资本、银行利润等。但如果抛开资本主义经济关系的特殊规定性，这些经济范畴也适用于分析中国特色社会主义经济发展和运行。中国特色社会主义政治经济学在对中国特色社会主义商品经济、市场经济的特征与运行规律进行分析和揭示的过程中，也借鉴和使用了这些经济范畴，但立足当代中国实际，赋予了它们新的内涵。

三、对马克思主义政治经济学基本原理的继承

中国特色社会主义政治经济学对马克思主义政治经济学基本理论和观点的继承主要体现在三个方面：

一是继承了马克思主义政治经济学关于人类社会发展一般规律和商品经济基本规律的基本原理。如生产力与生产关系矛盾运动的规律、经济基础与上层建筑矛盾运动的规律、价值规律等，这些基本原理是马克思主义政治经济学的重要内容，不仅适用于对资本主义生产方式及其变化规律的研究，同样适用于对中国特色社会主义生产方式和变化规律的研究。

二是借鉴了马克思主义政治经济学关于揭示资本主义经济制度本质和资本主义市场经济运行规律的基本原理。马克思主义政治经济学的主要任务是揭示资本主义生产方式及其演化规律，在此过程中，马克思主义经典作家提出了很多重要的经济学原理，如资本原始积累理论、剩余价值生产过程的理论、剩余价值生产方法的理论、劳动力商品的理论、资本有机构成理论、相对过剩人口理论、资本主义扩大再生产理论、产业资本循环理论、产业资本周转理论、社会资本再生产理论、利润与平均利润理论、生产价格理论、商业资本和商业利润理论、借贷资本和利息理论、银行资本和银行利润理论、绝对地租和级差地租理论、垄断价格和垄断利润理论、金融资本理论、国家垄断资本主义理论、资本输出理论等，这些都是马克思主义经典作家在分析资本主义经济制度的产生、发展和运行过程中所得出的经济原理，主要目的是揭示资本主义经济制度的本质及其发展运行规律，论证资本主义终将会被社会主义所取代的历史必然性。但如果抛开其特殊的资本主义生产关系的性质，这些原理同样适用于说明社会主义市场经济的发展和运行。如马克思关于劳动力商品、商业资本、信用制度和地租的理论，可以使我们更好地掌握商品市场、劳动力市场、资本市场和土地市场的基础知识，更好地建立和完善社会主义市场体系；马克思关于货币资本运行规律的理论，可以使我们更好地认识国家货币政策的重要性，按照市场经济的客观要求正确地制定和执行货币政策，加强货币的管理，搞好国家的宏观调控；马克思关于产业资本循环和产业资本周转的原理，对于社会主义市场经济条件下如何搞好企业的经营和管理，从而提高企业的经济效益具有重要的启示意义；马克思关于社会资本再生产理论，对科学认识社会主义市场经济条件下国家宏观调控的主要任务和内容，更好地促进国民经济持续协调发展同样具有重要的借鉴意义。斯大林在《苏联社会主义经济问题》中曾指出："马克思的再生产公式决不只限于反映资

本主义生产的特点;它同时还包含有对于一切社会形态——特别是对于社会主义社会形态——发生效力的许多关于再生产的基本原理。”[①]列宁在《对布哈林〈过渡时期的经济〉一书的评论》中也曾经明确指出:“即使在纯粹的共产主义社会里不也有Ⅰv+m和Ⅱc的关系吗?”[②]中国特色社会主义政治经济学继承和借鉴了马克思主义经典作家所提出的这些基本原理,并与当代中国的具体实践相结合,创造性地提出了有关中国特色社会主义资本循环和资本周转原理,创造性地提出了中国特色的劳动力市场理论、资本市场理论、土地市场理论、宏观调控理论、货币政策理论、收入分配理论等。

三是继承和借鉴了马克思主义关于社会主义政治经济学的基本原理。马克思、恩格斯是社会主义政治经济学的奠基者。马克思、恩格斯通过研究与批判资本主义生产方式,对未来社会的发展方向以及主要特征做出了精准的分析,奠定了社会主义政治经济学的基础。苏联通过总结其几十年社会主义建设的经验,于1954年正式出版了《政治经济学教科书》,初步建立了社会主义政治经济学的理论框架。新中国成立初期,以毛泽东同志为核心的党的第一代中央领导集体以苏联为鉴戒,努力探索适合中国国情的社会主义经济建设道路,提出了发展社会主义经济的一系列独创性理论观点,从而奠定了中国特色社会主义政治经济学的理论基础。改革开放后,以邓小平同志、江泽民同志、胡锦涛同志、习近平同志为主要代表的中国共产党人在继承马克思主义经典作家有关社会主义政治经济学基本原理的基础上,不断提炼和总结我国在改革开放和社会主义现代化建设过程中所取得的经验,并将其上升到理论的高度,创立和完善了具有中国特色的社会主义政治经济学理论体系。如马克思明确把未来的共产主义社会区分为共产主义高级阶段和共产主义低级阶段(即社会主义阶段)两个发展阶段。毛泽东结合中国实际国情,在科学分析和研究的基础上,明确提出“社会主义这个阶段,又可能分为两个阶段,第一个阶段是不发达的社会主义,第二个阶段是比较发达的社会主义。后一阶段可能比前一阶段需要更长的时间”[③]。改革开放后,以邓小平同志、江泽民同志、胡锦涛同志、习近平同志为主要代表的中国共产党人在继承以往马克思主义者关于社会主义发展阶段理论的基础上,创造性地提出我国处于并将长期处于社会主义初级阶段的理论,并强调“社会主义初级阶段不是一个静态、一成不变、停滞不前的阶段,也不是一个自发、被动、不用费多大

① 《斯大林选集》下卷,人民出版社1979年版,第600页。

② 《列宁全集·资料汇编·前言卷》(第二版增订版),人民出版社2020年版,第619页。

③ 《毛泽东文集》第8卷,人民出版社1999年版,第116页。

气力自然而然就可以跨过的阶段，而是一个动态、积极有为、始终洋溢着蓬勃生机活力的过程，是一个阶梯式递进、不断发展进步、日益接近质的飞跃的量的积累和发展变化的过程”①，强调党的一切方针和政策必须从社会主义初级阶段这个基本国情出发，绝不能脱离现实，超越阶段。社会主义初级阶段理论的提出，既体现了中国特色社会主义政治经济学对马克思主义的继承，也是中国特色社会主义政治经济学对社会主义发展阶段理论的重大创新和发展。再如，马克思提出，生产决定分配，认为“所谓的分配关系，是同生产过程的历史地规定的特殊社会形式，以及人们在他们的人类生活的再生产过程中相互所处的关系相适应的，并且是由这些形式和关系产生的。这些分配关系的历史性质就是生产关系的历史性质，分配关系不过表现生产关系的一个方面”②，强调“分配的结构完全决定于生产的结构。分配本身是生产的产物，不仅就对象说是如此，而且就形式说也是如此”③。基于此，马克思强调，在共产主义低级阶段，由于生产资料公有制的实现，劳动者成了生产资料的主人，劳动成果自然应归全体劳动者共同所有，但由于共产主义低级阶段是“刚刚从资本主义社会中产生出来的，因此它在各方面，在经济、道德和精神方面都还带着它脱胎出来的那个旧社会的痕迹”，因此生产者只能按照其对社会贡献的大小分配消费品，即“每一个生产者，在作了各项扣除以后，从社会领回的，正好是他给予社会的。他给予社会的，就是他个人的劳动量”。④ 也就是生产者首先“给予社会”贡献，然后从“社会领回”生活资料，除去必要的扣除，他给予社会的和从社会领回的正好等量，即社会财富按照每个人的劳动贡献值进行分配。中国特色社会主义政治经济学在继承了马克思主义经典作家关于社会主义分配理论的基础上，结合当代中国国情，创造性地提出了富有中国特色的分配理论，确立了“按劳分配为主体、多种分配方式并存”的分配制度。富有中国特色的分配理论的提出及“按劳分配为主体、多种分配方式并存”的分配制度的确立，既体现了中国特色社会主义政治经济学对社会主义政治经济学分配理论的继承，也体现了中国特色社会主义政治经济学对社会主义政治经济学分配理论的重大创新和发展。

总之，马克思主义经典作家关于人类社会发展一般规律和特殊规律的探索、关于市场经济和社会化大生产一般规律的揭示、关于未来社会基本特征的预见，

---

① 中共中央宣传部：《习近平新时代中国特色社会主义思想学习纲要（2023 年版）》，学习出版社、人民出版社 2023 年版，第 78 页。

② 《马克思恩格斯选集》第 2 卷，人民出版社 2012 年版，第 653 页。

③ 《马克思恩格斯选集》第 2 卷，人民出版社 2012 年版，第 695 页。

④ 《马克思恩格斯选集》第 3 卷，人民出版社 2012 年版，第 363 页。

都是中国特色社会主义政治经济学得以形成与发展的重要思想理论渊源。当然,中国特色社会主义政治经济学在继承和借鉴马克思主义政治经济学基本原理的同时,也结合当代中国的实际进行了发展和创新,赋予了其鲜明的“中国特色”和“时代特色”,开辟了马克思主义政治经济学的新境界。

四、对马克思主义政治经济学方法论的继承

恩格斯曾深刻指出:“马克思的整个世界观不是教义,而是方法。它提供的不是现成的教条,而是进一步研究的出发点和供这种研究使用的方法。”[①]马克思、恩格斯研究政治经济学主要运用了辩证唯物主义与历史唯物主义的方法,从具体到抽象、再从抽象到具体的分析方法,以及逻辑分析与历史分析相结合的研究方法等。

首先,辩证唯物主义是马克思、恩格斯研究政治经济学运用的根本方法。所谓辩证唯物主义方法,即是建立在唯物论基础上的辩证方法,也就是运用对立统一规律、量变质变规律和否定之否定规律来分析经济现象和经济过程的矛盾运动及其发展变化过程,从客观的经济事实和经济现象出发,透过各种经济现象剖析出隐藏在经济现象背后的本质联系,并揭示其运动规律。马克思、恩格斯运用唯物辩证法,从社会生活的各种领域中划分出经济领域来,从一切社会关系中划分出生产关系来,并把它当作决定其余一切关系的基本的原始的关系;为了揭示生产关系及其规律,又从物质资料生产出发来分析社会经济现象,从事物的互相联系、互相制约中研究经济问题,从量变到质变的关系上考察社会经济运动过程,从考察社会经济现象中揭示经济问题的本质,从对立统一规律这个辩证法的根本规律上分析矛盾和矛盾的性质,寻求解决矛盾的途径和方法。马克思在《资本论》中,成功地把唯物辩证法应用于政治经济学研究,科学揭示了资本主义生产方式产生、发展和必然走向灭亡的规律。

其次,历史唯物主义是马克思、恩格斯研究政治经济学的重要方法。马克思在《〈政治经济学批判〉序言》中指出:“人们在自己生活的社会生产中发生一定的、必然的、不以他们的意志为转移的关系,即同他们的物质生产力的一定发展阶段相适合的生产关系。这些生产关系的总和构成社会的经济结构,即有法律的和政治的上层建筑竖立其上并有一定的社会意识形式与之相适应的现实基础。物质生活的生产方式制约着整个社会生活、政治生活和精神生活的过程。不是人们的意识决定人们的存在,相反,是人们的社会存在决定人们的意识。社

① 《马克思恩格斯选集》第4卷,人民出版社2012年版,第664页。

会的物质生产力发展到一定阶段，便同它们一直在其中运动的现存生产关系或财产关系(这只是生产关系的法律用语)发生矛盾。于是这些关系便由生产力的发展形式变成生产力的桎梏。那时社会革命的时代就到来了。随着经济基础的变更，全部庞大的上层建筑也或慢或快地发生变革。"①马克思、恩格斯强调，生产力与生产关系、经济基础与上层建筑的矛盾是人类社会的基本矛盾，生产力与生产关系、经济基础与上层建筑的矛盾运动是推动人类社会发展的根本动力，生产关系一定要适合生产力状况的规律、上层建筑一定要适合经济基础状况的规律是人类社会形态发展变化的普遍规律。

最后，从抽象上升到具体、逻辑与历史相统一的方法是马克思、恩格斯研究和阐释政治经济学的重要方法。马克思指出："分析经济形式，既不能用显微镜，也不能用化学试剂。二者都必须用抽象力来代替。"②这里所说的"抽象力"就是抽象的思维方法，即以抽象思维为特征的辩证的逻辑方法。而从抽象上升到具体就是对大量经验材料进行研究和概括，形成各种科学的概念，并依据概念所表现出来的连贯性将它们逻辑地联系起来，进而形成具体的理性的东西。马克思主义政治经济学以商品这个简单抽象的规定作为逻辑起点，通过揭露商品的内部矛盾，进而揭示了货币、资本、剩余价值、工资的本质，这个复杂的整体认识，遵循的就是从抽象上升到具体的方法。同时，马克思主义经典作家强调，从抽象上升到具体的过程必须和现实的历史过程相符合。马克思指出："从最简单上升到复杂这个抽象思维的进程符合现实的历史过程。"③恩格斯也强调："历史从哪里开始，思想进程也应当从哪里开始，而思想进程的进一步发展不过是历史过程在抽象的、理论上前后一贯的形式上的反映；这种反映是经过修正的，然而是按照现实的历史过程本身的规律修正的，这时，每一个要素可以在它完全成熟而具有典型性的发展点上加以考察。"④这就是逻辑与历史相统一的方法论原则。逻辑与历史相统一的方法论原则强调思想或者理论的发展进程必须与历史发展的进程相一致。

中国特色社会主义政治经济学直接继承和运用了马克思主义政治经济学的方法论，始终坚持一切从实际出发、理论联系实际的原则，坚持运用辩证法观察事物、研究问题，强调理论研究要和历史发展进程相统一，强调只有坚持辩证唯

① 《马克思恩格斯文集》第2卷，人民出版社2009年版，第591～592页。

② 《马克思恩格斯选集》第2卷，人民出版社2012年版，第82页。

③ 《马克思恩格斯选集》第2卷，人民出版社2012年版，第702页。

④ 《马克思恩格斯选集》第2卷，人民出版社2012年版，第14页。

物主义和历史唯物主义，才能不断把对中国特色社会主义经济建设规律的认识提高到新的水平。其一，坚持运用辩证唯物主义的世界观和方法论研究问题，坚持从客观实际出发制定政策、推动工作；不断强化问题意识，积极面对和化解前进中遇到的矛盾和困难；坚持战略思维、底线思维、系统思维、辩证思维、创新思维，不断增强辩证思维能力。其二，坚持运用历史唯物主义的世界观和方法论研究问题，从生产力与生产关系的矛盾运动中探索经济体制改革的方向和路径；根据经济社会环境的变迁，深刻把握不同发展阶段下社会主要矛盾的变化；坚持以人民为中心，做到发展为了人民、发展依靠人民、发展成果由人民共享。其三，遵循从抽象到具体、逻辑与历史相统一的原则，根据中国的具体历史国情，总结中国特有的经济建设经验，阐释中国经济发展的基本规律和基本逻辑。

第二节　对西方经济学有益成分的借鉴

西方经济学主要是指产生并流行于西方资本主义国家的政治经济学，涵盖了从 17 世纪中叶以来流行于西方资本主义国家的主要经济学理论和研究范式，主要包括古典经济学、新古典经济学、凯恩斯主义经济学、新古典综合派、新自由主义经济学、新制度经济学等多种流派，既包括研究市场经济运行一般规律和资源配置内在机制的微观经济理论，也包括研究一国整体经济运行状况、经济增长和经济发展，以及开放条件下的国际贸易、国际金融、国际投资等问题的宏观经济理论。西方经济学虽然从阶级立场上是代表资产阶级利益的经济学，其提出的很多理论观点都是为维护资本主义经济制度服务的，但其研究内容中也包含了体现社会化大生产和市场经济一般规律的经济学范畴和理论，总结了资本主义国家在发展市场经济中的一些经验和教训。这些研究内容和方法作为人类文明的共同成果对于中国特色社会主义政治经济学的形成与发展也是有重要借鉴意义的。邓小平强调："社会主义要赢得与资本主义相比较的优势，就必须大胆吸收和借鉴人类社会创造的一切文明成果，吸收和借鉴当今世界各国包括资本主义发达国家的一切反映现代社会化生产规律的先进经营方式、管理方法。"[①]习近平也强调，开辟马克思主义中国化时代化新境界，"要拓宽理论视野，以海纳百川的开放胸襟学习和借鉴人类社会一切优秀文明成果，在'人类知识的总和'中汲取优秀思想文化资源来创新和发展党的理论，形成兼容并蓄、博采众长的理论大格局大气象"，强调"马克思主义不排斥一切真理，不管它来自何时、来自哪里，

① 《邓小平文选》第 3 卷，人民出版社 1993 年版，第 373 页。

只要是真理性认识，都可以作为丰富和发展自己的养分”。[①] 中国特色社会主义政治经济学的创立和发展离不开对西方经济学有益成分的学习和借鉴。

一、对西方经济学有关市场经济范畴的借鉴

西方经济学在研究经济现象和揭示经济规律时，使用了很多经济范畴，如资源配置、供给、需求、社会总供给、社会总需求、投资需求、消费需求、投资行为、消费行为、边际产量、边际收益、机会成本、市场机制、市场效率、不确定性、市场失灵、外部性、人口红利、二元结构、循环经济、低碳经济、微观经济、宏观经济、第一产业、第二产业、第三产业、潜在增长率、全要素生产率等。这些经济范畴，都是西方经济学常用而马克思主义经典作家较少使用的。这些经济范畴反映的是市场经济中一些基本经济现象及其彼此之间的联系，具有很强的学术价值和实用价值。中国特色社会主义政治经济学没有排斥这些经济范畴，而是采用“拿来主义”的态度为我所用。对这些经济范畴的学习和借鉴，不仅使中国特色社会主义政治经济学可以在话语表达上与西方经济学进行交流，而且推动中国特色社会主义政治经济学进入了世界视野。

二、对西方经济学有关理论观点的借鉴

西方经济学流派众多，理论观点众多，其中有关市场经济理论、现代产权理论、政府干预理论、经济增长与发展理论、收入分配理论、国际经济理论等，都在一定程度上对于研究中国改革发展以及社会主义市场经济具有重要借鉴意义。

其一，对西方经济学中市场经济运行理论的借鉴。西方经济学有关市场经济发展和运行的核心理论观点包括：市场是调节资源配置的有效手段，市场通过供求、价格、竞争等机制的作用，可充分发挥传递信息、鼓励创新、优胜劣汰、促进要素流动的功能和作用；任何参与市场活动的主体都是理性的，即在既定约束条件下用最优的方式追求自身利益最大化；参与市场活动的主体（个人或企业）具有独立的经济利益属性，可以对自身经营活动的盈亏结果完全负责，能够对市场机制和信号做出灵敏反应，是市场经济建立和运行的基本前提。西方经济学有关市场经济的理论对改革开放后我国社会主义市场经济体制改革目标的确立及社会主义市场经济的发展和运行有重要的借鉴意义。

其二，对西方经济学中现代产权理论的借鉴。西方现代产权理论认为，明确

① 习近平：《开辟马克思主义中国化时代化新境界》，《求是》2023年第20期。

的产权界定和制度安排是降低市场运行成本、提高市场运行效率、优化资源配置、促进创新与经济增长的重要前提。西方经济学中的现代产权理论对中国特色社会主义政治经济学也是有着重要的借鉴意义和参考价值的。改革开放以来,无论从理论研究上还是从实践操作上,西方现代产权理论的引入,都对我国的改革和发展产生了重要影响。正是在西方现代产权理论的影响下,我国明确了产权在所有制改革中的核心地位,并把健全现代产权制度作为建立和完善社会主义市场经济的基础性制度,促进了我国产权制度的不断完善。同时,也正是基于对西方现代产权理论的借鉴,我国国有企业改革不断深化、公司法人治理结构不断完善,从而推动国有企业真正走向市场,成为具有活力和竞争力的市场主体。从一定意义上讲,我国的经济体制改革尤其是国有企业改革就是一个产权结构不断调整并释放产权活力的过程。

其三,对西方经济学中政府规制与干预理论的借鉴。现代西方经济学认为,市场虽在调节资源配置和经济运行方面有其独特优势,但其并非万能的,市场机制无法解决市场垄断、外部性、公共产品、信息不对称、"搭便车"行为等导致的市场失灵问题。为弥补市场的失灵,西方经济学家提出了政府宏观规制与干预理论,即政府采取财政政策和货币政策等相关宏观政策干预资源配置和经济运行,以实现宏观领域的总供给与总需求平衡,进而实现促进经济增长、实现充分就业、保持物价稳定、实现国际收支平衡等宏观经济运行目标。凯恩斯主义认为,政府能够通过财政政策和货币政策调节总需求,进而影响实际经济活动,熨平经济周期。供给学派认为,政府从供给侧入手,通过减税、放松规制等政策可以激励微观经济主体,从而增加储蓄和投资,提高经济潜在增长率。现代货币主义认为,政府采取以控制货币供应量为核心的"单一规则"政策,可以稳定市场物价,避免经济波动。西方经济学中的政府规制与干预理论虽是对发达国家市场经济运行规律和政府干预经验的总结,但对我国在改革与发展进程中利用各种经济政策搞好宏观调控、促进经济稳定发展同样具有重要借鉴意义。

其四,对西方经济学中经济增长与发展理论的借鉴。在西方经济学中,经济增长理论主要关注决定一国经济增长的因素以及如何实现这一增长,认为驱动经济增长的主要有四大类要素:一是人力资源,主要包括劳动力数量及其人力资本水平;二是自然资源,包括土地、森林、能源、矿产等;三是资本形成,既包括私人资本积累,也包括政府投入的社会基础资本;四是技术变革和创新,即生产过程中的变革或新产品和新服务的引入等。在这四大要素中,西方经济学认为,技术变革和创新是实现经济增长的决定性因素。经济发展理论则更加注重经济结构和制度变迁对经济发展的影响，认为一套有效的制度、组织和治理机制，能够创造强有力的激励结构促使人们将资源投入到创造财富的活动中，促进经济发展。经济增长与发展理论对于中国特色社会主义经济建设和改革发展也具有重要借鉴意义。改革开放以来，我国在经济发展过程中高度重视劳动力、自然资源、资本积累和创新对推动经济快速增长的重要作用，并特别强调“创新是引领发展的第一动力”。同时，不断完善社会主义市场经济制度，降低市场交易成本，为经济发展创造良好的制度环境。

三、对西方经济学有关分析方法的借鉴

中国特色社会主义政治经济学不仅借鉴了西方经济学的有关经济范畴和理论观点，而且借鉴了西方经济学的相关经济分析方法，如关于国内生产总值及其核算的方法、关于三次产业的分类法、关于社会总供求分析的方法、关于计量经济分析的方法等。

国内生产总值(GDP)，指的是一个国家或地区所有常住单位在一定时期内生产的全部最终产品和劳务的市场价值的总和。常住单位是指在一个国家或地区经济领土内具有经济利益中心的经济单位，即在一个国家或地区经济领土内拥有一定的活动场所，从事一定规模的经济活动，并超过一定时期的单位。最终产品和劳务是指在一定时期内生产的可供人们直接消费或者使用的物品和服务。这部分产品已经到达生产的最后阶段，不再作为原料或半成品投入到其他产品和劳务的生产过程中去。市场价值是指在市场上达成交易的价值，是以货币形式表现出来的最终产品和劳务的价值。国内生产总值不仅仅是一个经济范畴，是衡量一个国家或地区总体经济状况的重要指标，而且是国民经济核算的一种重要方法。国内生产总值这一核算方法最初产生于20世纪20～30年代的美国，此后陆续在世界各国推广，并被联合国所采用。20世纪80年代后，伴随着改革开放的推进，我国也开始借鉴这一经济范畴，并把GDP作为国民经济核算的核心指标，作为衡量国家综合国力的重要指标。

三次产业分类法是西方国家产业结构研究中最重要的分类方法之一，主要依据经济活动的先后层次和对劳动对象的加工顺序，把社会的全部经济活动划分为三次产业。第一次产业是指利用自然资源进行加工的产业，主要指农业、林业、畜牧业和渔业等；第二次产业是指对初级产品进行加工的产业，主要指工业中的制造业；第三次产业是指除第一、第二次产业以外的所有提供服务(劳务)的部门，包括批发和零售业、交通运输和邮政业、住宿和餐饮业、信息传输和信息技

术服务业、金融业和保险业、科学研究和技术服务业、环境保护和公共设施管理业等。三次产业分类法是新西兰经济学家费歇尔于 1935 年首先提出的，随后英国经济学家、统计学家克拉克在费歇尔的基础上，采用三次产业分类法对三次产业结构的变化与经济发展的关系进行了大量的实证分析，总结出三次产业结构的变化规律及其对经济发展的作用。三次产业分类方法提出后，在西方得到广泛的认同和采用。改革开放后，我国也借鉴了三次产业分类法，将其引入经济分析和统计中，成为研究我国宏观经济结构形势、制定宏观经济政策的重要依据和方法。

总供求分析方法是西方经济学在进行总量经济研究时常用的经济分析方法。社会总需求是指在一定时期（通常为一年）内可供投资和消费的产品、服务和购买力的总量，主要包括国内的投资需求、消费需求以及产品和服务的出口。社会总供给是指社会生产活动在一定时期（通常为一年）实际可以向市场提供的产品和服务总量，包括国内生产活动提供的产品和服务以及从外国进口的商品和服务。总供给与总需求的关系是整个国民经济的生产、分配、流通、消费等方面各种比例关系变化及其相互关系的综合反映。对社会总供需的总量测算和分析，可以从总体上描述国民经济的运行状况及其主要联系，描述社会再生产条件下实现经济循环的过程和结果，为研究经济发展、制定和采取相应的调控措施提供基本依据。改革开放后，伴随着国内生产总值核算方法的采用，总供求分析方法也逐渐成为我国经济研究采用的一种重要方法，对总供给和总需求关系的分析，不仅可以判断我国宏观经济的状况，而且成为我国政府制定宏观经济政策的依据。

当然，中国特色社会主义政治经济学对西方经济学相关经济范畴、经济理论和方法的学习和借鉴并非照抄照搬、盲目模仿，而是“批判地接受……用我们自己的头脑进行思考，并决定什么东西能在我们自己的土壤里生长起来”[①]，也就是采取“拿来主义”的态度，取其精华，去其糟粕，有条件、有选择地加以运用，并结合我国实际进行创造性改造。

其一，中国特色社会主义政治经济学在借鉴西方经济学的相关经济范畴时，往往结合当代中国实际，赋予其新的具有中国特色的内涵。如“经济新常态”是 2008 年国际金融危机发生后西方人率先使用的经济范畴。2009 年初，全球最大的债券基金——美国太平洋投资管理公司的两位首席投资官比尔·格罗斯和穆罕默德·埃尔-埃利安用“新常态”一词来归纳 2008 年国际金融危机之后世界经

① 《毛泽东文集》第 3 卷，人民出版社 1996 年版，第 192 页。

济特别是发达国家经济所发生的变化。他们给"新常态"划定了几个特征：增长乏力、失业率持续高企、私人部门去杠杆化、公共财政面临挑战、经济增长动力和财富活力从工业化国家向新兴经济体转移等。随后，美国的各大主流媒体，如《时代》《福布斯》《纽约时报》等都探讨过"新常态"的话题。"新常态"逐渐成为一个重要的经济概念，被借用于商业、宏观经济等多个领域。2014 年 5 月，习近平在河南考察时首次借鉴"新常态"这一经济范畴来分析我国经济面临的新形势。习近平强调，"我国发展仍处于重要战略机遇期，我们要增强信心，从当前我国经济发展的阶段性特征出发，适应新常态，保持战略上的平常心态"①。习近平指出，"经济新常态"指的是进入新时代后我国经济在发展速度、结构变化、动力转换等方面所呈现出来的新特点，强调经济新常态下，"我国经济正在向形态更高级、分工更复杂、结构更合理的阶段演化"，发展速度正从高速增长转向中高速增长，"经济发展方式正从规模速度型粗放增长转向质量效率型集约增长，经济结构正从增量扩能为主转向调整存量、做优增量并举的深度调整，经济发展动力正从传统增长点转向新的增长点"。② 显然，中国特色社会主义政治经济学虽借鉴了西方人提出的经济新常态范畴，但又从本国的实际国情出发，赋予了经济新常态以特殊的具有中国特色的经济内涵。

其二，中国特色社会主义政治经济学在借鉴西方经济学相关理论的同时，也结合我国国情实现了对西方经济学理论的超越。如中国特色社会主义政治经济学破除了西方经济学把社会主义与市场经济对立起来的观点，强调社会主义也可以发展市场经济；中国特色社会主义政治经济学突破了西方经济学把市场和政府看作"此消彼长""你弱我强"的零和博弈关系的观点，强调在市场作用和政府作用的问题上，要讲辩证法、两点论，推动有效市场和有为政府更好结合；中国特色社会主义政治经济学在借鉴西方经济学有关政府规制与干预理论的同时，创造性地提出了"区间调控""定向调控"等调控思路和调控政策；中国特色社会主义政治经济学在吸收和借鉴西方经济学有关经济增长与发展理论的过程中，创造性地提出了"创新、协调、绿色、开放、共享"的发展理念，成功走出了一条独具中国特色的社会主义现代化道路，打破了发展中国家对西方国家现代化的"路径依赖"。

---

① 中共中央文献研究室：《习近平关于社会主义经济建设论述摘编》，中央文献出版社 2017 年版，第 73 页。

② 中共中央文献研究室：《习近平关于社会主义经济建设论述摘编》，中央文献出版社 2017 年版，第 79 页。

其三,中国特色社会主义政治经济学在借鉴西方经济学分析方法时,也结合我国实际进行了创新。如中国特色社会主义政治经济学虽也把核算 GDP 作为重要的经济工作任务,强调 GDP 是衡量一个国家或地区经济发展的重要核算指标,但也认识到这一指标并不是万能的。一方面,GDP 指标并不能全面地反映一个国家或地区经济财富的状况,因为 GDP 指标中只包括了参与到市场交易活动中的产品与劳务的市场价值,并不包括在市场交易活动之外的产品或劳务的价值,特别是 GDP 中漏掉了在家庭中生产的产品与劳务的价值。另一方面,GDP 指标并不能准确地反映一个国家或地区财富的变化,因为 GDP 指的是一个国家或地区所有常住单位在一定时期内生产的所有最终产品和劳务的市场价值的总额,这里的"市场价值"是用各种商品和劳务的总量乘以"价格"或"市价"而得到的一个数字,这个数字只是反映一个国家或地区财富变化的名义指标,并不能反映一个国家或地区财富的真实变化情况。再一方面,GDP 指标并不能真实地反映一个国家或地区居民的福利情况,因为 GDP 指标中没有反映出为增加 GDP 而付出的环境代价,也没有涉及收入与分配问题。因此,中国特色社会主义政治经济学在强调 GDP 指标重要性的同时,也强调不能唯 GDP 论,不能把 GDP 增长速度作为衡量经济发展和经济运行状况的唯一标准,不能片面追求经济的高速度,而应在发展中坚持速度与结构相统一、质量与数量相统一、经济发展与资源环境相协调,把经济增长放在提高效益和可持续发展基础上,强调实践中要在追求 GDP 增长的同时,注意保护环境、节约资源,并结合中国国情提出了绿色 GDP、GEP(生态系统生产总值)等新的核算理念和核算方法。

第三节　对中华优秀传统经济思想的汲取

中华五千年的文明史中,蕴含着丰富的经世济民思想。如《礼记·礼运》中的"小康",内含了人们对未来理想社会的向往;《尚书》中的"民惟邦本,本固邦宁",内含了人民是历史的创造者的哲理;《老子》中的"高者抑之,下者举之;有余者损之,不足者补之",内含着合理调节收入分配的有效措施;《管子》中的"国多财则远者来,地辟举则民留处,仓廪实则知礼节,衣食足则知荣辱",内含着发展经济的重要性。此外,古人强调"天人合一",内含了人与自然和谐发展的思想;古人强调"明者因时而变,知者随世而制",内含了要随实践的发展不断创新的思想;古人强调"和为贵",内含了"合作共赢"的发展思想;古人强调"不谋万世者,不足谋一时;不谋全局者,不足谋一域",内含了"从整体上把握事物的联系"的发展思想；等等。虽然这些经济思想产生于古代社会，但其中很多观点是带有规律性的发展理念，对中国特色社会主义政治经济学的形成与发展有重要的借鉴意义。毛泽东曾明确指出："我们这个民族有数千年的历史，有它的特点，有它的许多珍贵品。……今天的中国是历史的中国的一个发展；我们是马克思主义的历史主义者，我们不应当割断历史。从孔夫子到孙中山，我们应当给以总结，承继这一份珍贵的遗产。"①习近平也强调，"绵延几千年的中华文化，是中国特色哲学社会科学成长发展的深厚基础"②，"可以为人们认识和改造世界提供有益启迪，可以为治国理政提供有益启示"③，强调"包括儒家思想在内的中国优秀传统文化中蕴藏着解决当代人类面临的难题的重要启示，比如，关于道法自然、天人合一的思想，关于天下为公、大同世界的思想，关于自强不息、厚德载物的思想，关于以民为本、安民富民乐民的思想，关于为政以德、政者正也的思想，关于苟日新日日新又日新、革故鼎新、与时俱进的思想，关于脚踏实地、实事求是的思想，关于经世致用、知行合一、躬行实践的思想，关于集思广益、博施众利、群策群力的思想，关于仁者爱人、以德立人的思想，关于以诚待人、讲信修睦的思想，关于清廉从政、勤勉奉公的思想，关于俭约自守、力戒奢华的思想，关于中和、泰和、求同存异、和而不同、和谐相处的思想，关于安不忘危、存不忘亡、治不忘乱、居安思危的思想，等等"④。中国特色社会主义政治经济学的构建和发展，离不开深厚的中华优秀传统文化土壤的滋养和支撑。

一、对中华优秀传统经济思想观点的汲取

作为文明古国，我国早在几千年前就有了比较发达的经济现象，形成了一整套独特的话语体系，蕴含着非凡的经济智慧，其中有关以民为本、经济发展与伦理道德同构、经济与生态和谐统一等思想观点，都在一定程度上对推动当今中国经济与社会发展具有重要启示和借鉴意义。

（一）"重民""富民""恤民"的民本观

在中华优秀传统文化中，"民本观"占有十分重要的地位。"本"本义为根据，引申为事物在空间上的基础或时间上的开端，是其他事物赖以存在的不可缺少

① 《毛泽东选集》第2卷，人民出版社1991年版，第533～534页。

② 《习近平著作选读》第1卷，人民出版社2023年版，第479页。

③ 中共中央文献研究室：《习近平关于社会主义文化建设论述摘编》，中央文献出版社2017年版，第143页。

④ 《习近平著作选读》第1卷，人民出版社2023年版，第277～278页。

的条件。“民本”就是“以民为本”。中华传统民本观的内涵十分丰富，主要包括“重民”“为民”“利民”“富民”“忧民”“恤民”等内容。其一，“重民”“为民”。古代有为的政治家、思想家普遍认为，民众是国之根本，民心向背关系国家兴亡，把“利民”“富民”作为稳固统治、维护国家安定的基本执政理念。《尚书》中说：“民惟邦本，本固邦宁。”孟子提出“民为贵，社稷次之，君为轻”，认为“桀纣之失天下也，失其民也。失其民者，失其心也。得天下有道：得其民，斯得天下矣”。唐太宗李世民强调，亲民爱民对于为政者极为重要。其二，“利民”“富民”。古代有为的政治家、思想家普遍认为，统治者只有采取有利于民生的措施，使民众生活富裕、安居乐业，才能实现社会和谐稳定安宁。管仲提出：“凡治国之道，必先富民。民富则易治也，民贫则难治也……是以善为国者，必先富民，然后治之。”孔子主张“政之急者，莫大乎使民富且寿也”，强调“百姓足，君孰与不足？百姓不足，君孰与足？”荀子也很重视“利民”“富民”问题，强调“不利而利之，不如利而后利之之利也”，即不给民众利益却向民众索取利益，不如先给民众利益而后向他们索取利益更有利。唐太宗李世民认为，“日所衣食，皆取诸民者也”，强调“为君之道，必须先存百姓，若损百姓以奉其身，犹割股以啖腹，腹饱而身毙”。明太祖朱元璋更是把“富民”与国家安全联系起来，认为“民富则亲，民贫则离；民之贫富，国之休戚系焉”，强调“年谷丰登，衣食给足，则国富而民安”。其三，“忧民”“恤民”。周公(姬旦)认为，统治者只有像对待自己的痛苦一样去对待民众的痛苦才能使统治地位得到稳固。他告诫君臣子弟，要体察民情，“知稼穑之艰难”，“知小人之依”，要“怀保小民，惠鲜鳏寡”。孟子提出“乐民之乐者，民亦乐其乐；忧民之忧者，民亦忧其忧”，强调执政者要关注民众的忧与乐，既要与民同乐，也要与民同忧，这样才能得到民众的支持与拥戴。唐太宗李世民常常发出“民乐则官苦，官乐则民劳”的感慨，强调为政者要心忧天下，心忧百姓。明末清初思想家黄宗羲更是把“万民之忧乐”与国家“治乱”相联系，强调“天下之治乱，不在一姓之兴亡，而在万民之忧乐”。

中国古代贤明君主、有为政治家思想家倡导民本观，虽本意是为当时君主专制统治服务，但其思想精华仍具有非常重要的现代价值。中华人民共和国成立后，从毛泽东提出“共产党人的一切言论行动，必须以合乎最广大人民群众的最大利益，为最广大人民群众所拥护为最高标准”，到邓小平提出“人民拥护不拥护、人民赞成不赞成、人民高兴不高兴、人民答应不答应，是全党想事情、做工作对不对好不好的基本尺度”，到江泽民提出“人民，只有人民，才是我们工作价值的最高裁决者”，到胡锦涛提出“坚持以人为本，树立全面、协调、可持续的发展观，促进经济社会和人的全面发展"，再到习近平提出"维护人民根本利益，增进民生福祉，不断实现发展为了人民、发展依靠人民、发展成果由人民共享，让现代化建设成果更多更公平惠及全体人民"。历代中国共产党人始终坚持的"人民至上"发展理念，均是渊源于中国古代"重民""富民""恤民"的民本观，是对中华传统民本观的扬弃与升华，彰显了中国共产党人的人民情怀，体现了中国共产党人在立足时代基础上对中华传统民本思想的继承和发展。

(二)"见利思义""先义后利""以义生利"的义利观

"义利"之说，是整个传统经济伦理思想的重要组成部分。义与利的关系问题以及对于二者的取舍与思考，构成了中华传统义利观的基本内容，形成了不同流派的不同观点。其一，"见利思义"。孔子主张"见利思义""见得思义""取利有道"。孔子认为，"富与贵，是人之所欲也；不以其道得之，不处也。贫与贱，是人之所恶也；不以其道得之，不去也。"意思是说，追求富贵虽是人的天性，但是如果不以正当的手段获得，那宁可不要；贫贱是人人都不想要的，但是如果不以正当手段脱贫，那也宁可不要。孔子强调，"富而可求也，虽执鞭之士，吾亦为之"，"不义而富且贵，于我如浮云"，强调利必须以合乎道德的方法取得，强调人们在追求利益时，必须要看所追求的利益是否符合道义的要求，符合义者即可行，不符合义者则不可行。其二，"贵义贱利"。"崇义非利""贵义贱利"是孟子义利观的核心思想。孟子说："鱼，我所欲也；熊掌，亦我所欲也。二者不可得兼，舍鱼而取熊掌者也。生，亦我所欲也；义，亦我所欲也。二者不可得兼，舍生而取义者也。"这就是说，在孟子看来，不论是对个人而言，还是对国家而言，义都是至关重要的。当义利发生冲突时，君子应舍生取义。其三，"先义后利"。荀子认为，"'义'与'利'者，人之所两有也。虽尧舜不能去民之欲利；然而能使其欲利不克其好义也。"也就是说，即使是尧舜这样的圣贤，也不能去掉人们的利欲之心，但能够使人们的利欲之心不至于胜过其仁义之心，强调追求利益之心人皆有之，但是君子应做到先义而后利。西汉董仲舒认为，"天之生人也，使人生义与利。利以养其体，义以养其心。心不得义不能乐，体不得利不能安"，但心跟身比较，心比身重要，所以养心的义比养身的利更重要。其四，"义利统一"。春秋时期晋国大夫里克说："夫义者，利之足也。"他认为行义是立利的基础。晋国另一大夫丕郑也说："义以生利，利以丰民。"他强调执政者要按照道义生财获利，而后要用所取得的财利使百姓生活丰足富裕。墨子也秉持义利统一的观点，认为"义可以利人"。

尽管中华传统文化中的义利思想脱胎于古代社会，在很大程度上是当时统治者巩固其统治的工具，但这种将谋求物质利益与伦理同构、与道德相统一的传统义利观，使古代经济思想被赋予了浓厚的伦理属性和人文精神，也为当今从伦理学、哲学、文化学等视域思考经济问题提供了历史范例和重要途径。今天，在社会主义市场经济体制下，在大力发展社会主义市场经济的过程中，仍然要强调义利统一原则，要处理好义与利的关系。只有坚持义利统一原则，凡事以大局为重，以党和国家及民族的利益高于一切为出发点，才能调动不同利益主体建设现代化的积极性，协调众多利益主体间的利益分歧与冲突，引导人们超越个人利益和眼前利益，实现国家和民族的整体利益和长远利益。

(三)“道法自然”“仁民爱物”“顺应时中”的生态经济观

中国古代的生态经济思想源远流长、博大精深，不但包含人文精神也包含科学精神，在生态认知、生态理性和生态情怀诸方面为后人提供了丰富的经验和智慧。其一，“天人合一”“道法自然”的生态世界观。“天人合一”“道法自然”的生态世界观，既是古代先人对于人与自然关系的一个基本认知，也是圣贤所追求的一种理想境界，表达了古代先贤对人与自然关系的深远洞见。《吕氏春秋》记载，“夫稼，为之者人也，生之者地也，养之者天也”，简洁生动地阐释了天、地、人三者之间的一体关系。《周易》强调，天、地、人三者之间乃是“一荣俱荣、一损俱损”的统一体。老子提出“人法地，地法天，天法道，道法自然”，主张人的行为应以尊重自然规律为最高准则，以崇尚自然、效法天地为基本依归。其二，“仁民爱物”“万物平等”的生态伦理观。“仁民爱物”“万物平等”的生态伦理观，既体现了古人在处理人与自然关系时的态度，又是古人处理人与自然关系的行为准则。孔子提出“知者乐水，仁者乐山。知者动，仁者静。知者乐，仁者寿”，主张将处理社会人伦关系的仁爱思想延展到山水之间，由仁爱民众而爱惜万物。孟子在孔子“泛爱众而亲人”观点的基础上，进一步阐发了“亲亲而仁民，仁民而爱物”的主张，提倡人们把人与人之间的同情之心、仁爱之心延伸到对待动物、自然环境上，将自然万物纳入道德关怀的对象之中。孟子讲：“君子之于禽兽也，见其生，不忍见其死；闻其声，不忍食其肉。是以君子远庖厨也。”庄子说“以道观之，物无贵贱”，强调人与自然并无贵贱高下之分，具有平等的价值。其三，“顺应时中”“以时取物”的生态实践观。“顺应时中”“以时取物”的生态实践观，强调的是人类的实践活动必须与自然环境、季节气候、土壤资源的有序性和承载力相一致、相协调、相平衡，强调只有“顺应时中”的生产实践，才是既发展人类又发展生态的行为。孔子强调“钓而不纲，弋不射宿”，意思是不用大网打鱼，不射夜宿之鸟。荀子主张“草木荣华滋硕之时，则斧斤不入山林，不夭其生，不绝其长也；鼋鼍、鱼鳖、鳅鳝孕别之时，罔罟、毒药不入泽，不夭其生，不绝其长也”，即植物在开花生长的时候，不进山砍伐，鼋、鼍、鱼、鳖、泥鳅、鳝鱼在繁殖的时候，不将渔网、毒药投入湖泽，以确保动植物的生长发育。孟子强调“不违农时，谷不可胜食也。数罟不入洿池，鱼鳖不可胜食也。斧斤以时入山林，材木不可胜用也”，意思是说只要不违背农时，那粮食就吃不完；密孔的渔网不入池塘，那鱼鳖水产就吃不完；砍伐林木有定时，那木材便用不尽。

中华传统生态思想中所蕴含的“人与自然的和谐共生”“尊重自然的固有价值”“敬畏生命的实践取向”等思想，合乎马克思主义政治经济学所揭示的生态文明思想及人类社会发展的基本规律，成为中国特色社会主义政治经济学绿色发展理念的重要文化基因。

二、对中华优秀传统思维方法的汲取

中国特色社会主义政治经济学不仅汲取和借鉴了中华优秀的传统经济思想观点，而且吸收和借鉴了优秀的中华传统思维方法，如整体思维、辩证思维、“和合”思维等。

整体思维，是以普遍联系、相互制约的观点看待世界的思维方式。整体思维方式将整个世界视为一个有机的整体，强调要从整体原则出发，探讨天与人、自然与人、人与人、人与自我的相互关系，以求得天、地、人、我（心）的和谐统一，强调人们办事情、想问题，必须“上考之天，下揆之地，中通诸理”，以便“上因天时，下尽地财，中用人力”，使万事万物各得其所。这种整体思维习惯从殷商起，一直持续了几千年。中国特色社会主义政治经济学继承和发展了中华传统文化的整体思维方式，强调要以全局的视野、发展的眼光看问题，从整体上把握中国特色社会主义经济建设的发展趋势，正确处理全局与局部的关系，把握问题的关联性、协调性。习近平强调：“全面深化改革是一项复杂的系统工程，需要加强顶层设计和整体谋划，加强各项改革关联性、系统性、可行性研究。我们要在基本确定主要改革举措的基础上，深入研究各领域改革关联性和各项改革举措耦合性，深入论证改革举措可行性，把握好全面深化改革的重大关系，使各项改革举措在政策取向上相互配合、在实施过程中相互促进、在实际成效上相得益彰。”①

辩证思维是反映客观事物辩证发展过程及其规律性的思维方式，其特点是

① 中共中央文献研究室：《习近平关于全面深化改革论述摘编》，中央文献出版社2014年版，第38～39页。

从事物的内在矛盾运动变化中，从其各个方面的相互联系中考察认识事物，以便从整体上、本质上完整地认识事物。中国古代思想家普遍认为，世间万事万物都处于普遍联系之中，万事万物都是变化发展的；任何事物都包含着相互对立的两个方面，所有对立的两方面都是相互依存、相互包含、相互转化的，万事万物既是相互对立的又是趋于统一的。《周易》中所讲的“八卦”以及两卦相叠而为六十四卦的学说，就是从正反两方面的矛盾对立来说明事物的变化和发展。《道德经》中所讲的“有无相生，难易相成，长短相形，高下相倾，音声相和，前后相随”“祸兮福之所倚，福兮祸之所伏”，都无一例外地揭示了矛盾双方的对立与统一。中国特色社会主义政治经济学继承和发展了中华传统文化的辩证思维方式，强调在社会主义经济建设和经济发展中要“把握好质与量的关系，推动经济高质量发展”；“把握好稳与进的关系，坚持稳中求进”；“把握好供与需的关系，提升供需匹配度”；“把握好内与外的关系，实行高水平对外开放”；“把握好当前与长远的关系，既要仰望星空，又要脚踏实地，为实现伟大目标努力奋斗”；“把握好危与机的关系，善于在挑战中抓机遇，在危机中育新机、于变局中开新局”；“把握好点与面的关系，突出重点，解决难点，以点促面，全面纵深”；“把握好效率与公平的关系，推进共同富裕”；“既要发挥市场作用，也要发挥政府作用”。习近平反复强调，“我们的事业越是向纵深发展，就越要不断增强辩证思维能力”[①]。

“和合”思维是中华传统文化中处理人际关系及人与自然关系的方法论，是独具东方智慧的思维方式。“和合”思维强调，社会上或自然界的事物尽管千差万别，矛盾交织，却能实现多样的统一，强调人们应该在承认差异、尊重差异的前提下，努力寻找共同点和合作的空间与机会。《论语》中不仅将“和合”观点提炼概括为“君子和而不同，小人同而不和”的道德法度，更以“礼之用，和为贵，先王之道，斯为美”的精辟阐述，把“和合”思维提升为古代君王治国理政的最高准则。《中庸》中提出，“中也者，天下之大本也；和也者，天下之达道也。致中和，天地位焉，万物育焉”，将“和合”思维蕴含的和顺、和畅、和美等意义指向由人类推及整个宇宙自然。秦汉以后，“和合”思维逐渐成为中华文化审视人与自然、人与社会、人与人之间关系的基本准则，成为中华民族化解自然与社会、不同民族、不同国家、不同文明之间歧异的根本路径。在人与自然的关系上，强调“顺天应人”；在人与社会的关系上，强调“和为贵”；在人与人的关系上，强调“己所不欲，勿施于人”；在国与国的关系上，强调“协和万邦”“天下大同”。中国特色社会主义政

---

① 中共中央宣传部：《习近平总书记系列重要讲话读本（2016 年版）》，学习出版社、人民出版社 2016 年版，第 287 页。

治经济学继承了古代先人的“和合”思维方式，特别是在学科建设和学术研究中，强调要确立“会通古今、会通中西和会通文理”的学术视野，秉持开放胸怀，加快跨学科多领域融合发展，提高研究范式和研究方法的交叉性与系统性，不断拓展经济学的研究领域与研究视野。

当然，中国特色社会主义政治经济学对中华优秀传统经济思想和方法的汲取并非照抄照搬，而是在汲取中华优秀传统经济思想养分的过程中，始终坚持马克思主义政治经济学的根本立场和科学方法，坚持古为今用、推陈出新的基本方针和创造性转化、创新性发展的根本方向，赋予其与时代发展相适应、与主流价值相一致的科学内涵。例如，中国特色社会主义政治经济学在继承传统义利观的同时，结合当今时代特点和社会主义现代化建设的要求对其进行了创造性转化和创新性发展，对“义”“利”的内涵做了符合国家和民族发展的现代解释，赋予了“义”“利”以新的科学内涵。习近平指出，“义，反映的是我们的一个理念，共产党人、社会主义国家的理念。……真正的快乐幸福是大家共同快乐、共同幸福。……利，就是要恪守互利共赢原则，不搞我赢你输，要实现双赢”[①]，强调“义”追求的是国家和人民的大义，“利”追求的是各利益主体间互利共赢的大利、公利和共利，义与利是辩证统一的。显然，习近平所讲的义利观是“把国家和人民利益放在首位而又充分尊重公民个人合法利益的社会主义义利观”。这种义利观是一种高尚而文明的义利观，不仅有助于国家和民族大业的发展，而且维护了公民的利益，有利于增强人们的自立意识、竞争意识、效率意识、民主法制意识和开拓创新精神。又如，中国特色社会主义政治经济学在充分汲取古圣先贤尊重自然、顺应自然、保护自然的生态经济智慧的基础上，立足于实现可持续、绿色发展的战略目标，把环境资源作为经济社会发展的内在要素，把经济系统作为生态系统的子系统，着力研究经济发展与生态环境保护、经济高质量发展与生态环境高水平保护的辩证关系，构建起了以“人与自然和谐共生”为核心理念的中国特色社会主义政治经济学生态经济理论。习近平多次强调，“人的命脉在田，田的命脉在水，水的命脉在山，山的命脉在土，土的命脉在林和草，这个生命共同体是人类生存发展的物质基础”[②]，主张通过“尊重自然、顺应自然、保护自然”来实现人与自然和谐共生，明确“绿水青山就是金山银山”“保护生态环境就是保护生产力”“改善生态环境就是发展生产力”。再如，中国特色社会主义政治经济学在继承和弘扬中华

---

① 人民日报社理论部：《深入学习习近平同志重要论述》，人民出版社 2013 年版，第 185 页。

② 中共中央党史和文献研究院：《十九大以来重要文献选编》（上），中央文献出版社 2019 年版，第 452 页。

传统文化“和合”思维方法的基础上，也特别强调了斗争性的作用。习近平指出："一个大国的崛起，绝不可能是轻轻松松、一帆风顺的，必然要经历一番艰苦的磨炼和斗争。全党必须清醒认识前进道路上进行伟大斗争的长期性、复杂性、艰巨性，坚持底线思维，增强忧患意识，发扬斗争精神，提高斗争本领。既要敢于斗争，勇于碰硬，又要善于斗争，讲究斗争艺术和策略。”①

① 中共中央党史和文献研究院：《十九大以来重要文献选编》（中），中央文献出版社 2021 年版，第833 页。

第二章　中国特色社会主义政治经济学形成与发展的过程

中国特色社会主义政治经济学是马克思主义政治经济学基本原理同我国经济建设实际相结合的产物，是马克思主义政治经济学中国化的重大理论成果。新中国成立以来，中国共产党历届领导集体，立足我国国情，坚持从实践出发推进理论的发展与创新，不断总结我国社会主义经济建设和经济发展的成果与经验，并不断把经济建设和经济发展实践中所总结、提炼的实践经验凝练、上升为系统化的理论成果，逐步形成、发展和完善了具有鲜明中国特色的社会主义政治经济学理论体系。

第一节　中国特色社会主义政治经济学的奠基

中华人民共和国成立特别是社会主义经济制度建立后，大规模经济建设的任务摆在了党和全国人民面前，迫切需要科学系统的经济理论的指导。在此背景下，以毛泽东同志为核心的党的第一代中央领导集体坚持马克思主义政治经济学的基本原理，从我国实际出发，就如何进行社会主义经济建设进行了初步探索，并在不断总结我国及苏联社会主义建设经验教训的基础上，提出了一系列发展社会主义经济、研究社会主义政治经济学的独创性理论观点，初步架构起了具有中国特色的社会主义政治经济学的理论框架，为中国特色社会主义政治经济学的建立奠定了最初的理论范式。

一、独立自主地探索适合我国国情的社会主义建设道路和发展模式

新中国成立初期，鉴于当时复杂的国内外环境，我国在经济建设方面主要是照抄照搬苏联模式，初步建立起了社会主义国家的国民经济体系，并取得了明显

成效。但苏联模式不符合我国国情，且随着形势的发展，苏联模式的弊端和问题不断暴露。针对这种情况，以毛泽东同志为核心的党的第一代中央领导集体明确提出，我国的社会主义建设不能完全照抄照搬苏联的做法，而要把马克思主义政治经济学的基本原理与我国的具体实际相结合，以苏联的经验教训为鉴戒，创造新的理论，写出新的著作，努力找到适合我国国情特点的社会主义经济建设的发展道路和发展模式。毛泽东强调，“我们的方针是，一切民族、一切国家的长处都要学，政治、经济、科学、技术、文学、艺术的一切真正好的东西都要学。但是，必须有分析有批判地学，不能盲目地学，不能一切照抄，机械搬用”，既要“认真学习外国的好经验”，又要“研究外国的坏经验——引以为戒”，“我们要熟悉外国的东西，读外国书。但是并不等于中国人要完全照外国办法办事，并不等于中国人写东西要像翻译的一样。中国人还是要以自己的东西为主”。① 在总结过去的经验教训的基础上，毛泽东深有感触地说，在社会主义建设过程中，“最重要的是要独立思考，把马列主义的基本原理同中国革命和建设的具体实际相结合。民主革命时期，我们吃了大亏之后才成功地实现了这种结合，取得了新民主主义革命的胜利。现在是社会主义革命和建设时期，我们要进行第二次结合，找出在中国怎样建设社会主义的道路”②。这表明，在社会主义制度建立之初，中国共产党人在经济建设上就不再迷信他国的模式和路线，明确建设社会主义必须从我国的实际国情出发，走自己的路，探索具有中国特色的发展道路和发展模式。

二、提出了一系列发展社会主义经济的理论观点

在领导全国人民开展大规模社会主义经济建设的实践中，在不断总结苏联社会主义建设经验教训的基础上，以毛泽东同志为核心的党的第一代中央领导集体从我国的实际国情出发，就如何进行社会主义经济建设进行了初步的理论探索，提出了一系列重要的发展社会主义经济的理论观点。

（一）明确生产关系和生产力、上层建筑和经济基础的矛盾运动是推动社会主义社会发展的动力

毛泽东在坚持历史唯物主义基本原理的基础上，强调“在社会主义社会中，基本的矛盾仍然是生产关系和生产力之间的矛盾，上层建筑和经济基础之间的矛盾”③，强调在社会主义社会，生产关系和生产力之间、上层建筑和经济基础之

① 《毛泽东文集》第 7 卷，人民出版社 1999 年版，第 41、380、77 页。

② 中共中央文献研究室：《毛泽东年谱（1949—1976）》第 2 卷，中央文献出版社 2013 年版，第 557 页。

③ 《毛泽东文集》第 7 卷，人民出版社 1999 年版，第 214 页。

间的矛盾“仍然是社会运动发展的动力”①。但同时，毛泽东强调，社会主义社会的基本矛盾同以往社会的基本矛盾“具有根本不同的性质和情况”②。以往社会的基本矛盾，主要是对抗性的矛盾，而社会主义社会的基本矛盾是在生产关系和生产力基本适应、上层建筑和经济基础基本适应条件下的矛盾，是在人民根本利益一致基础上的矛盾，因此，它不是对抗性的矛盾，而是非对抗性的矛盾。社会主义社会基本矛盾运动具有“又相适应又相矛盾”的特点：一方面，社会主义生产关系已经建立起来，它是和生产力的发展相适应的；另一方面，它还很不完善，这些不完善的方面和生产力的发展又是相矛盾的。除了生产关系和生产力发展之间这种既相适应又相矛盾的情况以外，还有上层建筑和经济基础之间既相适应又相矛盾的情况。由于社会主义社会的基本矛盾不是对抗性的矛盾，因此“它可以经过社会主义制度本身，不断地得到解决”③。毛泽东对社会主义社会基本矛盾的性质、特点和解决途径的科学认识，不仅揭示了社会主义社会发展的一般规律，而且为不断探索我国社会主义建设道路提供了思想武器，也为推动社会主义制度不断进行自我完善和自我革新提供了理论基础。

（二）明确提出社会主义的根本任务是解放和发展生产力

1956年，党的八大正确分析了社会主义改造完成后我国社会主要矛盾的变化，明确“国内的主要矛盾，已经是人民对于建立先进的工业国的要求同落后的农业国的现实之间的矛盾，已经是人民对于经济文化迅速发展的需要同当前经济文化不能满足人民需要的状况之间的矛盾”，因此，党和全国人民的主要任务，就是要集中力量发展社会生产力，把我国尽快从落后的农业国变为先进的工业国，以满足人民日益增长的物质和文化需要。1957年，在《关于正确处理人民内部矛盾的问题》中，毛泽东进一步指出，“我们的根本任务已经由解放生产力变为在新的生产关系下面保护和发展生产力”④，强调“所谓社会主义生产关系比较旧时代生产关系更能够适合生产力发展的性质，就是指能够容许生产力以旧社会所没有的速度迅速发展”⑤。为解放和发展生产力，毛泽东多次强调科学技术和技术发展的重要性，要求“我们一定要鼓一把劲，一定要学习并且完成这个历史所赋予我们的伟大的技术革命”⑥，“不能走世界各国技术发展的老路，跟在别人

① 《毛泽东文集》第8卷，人民出版社1999年版，第133页。
② 《毛泽东文集》第7卷，人民出版社1999年版，第214页。
③ 《毛泽东文集》第7卷，人民出版社1999年版，第213～214页。
④ 《毛泽东文集》第7卷，人民出版社1999年版，第218页。
⑤ 《毛泽东文集》第7卷，人民出版社1999年版，第214页。
⑥ 中共中央文献研究室：《毛泽东传》第4册，中央文献出版社2011年版，第1740页。

后面一步一步地爬行。我们必须打破常规，尽量采用先进技术，在一个不太长的历史时期内，把我国建设成为一个社会主义的现代化的强国”[①]。毛泽东强调：“科学技术这一仗，一定要打，而且必须打好。”他告诫全党：“不搞科学技术，生产力无法提高。”[②]毛泽东关于社会主义的根本任务是解放和发展生产力以及重视科学技术的重要思想，不仅在当时而且在今天也具有极大的理论意义和实践价值。

（三）明确把社会主义社会划分成“不发达的”和“发达的”两个阶段

在坚持马克思主义关于未来社会发展阶段理论的基础上，毛泽东对社会主义社会的发展阶段问题进行了认真的思考，明确“社会主义这个阶段，又可能分为两个阶段，第一个阶段是不发达的社会主义，第二个阶段是比较发达的社会主义”，并强调“后一阶段可能比前一阶段需要更长的时间”。[③] 毛泽东要求全党大兴调查研究之风，不断总结正反两方面经验教训，探索社会主义建设的客观规律，制定适合我国情况的方针和政策。把社会主义社会划分成“不发达的”和“发达的”两个阶段，是毛泽东对社会主义发展阶段问题的重要思考，是马克思主义发展史上第一次完整地阐述社会主义的发展阶段问题，为改革开放后“社会主义初级阶段理论”的提出提供了有益启示。

（四）明确确立了社会主义四个现代化的发展目标和“两步走”的发展战略部署

1954 年 9 月，周恩来在第一届全国人大一次会议上作《政府工作报告》时提出：“如果我们不建设起强大的现代化的工业、现代化的农业、现代化的交通运输业和现代化的国防，我们就不能摆脱落后和贫困，我们的革命就不能达到目的。”这是中国共产党首次正式将现代化的目标任务明确为“四个现代化”。1956 年，“四个现代化”被写入党章。1964 年 12 月，根据毛泽东的建议，周恩来在第三届全国人大一次会议的《政府工作报告》中正式提出：“争取在不太长的历史时期内，把我国建成一个具有现代农业、现代工业、现代国防和现代科学技术的社会主义强国。”这一表述，将之前“四个现代化”中的“农业现代化”与“工业现代化”的先后顺序作了对调，将“现代化的交通运输业”调整为“现代科学技术”。“四个现代化”的宏伟目标，成为这一时期中国共产党带领全国各族人民建设社会主义的奋斗方向。为实现“四个现代化”的目标任务，以毛泽东同志为核心的党的第一代中央领导集体从我国的实际国情出发，明确制定了“两步走”的发展战略：第

---

① 《毛泽东文集》第 8 卷，人民出版社 1999 年版，第 341 页。

② 《毛泽东文集》第 8 卷，人民出版社 1999 年版，第 351 页。

③ 《毛泽东文集》第 8 卷，人民出版社 1999 年版，第 116 页。

一步，在1980年以前，建成一个独立的比较完整的工业体系和国民经济体系；第二步，在20世纪内，全面实现农业、工业、国防和科学技术现代化，使我国国民经济走在世界的前列。“四个现代化”目标的确立和“两步走”发展战略的提出，为中国式现代化的形成奠定了理论基础与发展思路，指明了中华民族走向复兴的方向。

（五）创造性地提出了发展社会主义商品生产和重视价值规律的理论观点

毛泽东认为，商品生产的存在和发展是和社会生产力的发展程度相联系的，是一定经济条件下社会生产必须采取的经济形式。毛泽东强调，全民所有制和集体所有制两种所有制的存在，是社会主义条件下商品生产存在和发展的主要前提，认为只要两种所有制没有变成单一的社会主义全民所有制，商品生产就不可废除，商品交换就不可废除。从两种所有制的角度来说明商品生产存在的原因，是毛泽东对马克思主义政治经济学基本原理的继承和发展。针对当时一些人将商品生产与资本主义混为一谈的错误观点，毛泽东强调：“不能孤立地看商品生产，要看它与什么经济相联系。商品生产和资本主义相联系，是资本主义商品生产；商品生产和社会主义相联系，是社会主义商品生产。”①“社会主义商品生产”这一概念的提出，是毛泽东对社会主义制度下商品生产理论的重大发展。既然社会主义社会还存在商品生产和商品交换，价值规律就必然存在并发挥作用。毛泽东强调，价值法则“是一个伟大的学校，只有利用它，才有可能教会我们的几千万干部和几万万人民，才有可能建设我们的社会主义和共产主义”②。把价值法则看作“一个伟大的学校”，并同社会主义建设联系起来，是毛泽东对社会主义经济建设规律的重要探索，突出强调了价值规律在我国社会主义经济建设中的重要地位和作用。

（六）初步提出了“三个主体、三个补充”的经济发展思想

在中国共产党第八次全国代表大会上，陈云明确提出了“三个主体、三个补充”的思想，主张在工商业经营方面，国家经营和集体经营是工商业的主体，一定数量的个体经营是国家经营和集体经营的补充；在生产计划方面，计划生产是工农业生产的主体，按照市场变化而在国家计划许可范围内进行的自由生产是计划生产的补充；在流通领域，国家市场是社会主义的统一市场的主体，一定范围内的自由市场是国家市场的补充。陈云强调，在整个社会主义时期，经济的发展

---

① 中华人民共和国国史学会：《毛泽东读社会主义政治经济学批注和谈话》（上），中华人民共和国国史学会1998年刊印，第50页。

② 《毛泽东文集》第8卷，人民出版社1999年版，第34页。

既存在着计划经济也存在着市场调节，计划经济是主要的，是保证社会主义经济建设的必要条件，市场调节是次要的，是社会主义计划经济的有益的补充。“三个主体、三个补充”的经济思想是对马克思主义关于社会主义社会经济发展理论的丰富和发展，从理论上突破了当时苏联以单一的公有制、单一的经营形式、高度集中的计划经济体制为特征的社会主义经济发展模式，为探索社会主义国家经济发展道路和发展模式提供了一个新的思路。

（七）明确提出了实现共同富裕的思想

共同富裕是马克思、恩格斯对未来社会的一个基本设想。新中国成立后，以毛泽东同志为核心的党的第一代中央领导集体坚持马克思主义的基本立场观点，明确提出了使人民群众“共同富裕起来”的目标。1953 年 9 月，《人民日报》发布庆祝新中国成立四周年口号，第 38 条口号是号召全国农业生产互助组的组员们和农业生产合作社的社员们“团结一致，发挥集体主义精神，提高生产效率，提高粮食及其他农作物的产量，增加收入，争取共同富裕的生活”。这是在党的重要报刊中第一次出现“共同富裕”概念。同年 12 月，毛泽东亲自主持起草《中共中央关于发展农业生产合作社的决议》，明确提出党在农村工作中的最根本的任务，就是“使农民能够逐步完全摆脱贫困的状况而取得共同富裕和普遍繁荣的生活”。这是“共同富裕”一词第一次出现在党的重要文件中。1955 年 10 月，毛泽东在资本主义工商业社会主义改造问题座谈会上进一步提出：“现在我们实行这么一种制度，这么一种计划，是可以一年一年走向更富更强的，一年一年可以看到更富更强些。而这个富，是共同的富，这个强，是共同的强，大家都有份。”[①]在这里，毛泽东不仅明确提出实现共同富裕是社会主义制度优越性的重要内容，而且明确强调实现共同富裕是社会主义制度优越性的重要体现。以毛泽东同志为核心的党的第一代中央领导集体不仅明确提出了使人民群众“共同富裕起来”的目标，而且在实践中积极引导农民走合作化道路，并结合中国的实际，成功地领导了对农业、手工业和资本主义工商业的社会主义改造，实现了中国历史上最深刻、最伟大的社会变革，为实现全体人民共同富裕奠定了根本政治前提和制度基础。

（八）明确提出了统筹兼顾、综合平衡的发展理念

鉴于新中国成立初期社会生产力落后、经济基础薄弱的情况，毛泽东提出，我国经济发展应坚持以工业为主导的原则，把重工业作为我国经济建设的重点，

---

① 《毛泽东文集》第 6 卷，人民出版社 1999 年版，第 495 页。

以逐步建立独立的比较完整的基础工业体系和国防工业体系，认为这是维护国家独立、统一和安全，实现国家富强所必需的。但同时毛泽东强调，我国是一个农业大国，农村人口占全国人口的80%以上，发展工业必须和发展农业同时并举，工业才有原料和市场，才有可能为建立强大的重工业积累较多的资金。毛泽东强调："更多地发展农业、轻工业。……一可以更好地供给人民生活的需要，二可以更快地增加资金的积累，因而可以更多更好地发展重工业。"[①]因此，以毛泽东同志为核心的党的第一代中央领导集体明确提出了以农业为基础、以工业为主导、以农轻重为序发展国民经济的总方针，提出了一整套"两条腿走路"的发展思路，即重工业和轻工业同时并举、中央工业和地方工业同时并举、沿海工业和内地工业同时并举、大型企业和中小型企业同时并举等。在经济发展过程中，以毛泽东同志为核心的党的第一代中央领导集体强调，要正确处理好国家、生产单位和生产者个人三方面的利益关系，使各方各得其所，以调动各方面的积极性；要正确处理好积累与消费的关系、长远利益与当前利益的关系；要在坚持自力更生的基础上争取外援，积极开展与外国的经济交往，引进外国的先进技术、设备和管理经验。统筹兼顾、综合平衡，是以毛泽东同志为核心的党的第一代中央领导集体探索我国社会主义建设道路中的重要思想方法、认识方法、领导方法和工作方法。这一发展理念不仅对当时的社会主义建设起到了重要的思想引领作用，而且也是新时代坚持协调发展理念的重要思想理论来源。

三、高度重视对社会主义政治经济学的理论研究

社会主义建设时期，毛泽东对社会主义政治经济学研究给予了极大关注，强调"经济建设是科学，要老老实实学习"[②]。在读苏联《政治经济学教科书》社会主义部分的过程中，毛泽东运用马克思主义基本原理，结合我国的实际，对社会主义政治经济学研究的一系列重大理论问题进行了思考，提出了自己的看法。

关于社会主义政治经济学的研究任务。毛泽东明确提出，政治经济学的主要任务就是研究各种经济现象，揭示各种经济现象的内在联系，认识和反映客观经济规律。毛泽东强调，社会主义政治经济学不仅要认真研究客观经济规律，更要熟练地运用客观经济规律指导社会主义经济建设实践，强调在社会主义经济建设中必须遵循经济规律。

关于社会主义政治经济学的研究对象。毛泽东强调，政治经济学的研究对

① 《毛泽东文集》第7卷，人民出版社1999年版，第24～25页。

② 《毛泽东文集》第8卷，人民出版社1999年版，第71页。

象是生产关系，但生产关系只是政治经济学研究的主要对象，除了生产关系外，政治经济学还必须将生产力和上层建筑纳入它的研究范围。毛泽东指出，如果政治经济学研究不联系研究生产力，就难以说清楚生产关系产生、发展、变化的原因和依据；同样，如果政治经济学研究不联系研究上层建筑，就难以说清楚经济基础即生产关系产生、发展、变化的条件和保障。由此毛泽东强调，政治经济学"要研究清楚生产关系，就必须一方面联系研究生产力，另一方面联系研究上层建筑对生产关系的积极作用和消极作用"①。当然，毛泽东也注意到了研究对象泛化的问题，强调"在政治经济学的研究中，生产力和上层建筑这两方面的研究不能太发展了。生产力的研究太发展了，就成为自然科学、技术科学了；上层建筑的研究太发展了，就成为阶级斗争论、国家论了"②。毛泽东对政治经济学研究对象的规定，既避免了静止地、孤立地研究生产关系的问题，又拓展了研究的视野和范围，为中国特色社会主义政治经济学研究对象的确立提供了基础性的思路。

关于社会主义政治经济学的研究方法。首先，毛泽东强调，研究政治经济学要有一定的哲学思维作指导，强调研究者要有一定的哲学头脑，认为"没有哲学家头脑的作家，要写出好的经济学来是不可能的。马克思能够写出《资本论》，列宁能够写出《帝国主义论》，因为他们同时是哲学家，有哲学家的头脑，有辩证法这个武器"③。其次，毛泽东强调，政治经济学研究要"从生产力和生产关系的矛盾、经济基础和上层建筑的矛盾出发，来研究问题"④，"要以生产力和生产关系的平衡和不平衡，生产关系和上层建筑的平衡和不平衡，作为纲，来研究社会主义社会的经济问题"⑤。再次，毛泽东强调，政治经济学研究必须与社会主义建设实践相结合，强调我国社会主义还处在"不发达的社会主义"阶段，关于社会主义政治经济学的理论研究应该从这个基本国情出发。

关于社会主义政治经济学教材的编写。毛泽东强调，在编写社会主义政治经济学教材时，应重点阐明社会主义所有制关系、劳动生产中人与人的关系、产品分配关系。首先，毛泽东明确提出，社会主义政治经济学教材应"先写生产资料私有制变革为生产资料公有制，把官僚资本主义私有制和民族资本主义私有制变为社会主义公有制；把地主土地私有制变为个体农民私有制，再变为社会主义集体所有制；把个体的手工业变为社会主义集体所有制。然后，再写两种社会

---

① 《毛泽东文集》第 8 卷，人民出版社 1999 年版，第 131 页。

② 《毛泽东文集》第 8 卷，人民出版社 1999 年版，第 131 页。

③ 《毛泽东文集》第 8 卷，人民出版社 1999 年版，第 140 页。

④ 《毛泽东文集》第 8 卷，人民出版社 1999 年版，第 138 页。

⑤ 《毛泽东文集》第 8 卷，人民出版社 1999 年版，第 130～131 页。

主义公有制的矛盾，以及这个矛盾发展的趋势和解决的办法，社会主义集体所有制如何过渡到社会主义全民所有制。集体所有制本身有个变化、变革的过程，全民所有制本身也有变化、变革的过程，如体制下放、分级管理、企业自治权等”①。在这里，毛泽东不仅明确提出了撰写社会主义政治经济学教材应从所有制变革开始的原则，而且对我国社会主义政治经济学关于所有制变革部分的写法提出了非常明确的具体意见。其次，毛泽东强调，撰写社会主义政治经济学教材要特别重视人与人之间的关系。毛泽东强调，社会主义公有制的建立，为劳动生产中人与人平等关系的建立创造了前提。但是，在所有制问题基本解决以后，人们在劳动生产中的平等关系并不会自然出现。要形成人们在劳动生产中的平等关系，必须采取措施，破除在人与人之间相互关系中存在着的资产阶级法权，如等级森严、居高临下、脱离群众等。再次，毛泽东提出，撰写社会主义政治经济学教材要高度重视分配问题。毛泽东强调，我国在写社会主义政治经济学教材时，必须坚持马克思的“生产资料的分配决定消费品的分配”基本原理；强调在社会主义社会，为调动劳动者的劳动积极性，既要强调物质鼓励，又要有精神鼓励，两者不能偏废。毛泽东特别指出，我国撰写社会主义政治经济学教材，一定“要强调个人利益服从集体利益，局部利益服从整体利益，眼前利益服从长远利益。要讲兼顾国家、集体和个人，把国家利益、集体利益放在第一位，不能把个人利益放在第一位”②。毛泽东关于社会主义分配问题的理论，特别是对“公”与“私”辩证关系的论述、对物质鼓励原则和精神鼓励原则都重要的论述、关于眼前利益和长远利益关系的论述、关于局部利益与整体利益关系的论述，是对马克思主义社会主义分配理论的重大发展，具有重要的理论意义和现实意义。当然，毛泽东也强调，要“写出一本社会主义共产主义政治经济学教科书，现在说来，还是一件困难的事情”，因为它会“受到社会实践的一定限制”。③

总之，社会主义建设时期，以毛泽东同志为核心的党的第一代中央领导集体把马克思主义政治经济学基本原理与我国社会主义建设的具体实践、基本国情相结合，围绕如何建设和发展社会主义经济进行了深入的思考，提出了很多具有真知灼见的深刻思想，对构建社会主义政治经济学提出了一系列具有创新性的观点，初步架构起了中国特色社会主义政治经济学的理论框架，为中国特色社会主义政治经济学理论体系的形成与发展打下了基础。

---

① 《毛泽东文集》第 8 卷，人民出版社 1999 年版，第 137～138 页。

② 《毛泽东文集》第 8 卷，人民出版社 1999 年版，第 136 页。

③ 《毛泽东文集》第 8 卷，人民出版社 1999 年版，第 137 页。

第二节　中国特色社会主义政治经济学理论体系的初步形成

1978 年，党的十一届三中全会召开，作出了把党和国家的工作中心转移到经济建设上来、实行改革开放的历史性决策，标志着中国特色社会主义建设新时期的开启。1982 年，邓小平在党的十二大开幕词中明确指出："把马克思主义的普遍真理同我国的具体实际结合起来，走自己的道路，建设有中国特色的社会主义，这就是我们总结长期历史经验得出的基本结论。"从此，"中国特色社会主义"成为党的全部理论和实践创新的主题。此后，以邓小平同志为核心的党的第二代中央领导集体围绕着"什么是社会主义、怎样建设社会主义"的问题进行了一系列理论和实践上的探索，提出了"社会主义的本质是解放生产力，发展生产力，消灭剥削，消除两极分化，最终达到共同富裕""社会主义的根本任务是发展生产力""改革也是解放生产力""科学技术是第一生产力""社会主义也可以搞市场经济"等重要理论观点，确立了"以经济建设为中心，坚持四项基本原则，坚持改革开放"为核心内容的党在社会主义初级阶段的基本路线，开辟了建设中国特色社会主义的新道路。这些重大理论认识的突破和实践决策的提出，标志着中国特色社会主义政治经济学理论体系的初步形成。

一、改革开放初期社会主义政治经济学研究领域的拨乱反正

改革开放初期，社会主义政治经济学研究的重点是拨乱反正，清理错误的极左思想的影响，回归社会主义政治经济学的基本原则。例如，针对"文化大革命"期间片面拔高生产关系的能动作用和对所谓"唯生产力论"的批判，重申了生产力对生产关系的决定作用、生产关系必须适应生产力发展要求的规律；针对"文化大革命"期间片面追求"一大二公"的思想，强调要从现实的生产力状况出发探讨所有制的形式和结构；针对"文化大革命"期间片面强调"宁要社会主义的草，不要资本主义的苗"的思想，提出贫穷不是社会主义，强调社会主义的生产目的是最大限度地满足人民日益增长的物质文化需要；针对"文化大革命"期间片面地把计划经济与商品经济、计划与市场相对立的思想，强调计划经济与商品经济、计划与市场之间具有同一性，强调在充分肯定社会主义经济是计划经济的前提下，也要重视价值规律的作用；针对"文化大革命"期间过分强调平均分配的思想，强调社会主义要切实贯彻按劳分配原则、重视人们之间的经济利益关系。经

过改革开放初期的拨乱反正，传统社会主义政治经济学的框框逐渐被打破，社会主义政治经济学的研究开始步入新阶段。

二、"写出了一个政治经济学的初稿"

1982年，在党的十二大上，邓小平明确提出了"把马克思主义的普遍真理同我国的具体实际结合起来，走自己的道路，建设有中国特色的社会主义"的重大命题。从此，"建设有中国特色的社会主义"成为凝聚全国各族人民进行改革开放和现代化建设的旗帜。党的十二大以后，经济体制改革从农村到城市全面展开。

随着改革开放的不断深入，1984年10月，党的十二届三中全会审议通过了《中共中央关于经济体制改革的决定》，强调："必须按照把马克思主义基本原理同中国实际结合起来，建设有中国特色的社会主义的总要求，进一步贯彻执行对内搞活经济、对外实行开放的方针，加快以城市为重点的整个经济体制改革的步伐，以利于更好地开创社会主义现代化建设的新局面。"《决定》重点阐明了加快以城市为重点的整个经济体制改革的必要性、紧迫性，规定了改革的性质、基本任务和各项基本方针政策，明确提出"改革是社会主义制度的自我完善"，"改革的基本任务是建立起具有中国特色的、充满生机和活力的社会主义经济体制"。围绕改革的基本任务，《决定》要求：把增强企业活力作为经济体制改革的中心环节；自觉运用价值规律，发展社会主义商品经济；建立合理的价格体系，充分重视经济杠杆的作用；实行政企职责分开，正确发挥政府机构管理经济的职能；建立多种形式的经济责任制，认真贯彻按劳分配原则；积极发展多种经济形式，进一步扩大对外和国内的经济技术交流；起用一代新人，造就一支社会主义经济管理干部的宏大队伍；加强党的领导，保证改革的顺利进行。《决定》突破了把计划经济同商品经济对立起来的传统观点，提出我国社会主义经济是"公有制基础上的有计划的商品经济"，强调充分发展商品经济是社会主义经济发展不可逾越的阶段，是实现我国现代化的必要条件。《中共中央关于经济体制改革的决定》是党对马克思主义政治经济学的新发展，为建设有中国特色的社会主义经济提供了科学的理论指导，是进行经济体制全面改革的纲领性文件。对党的十二届三中全会通过的《中共中央关于经济体制改革的决定》，邓小平给予了高度的评价，称其"写出了一个政治经济学的初稿，是马克思主义基本原理和中国社会主义实践相结合的政治经济学"①。

---

① 《邓小平文选》第3卷，人民出版社1993年版，第83页。

三、中国特色社会主义政治经济学理论体系初步确立

党的十二届三中全会后，围绕如何建设和发展有中国特色社会主义经济这一主题，以邓小平同志为核心的党的第二代中央领导集体进行了一系列理论和实践上的探索，明确提出和系统阐释了社会主义初级阶段理论、社会主义本质论、社会主义市场经济理论、社会主义宏观调控理论、社会主义对外开放理论等，初步探索了发展中国特色社会主义经济的新道路、新模式。这些新理论、新观点，构成了建设有中国特色的社会主义经济理论的轮廓，初步回答了我国社会主义经济建设的阶段、任务、动力、条件、布局等基本问题，形成了比较完善的社会主义经济发展理论体系，标志着中国特色社会主义政治经济学理论体系初步形成。

（一）社会主义初级阶段理论

科学认识和判断我国发展所处的历史阶段，是我国社会主义建设必须解决的重大理论和实践问题，是党制定路线方针政策的出发点和根本依据。改革开放后，以邓小平同志为核心的党的第二代中央领导集体在深刻总结世界社会主义特别是我国社会主义建设成功与失败正反两方面经验教训的基础上，在科学分析我国国情的基础上，明确作出了我国处于并将长期处于社会主义初级阶段的重大判断，并据此提出了党在社会主义初级阶段的基本路线，开辟了改革开放和社会主义现代化建设的崭新局面。

我国处于并将长期处于社会主义初级阶段，是中国共产党人对当代中国基本国情的科学判断。邓小平指出："社会主义本身是共产主义的初级阶段，而我们中国又处在社会主义的初级阶段，就是不发达的阶段。一切都要从这个实际出发，根据这个实际来制订规划。"[①]1987 年，党的十三大第一次比较系统地论述了社会主义初级阶段理论：明确"正确认识我国社会现在所处的历史阶段，是建设有中国特色的社会主义的首要问题，是我们制定和执行正确的路线和政策的根本依据"；提出社会主义初级阶段"不是泛指任何国家进入社会主义都会经历的起始阶段，而是特指我国在生产力落后、商品经济不发达条件下建设社会主义必然要经历的特定阶段"；强调社会主义初级阶段"包括两层含义。第一，我国社会已经是社会主义社会。我们必须坚持而不能离开社会主义。第二，我国的社会主义社会还处在初级阶段。我们必须从这个实际出发，而不能超越这个阶

---

① 《邓小平文选》第 3 卷，人民出版社 1993 年版，第 252 页。

段”;指出“我国从五十年代生产资料私有制的社会主义改造基本完成,到社会主义现代化的基本实现,至少需要上百年时间,都属于社会主义初级阶段”;明确社会主义初级阶段所面临的主要矛盾“是人民日益增长的物质文化需要同落后的社会生产之间的矛盾”;强调“我们党的建设有中国特色的社会主义的基本路线是:领导和团结全国各族人民,以经济建设为中心,坚持四项基本原则,坚持改革开放,自力更生,艰苦创业,为把我国建设成为富强、民主、文明的社会主义现代化国家而奋斗”。1992 年,在南方谈话中,邓小平进一步强调了社会主义初级阶段的长期性问题,强调“我们搞社会主义才几十年,还处在初级阶段。巩固和发展社会主义制度,还需要一个很长的历史阶段,需要我们几代人、十几代人,甚至几十代人坚持不懈地努力奋斗”①。

社会主义初级阶段理论的提出,不仅使党和人民对我国社会发展所处阶段的主要特征、历史任务、运行规律和必须实行的路线、方针、政策有了更加理性而深刻的认识,而且使党和人民对社会主义现代化建设的长期性、紧迫性、复杂性和艰巨性有了更加清醒的认识和思想准备。社会主义初级阶段理论,不仅是中国特色社会主义政治经济学的核心内容,也是中国特色社会主义政治经济学形成与发展的基本事实依据和实践根基。

(二)社会主义本质论

什么是社会主义,如何建设社会主义,是中国特色社会主义政治经济学需着力研究和探讨的最基本的理论问题。

改革开放初期,邓小平在会见几内亚总统时强调:“社会主义是一个很好的名词,但是如果搞不好,不能正确理解,不能采取正确的政策,那就体现不出社会主义的本质。……根据我们自己的经验,讲社会主义,首先就要使生产力发展,这是主要的。只有这样,才能表明社会主义的优越性。社会主义经济政策对不对,归根到底要看生产力是否发展,人民收入是否增加。这是压倒一切的标准。空讲社会主义不行,人民不相信。”②1992 年初,邓小平在南方谈话中对社会主义本质作了总结性的理论概括,强调“社会主义的本质,是解放生产力,发展生产力,消灭剥削,消除两极分化,最终达到共同富裕”③。“解放生产力,发展生产力”,是社会主义的根本任务,是社会主义制度得以巩固和发展的物质前提和根本途径,是最终达到共同富裕的根本条件;“消灭剥削,消除两极分化”,是确保生

① 《邓小平文选》第 3 卷,人民出版社 1993 年版,第 379～380 页。

② 《邓小平文选》第 2 卷,人民出版社 1994 年版,第 313～314 页。

③ 《邓小平文选》第 3 卷,人民出版社 1993 年版,第 373 页。

产发展的成果属于人民的条件，也是最终达到共同富裕的根本保证；“最终达到共同富裕”，是社会主义的根本目的，是前两者的最终目标。

邓小平关于社会主义本质的概括，遵循了历史唯物主义的基本原则，反映了社会主义制度的基本属性，体现了人民的利益和时代的要求，廓清了不合乎时代进步和社会发展规律的模糊观念，摆脱了长期以来拘泥于具体模式而忽略社会主义本质的错误倾向，深化了对科学社会主义的认识，为中国特色社会主义发展开辟了广阔的理论空间和实践空间。

（三）“科学技术是第一生产力”论

马克思曾指出，“生产力中也包括科学”，强调“社会劳动生产力，首先是科学的力量”，强调科学技术进步推动着生产力不断地向前进步。邓小平继承了马克思主义关于“科学技术是生产力”的基本原理，并在此基础上进一步发展和创新，强调“科学技术是第一生产力”。

邓小平一贯重视科学技术在社会经济发展中的作用。早在1975年9月，在听取中国科学院工作汇报时，邓小平就明确指出，“科学技术叫生产力，科技人员就是劳动者！”在1978年3月召开的全国科学大会开幕式上，邓小平强调：“现代科学技术的发展，使科学与生产的关系越来越密切了。科学技术作为生产力，越来越显示出巨大的作用。”①1988年9月，在会见捷克斯洛伐克总统时，邓小平首次明确提出了“科学技术是第一生产力”的重要论断。邓小平指出：“马克思说过，科学技术是生产力，事实证明这话讲得很对。依我看，科学技术是第一生产力。”②此后，邓小平多次强调“科学技术是第一生产力”，强调“今天，由于现代科学技术的日新月异，生产设备的更新，生产工艺的变革，都非常迅速。……许多产品，往往不要几年的时间就有新一代的产品来代替。……劳动者只有具备较高的科学文化水平，丰富的生产经验，先进的劳动技能，才能在现代化的生产中发挥更大的作用”③。正是基于对“科学技术是第一生产力”的认识，邓小平提出了“我们要实现现代化，关键是科学技术要能上去”④“我们要以世界先进的科学技术成果作为我们发展的起点”⑤“中国必须发展自己的高科技，在世界高科技领域占有一席之地”⑥等一系列战略思想。

---

① 《邓小平文选》第2卷，人民出版社1994年版，第87页。
② 《邓小平文选》第3卷，人民出版社1993年版，第274页。
③ 《邓小平文选》第2卷，人民出版社1994年版，第88页。
④ 《邓小平文选》第2卷，人民出版社1994年版，第40页。
⑤ 《邓小平文选》第2卷，人民出版社1994年版，第129页。
⑥ 《邓小平文选》第3卷，人民出版社1993年版，第279页。

邓小平关于“科学技术是第一生产力”的重要论断，既继承了马克思主义关于“科学技术是生产力”的基本原理，又把对科学技术在社会生产力发展中的作用的认识推向了前所未有的高度，体现了中国共产党对科学技术的高度重视和远见卓识，对推动我国科技进步及现代生产力的发展发挥了重要的指导作用。

（四）社会主义经济发展战略论

在我国落后的生产力基础上实现社会主义现代化是一项十分艰巨的事业，必须有步骤分阶段逐步实现。改革开放后，以邓小平同志为核心的党的第二代中央领导集体高瞻远瞩，把我国实现现代化的远大目标与社会主义初级阶段的实际国情相结合，提出了分三步走基本实现现代化的发展战略：第一步，从 1981 年到 1990 年实现国民生产总值比 1980 年翻一番，解决人民的温饱问题；第二步，从 1991 年到 20 世纪末，使国民生产总值再翻一番，人民生活达到小康水平；第三步，到 21 世纪中叶，人均国民生产总值达到中等发达国家水平，人民生活比较富裕，基本实现现代化，然后在这个基础上继续前进。“三步走”的发展战略，把我国社会主义现代化建设的目标具体化为切实可行的步骤，为基本实现现代化明确了发展方向，成为全国人民为共同理想而努力奋斗的行动纲领。

为了更好地实现“三步走”的发展战略，以邓小平同志为核心的党的第二代中央领导集体提出了一系列科学的发展战略思想和战略决策，如突出经济发展的重点，以重点的优先发展带动经济全局的发展；承认和利用经济发展的平衡与不平衡的规律，实行允许和鼓励一部分人、一部分地区先富起来，先富带动后富，逐步达到共同富裕的大政策；抓住有利时机，加快发展，争取隔几年使国民经济上一个新台阶；注重质量，讲求效益，实现速度和效益相统一；处理好经济建设与人口、资源、环境的关系；在发展经济的基础上，不断改善人民生活；等等。这些战略思想和战略决策为社会主义现代化建设目标的实现提供了科学的理论指导。

（五）社会主义市场经济论

社会主义经济制度建立以后，选择什么样的经济体制，始终是党面临的一个重大的理论和实践问题，而其核心就是如何认识和处理政府与市场的关系。改革开放后，在推进经济体制改革的进程中，邓小平明确提出了社会主义也可以搞市场经济的思想，强调“计划多一点还是市场多一点，不是社会主义与资本主义的本质区别。计划经济不等于社会主义，资本主义也有计划；市场经济不等于资本主义，社会主义也有市场。计划和市场都是经济手段”①。邓小平的这一精辟

① 《邓小平文选》第 3 卷，人民出版社 1993 年版，第 373 页。

论断，标志着党对政府与市场关系的认识实现了重大突破，标志着邓小平社会主义市场经济理论的形成。

邓小平关于社会主义市场经济的理论，是对马克思主义基本原理的丰富和发展，为马克思主义理论宝库增添了崭新内容。这一重大理论围绕着市场作用、计划与市场的关系、社会主义与市场经济的关系等社会主义现代化建设中的一系列重要问题，形成了诸多相互联系的重要理论观点，构成了系统完备、内涵丰富的理论体系。邓小平社会主义市场经济理论的基本内容包括：计划经济和市场经济不是划分社会制度的标志，计划经济不等于社会主义，市场经济也不等于资本主义，社会主义也可以实行市场经济；计划和市场都是经济手段，对经济活动的调节各有优势和长处，社会主义实行市场经济要把两者的优势结合起来；市场经济作为资源配置的一种方式本身不具有制度属性，可以和不同的社会制度结合，从而表现出不同的性质，社会主义制度与市场经济相结合形成的是社会主义市场经济；发挥市场机制作用和加强宏观调控都是社会主义市场经济的基本要求，不能把它们割裂开来。

邓小平的社会主义市场经济理论，实现了马克思主义政治经济学的重大创新，是中国特色社会主义政治经济学的重要组成部分，为社会主义市场经济体制改革目标的确立和中国特色社会主义市场经济的发展提供了科学的指南。

（六）社会主义公有制主体论和共同富裕论

在推进改革开放和现代化建设的过程中，邓小平反复强调必须坚持公有制的主体地位和共同富裕。邓小平指出："一个公有制占主体，一个共同富裕，这是我们所必须坚持的社会主义的根本原则。我们就是要坚决执行和实现这些社会主义的原则。"[①]针对社会上有人担心改革开放会否导致资本主义的问题，邓小平强调"这是肯定不会的"，"只要我们坚持两条，就可保证不会导致社会主义向资本主义倒退。一是要始终坚持公有制经济占绝对优势、占绝对主导地位；二是每走一步都要注意不使我们的政策导致两极分化，也就是要走全国各地区、全国人民共同富裕的道路"。[②] 在公有制为主体的前提下发展多种经济成分、在共同富裕的目标下鼓励多种分配方式并存，是以邓小平同志为核心的党的第二代中央领导集体立足我国社会主义初级阶段的基本国情，对马克思主义政治经济学的重大创新性发展，是中国特色社会主义政治经济学理论体系的重要组成部分。

---

① 中共中央文献研究室：《十一届三中全会以来重要文献选读》下册，人民出版社 1987 年版，第 835 页。

② 人民出版社编辑部：《中共十一届三中全会以来大事记》，人民出版社 1998 年版，第 180 页。

(七)社会主义改革开放论

改革和开放是社会主义经济发展的动力和根本途径。邓小平强调,改革是社会主义社会发展的重要动力,"是中国的第二次革命"。邓小平指出,"中国共产党领导的第一次革命,把一个半殖民地半封建的旧中国变成了一个社会主义新中国;中国共产党领导的第二次革命,将把一个经济文化比较落后的社会主义中国变成一个富强民主文明的现代化的社会主义中国"[①]。改革作为一次新的革命,不是一个阶级推翻另一个阶级那种原来意义上的革命,也不是对原有经济体制的细枝末节的修补,而是对原有体制的根本性变革。它的实质和目标,是要从根本上改变束缚我国生产力发展的经济旧体制,建立充满生机和活力的社会主义新经济体制,同时相应地改革政治体制和其他方面的体制,以实现社会主义现代化。邓小平强调,"要发展生产力,经济体制改革是必由之路"[②]。只有在坚持社会主义基本制度的前提下,通过改革从根本上改变束缚生产力发展的经济体制,促进生产力的发展,才能从根本上解决社会主义社会的发展动力问题。邓小平明确提出,要以是否有利于发展社会主义社会的生产力、是否有利于增强社会主义国家的综合国力、是否有利于提高人民的生活水平作为判断改革和各方面工作是非得失的标准。

对外开放是实现社会主义现代化的必要条件。邓小平强调,"现在的世界是开放的世界","任何一个国家要发展,孤立起来,闭关自守是不可能的,不加强国际交往,不引进发达国家的先进经验、先进科学技术和资金,是不可能的"。[③] 只有实行对外开放,才能充分利用国际国内两个市场、两种资源,优化资源配置,推动科技进步,提高经济效益,加快我国经济发展;才能发挥我国经济的比较优势,积极参与国际经济合作与竞争,不断提高市场竞争能力。邓小平指出,资本主义社会经过几百年发展,特别是一些发达国家,在经济、科技、教育、文化和社会管理等方面,积累了丰富经验,取得了许多历史性的文明成果。社会主义作为后起的崭新的社会制度,必须大胆借鉴、吸收人类社会包括资本主义社会创造出来的全部文明成果,结合新的实践进行新的创造,为我所用。唯有如此,才能加快发展,赢得同资本主义相比较的优势。当然,在对外开放过程中,要始终坚持独立自主的权利和原则。邓小平指出:"中国的事情要按照中国的情况来办,要依靠

---

① 中共中央宣传部:《邓小平同志建设有中国特色社会主义理论学习纲要》,学习出版社 1995 年版,第 40 页。

② 《邓小平文选》第 3 卷,人民出版社 1993 年版,第 138 页。

③ 《邓小平文选》第 3 卷,人民出版社 1993 年版,第 64、117 页。

中国人自己的力量来办。独立自主，自力更生，无论过去、现在和将来，都是我们的立足点……任何外国不要指望中国做他们的附庸，不要指望中国会吞下损害我国利益的苦果。”①

党的十一届三中全会以后，我国改革从农村实行家庭联产承包责任制率先突破，到城市经济体制改革全面铺开，我国开放从兴办经济特区到推动沿海沿江沿边和内陆中心城市对外开放，到加入世界贸易组织，实现了从高度集中的计划经济体制到充满活力的社会主义市场经济体制、从封闭半封闭到全方位开放的历史性转变。改革开放极大地调动了人民的积极性、主动性和创造精神，促进了社会生产力的快速发展，激发了全社会的生机和活力。实践证明，改革开放是当代中国发展进步的活力之源，是党和人民大踏步赶上时代的重要法宝，是坚持和发展中国特色社会主义的必由之路。

总之，改革开放初期，以邓小平同志为核心的党的第二代中央领导集体从不同的视角，科学回答了当代中国如何认识社会主义、如何建设社会主义、如何发展社会主义的一系列重大理论和实践问题，提出了一系列具有独创性的理论观点。这些理论观点相互联系、相互依存，构成了科学而完整的理论体系，进一步丰富和发展了马克思主义政治经济学的理论内容，深化了党对中国特色社会主义经济建设规律的认识，有力地指导了我国经济建设和经济发展的实践，标志着中国特色社会主义政治经济学理论体系初步形成。

第三节　中国特色社会主义政治经济学理论内涵的发展

世纪之交，国际局势风云变幻，苏联解体、东欧剧变，世界社会主义出现严重曲折，我国改革开放和现代化建设面临严峻挑战。在此背景下，以江泽民同志为核心的党的第三代中央领导集体坚持将马克思主义政治经济学基本原理与我国实际相结合，在不断总结我国改革开放新鲜经验、借鉴人类文明有益成果的基础上，提出了一系列关于我国社会主义经济建设和经济改革的新思想、新观点，进一步深化了党对社会主义经济建设和经济改革规律的认识，丰富和发展了中国特色社会主义政治经济学的理论内涵。

---

① 《邓小平文选》第3卷，人民出版社1993年版，第3页。

一、党必须始终代表中国先进生产力的发展要求

“始终代表中国先进生产力的发展要求”是以江泽民同志为核心的党的第三代中央领导集体提出的“三个代表”重要思想内容之一。“始终代表中国先进生产力的发展要求”，就是要求党的理论、路线、纲领、方针、政策和各项工作，必须符合社会生产力发展的规律，体现不断推动社会生产力解放和发展的要求，大力推进社会生产力的发展。江泽民强调，“发展是党执政兴国的第一要务”，指出始终代表中国先进生产力的发展要求，大力促进先进生产力的发展，是党站在时代前列，保持先进性的根本体现和根本要求。

围绕如何推进社会生产力的发展问题，以江泽民同志为核心的党的第三代中央领导集体从社会主义初级阶段的基本国情出发，提出了一系列重要的发展理念和发展思路。其一，调动一切积极因素，发展先进生产力。江泽民强调，发展先进生产力，必须坚持调动社会各方面的积极因素，集中全国人民的智慧和力量，尊重劳动，尊重知识，尊重人才，尊重创造，放手让一切劳动、知识、技术、管理和资本的活力竞相迸发，让一切创造社会财富的源泉充分涌流，推进现代化事业。其二，充分发挥人才在发展中的重要作用。江泽民强调，人才资源是第一资源，必须实施人才强国战略，加强人才队伍建设，为改革开放和现代化建设提供强大的人才保证。其三，创新是一个国家兴旺发达的不竭动力。江泽民强调，“科学技术是第一生产力，是先进生产力的集中体现和主要标志”①，“振兴经济首先要振兴科技”②，要求必须把发展科学技术放在首位，大力推动科技进步和创新，不断用先进科技改造和提高国民经济，努力实现我国生产力的跨越式发展。其四，要善于抓住机遇，加快发展。江泽民强调：“能不能抓住机遇，加快发展，是一个国家、一个民族赢得主动、赢得优势的关键所在。”③在深刻分析国内外形势的基础上，江泽民敏锐地指出，21 世纪头 20 年，对我国来说就是一个必须紧紧抓住并且可以大有所为的重要战略机遇期，强调一定要有主动精神和忧患意识，抓住机遇，开拓进取，聚精会神搞建设，一心一意谋发展。其五，要正确处理好改革、发展和稳定的关系。江泽民指出：“改革、发展、稳定，好比是我国现代化建设棋盘上的三着紧密关联的战略性棋子，每一着棋都下好了，相互促进，就会全局

① 《江泽民文选》第 3 卷，人民出版社 2006 年版，第 261 页。

② 《江泽民文选》第 1 卷，人民出版社 2006 年版，第 232 页。

③ 中共中央文献研究室：《江泽民论有中国特色社会主义(专题摘编)》，中央文献出版社 2002 年版，第 93 页。

皆活；如果有一着下不好，其他两着也会陷入困境，就可能全局受挫。所以把握好改革、发展、稳定的关系，是现代化建设的一项重要领导艺术。”①江泽民强调，在发展过程中一定要把改革的力度、发展的速度和社会可承受的程度统一起来，在社会稳定中推进改革发展，通过改革发展促进社会稳定。

江泽民有关发展社会生产力的一系列重要论断，继承和发展了马克思主义的生产力理论，继承和发展了邓小平关于发展才是硬道理的重要思想，实现了中国特色社会主义政治经济学生产力理论的重大发展。

二、明确我国经济体制改革的目标是建立社会主义市场经济体制

我国经济体制改革确定什么样的目标模式，是关系整个社会主义现代化建设全局的一个重大问题。江泽民强调，要加快社会生产力的发展，就必须建立更具活力、更加开放的经济体制和经济发展模式。

党的十三届四中全会后，以江泽民同志为核心的党的第三代中央领导集体创造性地提出了“社会主义市场经济体制”的概念，并在 1992 年党的十四大上正式把建立社会主义市场经济体制确立为我国经济体制改革的目标，强调我国要建立的社会主义市场经济体制是同社会主义基本制度结合在一起的，目的就是要使市场在社会主义国家宏观调控下对资源配置起基础性作用，使经济活动遵循价值规律的要求，适应供求关系的变化。针对社会上一些人提出的“为什么要在‘市场经济’前面加上‘社会主义’”，江泽民明确指出：“我们搞的是社会主义市场经济，‘社会主义’这几个字是不能没有的，这并非多余，并非画蛇添足，而恰恰相反，这是画龙点睛。所谓‘点睛’，就是点明我们的市场经济的性质……我们的市场经济是在社会主义制度下搞的，这是不同点，而我们的创造性和特色也就体现在这里”②。江泽民强调，发挥市场作用，有利于提高资源配置效率，激发经济活力，但同时也要看到，市场存在着自发性、盲目性和滞后性的一面，国家必须对市场活动加以正确的引导和调控。建立社会主义市场经济体制，就是既要强调发挥市场机制的作用，也要强调政府的宏观调控作用。

把社会主义基本制度和市场经济结合起来，建立社会主义市场经济体制，这是中国共产党总结改革开放以来的新鲜经验，总结世界社会主义运动中的历史

---

① 中共中央文献研究室：《江泽民论有中国特色社会主义（专题摘编）》，中央文献出版社 2002 年版，第 211 页。

② 中共中央文献研究室：《毛泽东 邓小平 江泽民论科学发展》，中央文献出版社、党建读物出版社 2008 年版，第 72 页。

教训，把握当今时代的特征和发展潮流，作出的一项具有划时代意义的重大决策，标志着党对社会主义经济建设发展规律认识的进一步深化，也是社会主义认识史上一次历史性的飞跃。社会主义市场经济体制改革目标的确立，打破了传统的社会主义建设模式和思路，开辟了社会主义事业的新天地、新境界。

三、把“公有制为主体、多种所有制经济共同发展”确立为我国社会主义初级阶段的一项基本经济制度

生产资料所有制是社会经济制度的核心和基础，决定着一个国家社会经济制度的性质和发展方向。以江泽民同志为核心的党的第三代中央领导集体立足我国基本国情，在不断总结社会主义建设正反两方面经验教训的基础上，明确将“公有制为主体、多种所有制经济共同发展”确立为我国社会主义初级阶段的一项基本经济制度。1997 年党的十五大报告强调，“公有制为主体、多种所有制经济共同发展，是我国社会主义初级阶段的一项基本经济制度”，强调社会主义初级阶段的基本经济制度是一个有机结合的统一体，既包括作为社会主义经济基础的公有制经济，也包括非社会主义性质的其他所有制经济。将以公有制为主体、多种所有制经济共同发展确定为社会主义初级阶段的基本经济制度，是由我国社会主义性质和初级阶段基本国情决定的。我国是社会主义性质的国家，社会主义的国家性质决定了我国国民经济的主体必须是公有制经济，必须坚持公有制经济作为社会主义经济制度的基础，必须毫不动摇地巩固和发展公有制经济。我国还处于社会主义发展的初级阶段，生产力发展水平具有明显的多层次性和不平衡性特点，社会主义初级阶段生产力发展水平的不平衡和多层次的状况决定了我国必须在坚持公有制主体地位的前提下，大力发展多种所有制经济，必须毫不动摇地鼓励、支持、引导非公有制经济发展。

在将公有制为主体、多种所有制经济共同发展确立为我国社会主义初级阶段基本经济制度的基础上，以江泽民同志为核心的党的第三代中央领导集体还对公有制经济的内涵、公有制经济的实现形式、公有制经济主体地位的体现等问题进行了理论上的阐释，明确“公有制经济不仅包括国有经济和集体经济，还包括混合所有制经济中的国有成分和集体成分”，明确公有制主体地位的体现主要是“公有资产在社会总资产中占优势；国有经济控制国民经济命脉，对经济发展起主导作用”，强调“公有资产占优势，要有量的优势，更要注重质的提高；国有经济起主导作用，主要是体现在控制力上”，明确“公有制实现形式可以而且应当多样化。一切反映社会化生产规律的经营方式和组织形式都可以大胆利用”，明确个体、私营等非公有制经济均是“社会主义市场经济的重要组成部分”。以江泽

民同志为核心的党的第三代中央领导集体对公有制经济的内涵、公有制经济的实现形式、非公有制经济的地位等问题的理论阐释，进一步解放了人们的思想，激发了市场主体的活力，促进了社会主义市场经济的发展。

把公有制为主体、多种所有制经济共同发展确定为我国社会主义初级阶段的一项基本经济制度，体现了党对社会主义初级阶段所有制结构问题的认识深化，体现了党在社会主义所有制结构问题上的重大理论创新。把公有制为主体、多种所有制经济共同发展确定为我国社会主义初级阶段的一项基本经济制度，充分体现了生产关系一定要适应生产力性质规律的客观要求，有效调动了社会各方面的生产经营积极性，激活了各方市场主体的活力，极大地促进了我国社会生产力的发展。

四、在分配领域“把按劳分配与按生产要素分配结合起来”

党的十四届三中全会之后，面对分配领域存在的一些矛盾和问题，以江泽民同志为核心的党的第三代中央领导集体高瞻远瞩，大胆决断，先后提出了许多规范和指导分配关系改革和分配机制优化的原则性意见，实现了对马克思主义分配理论的重大创新和发展，丰富和发展了中国特色社会主义政治经济学的分配理论。一是强调在收入分配领域，一定要坚持以按劳分配为主体、多种分配方式并存的分配制度，强调按劳分配为主体、多种分配方式并存的收入分配制度是社会主义初级阶段所有制结构的内在要求和必然结果。二是强调在收入分配上坚持“效率优先、兼顾公平”的原则，既要鼓励一部分人通过诚实劳动、合法经营先富起来，又要加强政府对收入分配的调节职能，防止收入差距过大。三是要求“完善分配调节机制，整顿和规范收入分配秩序”，强调要采取有效措施，规范收入分配秩序，完善收入分配机制。四是主张“把按劳分配与按生产要素分配结合起来”，明确“国家依法保护法人和居民的一切合法收入和财产，鼓励城乡居民储蓄和投资，允许属于个人的资本等生产要素参与收益分配”。在社会主义初级阶段，把按劳分配和按生产要素分配结合起来，确立劳动、资本、技术、管理等生产要素按贡献参与分配的原则，是对传统分配方式的重大突破。只有坚持按劳分配的主体地位，才能调动最广大人民的劳动积极性，保证社会公平，实现全体人民的共同富裕；只有实行按生产要素分配，才能优化资源配置，提高经济效率，促进经济发展。

五、提出了“引进来”和“走出去”相结合的对外开放战略

对外开放是我国的一项基本国策。20世纪90年代后，以江泽民同志为核心的党的第三代中央领导集体紧紧把握经济全球化加快发展的趋势，强调要不断丰富对外开放的形式和内容，不断提高对外开放的质量和水平。江泽民指出："我们搞现代化建设，必须到国际市场的大海中去游泳，虽然我们这方面的能力还不强，但是要奋力地去游，并且要力争上游，不断提高我们搏风击浪的本领。"①江泽民强调，在对外开放中要坚持“引进来”和“走出去”相结合，既要向外国开放我国的市场，又要积极主动地去开拓国外市场，只进不出或只出不进，都不是完全的开放。江泽民形象地说，"‘引进来’和‘走出去’是对外开放的两个轮子，必须同时转动起来"②，只有“引进来”和“走出去”两个轮子同时转动起来，才能充分利用国际国内两个市场、两种资源，以开放促改革、促发展。同时，在对外开放的过程中，要始终注意维护国家的主权和经济社会安全，注意防范和化解国际风险的冲击。江泽民反复强调，在“我们这样大的社会主义国家搞现代化建设，必须处理好扩大对外开放和坚持自力更生的关系，把立足点放在依靠自己力量的基础上”③。

总之，世纪之交，以江泽民同志为核心的党的第三代中央领导集体立足我国实际，紧密结合时代发展的新形势和我国现代化建设的新要求，创造性地提出了一系列有关我国经济建设、经济改革、经济发展的新思想、新理念，形成了一系列富有独创性的新的理论成果，丰富和发展了中国特色社会主义政治经济学的理论内涵。

第四节　中国特色社会主义政治经济学理论内涵的进一步发展

进入21世纪后，我国进入发展关键期、改革攻坚期和矛盾凸显期，经济社会发展面临一系列新的矛盾和问题，呈现出一系列新的阶段性特征。在此背景下，以胡锦涛同志为总书记的党中央提出了科学发展观的重大理论命题，创造性

---

① 中共中央文献研究室:《江泽民论有中国特色社会主义(专题摘编)》，中央文献出版社2002年版，第195页。

② 《江泽民文选》第3卷，人民出版社2006年版，第457页。

③ 中共中央文献研究室:《江泽民论有中国特色社会主义(专题摘编)》，中央文献出版社2002年版，第207页。

地回答了新世纪新阶段我国为什么发展、发展什么、为谁发展、靠谁发展和怎样发展等一系列带有根本性的重大理论和实践问题，进一步深化了党对经济社会发展规律的认识，进一步丰富、发展了中国特色社会主义政治经济学的理论内涵。

一、我国所谋求的发展是科学发展

科学发展观的第一要义是发展。胡锦涛指出："发展是解决中国一切问题的总钥匙，发展对于全面建设小康社会、加快推进社会主义现代化，对于开创中国特色社会主义事业新局面、实现中华民族伟大复兴，具有决定性意义。"①但什么是发展？我们要实现什么样的发展？这是我国在社会主义现代化实践中迫切需要思考和解决的重大理论和现实问题。面对进入新世纪新阶段我国在进一步推进发展过程中所面临的新问题和新挑战，以胡锦涛同志为总书记的党中央在认真总结历史经验教训的基础上，明确提出我国所谋求的发展是科学发展，是讲求质量和效益的发展。

围绕如何推进科学发展的问题，以胡锦涛同志为总书记的党中央从社会主义初级阶段的基本国情出发，提出了一系列重要的思想。其一，坚持科学发展，必须加快转变经济发展方式。强调要坚持把经济结构战略性调整作为主攻方向，坚持把科技进步和创新作为重要支撑，坚持把保障和改善民生作为根本出发点和落脚点，坚持把建设资源节约型、环境友好型社会作为重要着力点，坚持把改革开放作为强大动力，努力使加快转变经济发展方式要求贯穿经济社会发展全过程和各领域，切实做到在发展中促转变、在转变中谋发展。其二，坚持科学发展，必须推动科学技术的跨越式发展。在深刻分析科学技术对于发展的重要作用和当今世界科技发展趋势的基础上，以胡锦涛同志为总书记的党中央明确提出了建设创新型国家的重大战略思想。强调提高自主创新能力，建设创新型国家，是国家发展战略的核心，是提高综合国力的关键。提出要大力实施科教兴国战略，把科技和教育摆在优先发展的战略地位，坚持自主创新、重点跨越、支撑发展、引领未来的方针，制定和实施正确有效的科技政策措施，大力提高自主创新能力，加快把知识和技术转化为现实生产力，为经济社会发展提供强大的科技支撑。其三，坚持科学发展，必须培养高素质的创新型人才。胡锦涛强调，"人才问题是关系党和国家事业发展的关键问题"②，强调要坚定不移地实施人才强国

① 《胡锦涛文选》第 3 卷，人民出版社 2016 年版，第 95 页。

② 《胡锦涛文选》第 2 卷，人民出版社 2016 年版，第 123 页。

战略，坚持尊重劳动、尊重知识、尊重人才、尊重创造，确立人才优先发展战略布局，努力造就数以亿计的高素质劳动者、数以千万计的专门人才和一大批拔尖创新人才，推动我国由人力资源大国向人才强国迈进。

二、坚持发展为了人民、发展依靠人民、发展成果由人民共享

科学发展观的核心是以人为本。以人为本的“人”，是指人民群众，就是以工人、农民、知识分子等劳动者为主体，包括社会各阶层人民在内的中国最广大人民；“本”，就是根本，就是出发点和落脚点。“以人为本”的精髓就是“坚持发展为了人民、发展依靠人民、发展成果由人民共享”①。“发展为了人民”体现的是党“全心全意为人民服务”的根本宗旨；“发展依靠人民”体现的是党“相信群众、依靠群众”的群众路线；“发展成果由人民共享”体现的是“共同富裕”的社会主义本质。

坚持发展为了人民，就是要始终把最广大人民的根本利益放在第一位。胡锦涛指出，推进发展的根本目的就是造福人民，“必须始终把人民利益放在第一位，把实现好、维护好、发展好最广大人民根本利益作为一切工作的出发点和落脚点，做到权为民所用、情为民所系、利为民所谋，使我们的工作获得最广泛最可靠最牢固的群众基础和力量源泉”②。要顺应各族人民过上更好生活的新期待，把发展的目的真正落实到满足人民需要、实现人民利益上，在经济社会发展的各个环节、各项工作中都体现和保障人民群众的利益。

坚持发展依靠人民，就是要从人民群众的伟大创造中汲取发展智慧和力量。要牢固树立人民群众是历史创造者的观点，虚心向人民群众学习，深入了解民情、充分反映民意、广泛集中民智，做到问政于民、问需于民、问计于民，做到谋划发展思路向人民群众问计，查找发展中的问题听人民群众意见，改进发展措施向人民群众请教，落实发展任务靠人民群众努力，衡量发展成效由人民群众评判，最大限度地集中全社会全民族的智慧和力量。

坚持发展成果由人民共享，就是要让人民群众的物质文化生活水平不断提高。要坚持把最广大人民群众的根本利益作为制定和贯彻党的方针政策的基本着眼点，在促进发展的同时，把维护社会公平放到更加突出的位置，促进创造财富和公平分配的协调，下大气力解决好各种民生问题，使发展成果更多更公平惠及全体人民，朝着共同富裕方向稳步前进。

---

① 《胡锦涛文选》第 3 卷，人民出版社 2016 年版，第 4 页。

② 《胡锦涛文选》第 3 卷，人民出版社 2016 年版，第 532 页。

三、推进全面协调可持续发展

全面协调可持续是科学发展观的基本要求。胡锦涛指出："之所以把全面协调可持续作为科学发展观的基本要求来强调，这是因为：一方面，经过长期发展，我们积累了较为雄厚的物质技术条件，可以在推进全面协调可持续发展上有更大作为；另一方面，城乡区域发展不平衡、经济社会发展不协调、经济发展与人口资源环境不适应等问题更加突出地摆在了我们面前，我们只有更加自觉地推进全面协调可持续发展，才能更好化解对我国发展的各种制约因素，更好推动我国发展进程，确保实现我国发展的战略目标。"①

全面协调可持续中的"全面"是指发展要有全面性、整体性，不仅经济发展，而且各个方面都要发展；"协调"是指发展要有协调性、均衡性，各个方面、各个环节的发展要相互适应、相互促进；"可持续"是指发展要有持久性、连续性，不仅当前要发展，而且要保证长远发展。

坚持全面发展，就是要坚持以经济建设为中心，把社会主义经济建设、政治建设、文化建设、社会建设、生态文明建设作为统一的任务来把握，作为统一的工作来部署，作为统一的目标来落实，全面推进中国特色社会主义事业。

坚持协调发展，就是要正确处理经济与社会发展、城市与农村发展、东中西部发展、人与自然界发展、国内发展和对外开放、改革发展稳定等现代化建设中的重大关系，促进现代化建设各个环节、各个方面相协调，促进生产关系与生产力、上层建筑与经济基础相协调。

坚持可持续发展，就是要把推进生产发展、实现生活富裕、保持生态良好有机统一起来，坚持以生产发展为基础，以生活富裕为目的，以生态良好为条件，努力实现社会经济系统和自然生态系统的良性循环。

四、总揽全局，统筹规划

科学发展观的根本方法是统筹兼顾。作为科学发展观的根本方法，统筹兼顾具有深刻的科学内涵。统筹兼顾不是简单地摆平各种关系，而是"既要总揽全局、统筹规划，又要抓住牵动全局的主要工作、事关群众利益的突出问题，着力推

---

① 中共中央文献研究室：《科学发展观重要论述摘编》，中央文献出版社、党建读物出版社 2008 年版，第 42 页。

进、重点突破”①。胡锦涛指出，党要解决发展中面对的一系列世所罕见的矛盾和困难，“就必须善于从千头万绪、纷繁复杂的事物和事物的普遍联系中抓住主要矛盾和矛盾的主要方面，同时又必须善于统筹协调、把握平衡，在事物的普遍发展中形成有利于突破主要矛盾和矛盾主要方面的合力，不断提高驾驭复杂局面、解决复杂问题能力，不断推动经济社会向前发展”②，“只有坚持统筹兼顾，我们才能真正处理好我国这样一个十几亿人口的发展中大国的改革发展稳定问题，真正处理好全体人民的根本利益和各方面的利益问题，真正把全体人民和各方面的积极性、主动性、创造性充分发挥出来，为推进党和国家事业形成广泛共识、集聚强大力量”③。

坚持统筹兼顾，就是要妥善处理中国特色社会主义事业中的重大关系。如统筹城乡发展，就是要促进城乡共同繁荣，推动城乡发展一体化；统筹区域发展，就是要充分发挥各地区比较优势，逐步形成东中西部相互促进、优势互补、共同发展的新格局；统筹经济社会发展，就是要实现经济发展与社会进步的有机统一；统筹人与自然和谐发展，就是要处理好经济建设、人口增长与资源利用、生态环境保护的关系，增强可持续发展的能力；统筹国内发展和对外开放，就是要努力促进我国发展和各国共同发展的良性互动。

科学发展观以前瞻的眼光创新发展模式、健全发展机制、提高发展质量，努力实现经济与社会、人与自然在发展中的良性互动，大大丰富了社会主义发展的内涵，创新了社会主义发展的理念，开拓了社会主义发展的思路，破解了社会主义发展的难题，创造性地回答了新形势下实现什么样的发展、怎样发展等重大理论和现实问题，进一步深化了党对中国特色社会主义经济发展规律的认识，进一步丰富和发展了中国特色社会主义政治经济学的理论内涵。

第五节　中国特色社会主义政治经济学的最新理论成果

党的十八大以后，中国特色社会主义发展进入了新时代，中华民族伟大复兴进入关键时期，中国式现代化全面推进拓展。世界百年未有之大变局加速演进，新一轮科技革命和产业革命深入发展，世界之变、时代之变、历史之变以前所未

---

① 中共中央文献研究室:《科学发展观重要论述摘编》，中央文献出版社、党建读物出版社 2008 年版，第 50 页。

② 《胡锦涛文选》第 3 卷，人民出版社 2016 年版，第 170 页。

③ 中共中央文献研究室:《科学发展观重要论述摘编》，中央文献出版社、党建读物出版社 2008 年版，第 53 页。

有的方式展开。在此背景下，以习近平同志为核心的党中央立足新时代中国特色社会主义建设和发展的实际，结合新时代中国特色社会主义发展的新特点和新要求，科学回答了“新时代坚持和发展什么样的中国特色社会主义、怎样坚持和发展中国特色社会主义”“建设什么样的社会主义现代化强国、怎样建设社会主义现代化强国”等重大理论和实践问题，不仅明确提出了坚持和发展中国特色社会主义政治经济学的重大原则，而且从世界观和方法论的角度提出了很多前人马克思主义者未曾提过的新观点、新思想、新理念、新方法，形成了习近平经济思想。习近平经济思想是中国特色社会主义政治经济学的最新理论成果，是具有中国特色、中国风格、中国气派的21世纪马克思主义政治经济学，为引领中国经济迈上高质量发展提供了根本遵循。

一、提出了坚持和发展中国特色社会主义政治经济学的重大原则

恩格斯曾经说过：“一门科学提出的每一种新见解都包含这门科学的术语的革命。”[①]新中国成立以来，特别是改革开放以来，中国特色社会主义经济理论和实践的发展取得了举世瞩目的巨大成就，形成了关于发展社会主义经济的一系列新的重要理论成果，如何科学概括我国在理论和实践发展中所取得的这些重要成果，一直是理论界和学术界思考和研究的一个重大课题。在2015年12月召开的中央经济工作会议上，习近平明确提出：“要坚持中国特色社会主义政治经济学的重大原则，坚持解放和发展社会生产力，坚持社会主义市场经济改革方向，使市场在资源配置中起决定性作用，是深化经济体制改革的主线。”在这里，习近平不仅明确提出了“中国特色社会主义政治经济学”这一理论范畴或概念术语，而且明确提出了坚持和发展中国特色社会主义政治经济学应坚持的重大原则。“中国特色社会主义政治经济学”这一理论范畴或概念术语与坚持和发展中国特色社会主义政治经济学应坚持的重大原则的提出，具有鲜明的时代意义和深远的理论意义，它不仅表明中国共产党人对中国特色社会主义经济本质和特征的认识、对中国特色社会主义经济发展规律的认识达到了一个新的高度，也表明中国共产党人在经济理论上的自觉和自信达到了新的高度，同时也为在实践中进一步发展和完善中国特色社会主义政治经济学指明了方向。

① 《马克思恩格斯文集》第5卷，人民出版社2009年版，第32页。

二、实现了对中国特色社会主义政治经济学理论内涵的重大发展

党的十八大以来，以习近平同志为核心的党中央围绕“新时代坚持和发展什么样的中国特色社会主义、怎样坚持和发展中国特色社会主义”“建设什么样的社会主义现代化强国、怎样建设社会主义现代化强国”等重大理论和实践命题，在不断总结历史的经验教训的基础上，在对国内外经济形势进行科学分析和研判的基础上，在不断总结和凝练新时代中国特色社会主义经济建设经验的基础上，提出了一系列具有创新性的经济发展理念和发展思想，实现了对中国特色社会主义政治经济学理论内涵的重大发展。

（一）进一步明确了“两个一百年”的奋斗目标，清晰擘画了全面建成社会主义现代化国家的宏伟蓝图

党的十八大以来，在全面总结新世纪以来所取得的重大历史性成就的基础上，以习近平同志为核心的党中央进一步明确了我国现代化发展的奋斗目标，并明确规定了实现社会主义现代化目标的路线图、时间表和任务书。在综合分析国际国内形势和我国发展条件的基础上，2017 年 10 月，党的十九大报告明确提出：“从二〇二〇年到本世纪中叶可以分两个阶段来安排。第一个阶段，从二〇二〇年到二〇三五年，在全面建成小康社会的基础上，再奋斗十五年，基本实现社会主义现代化。……第二个阶段，从二〇三五年到本世纪中叶，在基本实现现代化的基础上，再奋斗十五年，把我国建成富强民主文明和谐美丽的社会主义现代化强国。”2021 年 7 月，在庆祝中国共产党成立 100 周年大会上，习近平庄严宣告：“经过全党全国各族人民持续奋斗，我们实现了第一个百年奋斗目标，在中华大地上全面建成了小康社会，历史性地解决了绝对贫困问题，正在意气风发向着全面建成社会主义现代化强国的第二个百年奋斗目标迈进。”2022 年 10 月，党的二十大报告明确：“从现在起，中国共产党的中心任务就是团结带领全国各族人民全面建成社会主义现代化强国、实现第二个百年奋斗目标，以中国式现代化全面推进中华民族伟大复兴。”

（二）强调社会主义初级阶段本身也是分阶段的，不同的阶段会呈现不同的发展特点

科学认识、准确判断我国经济社会发展所处的历史阶段，是党制定正确的经济发展战略和政策的前提和基础。党的十八大以来，以习近平同志为核心的党中央坚持改革开放后党中央历届领导集体对我国基本国情的认识，明确强调“我

国仍处于并将长期处于社会主义初级阶段的基本国情没有变”①,要求全党要牢牢把握社会主义初级阶段这个基本国情,牢牢立足社会主义初级阶段这个最大实际,同时强调,“社会主义初级阶段不是一个静态、一成不变、停滞不前的阶段,也不是一个自发、被动、不用费多大气力自然而然就可以跨过的阶段,而是一个动态、积极有为、始终洋溢着蓬勃生机活力的过程,是一个阶梯式递进、不断发展进步、日益接近质的飞跃的量的积累和发展变化的过程”②,强调社会主义初级阶段是一个很长历史时期,本身也是分阶段的,不同的阶段会呈现不同的发展特点。

2014 年,在综合分析我国经济发展所呈现出的各种新特征的基础上,以习近平同志为核心的党中央明确作出了我国经济发展进入“新常态”的科学判断,并高度概括了我国经济发展进入新常态所呈现的主要特点。一是经济增长速度“从高速增长转为中高速增长”,二是经济结构“不断优化升级”,三是经济增长动力“从要素驱动、投资驱动转向消费驱动、创新驱动”。习近平强调,经济发展进入新常态,是我国经济发展阶段性特征的必然反映,是我国经济向形态更高级、分工更优化、结构更合理的阶段演进的必经过程,强调“适应新常态、把握新常态、引领新常态是当前和今后一个时期我国经济发展的大逻辑”。

2017 年,党的十九大报告明确提出,“经过长期努力,中国特色社会主义进入了新时代,这是我国发展新的历史方位”,并强调“这个新时代,是承前启后、继往开来、在新的历史条件下继续夺取中国特色社会主义伟大胜利的时代,是决胜全面建成小康社会、进而全面建设社会主义现代化强国的时代,是全国各族人民团结奋斗、不断创造美好生活、逐步实现全体人民共同富裕的时代,是全体中华儿女勠力同心、奋力实现中华民族伟大复兴中国梦的时代,是我国日益走近世界舞台中央、不断为人类作出更大贡献的时代”。中国特色社会主义进入新时代是党对国情、对所处的发展阶段作出的全面、准确、清晰的判断,为新时代制定党和国家大政方针政策提供了科学的理论依据。

2021 年,在省部级主要领导干部学习贯彻党的十九届五中全会精神专题研讨班的讲话中,习近平指出:“全面建成小康社会、实现第一个百年奋斗目标之后,我们要乘势而上开启全面建设社会主义现代化国家新征程、向第二个百年奋斗目标进军,这标志着我国进入了一个新发展阶段。”习近平强调,新发展阶段是我国社会主义发展进程中的一个重要阶段,是“经过几十年积累、站到了新的起点上的一个阶段”,强调“进入新发展阶段,是中华民族伟大复兴历史进程的大跨越”。

---

① 《习近平谈治国理政》第 1 卷,外文出版社 2018 年版,第 93 页。

② 《习近平谈治国理政》第 4 卷,外文出版社 2022 年版,第 165 页。

"我国经济发展进入新常态""中国特色社会主义进入新时代""我国进入了一个新发展阶段",是以习近平同志为核心的党中央在科学分析国内外经济发展形势、准确把握我国基本国情的基础上,针对我国经济发展的阶段性特征所作出的重大战略判断,它高度概括了新时代我国经济发展呈现的趋势性特征,进一步丰富和拓展了社会主义初级阶段理论,进一步深化了党对社会主义初级阶段理论的认识,进一步深化了党对社会主义初级阶段发展演进规律的认识,实现了中国特色社会主义政治经济学在社会主义发展阶段理论上的重大突破。

(三)深化了中国特色社会主义政治经济学关于发展理念的认识,拓展了党对中国特色社会主义经济发展规律的认识

习近平指出,"发展理念是发展行动的先导,是管全局、管根本、管方向、管长远的东西,是发展思路、发展方向、发展着力点的集中体现","一定的发展实践都是由一定的发展理念来引领的",但"发展是一个不断变化的进程,发展环境不会一成不变,发展条件不会一成不变,发展理念自然也不会一成不变"。[①] 党的十八大以来,以习近平同志为核心的党中央在继承前人的基础上,围绕发展理念问题,提出了一系列创新性的思想,深化了党对中国特色社会主义经济发展规律的认识,极大地丰富了中国特色社会主义政治经济学的发展理论。

其一,进一步突出强调了"发展"的重要性。习近平强调,"发展是党执政兴国的第一要务,是解决中国所有问题的关键"[②];强调要用发展的办法解决问题、化解矛盾,以发展的办法实现社会进步、人的全面自由发展;强调发展必须遵循规律,在发展过程中一定要"四化"同步,要"五位一体",要"公有制经济和非公有制经济共同发展",要"统筹国内国际两个大局,利用好国际国内两个市场、两种资源",要发挥好"两只手"的作用。这些重要思想和论述,极大地丰富了中国特色社会主义政治经济学关于发展问题的认识。

其二,创造性地提出了"以人民为中心"的发展思想。党的十八大以来,以习近平同志为核心的党中央紧扣发展为了人民、发展依靠人民这一主题,明确提出了"以人民为中心"的发展理念,强调"人民对美好生活的向往,就是我们的奋斗目标"[③],强调"我们要坚持'以百姓心为心',倾听人民心声,汲取人民智慧,始终把实现好、维护好、发展好最广大人民根本利益作为一切工作的出发点和落脚

---

① 中共中央文献研究室:《习近平关于社会主义经济建设论述摘编》,中央文献出版社 2017 年版,第 20～21 页。

② 《习近平谈治国理政》第 2 卷,外文出版社 2017 年版,第 38 页。

③ 《习近平谈治国理政》,外文出版社 2014 年版,第 3 页。

点，让发展成果更多更公平惠及全体人民"[①]，强调"人民是历史的创造者，是决定党和国家前途命运的根本力量"[②]。"以人民为中心"的发展思想，进一步明确回答了发展为了谁、发展依靠谁、发展成果由谁享有这些重大问题，进一步明确了中国特色社会主义政治经济学的目的、方向和动力等基本问题，进一步深化了马克思主义人民观的理论内涵。

其三，创造性地提出了"加强党对经济工作的全面领导"的重大理论观点。坚持和加强党的领导是我国社会主义市场经济体制的重要特征，是确保我国经济沿着正确方向发展的内在要求，是中国特色社会主义最本质的特征，是中国特色社会主义制度的最大优势。习近平强调，"加强党对经济工作的全面领导，是坚持党的全面领导的题中应有之义，是'中国之治'的独特优势，也是做好经济工作的根本保证"[③]，"我们党是执政党，抓好经济工作责无旁贷、义不容辞"[④]，"经济工作是中心工作，党的领导当然要在中心工作中得到充分体现，抓住了中心工作这个牛鼻子，其他工作就可以更好展开"[⑤]，"党中央必须对经济工作负总责、实施全面领导"[⑥]，强调"坚持加强党对经济工作的全面领导，完善党中央领导经济工作的体制机制"是我国经济沿着正确方向发展的重要保证。强调党的领导要在经济工作中得到充分体现，深刻阐明了社会主义条件下经济和政治高度统一的辩证关系，丰富发展了马克思主义政治经济学关于经济和政治关系的理论，深化了党对共产党执政规律和社会主义建设规律的认识，为确保我国经济沿着社会主义方向前行提供了根本政治保证。

其四，创造性地提出了"创新、协调、绿色、开放、共享"新发展理念。"创新、协调、绿色、开放、共享"新发展理念，是以习近平同志为核心的党中央在经济新常态大背景下提出的有关我国经济发展的大思路、大战略，是破解新常态下我国经济发展面临的各种矛盾与问题的有效路径，是中国共产党人主动适应经济新常态的核心理念和要求。新发展理念明确回答了关于发展的目的、动力、方式、路径等一系列理论和实践问题，阐明了党关于发展的政治立场、价值导向、发展

---

① 中共中央文献研究室：《习近平关于社会主义社会建设论述摘编》，中央文献出版社 2017 年版，第 9 页。

② 《习近平著作选读》第 2 卷，人民出版社 2023 年版，第 17 页。

③ 桑学成、刘伟：《加强党对经济工作的全面领导》，郑庆东主编：《习近平经济思想研究文集(2022)》，人民出版社 2023 年版，第 105 页。

④ 中共中央文献研究室：《习近平关于社会主义经济建设论述摘编》，中央文献出版社 2017 年版，第 321～322 页。

⑤ 中共中央文献研究室：《习近平关于社会主义经济建设论述摘编》，中央文献出版社 2017 年版，第 318 页。

⑥ 《习近平著作选读》第 2 卷，人民出版社 2023 年版，第 63 页。

模式、发展道路等重大问题，集中反映了党对经济社会发展规律性认识的深化，体现了中国特色社会主义政治经济学在发展理念上的新拓展和新高度。

其五，明确提出了高质量发展的目标要求。伴随着中国特色社会主义进入新时代，我国经济发展也进入了新时代，基本特征就是我国经济已由高速增长阶段转向高质量发展阶段。习近平强调，推动经济高质量发展，是保持经济持续健康发展的必然要求，是适应我国社会主要矛盾变化和全面建设社会主义现代化国家的必然要求，是遵循经济规律发展的必然要求，强调新时代我国经济社会发展必须以推动高质量发展为主题，把发展质量摆在更加突出的位置，着力提升发展质量和效益。2022 年 10 月，党的二十大报告进一步明确："高质量发展是全面建设社会主义现代化国家的首要任务。"

（四）进一步深化了对社会主义初级阶段基本经济制度的认识，对社会主义初级阶段基本经济制度内涵的概括更加全面、表述更加科学

基本经济制度是国家依据社会性质及基本国情，通过法律对社会经济秩序作出明确规定的经济制度，是社会经济在生产关系中最基本的规定。

生产资料所有制是社会经济制度的核心和基础，决定着一个国家社会经济制度的性质和发展方向。进入新时代，以习近平同志为核心的党中央进一步明确强调，"公有制为主体、多种所有制经济共同发展的基本经济制度，是中国特色社会主义制度的重要支柱，也是社会主义市场经济体制的根基"，强调"公有制经济和非公有制经济都是社会主义市场经济的重要组成部分，都是我国经济社会发展的重要基础"，要求"必须毫不动摇巩固和发展公有制经济，坚持公有制主体地位，发挥国有经济主导作用，不断增强国有经济活力、控制力、影响力。必须毫不动摇鼓励、支持、引导非公有制经济发展，激发非公有制经济活力和创造力"。[①]

分配制度是社会经济制度的重要内容。分配制度直接关系到人民群众的切身利益以及群众生产积极性的调动，是影响经济社会可持续发展的根本问题之一。党的十八大后，以习近平同志为核心的党中央进一步强调，要坚持按劳分配为主体、多种分配方式并存的分配制度，并在此基础上创新性地提出了"两个同步"和"两个提高"的收入分配理念，即"努力实现居民收入增长和经济发展同步、劳动报酬增长和劳动生产率提高同步，提高居民收入在国民收入分配中的比重，提高劳动报酬在初次分配中的比重"；同时强调要进一步"完善劳动、资本、技术、管理等要素按贡献参与分配的初次分配机制"，进一步优化劳动力、资本、土地、

① 中共中央文献研究室：《十八大以来重要文献选编》（上），中央文献出版社 2014 年版，第 514～515 页。

技术、管理等要素配置。[①]

社会主义市场经济体制是适应我国基本国情和时代进步要求的制度安排，是中国特色社会主义的重大理论和实践创新。党的十八届三中全会指出："经济体制改革是全面深化改革的重点，核心问题是处理好政府和市场的关系，使市场在资源配置中起决定性作用和更好发挥政府作用。"这一重大判断，是党对中国特色社会主义经济建设规律认识的新突破，标志着社会主义市场经济发展进入了一个新阶段。

2019 年，党的十九届四中全会明确提出，要坚持和完善"公有制为主体、多种所有制经济共同发展，按劳分配为主体、多种分配方式并存，社会主义市场经济体制等社会主义基本经济制度"，明确将所有制、分配制度和经济体制三个方面有机联系在一起，从生产、分配、交换和消费四个环节相互联系的角度概括社会主义初级阶段基本经济制度的内涵，使社会主义初级阶段基本经济制度的内容更加全面，表述更加科学。公有制为主体的所有制结构是社会主义基本经济制度的基础，决定了中国特色社会主义经济性质的总体格局；按劳分配为主体的分配结构是所有制结构的利益实现，决定了共富共享的总体格局；社会主义市场经济体制是经济资源配置的主要方式，决定了市场与政府双重调节的总体格局。"三位一体"的社会主义初级阶段基本经济制度的确定具有极为重大的理论意义、现实意义和深远的历史意义，它既体现了社会主义经济制度的优越性，又同我国社会主义初级阶段社会生产力发展水平相适应；既适应了新时代我国经济高质量发展的内在要求，又是中国特色社会主义市场经济体制逐渐完善、成熟并走向定型的客观必然和新的升华；既有利于坚持社会主义市场经济体制改革与完善的方向，又有利于更好地全面贯彻新发展理念。新时代党对社会主义初级阶段基本经济制度的高度概括，是中国特色社会主义政治经济学的重大理论创新，标志着党对社会主义初级阶段基本经济制度的认识更加成熟和完善，也标志着我国社会主义基本经济制度更加成熟、更加定型。

（五）进一步深化了对政府与市场关系的认识，标志着党对政府与市场关系的认识达到了新境界

政府与市场作为现代市场经济体系中两个重要的调节资源配置和经济运行的力量和手段，各有长处，但也各有不足。习近平指出，"市场配置资源是最有效率的形式。市场决定资源配置是市场经济的一般规律，市场经济本质上就是市

① 中共中央文献研究室：《十八大以来重要文献选编》（上），中央文献出版社 2014 年版，第 28 页。

场决定资源配置的经济。健全社会主义市场经济体制必须遵循这条规律”，但“我国实行的是社会主义市场经济体制，我们仍然要坚持发挥我国社会主义制度的优越性、发挥党和政府的积极作用”。[①] 习近平强调，“在社会主义条件下发展市场经济，是我们党的一个伟大创举。我国经济发展获得巨大成功的一个关键因素，就是我们既发挥了市场经济的长处，又发挥了社会主义制度的优越性。我们是在中国共产党领导和社会主义制度的大前提下发展市场经济，什么时候都不能忘了‘社会主义’这个定语”[②]。习近平反复强调，在处理政府与市场的关系问题上，一定要讲辩证法、两点论，要“使市场在资源配置中起决定性作用”和“更好发挥政府作用”有机统一起来，“既不能用市场在资源配置中的决定性作用取代甚至否定政府作用，也不能用更好发挥政府作用取代甚至否定使市场在资源配置中起决定性作用”[③]，要把政府与市场两方面的优势都发挥好，既要有效的市场，也要有为的政府，努力形成市场作用和政府作用有机统一、相互补充、相互协调、相互促进的格局。党的十八大以来，以习近平同志为核心的党中央对政府与市场关系问题认识的深化，标志着党对政府与市场关系的认识达到了新境界，为实践上正确处理政府与市场的关系指明了方向。

(六)创新性地提出了一系列宏观经济发展战略思想，极大地丰富了马克思主义政治经济学的宏观调控理论

党的十八大以后，中国特色社会主义逐渐进入了新时代，我国经济发展面临的突出矛盾和问题，不再是总量不足、供给短缺，而是发展不协调、不平衡，是广大人民群众日益增长的美好生活需要难以得到有效满足。为此，习近平在党的十九大报告中明确指出，“中国特色社会主义进入新时代，我国社会主要矛盾已经转化为人民日益增长的美好生活需要和不平衡不充分的发展之间的矛盾”，强调发展不平衡不充分是新时代我国社会主要矛盾的主要方面，强调深化供给侧结构性改革是化解新时代我国社会主要矛盾的关键，是“当前和今后一个时期经济发展和经济工作的主线”。将深化供给侧结构性改革作为我国经济体制改革的重要方面，体现了党对社会主义经济运行规律认识的深化，不仅进一步丰富发

---

① 中共中央文献研究室：《习近平关于社会主义经济建设论述摘编》，中央文献出版社 2017 年版，第 52、53 页。

② 中共中央文献研究室：《习近平关于社会主义经济建设论述摘编》，中央文献出版社 2017 年版，第 64 页。

③ 中共中央文献研究室：《习近平关于社会主义经济建设论述摘编》，中央文献出版社 2017 年版，第 59 页。

展了马克思主义政治经济学关于生产和需求关系的理论，而且为保持我国经济持续健康发展开出了治本良方。

党的十八大以后，世界百年未有之大变局加速演进，不确定、难预料因素增多。为适应我国新发展阶段要求、塑造国际合作和竞争新优势、把握发展主动权，以习近平同志为核心的党中央创造性地提出了“加快构建以国内大循环为主体、国内国际双循环相互促进的新发展格局”的战略任务。习近平强调，构建新发展格局既是新时代发挥我国超大规模经济体优势的内在要求，也是新时代我国经济发展赢得主动地位的必然要求，是党根据我国发展阶段、环境和条件变化，特别是基于我国比较优势变化，审时度势作出的重大决策。

区域发展不协调不平衡是我国经济发展中面临的一大难题，事涉高质量发展，关系我国经济全局。党的十八大以来，为推进我国区域经济协调发展、高质量发展，以习近平同志为核心的党中央先后确立了京津冀协同发展、长江经济带发展、粤港澳大湾区建设、长三角一体化发展、黄河流域生态保护和高质量发展等相互衔接、相互依托的重大区域协调发展战略，推动形成了主体功能明显、优势互补、高质量发展的一系列区域经济布局。区域协调发展战略的实施，产生了明显的叠加效应、协同效应和融合效应，极大地激发了区域发展的内生动力，有力地推动了全国经济的适度空间均衡和区域经济的全面协调发展。

此外，以习近平同志为核心的党中央还从我国宏观经济发展全局出发，明确提出了“五位一体”总体布局、“四个全面”战略布局、“新四化”同步发展、实施乡村振兴战略等一系列带有全局性、长远性的发展战略。

以习近平同志为核心的党中央提出的深化供给侧结构性改革、构建新发展格局、实现区域协调发展、实施乡村振兴战略等重大宏观经济发展战略思想，是中国特色社会主义政治经济学在新时代所取得的重大理论成果，是对中国特色社会主义政治经济学作出的重大创新性贡献和发展，极大地丰富了马克思主义政治经济学的宏观调控理论，为实践中完善社会主义市场经济体制、推进国家治理体系和治理能力现代化、实现经济高质量发展提供了科学的指导。

（七）提出了一系列具有创新性的对外开放思想，实现了对中国特色社会主义政治经济学对外开放理论的创新性发展

党的十八大以来，以习近平同志为核心的党中央顺应时代发展的需要，反复强调“中国开放的大门永远不会关上”，“中国开放的大门只会越开越大”，强调“开放是国家繁荣发展的必由之路”。同时，以习近平同志为核心的党中央站在国内国际两个大局的高度，综览国内外发展大势，以战略思维和全球视野，提出

了一系列具有创新性的对外开放思想，如“必须适应经济全球化新趋势、准确判断国际形势新变化、深刻把握国内改革发展新要求，以更加积极有为的行动，推进更高水平的对外开放，加快实施自由贸易区战略，加快构建开放型经济新体制，以对外开放的主动赢得经济发展的主动、赢得国际竞争的主动”①，“在更大范围、更宽领域、更深层次上提高开放型经济水平”②，“奉行互利共赢的开放战略”，“推动构建人类命运共同体”等。特别是习近平从世界面临百年未有之大变局的背景出发，提出了建设“丝绸之路经济带”和“21世纪海上丝绸之路”的合作倡议，强调“一带一路”建设“是我国扩大对外开放的重大战略举措和经济外交的顶层设计，是我国今后相当长时期对外开放和对外合作的管总规划，也是我国推动全球治理体系变革的主动作为”③，是推进我国新一轮对外开放的“重要抓手”，是我国进一步扩大开放的“新平台”，强调要“推动共建‘一带一路’高质量发展”。习近平有关对外开放思想的重要论述，大大丰富和发展了中国特色社会主义政治经济学有关对外开放的理论内涵，深化了党对经济全球化规律的认识，丰富发展了马克思主义政治经济学关于世界经济的理论，不仅为新时代加快推进我国对外开放进程提供了思想指引，而且从构建人类命运共同体的战略高度出发解答了经济全球化向何处去的时代之问、世界之问，为引导经济全球化健康发展提供了中国方案、贡献了中国智慧。

总之，以习近平同志为核心的党中央立足新时代中国特色社会主义经济发展的实际，提出了一系列创新性的经济发展理念、发展思想、发展战略，进一步丰富和发展了中国特色社会主义政治经济学的理论内容，进一步深化了党对社会主义经济建设规律的认识，为新时代中国特色社会主义经济建设和经济发展指明了方向和道路。

三、明确了进一步发展中国特色社会主义政治经济学的方法路径

方法论，是在多种形式方法中表现出来的一种理论或系统，不仅能够为解决具体问题提供理论指导，更是众多方法折射出的一般性规律或法则，对于人们认识世界和改造世界具有深远的影响和意义。党的十八大以来，以习近平同志为核心的党中央始终高度重视方法论问题，强调在推进中国特色社会主义政治经

① 中共中央文献研究室：《习近平关于社会主义经济建设论述摘编》，中央文献出版社2017年版，第290～291页。

② 《习近平谈治国理政》，外文出版社2014年版，第114页。

③ 中共中央文献研究室：《习近平关于社会主义经济建设论述摘编》，中央文献出版社2017年版，第276页。

济学的发展中，必须坚持正确的方法路径。

（一）坚持马克思主义政治经济学的科学指导

马克思主义政治经济学是马克思主义的重要组成部分，学习和坚持马克思主义政治经济学是坚持和发展马克思主义的必修课。习近平强调："学习马克思主义政治经济学基本原理和方法论，有利于我们掌握科学的经济分析方法，认识经济运动过程，把握社会经济发展规律，提高驾驭社会主义市场经济能力，更好回答我国经济发展的理论和实践问题。"[①]面对极其复杂的国内外经济形势，面对纷繁复杂的经济现象，习近平指出，必须坚持用科学的马克思主义政治经济学原理指导我们的认识和实践，"要以马克思主义政治经济学为指导，总结和提炼我国改革开放和社会主义现代化建设的伟大实践经验……不断完善中国特色社会主义政治经济学理论体系，推进充分体现中国特色、中国风格、中国气派的经济学科建设"[②]。习近平强调，坚持马克思主义基本原理和贯穿其中的立场、观点、方法，是新时代坚持和发展中国特色社会主义政治经济学必须坚持和贯彻的基本原则。

（二）立足我国国情和经济发展实践

马克思主义认识论强调，实践是认识的来源，实践是认识发展的动力。认识的内容是在实践活动的基础上产生和发展的。人们只有通过实践实际地改造和变革对象，才能准确把握对象的属性、本质和规律，形成正确的认识，并以这种认识指导人的实践活动。实践的需要推动认识的产生，推动认识在深度和广度上不断发展，推动人类的思想进步和理论创新。习近平强调，坚持和发展中国特色社会主义政治经济学，必须"立足我国国情和我们的发展实践，深入研究世界经济和我国经济面临的新情况新问题，揭示新特点新规律，提炼和总结我国经济发展实践的规律性成果，把实践经验上升为系统化的经济学说，不断开拓当代中国马克思主义政治经济学新境界"[③]。2022 年 10 月，习近平在党的二十大报告中再次强调，"坚持和发展马克思主义，必须同中国具体实际相结合。我们坚持以马克思主义为指导，是要运用其科学的世界观和方法论解决中国的问题，而不是要背诵和重复其具体结论和词句，更不能把马克思主义当成一成不变的教条。我们必须坚持解放思想、实事求是、与时俱进、求真务实，一切从实际出发，着眼

---

① 习近平：《论坚持全面深化改革》，中央文献出版社 2018 年版，第 187 页。

② 中共中央文献研究室：《习近平关于社会主义经济建设论述摘编》，中央文献出版社 2017 年版，第 331 页。

③ 中共中央党史和文献研究院：《十八大以来重要文献选编》（下），中央文献出版社 2018 年版，第 7 页。

解决新时代改革开放和社会主义现代化建设的实际问题，不断回答中国之问、世界之问、人民之问、时代之问，作出符合中国实际和时代要求的正确回答，得出符合客观规律的科学认识，形成与时俱进的理论成果，更好指导中国实践”。当前，我国正在经历着历史上最为广泛而深刻的社会变革，也正在进行着人类历史上最为宏大而独特的实践创新。这种前无古人的伟大实践，为经济学的发展提供了无比丰富、不可多得的鲜活素材。完善和发展中国特色社会主义政治经济学，必须立足于当代中国经济建设和发展的实际，以我们正在做的事情为中心，着眼于对实际问题的思考，加强对规律性认识的总结，不断推进充分体现中国特色、中国风格、中国气派的经济学科建设。

（三）坚持以人为本的价值取向

马克思主义认为，人们的认识活动和实践活动总是受着真理尺度和价值尺度的制约。真理尺度是指在实践中人们必须遵循正确反映客观事物本质和规律的真理。只有按照真理办事，才能在实践中取得成功。价值尺度是指在实践中人们都是按照自己的需要去认识世界和改造世界。价值尺度体现了人的活动的目的性。任何成功的实践都是真理尺度和价值尺度的统一，是合规律性和合目的性的统一。经济学研究的是人类经济活动的规律性和制度安排，必须高度关切事关人的物质利益和社会经济地位的诸多重大问题。离开了对人的关注，离开了对人与人物质利益关系的研究，就背离了经济学研究的初衷。中国特色社会主义政治经济学的研究目的并非单纯地追求经济增长，而是更好地满足人民群众日益增长的美好生活需要。因此，中国特色社会主义政治经济学必须坚持以人民为中心的价值导向，把满足人民群众日益增长的美好生活需要作为理论研究的出发点和归宿点。习近平指出：“中国共产党人的理想信念，建立在马克思主义科学真理的基础之上，建立在马克思主义揭示的人类社会发展规律的基础之上，建立在为最广大人民谋利益的崇高价值的基础之上。我们坚定，是因为我们追求的是真理。我们坚定，是因为我们遵循的是规律。我们坚定，是因为我们代表的是最广大人民根本利益。”①

（四）坚持以问题为导向

问题是时代的声音，回答并指导解决现实问题是理论的根本任务，也是理论发展与创新的重要动力。习近平强调，“每个时代总有属于它自己的问题”②，“只

---

① 《习近平谈治国理政》第2卷，外文出版社2017年版，第50页。

② 中共中央宣传部：《习近平新时代中国特色社会主义思想学习纲要（2023年版）》，学习出版社、人民出版社2023年版，第300页。

有立足于时代去解决特定的时代问题，才能推动这个时代的社会进步；只有立足于时代去倾听这些特定的时代声音，才能吹响促进社会和谐的时代号角”①，“只有聆听时代的声音，回应时代的呼唤，认真研究解决重大而紧迫的问题，才能真正把握住历史脉络、找到发展规律，推动理论创新”②。新时代，我国发展面临问题的复杂程度、解决问题的艰巨程度明显加大，给理论创新提出了全新要求。新时代坚持和发展中国特色社会主义政治经济学，必须坚持问题导向，增强问题意识，聚焦实践遇到的新问题、改革发展稳定存在的深层次问题、人民群众急难愁盼问题、国际变局中的重大问题，不断提出真正解决问题的新理念新思路新办法，在不断发现和解决现实问题的过程中推动理论的发展与创新。

（五）坚持科学的思维方法和研究方法

习近平强调，面对错综复杂的国内外经济形势，为了科学分析我国经济运行情况，深刻把握中国特色社会主义经济发展规律，必须坚持科学的思维方法和研究方法。

一是要坚持辩证思维方法。唯物辩证法是马克思主义政治经济学研究的根本方法，也是马克思主义政治经济学的重要特色之一。新时代发展和创新中国特色社会主义政治经济学必须坚持辩证思维方法。习近平指出，面对世界百年未有之大变局、全球治理体系的大变革，面对全面建成社会主义现代化强国的历史重任，必须运用辩证思维方法驾驭复杂局面、处理复杂问题，唯有如此才能在局部和全局、当前和长远、重点和非重点等关系中作出最有利的抉择，才能在危机中育先机、于变局中开新局，不断提升认识和解决复杂问题的能力和水平。

二是要坚持系统思维方法。系统思维就是从事物相互联系的各个方面及其结构和功能进行系统思考。系统思维方法即通过系统思维而实现整体综合的认识方法。习近平强调：“全面深化改革需要加强顶层设计和整体谋划，加强各项改革的关联性、系统性、可行性研究。”③新时代我国全面深化改革呈现出了许多新的特点，面临的矛盾更加错综复杂，面临的挑战更加严峻，遇到的问题更加棘手，必须从大局出发，注重改革的系统性、整体性、协同性，更加要求对改革目标和改革方案进行整体谋划、顶层设计。

三是要坚持战略思维方法。战略思维方法是把握事物发展总体趋势和方向

---

① 习近平：《之江新语》，浙江人民出版社 2007 年版，第 235 页。

② 中共中央文献研究室：《习近平关于社会主义文化建设论述摘编》，中央文献出版社 2017 年版，第 80 页。

③ 《习近平谈治国理政》，外文出版社 2014 年版，第 88 页。

的思维方法，是对具有根本性、全局性和长远性的问题、关系进行科学谋划的思维方式，意味着时间维度上的长远考虑、空间维度上的全局谋划、系统维度上的整体布局，强调的是思维的整体性、全局性、长期性，致力于解决的是带有根本性、全局性、长远性的问题。习近平强调："战略问题是一个政党、一个国家的根本性问题。战略上判断得准确，战略上谋划得科学，战略上赢得主动，党和人民事业就大有希望。"①全面深化改革是关系党和国家事业发展全局的重大战略部署，不是某个领域某个方面的单项改革，必须"努力增强总揽全局的能力"，学会站在战略和全局的高度观察和处理问题，透过纷繁复杂的表面现象把握事物的本质和发展的规律，做到既抓住重点又统筹兼顾，既立足当前又放眼长远，既熟悉国情又把握世情，在整体性、方向性抉择面前冷静观察、谨慎从事、谋定而后动。

四是要坚持历史思维方法。历史思维方法是一种有效研究历史事实、总结历史经验、把握历史规律，最终为现实服务的思维方法。习近平强调，"历史是最好的教科书"，"中国革命历史是最好的营养剂"②，要求全党善于总结历史的经验教训，运用历史眼光认识当代中国经济发展的规律，通过不断提高历史思维等科学思想方法来前瞻性思考、全局性谋划、整体性推进党和国家各项事业。习近平反复强调，只有"在对历史的深入思考中做好现实工作、更好走向未来"③，才能不断交出坚持和发展中国特色社会主义的合格答卷。

五是要坚持创新思维方法。创新思维是指以新颖独创的方法解决问题的思维过程，通过这种思维能突破常规思维的界限，提出与众不同的解决方案，从而创造新颖的、独到的、有社会意义的思维成果。创新思维方法的本质在于用新的角度、新的思考方法来解决现有的问题。习近平指出："解决深层次矛盾和问题，根本出路在于创新。"④当今世界，知识经济飞速发展，创新已经成为社会进步的主导力量与重要源泉，只有善于开发和运用创新思维能力，才能紧跟时代的步伐，更好地回应和解决时代发展所提出的问题。

六是要坚持底线思维方法。底线，就是不可逾越的界限，是事物发生质变的临界点。底线思维是指人们在认识世界和改造世界的过程中，根据主观需要和

① 《习近平谈治国理政》第2卷，外文出版社2017年版，第10页。

② 中共中央宣传部：《习近平总书记系列重要讲话读本（2016年版）》，学习出版社、人民出版社2016年版，第287页。

③ 中共中央宣传部：《习近平总书记系列重要讲话读本（2016年版）》，学习出版社、人民出版社2016年版，第287页。

④ 中共中央文献研究室：《习近平关于科技创新论述摘编》，中央文献出版社2016年版，第3页。

客观条件，划清并坚守底线，尽力化解风险，避免最坏结果，同时争取实现最大期望值的一种积极的思维。习近平指出，坚持底线思维，就要“凡事从坏处准备，努力争取最好的结果，这样才能有备无患、遇事不慌，牢牢把握主动权”[①]。习近平强调，面对经济领域的潜在风险和不确定因素，必须深刻认识和准确把握外部环境的深刻变化和我国改革发展稳定面临的新挑战，坚持底线思维，增强忧患意识，提高防控能力，着力防范化解重大风险，保持经济持续健康发展和社会大局稳定。

总之，党的十八大以来，以习近平同志为核心的党中央应时代变迁、立时代潮头、领时代先声，统筹中华民族伟大复兴战略全局和世界百年未有之大变局，开创性地提出了一系列有关经济发展的新理念新思想新战略，形成和发展了习近平经济思想。习近平经济思想从命题原则、内容观点、方法指导等各方面进一步发展和完善了中国特色社会主义政治经济学，是新时代中国特色社会主义政治经济学的核心内容，是中国特色社会主义政治经济学的最新理论成果。

---

① 中共中央宣传部:《习近平总书记系列重要讲话读本(2016 年版)》，学习出版社、人民出版社 2016 年版，第 288 页。

第二篇

中国特色社会主义经济发展理念

第[illegible]篇

[illegible]

第三章　坚持党对经济工作的全面领导

坚持和加强党对经济工作的全面领导，是中国特色社会主义市场经济的本质特征，是中国特色社会主义制度的最大优势，也是保证中国特色社会主义市场经济的“巍巍巨轮”能够劈波斩浪、行稳致远的定盘星和压舱石。切实加强党对经济工作的全面领导，不断提高党把方向、谋大局、定政策、促改革的能力和定力，是进一步完善社会主义市场经济体制、推动经济高质量发展、加快构建新发展格局、建设现代化经济体系、实现全体人民共同富裕的根本保证。

第一节　举旗定向，引领中国经济发展的政治方向

方向涉及根本、关系全局、决定长远。习近平强调：“在方向问题上，我们头脑必须十分清醒，不断推动社会主义制度自我完善和发展，坚定不移走中国特色社会主义道路。”[①]新时代新征程，必须坚持党对经济工作的全面领导，坚定不移走中国特色社会主义经济发展道路，保证中国经济发展始终沿着正确的政治方向不断前进。

一、走中国特色社会主义经济发展道路

方向决定前途，道路决定命运。改革开放以来，中国共产党始终高举中国特色社会主义伟大旗帜，坚定不移走中国特色社会主义道路。事实证明，“中国特色社会主义是实现中华民族伟大复兴的必由之路”[②]，“中国特色社会主义道路是当代中国大踏步赶上时代、引领时代发展的康庄大道”[③]。新时代，中华民族伟大复兴绝不是轻轻松松就可以实现的，一定会面临各种困难和挑战，必须始终高举

① 《习近平谈治国理政》，外文出版社 2014 年版，第 67 页。

② 《习近平谈治国理政》第 4 卷，外文出版社 2022 年版，第 34 页。

③ 《习近平著作选读》第 2 卷，人民出版社 2023 年版，第 225 页。

中国特色社会主义的伟大旗帜，确保中国式现代化始终沿着中国特色社会主义道路前进。

社会主义市场经济体制是中国特色社会主义的重大理论和实践创新，是社会主义基本经济制度的重要组成部分。市场经济是指通过市场配置资源的经济形式，具有平等性、竞争性、法治性、开放性等特征。习近平强调，“市场配置资源是最有效率的形式”，必须使“市场在资源配置中起决定性作用”。① 一是市场经济以自发调节为基本特征。市场经济通过供求关系形成了自动化的调节机制，能够有效实现资源的合理配置。二是市场经济以竞争和等价交换为基本原则。在市场经济条件下，各生产者平等使用生产要素，促进市场公平竞争。三是市场经济以利益最大化为价值取向。各生产者为使利润和效益最大化，竭力推进科技创新和改进生产技术以提高个别劳动生产率，进而推进整个社会生产力的发展和科学技术的创新。

市场经济本身不具有制度属性，并不是资本主义的固有物和专属品。邓小平指出：“计划多一点还是市场多一点，不是社会主义与资本主义的本质区别。计划经济不等于社会主义，资本主义也有计划；市场经济不等于资本主义，社会主义也有市场。计划和市场都是经济手段。”②

第一，社会主义也可以发展市场经济。早在 1979 年，邓小平就明确指出：“说市场经济只存在于资本主义社会，只有资本主义的市场经济，这肯定是不正确的。社会主义为什么不可以搞市场经济，这个不能说是资本主义。我们是计划经济为主，也结合市场经济，但这是社会主义的市场经济。虽然方法上基本上和资本主义社会的相似，但也有不同，是全民所有制之间的关系，当然也有同集体所有制之间的关系，也有同外国资本主义的关系，但是归根到底是社会主义的，是社会主义社会的。”③

第二，实现社会主义与市场经济的结合是党的伟大创举。在马克思主义经典作家设想的未来社会，生产资料将归全体劳动者共同所有，由全体劳动者共同支配，货币、商品生产以及市场经济都将不复存在。由于中国是在经济文化比较落后的基础上进行社会主义建设的，所以必须利用商品货币关系发展生产力。发展商品经济，既离不开市场，也离不开计划。因此，如何正确认识和处理政府与市场、计划调节与市场调节之间的关系就成为必须破解的难题。改革开放以

---

① 《习近平谈治国理政》，外文出版社 2014 年版，第 77 页。

② 《邓小平文选》第 3 卷，人民出版社 1993 年版，第 373 页。

③ 《邓小平文选》第 2 卷，人民出版社 1994 年版，第 236 页。

来，中国共产党基于这一难题提出了一系列富有创见的新思想新观点新论断，为促进社会主义与市场经济的结合提供了科学的理论遵循。改革开放初期，以邓小平同志为核心的党的第二代中央领导集体对计划与市场的关系作出了一系列极为深刻而精辟的论述，破除了把社会主义与市场调节对立起来、把指令性计划等同于计划经济的观念。党的十二届三中全会通过的《中共中央关于经济体制改革的决定》，首次提出"社会主义经济是在公有制基础上的有计划商品经济"，这是对社会主义经济理论的重大突破和创新发展，对于后续推进以市场为取向的改革具有重要意义。党的十三大在总结改革开放以来的经验基础上，明确提出"社会主义有计划商品经济的体制应该是计划与市场内在统一的体制"。进入20世纪90年代，伴随着改革的深化发展，党对计划与市场关系的认识愈发成熟。党的十四大强调，"我国经济体制改革的目标是建立社会主义市场经济体制"，首次将"市场经济"写在了社会主义的旗帜上，强调市场在资源配置中要发挥基础性作用。党的十八大以后，以习近平同志为核心的党中央坚定不移坚持社会主义市场经济的改革方向，并在理论和实践上进一步深化了对政府与市场关系的认识。习近平强调，"市场配置资源是最有效率的形式"，"健全社会主义市场经济体制必须遵循这条规律"[①]，但同时强调，"我们是在中国共产党领导和社会主义制度的大前提下发展市场经济，什么时候都不能忘了'社会主义'这个定语。之所以说是社会主义市场经济，就是要坚持我们的制度优越性，有效防范资本主义市场经济的弊端"[②]。2013年，在党的十八届三中全会的决定中，党中央明确提出了"使市场在资源配置中起决定性作用和更好发挥政府作用"的重要论断，从而使党对政府与市场关系的认识达到了一个新境界。

第三，党的领导是驾驭政府与市场关系的重要政治保证。一方面，党的领导是有为政府发挥作用的根本保证。习近平强调："坚持党的领导，发挥党总揽全局、协调各方的领导核心作用，是我国社会主义市场经济体制的一个重要特征。"[③]在社会主义市场经济的框架下，中国共产党正是凭借这一领导核心作用对各级政府实现有力领导，确保党中央的决策部署能够有效传达到各级政府，同时支持各级政府依法履行自己的职责，有效发挥政府的宏观调控和经济治理职能。另一方面，党的领导为实现有效市场创造了条件。西方自由主义鼓吹市场万能

---

① 《习近平谈治国理政》，外文出版社2014年版，第77页。

② 中共中央文献研究室：《习近平关于社会主义经济建设论述摘编》，中央文献出版社2017年版，第64页。

③ 《习近平谈治国理政》，外文出版社2014年版，第118页。

论，认为仅通过市场机制这只“看不见的手”的自发调节，就能自动解决经济发展过程中的一切问题，其结果只能引致严重的经济动荡和经济危机。毫无疑问，市场经济的有效运作需要市场与政府的协同发力，即“看不见的手”与“看得见的手”相互配合。中国共产党通过发挥总揽全局、协调各方的领导核心作用，不仅能够确保政府切实履行职责，弥补市场失灵，杜绝职能越位、缺位、错位现象，而且能够依托不敢腐、不能腐、不想腐的体制机制，打破行贿受贿的利益链条，遏制政府腐败现象的蔓延，从而为市场在资源配置中起决定性作用创造有利条件。

改革开放以来，党和人民始终高举中国特色社会主义的伟大旗帜，将社会主义制度与市场经济体制的优势相结合，逐步推进经济体制的改革发展，总体经历了从“计划经济为主，市场调节为辅”，到发展“有计划的商品经济”，到将“建立社会主义市场经济体制”确立为经济体制改革的目标，再到“新时代加快完善社会主义经济体制”和“构建高水平社会主义市场经济体制”的历史发展轨迹。实践证明，坚持中国共产党的领导，既是社会主义市场经济体制不断发展完善的根本政治保证，也是其具有强大生命力的政治制度根源，更是党和人民过去能够成功以及未来继续夺取胜利的根本所在。新时代新征程，面对国际国内纷繁复杂的经济形势，面对艰巨繁重的国内改革发展稳定任务，必须进一步加强党对经济工作的全面领导，充分发挥党领导经济工作的制度优势。习近平强调：“能不能驾驭好世界第二大经济体，能不能保持经济社会持续健康发展，从根本上讲取决于党在经济社会发展中的领导核心作用发挥得好不好。”①加强党对经济工作的全面领导，必须坚持以新发展理念为指导，坚定不移走中国特色社会主义发展道路，确保重大方针、政策、战略的科学制定、落地结果，推动经济实现质的有效提升和量的合理增长，以党的强大领导力保证中国特色社会主义市场经济行稳致远。

二、坚持和完善社会主义基本经济制度

基本经济制度是隶属生产关系的基本范畴，是社会经济在生产关系中最基本的规定，对生产力的发展、综合国力的增强和人民生活水平的提高具有决定性影响。社会主义基本经济制度不仅是事关党和国家事业发展的重大方针，更是实现中国之治的重要制度密码。党的十九届四中全会不仅将社会主义基本经济制度纳入国家制度和国家治理体系的十三个方面显著优势，而且进一步拓展了

① 中共中央文献研究室：《习近平关于全面建成小康社会论述摘编》，中央文献出版社 2016 年版，第 197 页。

社会主义基本经济制度的内容体系，把分配制度和社会主义市场经济体制归于其中，强调完善“公有制为主体、多种所有制经济共同发展，按劳分配为主体、多种分配方式并存，社会主义市场经济体制等社会主义基本经济制度”[①]。

公有制为主体、多种所有制经济共同发展的基本经济制度，是党领导人民成功进行经济体制改革的有效保障，是中国特色社会主义制度体系的重要组成部分，也是中国发展取得历史性成就、发生历史性变革的制度支撑。其一，只有坚持公有制的主体地位，才能保证中国经济发展的社会主义方向。党的十五大实现对公有制为主体的基本经济制度形式的规范化、制度化、法律化，并对公有制经济及公有制主体地位的内涵作出了新的界定，明确“公有制经济不仅包括国有经济和集体经济，还包括混合所有制经济中的国有成分和集体成分。公有制的主体地位主要体现在：公有资产在社会总资产中占优势；国有经济控制国民经济命脉，对经济发展起主导作用”[②]。只有始终坚持和巩固公有制的主体地位，才能不断增强国有经济应对事关国家安全和国民经济命脉的重要行业和关键领域的绝对控制力，才能保证中国经济发展的社会主义方向。其二，坚持公有制的主体地位，有助于为实现全体人民共同富裕奠定坚实的制度基础。习近平反复强调：“公有制主体地位不能动摇，国有经济主导作用不能动摇。这是保证我国各族人民共享发展成果的制度性保证。”[③]公有制经济的本质在于使剩余产品归劳动者共同所有，从而为彻底消灭剥削压迫与缩小贫富差距，进而实现全体人民共同富裕奠定坚实的制度基础。其三，坚持多种所有制经济共同发展，有助于释放社会主义经济发展的活力和动力，不断夯实中国经济社会发展的物质基础。公有制经济和非公有制经济在社会主义市场经济场域下同频共振，不仅促进了公有制经济的改革发展，而且使非公有制经济成为中国经济社会发展中不可或缺的重要组成部分，在国家税收、创新创业、基础设施建设等方面发挥着重要作用。

按劳分配为主体、多种分配方式并存的基本经济制度，是与社会主义初级阶段生产力发展水平相适应的最佳分配方式，能够最大限度地激发社会主义劳动者、各类生产要素所有者投身社会主义现代化建设的积极性、主动性和创造性。其一，坚持按劳分配原则，能够充分调动广大劳动者的劳动积极性，从而全面提高社会劳动生产率和发展社会生产力。在生产资料公有制前提下，按劳分配强

---

① 《中国共产党第十九届中央委员会第四次全体会议文件汇编》，人民出版社 2019 年版，第 37～38 页。

② 中共中央文献研究室：《十五大以来重要文献选编》（上），人民出版社 2000 年版，第 21 页。

③ 习近平：《论把握新发展阶段、贯彻新发展理念、构建新发展格局》，中央文献出版社 2021 年版，第 63 页。

调以劳动者向社会提供的劳动为尺度分配个人消费品，按照等量劳动取得等量报酬、多劳多得、少劳少得的原则，把劳动者的个人收入与自己付出的劳动数量、质量直接联系在一起，有利于充分调动广大劳动者的积极性和创造性，激励劳动者努力学习科学技术、提高劳动技能，促进社会生产发展。其二，在社会主义初级阶段，生产要素仍然归属于不同的所有者。坚持多种分配方式并存，有助于让一切创造财富的源泉充分涌流。将按劳分配同按生产要素分配结合起来，既能够促进公有制实现形式的多样化，实现资源的节约和优化配置，也能够拓宽人们收入的渠道和来源，真正使劳动、知识、技术、管理、资本和数据成为创造财富的源泉，为社会主义市场经济的繁荣发展注入强劲动力。

社会主义市场经济体制是党和人民坚持、运用和发展马克思主义政治经济学的伟大创举，不仅实现了市场有效配置资源和政府宏观调控的有机结合，而且为中国经济发展保持良好态势提供了可靠保障。一方面，社会主义市场经济体制可以充分发挥市场在资源配置中的决定性作用，通过价格、供求、竞争机制对市场各类资源要素进行优化配置，促进生产者努力改进技术、提高劳动效率；另一方面，将市场经济与社会主义相结合，能够有效解决垄断、信息不对称等现实问题，从而形成市场有效、政府有为的良好局面，实现资源配置的最优化。

公有制为主体、多种所有制经济共同发展，规定了社会主义基本经济制度的性质，对分配制度和市场经济体制起着决定性的作用。按劳分配为主体、多种分配方式并存，是所有制关系在收入分配领域中的实现，对所有制关系及其实现方式具有重要影响。社会主义市场经济体制以所有制关系为前提和基础，体现所有制关系、交换方式和资源配置方式，并受所有制关系、生产力发展水平等影响。“公有制为主体、多种所有制经济共同发展”“按劳分配为主体、多种分配方式并存”“社会主义市场经济体制”三者之间环环相扣、紧密结合，是符合社会主义初级阶段经济建设规律的制度安排，有助于更好地将社会主义的制度优势转化为现实的生产力，从而促进经济发展活力的充分迸发。

改革开放 40 多年来，中国共产党之所以能够领导人民取得举世瞩目的伟大成就，根本原因在于有中国特色社会主义制度作保障，关键在于对社会主义初级阶段基本经济制度的坚持和完善。新时代新征程，要顺利实现全面建成社会主义现代化强国的奋斗目标，必须坚持社会主义基本经济制度不动摇，充分发挥这一制度的最大优势。一是要继续完善以公有制为主体、多种所有制经济共同发展的所有制，确保社会主义市场经济永不变色、永不偏航。同时，积极推进混合所有制改革，促进各种所有制的优势互补，不断增强国有经济的竞争力、创造力、控制力。二是要加快完善按劳分配为主体、多种分配方式并存的分配制度，纵深推进收入分配制度改革，不断完善"分蛋糕"的顶层设计，稳步形成中间大、两头小的橄榄型分配结构，促进发展成果由人民共享，为推动共同富裕提供必要的社会基础与环境。三是要坚持和完善社会主义市场经济体制，通过不断深化改革，构建更高水平和更高质量的社会主义市场经济体制，营造市场有效、主体有力、政府有为的良好局面。

三、更好发挥国有经济的战略支撑作用

国有经济是指生产资料归国家所有的一种经济类型，是社会主义公有制经济的重要组成部分。国有经济是国民经济的主导力量，控制和引导整个经济沿着社会主义现代化的方向发展。国有经济的主导作用集中体现为强大的控制力，包括对国民经济发展方向、经济发展态势、重要稀缺资源的控制，以及对关系国民经济发展命脉的重要行业的管控，在实现经济的高质量快速发展中发挥着关键作用。

第一，国有经济是国民经济的重要支柱，是中国特色社会主义的重要物质基础和政治基础，是党执政兴国的依靠力量。国有经济在国民经济的关键领域和重要部门中处于支配地位，对整个国民经济发展起着决定性作用，对于国家安全和发展至关重要。党的十八大以来，国有经济作为经济社会发展的主力军，在企业规模、经济效益和全球影响力等方面均实现了巨大飞跃，取得了一批具有世界先进水平的重大科技创新成果，通过投资一批强基础、增功能、利长远的重大项目，推动基础设施整体水平实现跨越式提升，为中国经济社会发展、科技进步、国防建设、民生改善作出了历史性贡献。特别是近几年，受国际形势急剧变化的影响，中国经济面临需求收缩、供给冲击、预期转弱三重压力，国有经济加大逆周期和跨周期投资布局，全面深化改革，释放发展活力，提高经营效益，切实发挥了稳增长、稳预期的重要作用。

第二，国有经济是保障人民共同利益的重要力量。习近平指出："国有企业属于全民所有，是推进国家现代化、保障人民共同利益的重要力量。"①实现人民物质和精神生活的共同富裕，关键在于推进国有经济的发展壮大，不断增强其方向引领力和基础稳固力。一方面，国有经济作为公有制经济的核心要素，能够最大限度地克服私人资本盲目追逐利益的固有弊端，保证社会主义市场经济发展始终为人民利益服务。另一方面，国有经济作为宏观调控的有力抓手，能够实现

① 中共中央文献研究室：《十八大以来重要文献选编》（中），中央文献出版社2016年版，第648页。

资源配置的高效化和集约化，弥补市场经济自发调节的缺陷，为真正实现社会的公平正义和全体人民的共同富裕提供坚实的物质保障。实践中，国有经济始终坚持以人民为中心的发展思想。在打赢脱贫攻坚战中，国有经济坚决贯彻落实党中央决策部署，高质量完成了脱贫攻坚各项任务，为破解发展不平衡不充分问题、推进全体人民共同富裕作出了重要贡献。在乡村振兴方面，国有经济通过"融资—投资—回收—退出"的经济闭环，让农村集体和广大农民群众在乡村振兴中共享公共服务、生态产业发展和资产增值等多重收益。

第三，国有经济是实现国家宏观经济目标的重要保障。作为国民经济的支柱，国有经济对实现国家宏观调控目标发挥着关键性作用。一方面，国有经济作为宏观计划调节的微观基础，带头执行国家经济发展战略和政策。另一方面，由于国有经济在能源、交通、通信等基础设施、公用事业及国防工业中占比较大，因而有助于政府贯彻调控经济的政策目的，有利于控制物价上涨幅度，抑制通货膨胀，保持社会经济生活稳定。

经过40多年的改革发展，我国国有经济取得了长足发展和进步，规模、效益和效率都显著提升。但同新发展阶段党和政府对国有经济的要求以及构建新发展格局、实现高水平自立自强的需要相比，还有较大差距。因此，新时代新征程，必须进一步加强党对国有经济的核心领导力，以增强国有经济的控制力，尤其是要通过发挥党组织的政治核心作用，进一步巩固国有经济在关系国家安全和国民经济命脉的重要行业和关键领域的支配地位，强化国有经济对国防安全、能源安全和粮食安全的保障能力，提升国有经济对公共服务体系的支持保障能力，使国有经济成为党和政府最可信赖的依靠力量，成为国家战略的重要支撑力量，成为维护人民共同利益和实现共同富裕的基石与保障。

第二节　谋篇布局，立足经济社会发展全局思考问题

不谋全局者，不足以谋一域。坚持从大局出发谋划宏伟大业是中国共产党治国理政的鲜明特点。新时代，中国共产党始终站在时代潮头，牢牢立足于"两个变局"的时代背景，统筹推进"五位一体"的总体布局和"四个全面"的战略布局，科学擘画中国式现代化的发展蓝图。

一、一以贯之擘画中国式现代化发展蓝图

探索不同于西方的中国式现代化道路和致力于实现中国式现代化是中国共产党自成立之日起就不懈探索的理论和实践主题。一百多年来，中国共产党围绕什么是现代化、中国要实现什么样的现代化、如何实现现代化等问题进行了长期的理论和实践探索，成功探索出了一条实现中国式现代化的正确道路，为实现中华民族伟大复兴提供了强劲动力和坚实基础。

早在新民主主义革命时期，中国共产党就开始了对中国现代化目标的规划，提出要将中国由落后的农业国变成先进的工业国。1945 年 4 月，毛泽东在《论联合政府》中明确提出，“在新民主主义的政治条件获得之后，中国人民及其政府必须采取切实的步骤，在若干年内逐步地建立重工业和轻工业，使中国由农业国变为工业国”①。虽然，在新民主主义革命时期，中国共产党人主要是从工业化的角度来理解现代化的内涵，但这种探索无疑为中华人民共和国成立后社会主义现代化道路的探索奠定了重要的理论基础。

中华人民共和国成立后，以毛泽东同志为核心的党的第一代中央领导集体在对中国现代化建设的目标和步骤进行持续探索的过程中，逐步确立了“四个现代化”的发展目标和“两步走”的发展战略部署。1964 年第三届全国人民代表大会第一次会议正式完整地提出了实现“四个现代化”的任务——“在不太长的历史时期内，把我国建设成为一个具有现代农业、现代工业、现代国防和现代科学技术的社会主义强国”②，并根据我国实际国情制定了“两步走”的发展战略：第一步，在 1980 年以前，建成一个独立的比较完整的工业体系和国民经济体系；第二步，在 20 世纪内，全面实现农业、工业、国防和科学技术现代化，使我国国民经济走在世界的前列。“四个现代化”目标的确立和“两步走”发展战略的提出，为中国式现代化的形成奠定了理论基础与发展思路，指明了中华民族走向复兴的方向。

党的十一届三中全会后，以邓小平同志为核心的党的第二代中央领导集体在总结以往社会主义现代化建设成功经验与失败教训的基础上，对中国实现现代化的道路与战略问题进行了更为深入的思考和探索，不仅明确提出了“中国式的现代化”概念，而且清晰勾画了“中国式的现代化”的发展图景，明确设计了实现“中国式的现代化”“三步走”的战略部署。1979 年 3 月，邓小平在会见英中文

① 《毛泽东选集》第 3 卷，人民出版社 1991 年版，第 1081 页。

② 《周恩来选集》下卷，人民出版社 1984 年版，第 439 页。

化协会执行委员会代表团时第一次提出了“中国式的四个现代化”的全新概念。同年12月,邓小平在会见时任日本首相大平正芳时首次用“小康”来描述中国式的现代化。此后,邓小平在不同场合多次使用并阐发“中国式的现代化”概念,强调中国式的现代化与西方现代化不同,它是“社会主义的现代化”,是“以经济建设为中心的现代化”,是“实现社会全面进步的现代化”。之后,随着改革开放的深入推进,中国共产党人不断丰富和完善“中国式的现代化”的基本内涵。党的十五大明确提出了“三位一体”的现代化目标,即到21世纪中叶新中国成立一百年时,基本实现现代化,把我国建成富强民主文明的社会主义国家。党的十七大明确提出了“四位一体”的现代化目标,即到新中国成立一百年时,把我国建设成为富强、民主、文明、和谐的社会主义现代化国家。改革开放和社会主义现代化建设时期“中国式的现代化”的理论探索与实践推进,极大地丰富和发展了中国特色社会主义现代化的基本内容,走出了一条适合中国国情的现代化道路。

党的十八大以来,中国特色社会主义进入新时代。以习近平同志为核心的党中央在前人探索的基础上,不断深化对现代化建设规律的认识,不断拓展中国式现代化目标的内涵,不断完善实现中国式现代化的战略步骤设计,对中国现代化发展蓝图作出了更加系统性的谋划,成功推进和拓展了中国式现代化,开辟了新时代中国现代化发展的新境界。一方面,进一步丰富了中国式现代化的目标内涵。一是从“五位一体”的角度,明确提出了新时代推进中国特色社会主义现代化建设的目标任务,即到21世纪中叶,把我国建成富强民主文明和谐美丽的社会主义现代化强国;二是明确提出了促进“新四化”同步发展的目标,即促进工业化、信息化、城镇化、农业现代化同步发展;三是明确提出了推进国家治理体系和治理能力现代化新命题。另一方面,对中国式现代化特征和本质的认识更加全面、深刻。党的二十大报告强调,“中国式现代化,是中国共产党领导的社会主义现代化,既有各国现代化的共同特征,更有基于自己国情的中国特色”,强调中国式现代化“是人口规模巨大的现代化”“是全体人民共同富裕的现代化”“是物质文明和精神文明相协调的现代化”“是人与自然和谐共生的现代化”“是走和平发展道路的现代化”,明确“中国式现代化的本质要求是:坚持中国共产党领导,坚持中国特色社会主义,实现高质量发展,发展全过程人民民主,丰富人民精神世界,实现全体人民共同富裕,促进人与自然和谐共生,推动构建人类命运共同体,创造人类文明新形态”。再一方面,擘画和设计了更加清晰、科学合理地实现中国式现代化目标的路线图和时间表。党的十九大报告明确指出,“从全面建成小康社会到基本实现现代化,再到全面建成社会主义现代化强国,是新时代中国特色社会主义发展的战略安排”,并对实现第二个百年奋斗目标作出了分两个阶段推进的战略安排:“从二〇二〇年到二〇三五年,在全面建成小康社会的基础上,再奋斗十五年,基本实现社会主义现代化”;“从二〇三五年到本世纪中叶,在基本实现现代化的基础上,再奋斗十五年,把我国建成富强民主文明和谐美丽的社会主义现代化强国。”新时代“两步走”战略安排,是对以往现代化建设战略步骤的深化和拓展,不仅将基本实现社会主义现代化的目标提前了十五年,加快了社会主义现代化建设的发展进程,而且为实现社会主义现代化强国勾画和设计了更加清晰的路线图和时间表。

经过百余年的探索,中国共产党对建设社会主义现代化国家在认识上不断深入、在战略上不断成熟、在实践上不断丰富,开创了中国式现代化道路。历史和实践已经证明,中国式现代化道路契合中国实际,这条道路不仅走得对、走得通,而且越走越宽广。

二、切实加强党对经济工作的全面领导

在百年变局中,中国作为全球第二大经济体,面临着一系列的风险挑战和发展机遇。为有效战胜困难和抓住机遇,必须充分发挥党的全面领导的政治优势和制度优势,坚定不移加强党对经济工作的全面领导,确保经济工作的正确方向和目标任务的顺利实现。

其一,坚定不移贯彻新发展理念。发展是第一要务,也是解决中国一切问题的关键。党的十八大以来,以习近平同志为核心的党中央高度关注经济发展问题,牢牢立足国内国际两个大局,针对经济社会发展中深层次的矛盾和问题,创造性地提出了新发展理念,强调“必须把创新摆在国家发展全局的核心位置,不断推进理论创新、制度创新、科技创新、文化创新等各方面创新,让创新贯穿党和国家一切工作,让创新在全社会蔚然成风”[①];不断增强新发展格局的整体性,实现各领域、各方面、各层级的整体协作;摒弃以牺牲自然环境换取经济发展的错误观念和做法,坚持走生产发展、生活富裕、生态良好的文明发展道路,积极践行绿色生产、绿色出行、绿色家庭的生产生活方式;坚定不移地扩大对外开放,发展更高层次的开放型经济;按照人人参与、人人尽力、人人享有的要求,改革完善收入分配制度,使发展成果更多更公平惠及全体人民,不断推进全体人民共同富

① 中共中央宣传部:《习近平总书记系列重要讲话读本(2016年版)》,学习出版社、人民出版社2016年版,第133页。

裕。习近平指出:“新发展理念就是指挥棒、红绿灯。”[①]新时代新征程,全党务必要掌握好、学习好、运用好新发展理念,学懂弄通其中的核心精髓和方法要义,切实使其成为指导实际工作的参照依循。

其二,不断提高党领导经济工作的能力和水平。党的十九大报告指出:“党政军民学,东西南北中,党是领导一切的。”经济工作作为党的中心工作亦不例外,党的领导是社会主义市场经济持续健康发展的根本保证,必须不断提高党领导经济工作的能力和水平。一是学习好、掌握好、运用好马克思主义政治经济学。习近平强调,“马克思主义政治经济学是马克思主义的重要组成部分,也是我们坚持和发展马克思主义的必修课”[②],要求全党必须认真学习和研究马克思主义政治经济学基本原理,掌握其科学的经济分析方法,不断提高推进改革开放、领导经济社会发展、提高经济社会发展质量和效益的能力和水平,更好地为社会主义现代化建设事业服务。二是运用好调查研究的看家本领。调查研究是伴随党走过百年辉煌的传家宝。百余年来,中国共产党人始终坚持把调查研究作为制胜法宝,坚持不懈地在调查研究的基础上,寻找适合中国国情、具有中国特色的革命之路、建设之路、改革之路和复兴之路。当前,世界百年未有之大变局加速演进,不确定、难预料因素增多,国内改革发展稳定面临不少深层次矛盾躲不开、绕不过,各种风险挑战、困难问题比以往更加严峻复杂。习近平强调:“调查研究是谋事之基、成事之道。……研究、思考、确定全面深化改革的思路和重大举措,刻舟求剑不行,闭门造车不行,异想天开更不行,必须进行全面深入的调查研究。”[③]没有调查就没有发言权,调查的过程实际就是分析和解决问题的过程。只有深入经济工作的一线,经过调查研究才能发现真问题,找出制约经济发展的难题症结所在,从而使党的路线方针政策的制定更加贴合实际、符合规律。三是加强领导班子的专业化能力建设。抓好经济工作,领导干部是关键。一方面,在选拔和任用领导干部时,应统筹考虑领导干部的专业化能力和背景,在经济工作的重要部门要配备懂农业、工业、金融等领域的干部人员,同时要坚持新时代的好干部标准,培养一批年轻化、知识化、专业化的人才后备队伍。另一方面,在考核和培训领导干部时,应将事关经济社会发展的重大方针政策,如美丽

---

① 习近平:《论把握新发展阶段、贯彻新发展理念、构建新发展格局》,中央文献出版社 2021 年版,第 111 页。

② 习近平:《论把握新发展阶段、贯彻新发展理念、构建新发展格局》,中央文献出版社 2021 年版,第 58 页。

③ 中共中央党史和文献研究院、中央“不忘初心、牢记使命”主题教育领导小组办公室:《习近平关于“不忘初心、牢记使命”论述摘编》,党建读物出版社、中央文献出版社 2019 年版,第 211 页。

乡村建设、新发展理念、乡村振兴战略等的贯彻执行情况纳入考核体系，同时开展精细化、定向化、专业化的政策理论培训，使党的经济工作理论深入人心，不断提升党的各级领导干部领导经济工作的能力，为实现经济高质量发展和推进中国式现代化奠定坚实的领导力量基础。

三、以高质量党建引领经济高质量发展

党的建设是党锻造坚强领导力的法宝。党的建设关系党和国家的前途命运，对党团结带领人民进行伟大斗争、推进伟大事业、实现伟大梦想至关重要。加强党的建设，能够进一步强化党对经济工作的全面领导，为实现经济高质量发展提供根本保证。新时代新征程，只有一以贯之推进党的建设新的伟大工程，坚持和加强党的全面领导，才能最大限度地发挥党的领导核心作用和亿万人民的创造伟力，形成推动经济高质量发展的强大合力。

其一，加强经济工作中党的政治建设。马克思主义认为，政治的上层建筑受制并反作用于经济基础。在经济工作领域，要将党的政治建设摆在事关全局的核心地位，为经济高质量发展注入强大的政治领导力。首先，在专注发展中坚守政治定力。要牢固树立正确政绩观，坚定推动中央决策部署落实，始终充满信心、保持定力，咬定青山不放松，坚持用新发展理念统领发展全局，着力解决制约发展的结构性、体制性矛盾和问题，努力开创发展新局面。其次，在改革创新中砥砺政治智慧。改革只有进行时，没有完成时。习近平强调，“我国改革已经进入攻坚期和深水区，我们必须以更大的政治勇气和智慧，不失时机深化重要领域改革”①，找准改革的切入点，寻求改革的突破点，发现改革的新亮点，冲破思想观念的束缚，突破利益固化的藩篱，持续推动全面深化改革历史进程。最后，在依法执政中涵养政治操守。要依法用权理政，不断提高运用法治思维和法治方式深化改革、推动发展、化解矛盾、维护稳定的能力，坚决纠正和克服仅靠行政命令等方式管理经济的路径依赖和惯性思维，注重运用法治来协调利益关系、保障改善民生、推动经济发展。

其二，加强经济工作中党的思想建设。加强思想建设引领，是推动经济发展、社会进步、民族复兴的必由之路。市场经济的发展，容易形成消费主义、拜金主义、庸俗主义的不良思潮，导致价值观的多元化和冲突化。因此，推进党的经济工作必须高度重视思想建设，把全面从严治党要求体现在党领导经济工作之

---

① 中共中央党史和文献研究院：《中国共产党一百年大事记》（1921 年 7 月—2021 年 6 月），人民出版社 2021 年版，第 185 页。

中。一是要多措并举抓好学习教育。要“把习近平经济思想作为党委(党组)理论学习中心组学习、党校(行政学院)和干部学院教育培训的重要内容,引导广大党员干部筑牢信仰之基、补足精神之钙、把稳思想之舵”[①],使广大党员干部自觉做共产主义远大理想和中国特色社会主义共同理想的坚定信仰者和忠实实践者。二是要完善适应社会主义市场经济发展的道德和行为规范,督促广大党员干部念好权力约束的“紧箍咒”,纠正近利远亲、见利忘义、唯利是图、损人利己的道德失范现象,做到克己奉公、以俭修身,永葆清正廉洁的政治本色。三是要切实提高战略思维、辩证思维、系统思维、创新思维、历史思维、法治思维、底线思维能力,不断深化认识经济运行的内在规律,自觉运用辩证唯物主义和历史唯物主义的世界观和方法论解决经济建设中遇到的现实问题,增强推动经济发展的科学性、预见性、主动性、创造性,确保党始终成为经济工作的坚强领导核心。

其三,加强经济工作中党的作风建设。经济腐败是指在经济领域中,官员利用职权或资源谋取私利的行为,具体表现为贪污受贿、滥用职权、权钱交易等。经济腐败的根源是多方面的,制度设计的不完善、权力过于集中、监督机制的不健全等都给腐败分子提供了可乘之机。腐败行为不仅破坏了市场经济的公平竞争环境,也阻碍了社会资源的合理配置。更为严重的是,经济腐败导致了贫富差距的扩大,让富者更富,穷者更穷,进一步加剧了社会的不公平现象。经济领域反腐工作的重要性和紧迫性不言而喻。习近平指出:“反腐败斗争有利于净化政治生态,也有利于净化经济生态,有利于理顺市场秩序、还市场以本来的面目,把被扭曲了的东西扭回来。”[②]通过反腐败,不仅能够杀灭经济发展中的“病毒”,有效矫正市场信号失真和市场秩序混乱的问题,强化市场在资源配置中的决定性作用,而且可以倒逼市场主体创新发展,使经济转型升级的动力不断增强,同时有助于破除利益固化的藩篱,形成经济发展的良好社会环境。新时代以来,以习近平同志为核心的党中央始终保持自我革命的清醒和坚定,推动反腐败斗争取得了压倒性胜利。但需要注意的是,当前反腐败斗争形势依然严峻复杂,反腐败斗争的任务依然艰巨。必须坚持以系统施治、标本兼治理念治理腐败,深入整治国企、金融、政法、粮食购销等重点领域腐败问题,不断探索“三不腐”协同联动的有效途径,使三者同时发力、同向发力、综合发力,运用“全周期管理”方式,做实以案促改、以案促治,同时注重涵养新时代廉洁文化,使严厉惩治、规范权力、教

① 中共中央宣传部、国家发展和改革委员会:《习近平经济思想学习纲要》,人民出版社、学习出版社2022年版,第174页。

② 《习近平著作选读》第1卷,人民出版社2023年版,第469页。

育引导紧密结合，不断取得更多制度性成果和更大治理效能。

第三节　遵循规律，实现政策制定的科学化和专业化

政策是党和政府为实现一定时期的目标任务而制定的行动根据和准则，旨在促进国家的发展和繁荣，是反映执政党治国理政水平的标志。实践证明，中国共产党只有坚持以人民为中心，以辩证唯物主义和历史唯物主义的世界观和方法论为指导，使政策的制定坚持问题导向，符合具体实际，遵循共产党执政规律、社会主义建设规律、人类社会发展规律，才能成功汇聚起亿万人民的磅礴伟力，蹄疾步稳推进中华民族伟大复兴的中国梦。

一、坚持“稳中求进”的工作总基调

习近平指出：“稳中求进工作总基调是我们治国理政的重要原则，也是做好经济工作的方法论。”[①]坚持“稳中求进”的工作总基调是中国共产党领导经济工作的基本原则，也是实现中国经济高质量发展的“定海神针”。

第一，稳中求进，稳是主基调，是大局。“稳”即指实现经济社会发展的和谐稳定。习近平强调：“稳是主基调，要在坚持稳字当头、保持大局稳定的前提下谋进。”[②]中国是有14亿多人口的大国，稳定的经济、稳定的政治、稳定的社会，始终是党和国家的根本利益之所在，是中国人民的福祉之所在。新时代，必须坚持“稳”字当头，坚持在党的领导下采取有力的举措，保持经济在合理的区间运行，推进就业、投资、金融等领域的平稳有序，为保持经济平稳健康发展创设良好生态。

第二，稳中求进，进是硬道理，是方向。“进”即指经济的稳中前进和社会各方面的整体发展。习近平强调：“稳中求进不是无所作为，不是强力维稳、机械求稳，而是要在把握好度的前提下有所作为，恰到好处，把握好平衡，把握好时机。”[③]发展是硬道理，是解决我国一切问题的基础和关键。必须坚持以新发展理念为指引，接续推进供给侧结构性改革，在破解发展难题的基础上提升发展的质

---

① 中共中央宣传部、国家发展和改革委员会：《习近平经济思想学习纲要》，人民出版社、学习出版社2022年版，第161页。

② 中共中央宣传部、国家发展和改革委员会：《习近平经济思想学习纲要》，人民出版社、学习出版社2022年版，第162页。

③ 中共中央宣传部、国家发展和改革委员会：《习近平经济思想学习纲要》，人民出版社、学习出版社2022年版，第162页。

量和效益，促进人的全面发展和社会的全面进步。

第三，稳中求进，以稳求进，以进固稳。“稳中求进”的工作总基调充分体现了联系、发展的观点，彰显着唯物辩证法的精髓，透露着马克思主义的立场观点方法的辩证光芒。“稳”和“进”，相辅相成、相互促进，体现事物在动态平衡中渐进式发展的规律。“稳”是主调，是大局，是发展的基础和前提。“稳”是“进”的基础，没有“稳”，就不可能实现“进”。“进”是“稳”的保障，没有“进”，就不会有真正的“稳”。习近平强调：“‘稳’的重点要放在稳住经济运行上，确保增长、就业、物价不出现大的波动，确保金融不出现区域性系统性风险。‘进’的重点要放在调整经济结构和深化改革开放上，确保转变经济发展方式和创新驱动发展取得新成效。”①坚持“稳中求进”的工作总基调就要把握好“稳”和“进”相互联系、相互作用的辩证关系，既要反对“忽稳冒进”，也要防止“求稳怕进”，努力做到稳中有进、进中求稳，把握好经济工作的力度和速度，坚持尊重经济发展客观规律和发挥主观能动性的辩证统一，追求经济快速发展和社会和谐稳定的有机统一，确保社会主义现代化建设的“巍巍巨轮”能够行稳致远。

面对世界经济复苏动力不足、国内经济发展面临重重压力的严峻态势，党的十八大以来，在以习近平同志为核心的党中央坚强领导下，我国坚持“稳中求进”的工作总基调，坚定不移贯彻新发展理念，着力构建新发展格局，引领经济发展新常态。经过不懈努力，我国经济结构调整取得新进展，产业结构不断优化，发展的协调性和可持续性明显增强。一方面，现代化基础设施体系建设稳步推进，新型基础设施建设步伐加快，新一代信息网络快速发展，基础产业和基础设施保障能力显著提高，为促进经济平稳健康发展，保障和改善民生提供了有利条件；另一方面，供给侧结构性改革深入推进，新型城镇化和乡村振兴战略加快推进，经济结构调整加快，转型升级成效明显，区域发展空间布局持续优化，经济发展的平衡性、协调性、可持续性增强；再一方面，不断改善贫困地区人民生活，全力扩大就业容量，积极增加居民收入，聚焦人民群众急难愁盼问题，加强普惠性、基础性、兜底性民生建设，不断健全社会保障体系，推动经济发展和民生改善实现良性循环。

---

① 中共中央文献研究室：《习近平关于全面建成小康社会论述摘编》，中央文献出版社 2016 年版，第 30 页。

二、把解决好“三农”问题作为重中之重

“小康不小康，关键看老乡。”[①]“三农”问题始终是事关党和国家事业发展的关键问题。党的十八大以来，以习近平同志为核心的党中央高度重视“三农”问题，将其作为如期实现“两个一百年”奋斗目标的关键环节和全党工作的重中之重，不断推进党的理论创新、实践创新、制度创新，为持续发力破解“三农”问题和做好“三农”工作提供了行动指南和根本遵循。

第一，坚持党对“三农”工作的全面领导。党管农村工作既是党的优良传统，也是党的政治优势。新时代新征程，全面推进乡村振兴的深度、广度、难度不亚于脱贫攻坚，必须以更硬的措施、更强的执行力来稳住农业基本盘，做好“三农”工作。一是要完善党的农村工作领导体制机制。健全党委统一领导、政府负责、党委农村工作部门统筹协调的农村工作领导体制。各级党委和政府主要领导要懂“三农”工作、会抓“三农”工作，分管领导要真正成为“三农”工作的行家里手。建立实施乡村振兴战略领导责任制，实行中央统筹、省负总责、市县抓落实的乡村振兴工作机制，不断强化资源要素支持和制度供给，做好协同配合，形成乡村振兴工作合力。二是要建立健全党领导“三农”工作的严密组织体系，省市县乡村五级书记抓乡村振兴。省级党委和政府对本地区乡村振兴工作负总责，并确保乡村振兴责任制层层落实；市级党委和政府负责本地区乡村振兴工作，做好上下衔接，发挥好以市带县作用；县级党委和政府是乡村振兴的“一线指挥部”，整合各类资源要素，组织落实好各项政策措施；乡镇党委和政府要把乡村振兴作为中心任务，“一村一策”加强精准指导服务，抓好乡村振兴资金项目落地、重点任务落实；村党组织统一领导村级各类组织和各项工作，组织动员农民群众共同参与乡村振兴。三是要加强“三农”工作队伍建设，全面提升“三农”干部的工作能力和水平。既要选拔和任用熟悉“三农”工作的优秀干部，也要加强培训现有从事“三农”工作的领导干部，不断提升农村党员干部的工作能力和本领，使其自觉运用辩证唯物主义和历史唯物主义的世界观和方法论做好“三农”工作。

第二，坚持走中国特色社会主义乡村振兴道路。“三农”问题是关系国计民生的根本性问题。没有农业农村的现代化，就没有国家的现代化。实施乡村振兴战略，走乡村振兴道路，是解决社会主要矛盾的必然要求，是实现全体人民共同富裕的必由之路。一是要坚持党管农村工作。毫不动摇地坚持和加强党对农

① 中共中央文献研究室：《习近平关于全面建成小康社会论述摘编》，中央文献出版社 2016 年版，第 21 页。

村工作的领导，健全党管农村工作领导体制机制和党内法规，确保党在农村工作中始终总揽全局、协调各方，使党的领导的政治优势充分转化为实现乡村振兴的有力政治保障。二是要加强农村基层党组织建设。基层党组织是贯彻落实党中央决策部署的“最后一公里”。乡村振兴战略实施，关键看基层党组织建设得好不好、强不强，关键取决于基层党组织建设质量，核心是基层党组织战斗力强与弱，重点看基层党组织的“头雁”能不能激发“群雁”活力。要不断强化农村基层党组织建设，提高农村基层党组织建设质量，让基层党组织成为群众致富的领路人，确保党的惠民政策落地见效。三是要构建党领导的乡村治理新体系。建立健全党委领导、政府负责、社会协同、公众参与、法治保障的现代乡村社会治理体制，妥善应对和解决好“三农”工作中出现的顽疾和痼疾，推动乡村振兴事业向上向好发展。

第三，坚持发挥广大人民群众的主体作用。历史唯物主义认为，人民群众是历史的创造者，是真正的英雄。习近平进一步强调，“人民是历史的创造者，是决定党和国家前途命运的根本力量”，必须“依靠人民创造历史伟业”。[①] 历史经验也充分昭示，坚持人民主体地位，充分调动人民积极性，始终是党立于不败之地的强大根基。新时代做好“三农”工作，全面推进乡村振兴，关键也要靠中国共产党团结亿万人民、充分发挥人民伟力。一方面，要充分尊重人民智慧。推进“三农”工作要坚持从群众中来、到群众中去，在调查研究中将人民群众的建议进行理论升华，从而形成具有普遍指导意义的路线、方针、政策。另一方面，要自觉接受人民监督。广大农村党员干部要以自我革命的精神做好“三农”工作，自觉接受人民群众的批评和建议，形成良好的党群关系、干群关系，真正凝聚起民心民智民力，不断开创“三农”工作新局面。

三、加强和促进国际宏观经济政策协调

国际宏观经济政策协调是一种政府间明确的经济合作形式，是参与国际宏观经济政策协调一致的过程和彼此在政策执行上所遵守的承诺和约束，是构建全球宏观经济政策协调的主要表现和重要组成部分，是世界经济治理体系中最重要的制度型公共产品。促进国际宏观经济政策协调，是贯穿习近平经济思想的重要立场观点方法，是提升宏观经济治理现代化水平的必然要求，也是促进世界经济复苏和各国共同发展的应有之义，彰显了兼济天下的大国责任担当和海

---

① 习近平：《决胜全面建成小康社会 夺取新时代中国特色社会主义伟大胜利——在中国共产党第十九次全国代表大会上的报告》，人民出版社 2017 年版，第 21 页。

纳百川的大国价值关照。

第一，加强和促进国际宏观经济政策协调，是世界与时代之变的客观要求。百年未有之大变局和世纪疫情交织，经济全球化遭遇逆流，世界经济整体动力不足，有效需求不振，保护主义、单边主义抬头，多边主义和自由贸易体制受到冲击，全球产业格局和金融稳定受到冲击，世界经济运行风险和不确定性显著上升，严重影响全球经济增长前景。面对共同挑战，任何国家都无法独善其身地寻求自身发展，正如习近平所说："任何国家都不能从别国的困难中谋取利益，从他国的动荡中收获稳定。如果以邻为壑、隔岸观火，别国的威胁迟早会变成自己的挑战。"①唯有加强和促进国际宏观经济政策协调，树立天下一家的发展意识，以双赢、多赢、共赢的积极思维开展广泛合作交流，共同维护经济全球化的发展大势，才能给世界经济复苏注入强劲动力，才能使全人类的"诺亚方舟"行稳而又致远。

第二，加强和促进国际宏观经济政策协调，是百年大党的天下责任担当。当前，世界百年未有之大变局加速演进，世界之变、时代之变、历史之变正以前所未有的方式展开，人类社会面临着前所未有的难题和挑战。基于上述时代背景，中国共产党以马克思主义者的独有眼光和前瞻考量，提出了富有人文关怀和精神的人类命运共同体理念，倡导加强和促进国际宏观经济政策协调，深刻回答了建设什么样的世界以及如何建设世界的时代之问。2013 年 11 月，党的十八届三中全会通过的《中共中央关于全面深化改革若干重大问题的决定》明确提出："形成参与国际宏观经济政策协调的机制，推动国际经济治理结构完善。"2015 年 5 月，党中央、国务院发布的《关于构建开放型经济新体制的若干意见》，将"形成参与国际宏观经济政策协调的机制，推动国际经济治理结构不断完善"明确为构建开放型经济新体制的总体要求。2020 年 10 月，党的十九届五中全会通过的《中共中央关于制定国民经济和社会发展第十四个五年规划和二〇三五年远景目标的建议》进一步提出："加强国际宏观经济政策协调，搞好跨周期政策设计，提高逆周期调节能力，促进经济总量平衡、结构优化、内外均衡。"2022 年 10 月，党的二十大报告更进一步明确指出："中国坚持经济全球化正确方向，推动贸易和投资自由化便利化，推进双边、区域和多边合作，促进国际宏观经济政策协调，共同营造有利于发展的国际环境，共同培育全球发展新动能。"这些政策主张和发展理念，为新征程上更好促进国际宏观经济政策协调指明了方向，有力地回答了世界之问、时代之问。

① 习近平：《习近平在联合国成立 75 周年系列高级别会议上的讲话》，人民出版社 2020 年版，第 9 页。

第四节 久久为功，以全面深化改革激发新发展活力

2021 年 11 月，党的十九届六中全会通过的《中共中央关于党的百年奋斗重大成就和历史经验的决议》指出，“改革开放是党的一次伟大觉醒，是中国人民和中华民族发展史上一次伟大革命”，“改革开放是决定当代中国前途命运的关键一招”。回溯改革开放 40 多年来的艰辛历程，中国共产党领导人民锐意改革，艰苦奋斗，以毅然决然的勇气和魄力深化改革，推动党和国家事业迈上了新的发展台阶，中华大地发生了翻天覆地的历史性巨变。新时代新征程，必须坚定不移推进改革，高举改革开放的旗帜，在新发展阶段展现改革开放新作为，推动我国经济实力迈上新台阶。

一、构建高水平社会主义市场经济体制

党的二十大报告从全面建成社会主义现代化强国、实现第二个百年奋斗目标的历史任务出发，强调要“坚持社会主义市场经济改革方向”，作出了“构建高水平社会主义市场经济体制”的重大战略部署。其一，构建高水平社会主义市场经济体制是推动经济高质量发展的需要。在激发市场主体活力方面，需要加快国有经济布局优化和结构调整，深化国资国企改革，优化民营经济发展环境，激励企业更加重视技术创新；在要素市场体系建设方面，需要深化土地、户籍等制度改革，构建更加完善的要素市场化配置机制，提高要素配置效率；在创新驱动发展方面，需要进一步突破制约先进生产力发展的体制机制障碍，打造更有效激励科技创新、更有利于生产要素合理流动和高效配置的体制环境，提高科技进步贡献率；在监管体制方面，需要完善市场准入和监管方式，加强知识产权保护，营造公平竞争的市场环境。其二，构建高水平社会主义市场经济体制是加快构建新发展格局的需要。无论是畅通国内大循环，还是促进国内国际双循环，都需要全面深化改革，健全激发市场主体活力的激励机制和要素保障体系，着力打通生产、分配、流通、消费各个环节，加快形成高效规范公平开放的国内统一大市场，促进人流、物流、资金流、信息流在社会再生产各环节、区域和城乡间的流动。其三，构建高水平社会主义市场经济体制是全面建设社会主义现代化国家、以中国式现代化全面推进中华民族伟大复兴的时代要求。加快构建高水平社会主义市场经济体制，特别是推动有效市场和有为政府更好结合，完善社会主义基本经济制度，有利于促进市场体系高效运行，实现资源要素高效配置、经济发展和治理

水平迈上更高水平，为全面建设社会主义现代化国家提供坚实的制度保障。其四，构建高水平社会主义市场经济体制是应对百年变局、形成制度优势的迫切要求。当今世界，百年未有之大变局加速演进，全球经济治理体系发生深刻变革，国际经贸规则面临重构，全球“规则之争”“制度之争”日趋激烈。加快构建高水平社会主义市场经济体制，特别是把握经济全球化大势、更加积极主动地推进高水平制度型开放，有利于我国加快提升相关体制机制对国际高标准经贸规则的适应性，在日益显现的多极格局中占据有利的国际地位，为参与全球经济治理赢得主动，推动国际秩序总体朝着有利于我国和世界健康发展的趋势演进。

从整体上把握和理解“高水平”社会主义市场经济体制，应从社会主义市场经济体制的纵向比较、同资本主义市场经济体制的横向比较、满足发展需要的程度三个方面相继展开。从社会主义市场经济体制的纵向比较，即其自身的发展历史看，“高水平”蕴含着同上个历史阶段的社会主义市场经济体制相比较的意味，新发展阶段的社会主义市场经济体制系统更为完善、运行更为高效。从体制外部的横向比较看，“高水平”蕴含着同资本主义市场经济体制相比较的意味。社会主义市场经济体制具有自身的优越性，可以克服资本主义市场经济体制的固有弊端，实现对资本市场的有效控制和驾驭。从满足发展需要的程度看，“高水平”意味着能够为经济社会发展提供更强有力的支撑。高水平社会主义市场经济体制以实现经济的高质量发展为首要目标，通过实现自身的“高水平”发展，为建设社会主义现代化国家提供更为坚实的物质基础和不竭的发展动能。

高水平社会主义市场经济体制的基本特征主要体现在以下三个方面。一是市场有效和政府有为的高度统一。既能够充分发挥市场在资源配置中的决定性作用，实现资源配置效率最优化和效益最大化，又能够使政府通过建立宏观调控体系，更好地提供优质公共服务、强化市场监管、维护市场秩序、防范化解各种风险挑战。二是各类市场主体的活力充分激发。通过坚持和完善社会主义基本经济制度，坚持“两个毫不动摇”，深化国资国企改革，促进民营经济发展壮大，激发和保护企业家精神，持续优化营商环境，使国有企业、民营企业以及外资企业等市场主体“活力满满”。三是形成统一开放、竞争有序、制度完备、治理完善的高标准市场体系。通过实施市场准入负面清单制度，深化要素市场化配置改革，加快全国统一大市场建设，可以持续优化市场结构，不断改善发展环境，显著提升对内对外吸引力。

加快构建高水平社会主义市场经济体制，一是要有效处理政府与市场的关系，使市场和政府扬长避短、各司其职，为推动经济高质量发展和中国式现代化提供有效市场和有为政府的双轮驱动。一方面，要夯实“有效市场”的制度基础，实现各类生产要素的有效配置和利用，推动社会主义市场经济的高效运作；另一方面，要提升国家治理体系和治理能力的现代化水平，切实增强政府对市场经济的宏观调控能力，确保市场经济始终沿着社会主义的方向发展。二是要坚持和完善社会主义基本经济制度。既要坚持和完善公有制为主体、多种所有制经济共同发展，一以贯之坚持两个“毫不动摇”，激发各类市场主体活力，也要坚持按劳分配为主体、多种分配方式并存，不断完善初次分配制度、健全再分配调节机制、规范收入分配秩序，促进效率和公平的有机统一。三是要打造市场化法治化国际化的营商环境。既要建设全国统一大市场，完善市场经济基础性制度安排，充分激发市场经济主体的活力，着力强化市场秩序治理和提振市场信心，也要加快完善统一的市场监管制度，依托法治手段，从法律上、制度上有效保障各类市场主体的合法权益，充分焕发市场主体的活力和创造力，并通过提高市场监管现代化水平，为营造高质量的营商环境提供强大制度保障。同时，还要对接国际通行制度，推进全国统一市场主体登记管理制度、市场准入负面清单制度更加成熟定型，不断优化各类市场主体的发展环境，加快建设更加国际化的营商环境。

二、建设现代化经济体系

建设现代化经济体系，是党中央从党和国家事业全局出发，顺应中国特色社会主义进入新时代的新要求作出的重大决策部署。习近平指出：“国家强，经济体系必须强。”[①]建设现代化经济体系，不仅是社会主义现代化强国建设的主要内容，更是重要的决定性因素。只有形成现代化经济体系，才能更好顺应现代化发展潮流，赢得国际竞争主动，也才能为其他领域现代化提供有力支撑。

建设现代化经济体系是一项极具复杂性、挑战性、困难性的事业，必须坚定不移推进供给侧结构性改革，大力推动科技创新和体制机制创新。第一，深化供给侧结构性改革。深化供给侧结构性改革是建设现代化经济体系的主线。要紧紧扭住深化供给侧结构性改革不松劲，把发展经济的着力点放在实体经济上；要深刻洞察实体经济发展面临的“时”与“势”、“危”与“机”，使政策、资金、技术、人才等要素不断向实体经济汇聚；要精准把握推进供给侧结构性改革的重点任务，有力、有度、有效落实去产能、去库存、去杠杆、降成本、补短板，推动经济发展质

① 中共中央宣传部、国家发展和改革委员会：《习近平经济思想学习纲要》，人民出版社、学习出版社2022年版，第69页。

量变革、效率变革、动力变革，挖掘经济潜在增长动能，提升供给结构对需求结构的适应性和配套性，进而实现供需动态、高水平平衡。第二，深化科技体制改革。深化科技体制改革是建设现代化经济体系的关键。必须坚持围绕科技创新这个核心，引领科技领域相关体制机制深刻变革，建立起以企业为主体、市场为导向、产学研深度融合的技术创新体系，加快形成有利于创新发展的市场环境、产权制度、投融资体制、分配制度。同时，加大创新投入，改革和完善人才发展机制，建立健全各类人才培养、使用、吸引、激励机制，加大创新型人才培养力度，深化科技奖励制度改革，强化奖励的荣誉性和对人的激励，健全促进科技成果转化的机制，加快科技成果转化，强化知识产权创造、保护、运用。第三，深化经济体制改革。深化经济体制改革是建设现代化经济体系的保障。社会主义市场经济体制是现代化经济体系的基石。建设现代化经济体系，必须加快完善社会主义市场经济体制，处理好政府与市场的关系。一是确保市场机制健全和运行有效，构建市场机制有效、微观主体有活力、宏观调控有度的经济体制。二是深化国有企业改革，建立和完善现代企业制度。健全中国特色现代企业制度，打造系统完备的制度体系，完善党领导国有企业的制度、完善国有企业公司治理结构、完善国有企业治理机制和运营机制，将制度优势更好转化为治理效能，以更好地服务国家战略。

三、健全中国特色宏观经济治理体系

健全中国特色宏观经济治理体系是实现经济高质量发展的客观要求，也是推进国家治理体系和治理能力现代化的重要抓手，对于推动经济高质量发展、构建高水平社会主义市场经济体制具有极其重要的指导意义。

第一，科学有效的宏观经济治理是实现国家治理体系和治理能力现代化的客观要求，也是构建高水平社会主义市场经济体制的重要组成部分。“宏观经济治理体系”作为习近平经济思想的重要组成部分，是对宏观调控理念与思路的重要创新。当前，伴随单边主义、贸易保护主义和逆全球化的思潮涌现和行动升级，我国经济发展面临着严峻的国内外形势，为确保中国特色社会主义制度和社会主义市场经济行稳致远，党必须将健全宏观经济治理体系摆在事关全局的重要地位。

第二，在更高历史起点上实现新的更大发展，构建高水平社会主义市场经济体制，必须进一步创新和完善宏观调控的思路、方法、举措，不断完善宏观调控的目标体系、政策体系、协调体系、监督体系、保障体系。一是完善宏观调控目标体系。锚定到 2035 年基本实现社会主义现代化的远景目标，强化高质量发展目标引领，坚持“稳中求进”的工作总基调，科学确定宏观调控目标，科学编制并有效实施国家发展规划，建立健全国家发展规划体系。二是优化宏观调控政策体系。坚持健全以财政政策和货币政策为主要手段的宏观调控体系，增强消费对经济发展的基础性作用和投资对优化供给结构的关键作用；强化竞争政策基础地位，营造公平竞争市场环境。三是健全宏观调控政策协调和监督考评体系。加强经济监测预测预警能力建设，加强政策工具创新和协调配合，加大宏观调控力度，强化政策统筹协调，细化宏观调控政策落实效果评估。四是强化宏观调控保障体系建设。加强经济治理数据库等建设，动态完善宏观经济治理数据库，深化统计管理体制改革，促进政务大数据体系与宏观经济治理数据库纵横联动，进一步提升宏观经济预期管理能力，更好支撑宏观经济治理。

第三，坚持以国家发展规划为指引，深化投资融资体制改革，形成市场主体共同参与制定宏观经济政策的良好格局，不断提升宏观经济治理能力和水平。一是深化政府投资融资体制改革。既要坚守市场经济条件下政府投资的合理边界，进一步处理好政府与市场的关系，优化配置政府投资权限，提升政府投资的规模效应，从经济区域而非行政区域的角度对政府投资进行统筹谋划和合理布局，也要平衡好当前与长远的关系，通过制度区分轻重缓急，排出投资的优先序，提升投资与融资的双向协调匹配程度，提高项目与资金在性质、规模上的匹配程度。二是优化现代税收制度。党的二十大报告明确提出，要“优化税制结构”，稳步推进税制改革以加快税收法定进程，推进地方税体系改革以培育涵养地方税源，深化增值税改革以健全增值税留抵退税制度。要继续完善以共同富裕为目标的现代税收制度，完善综合与分类相结合的个人所得税制度，适当提高直接税比重，提高税制的公平性，强化税收调节职能，助力实现共同富裕。三是建立健全现代财政体制。有序推进中央与地方财政事权和支出责任划分改革，完善财政转移支付制度体系，充分发挥其在收入分配中的调节作用。完善、优化省以下财政体制改革，更好发挥财政在资源配置、财力保障、统筹调控等方面的关键作用。四是健全现代金融制度。建设现代中央银行制度，健全资本市场功能，在把握资本特性和规律的基础上依法规范和引导资本健康发展。充分发挥金融对优化经济结构、改善人民生活、增强国际竞争力的重要作用，更好地服务经济高质量发展。

第四章　坚持“创新、协调、绿色、开放、共享”新发展理念

“创新、协调、绿色、开放、共享”新发展理念，是以习近平同志为核心的党中央在遵循客观发展规律、立足自身发展实际、把脉时代发展大势的基础上形成的治国理政新理念。创新发展理念着力解决的是发展动力问题，强调要使创新成为引领发展的第一动力。协调发展理念着力解决的是发展关系和发展布局问题，强调要实现各部门、各地区、各领域的协调发展，不断增强国民经济发展的整体性和协调性。绿色发展理念着力解决的是发展后劲问题，强调要实现人与自然的和谐发展，既要建造“金山银山”，又要保住“绿水青山”。开放发展理念着力解决的是中国与世界的关系问题，强调要实现开放发展，内外联动，不断拓展中国发展的空间，构建中国发展的良好内外环境。共享发展理念着力解决的是发展目标问题，强调发展既要依靠人民，更要为了人民，要让全体人民共享发展成果，使全体人民在共建共享中有更多的获得感。新发展理念，对新时代中国的发展目标、发展动力、发展方式、发展路径以及中国共产党在发展问题上的政治立场、价值取向都作了阐述，为实现更高质量、更有效率、更公平、更可持续的经济发展提供了科学的思想指引。

第一节　创新发展引领动力之变

创新是人们为了满足自身和社会的发展需要，在现存事物和发现的基础上改进或创造新事物的一种创造性实践活动。创新是引领发展的第一动力，是一个国家兴旺发达的不竭动力。创新发展理念科学回答了如何以创新转换发展动力、破解发展难题、厚植发展优势的时代之问，为“稳中求进”解决新时代我国社会主要矛盾进而推动经济社会可持续、高质量发展提供了科学指引。

一、创新发展是掌握未来主动权的重要抓手

习近平指出："纵观人类发展历史，创新始终是一个国家、一个民族发展的重要力量，也始终是推动人类社会进步的重要力量。"[①]创新驱动发展是党中央在全面分析国内外大势的基础上，从全局出发，聚焦关键，带动整体的国家战略决策。

理论创新是社会发展和变革的先导。习近平指出："无论时代如何变迁、科学如何进步，马克思主义依然显示出科学思想的伟力，依然占据着真理和道义的制高点。"[②]马克思主义之所以能够源于资本主义时代又超越这一时代，原因在于它所具有的实践特征和批判特性赋予了其始终站在时代前沿、引领时代发展的内核特质，能够始终伴随时代和实践的发展而不断实现自身的辩证否定和与时俱进。回溯中国共产党的百年奋斗史，可以发现，党和人民之所以能够克服艰难险阻进而取得彪炳史册的历史性成就，归根结底在于党始终坚持推进理论创新、进行理论创造，不断解放思想、实事求是、与时俱进、求真务实，在回应和批判教条主义、主观主义、经验主义等本本主义的错误倾向中，矢志不渝将具有普遍性的马克思主义基本原理的"矢"精准射中具有特殊性的中国革命、建设、改革具体实际之"的"，不断实现马克思主义与中国具体实际和中华优秀传统文化的同频共振。新时代新征程，必须一以贯之坚持开辟马克思主义中国化时代化新境界，既要在中国特色社会主义的崭新实践中接续推进理论创新，也要坚持用党的创新理论武装头脑、指导实践、推动工作。

制度创新是持续创新的保障。历史和实践证明，任何一种制度都不可能历久而不变。换言之，作为特定历史条件下的产物，制度必须根据时代和实践的变化进行自我调适和发展，否则便会与实际需要脱轨，最终被时代所抛弃。因此，党必须根据社会主义建设事业发展的需要，及时进行制度上的完善、优化和创新，依托制度创新推动国家制度和治理体系更加成熟和完善。百余年来，中国共产党一以贯之承续制度建设的优良传统，在不断创新完善党和国家各项制度中推动中华民族迎来了由站起来、富起来到强起来的伟大飞跃。新时代新征程，要在百年未有之大变局中更好地保持战略主动，有效破解百年大党面临的独有难题和实现第二个百年奋斗目标，就必须将制度创新作为党治国理政的关键之举和制胜密钥，不断完善和发展中国特色社会主义的根本制度、基本制度、重要制度，努力将制度优势有效转化为治理优势，进而推进国家治理体系和治理能力现代化。

---

① 《习近平谈治国理政》第 2 卷，外文出版社 2017 年版，第 267 页。

② 习近平：《在哲学社会科学工作座谈会上的讲话》，人民出版社 2016 年版，第 10 页。

文化创新是各类创新活动不竭的精神动力。一方面，文化创新可以促进文化的传承和发展。中华优秀传统文化是中华民族的精神命脉，也是中国共产党和中国人民的精神支柱，更是中华儿女在世界文化激荡中屹立不倒的精神根基。在新的历史条件下，必须将传承和发展好中华优秀传统文化摆在更加突出位置，“以守正创新的正气和锐气，赓续历史文脉、谱写当代华章”①。只有以守正创新的精神推动中华优秀传统文化创造性转化、创新性发展，才能充分挖掘中华优秀传统文化中蕴含的积极价值和精神力量，不断赋予其新的时代特色和生命活力。另一方面，文化创新可以推动文化产业的繁荣发展。党的十八大以来，我国文化产业的发展呈现出更加繁荣、更加有序的发展态势，在推动经济社会发展、保障改善民生、巩固和坚定文化自信等领域发挥了重要作用。实践证明，文化产业的可持续发展离不开创新驱动，通过推动文化产业各领域、全过程、全要素的综合创新，可以实现文化产业的提质增效和转型升级，进而切实成为拉动经济增长的新动能和新引擎。

科技创新是全面创新的主要引领。现阶段，全球经济创新发展进入了空前活跃的阶段，以人工智能等为核心的新一轮科技革命和产业变革在全世界范围内兴起，对全球供应链、产业链都造成了前所未有的冲击。可以说，这既是一个难得的历史机遇，同时也是一个不容忽视的严峻挑战。只有把握好这个重大的战略机会，全面推进科技创新，才能把握住制高点和主动出击的机会，重新塑造国际合作与竞争的新优势。党的十八大以来，中国共产党带领全国各族人民坚定不移贯彻创新发展理念，创新能力不断提升，创新驱动发展成效明显，科技实力正在从量的积累迈向质的飞跃，从点的突破迈向系统能力提升。一是科技提升企业竞争力。企业科技创新投入大幅增长，在全社会研发投入中的占比不断提高。二是科技促进区域创新发展。北京、上海、粤港澳大湾区创新引领辐射作用不断增强，呈现出较好的发展势头。三是科技引领新兴产业发展和助推传统产业升级。人工智能、大数据、区块链等数字技术加快应用，打通了新兴产业的一些堵点，并且逐渐与传统产业深度融合。四是科技支撑重大工程建设。重大技术突破带动北斗导航全球组网，推动高速铁路列车初步建立起完整的自主技术体系。五是培养高水平科技人才。一大批优秀科技工作者攻克了航天、卫星等领域众多关键核心技术，突破了经济社会发展中的诸多关键科技难题和瓶颈制约。

---

① 习近平:《在文化传承发展座谈会上的讲话》，人民出版社2023年版，第11页。

二、以科技创新驱动高质量发展

以科技创新为核心，带动全面的创新，是加快转变发展方式、优化经济结构、转换增长动力的重要抓手，也是深化改革、突破发展瓶颈、促进经济高质量发展的重要动力。习近平指出："科技创新是核心，抓住了科技创新就抓住了牵动我国发展全局的'牛鼻子'。"①

第一，强化战略导向，破解创新发展科技难题。习近平指出："科技创新的战略导向十分紧要，必须抓准，以此带动科技难题的突破。"②首先，要坚持以战略导向明确科技发展的重点。既要紧紧把握对于党和国家事业发展具有关键作用、重要意义和深远影响的科技领域，也要着重关切当前发展急需攻克的短板领域，譬如地球内部可利用的成矿空间分布的勘探、先进高端材料的研发和生产、脑连接图谱研究、深海开发技术、空间技术等方面。其次，坚持以战略导向制定科技发展的战略部署。针对科技创新发展存在的突出问题，既要围绕国家重大战略需求制定长远规划，实施一批重大科技项目和工程，也要聚焦科技创新的关键领域落实战略措施，在重大创新领域组建一批世界级的科研院所、研究型大学和创新型企业，发挥国家实验室在攻坚克难、引领发展中的重要作用，努力创造出一批具有重要意义的原创性科学成果。

第二，抓好人才资源，激发创新动力。人才是实现民族振兴、赢得国际竞争主动的战略资源。历史和实践反复证明，人才始终是推动科技发展的原动力，创新驱动实质上是人才驱动，科技创新最重要、最核心、最根本的是人才问题。建设社会主义现代化科技强国必须深入实施人才强国战略，加快建设世界重要人才中心和创新高地。一是要积极引进急需紧缺创新人才。结合我国高质量发展人才需求，建立起清单化、项目化、精准化人才招引新机制。坚持全职招与柔性引联动发力，加快人才工作站布局建设，不断延伸人才招引触角，持续完善人才招引工作体系。二是要拓宽培养人才路径。加强对人才的培育工作，坚持分系统、分行业、分类别实施人才培养计划。三是要充分尊重人才流动的规律。打通各种类型的人才流动通道，建立健全长效的人才交流和合作机制，围绕乡村振兴战略和基层治理等需求，激励和引导青年人才下基层施展才华、干事创业，锤炼出真本领。四是要加快建立一套以能力和功绩为导向的人才评价制度，以最大限度地激发人才的创造力和创新力。五是要建好人才创业支撑平台。积极建设

---

① 《习近平谈治国理政》第2卷，外文出版社2017年版，第271页。

② 《习近平著作选读》第1卷，人民出版社2023年版，第492页。

领航企业、高校院所、中小微企业联动协同的一体化产业创新生态系统，通过释放政策叠加、要素集聚、产业集群的平台效应，进一步发挥平台载体对人才、项目、技术的吸引集聚作用，为各类人才的创业提供更加专业化的服务和保障。

第三，筑牢服务根基，优化创新环境。创新环境是指创新主体所处的时空条件下的各种要素和关系的集合，主要包括促进创新的体制、政策、市场、基础设施条件、文化等要素。创新能力的提升离不开创新环境的不断优化，良好的创新环境能够激发创新活力、提高创新效率、推动创新人才的亲密合作和创新资源的高效整合，为保持经济平稳增长和推动经济高质量发展提供重要支撑。一是加快形成合作创新的机制，以开放、合作、互惠、共享的理念构建创新生态。二是完善企业科技评价体系，将国有企业创新的考核、激励与容错等各种机制落实到位，完善民营企业获得创新资源的公平性和便利性措施。三是优化评价、服务、扶持和激励制度，使科研人员拥有更多的自主权。四是加大对知识产权的保护，保护关键技术人才的权益，进一步完善知识产权的保护措施。五是优化国家科技创新空间布局，着力建设北京、上海、粤港澳大湾区等全球重要的人才聚集与创新中心，提升中国科技创新在全球的聚集与引领力。六是建立地区创新合作交流平台，打破行政区划的限制，增强地区之间的沟通与协作，全面提高地区之间的创新要素集聚水平。七是推动国际创新合作。支持中国企业及科研人员与世界各国进行科研交流与合作，积极融入世界科技创新网络；推动企业更好地运用世界范围内的科技成果、智力资源、高级人才；支持有实力的企业牵头组建国际产业创新机构，并参与国际标准的制定；支持外商在中国建立研究开发中心，推动世界著名的跨国公司在中国建立分支机构。

三、以体制机制改革激发创新活力

体制，通常是指有关组织形式的制度，包括政治体制、经济体制、教育体制等方面。机制，泛指社会或自然现象的内在组织和运行的变化规律，强调事物内部各部分的机理即相互关系。完善的体制机制能够有效降低创新风险、提高创新效率、激发创新活力。党的十九届五中全会明确把“完善科技创新体制机制”作为坚持创新驱动发展、全面塑造发展新优势的重要内容，旨在充分发挥体制机制的先导作用，为企业创新发展保驾护航。

第一，完善党中央对科技创新的领导体制。一是加强科技创新的顶层设计。明确政府相关部门在科技创新方面的职责，优化科技创新管理部门的绩效考评体系，将科技创新治理对市场需求的满足效率作为绩效评价的考核重点；完善相应的人事、财力、物力管理体系，提高行政效率，降低行政成本；制定科技创新的近景目标与远景目标，以一系列具有全局性和长远性的目标体系、方针政策和措施，为发挥教育、人才、创新对于科技发展的基础推动作用提供有力保障；加强科技基础能力建设，提升国家总体创新效能。二是发挥党建对科技创新的引领作用。积极推进党建与科技工作深度融合，通过“互联网＋党建”“智慧党建”等方式，提升党建工作科学化、数字化、智慧化水平，以高质量党建引领高水平科技创新。

第二，建立科学有力的科技创新政策激励机制。政策是科技创新的重要支撑。有力的政策能够为科技创新提供必要的财政和资源支持，可以有效推动科技成果的转化，提高企业科技创新的积极性。因此，必须发挥好政策对科技创新的推动作用，为科技创新的发展保驾护航。一是针对市场主体存在的“补短板”“强弱项”政策诉求，在调查研究的基础上对各项短板弱项制定有针对性的政策，将提高科技创新能力作为政策的支持重点，并且持续抓好政策落实，推动政策在实施过程中不断完善。二是针对创新型企业制定相关的财政、金融、减税优惠政策，激励企业增加创新投入、提升创新能力。发挥国家小微企业名录库平台、各省各市金融综合服务平台和个体私营企业协会等桥梁纽带作用，综合运用财政、金融、税收等纾困减负、激活增效政策工具，更好地支持和服务各类市场主体，引导企业加大研发投入，增强研发力量，提高研发实力，充分发挥企业在技术创新决策、科研组织、成果转化等方面的主体作用。

第三，健全科技创新服务和保障的多元化、一体化体系。一是构建以企业为主体、市场为导向、产学研深度融合的技术创新体系。二是推动以市场为导向的创新供给，加快科技成果向现实生产力的转化。三是精简审批过程。在行政审批大厅设立知识产权专区，建立“一窗通办”的一体化服务平台，为企业提供全程的知识产权服务。四是实施重点产业专利导航工程和专利权技术转移转化专项计划，培育专利密集型产业和知识产权优势示范企业。五是加强对企业的知识产权保护，为企业创新发展提供可靠保障。

第二节　协调发展激发结构之变

协调是通过正确处理组织内外各种关系，进而促进组织正常运转和组织目标的实现。协调发展是指在关注发展速度的同时，更加注重发展的整体性、协调性和平衡性。协调发展既是发展的手段和目标，也是评价发展的标准和尺度。

党的十八届五中全会指出:“协调是持续健康发展的内在要求。必须牢牢把握中国特色社会主义事业总体布局,正确处理发展中的重大关系,重点促进城乡区域协调发展,促进经济社会协调发展,促进新型工业化、信息化、城镇化、农业现代化同步发展,在增强国家硬实力的同时注重提升国家软实力,不断增强发展整体性。”

一、协调发展是关系中国发展全局的深刻变革

协调发展是推进中国式现代化的关键路径。中国式现代化具有实现共同富裕、物质文明与精神文明协调发展、人与自然和谐共生等一系列突出特征,这些特征充分彰显了协调发展的重要性。其一,中国式现代化是全体人民共同富裕的现代化。共同富裕体现了一个国家发展的均衡性。一是收入均衡。共同富裕从来不是绝对的公平和完全的无差距,而是要通过完善收入分配制度,形成更加公平合理的收入分配格局,从而使各行各业的收入差距控制在一定的范围和限度内,做到相对的公平。二是城乡均衡。共同富裕强调推动城乡融合发展,使二者发展为交错相融、功能互补、利益协调、和谐共生的地域共同体。三是区域均衡。共同富裕强调在尊重地区发展差异的基础上,发挥各地区动态比较优势,推动区域发展更加平衡更加充分。其二,中国式现代化是物质文明和精神文明协调发展的现代化。习近平指出:“物质富足、精神富有是社会主义现代化的根本要求。物质贫困不是社会主义,精神贫乏也不是社会主义。我们不断厚植现代化的物质基础,不断夯实人民幸福生活的物质条件,同时大力发展社会主义先进文化,加强理想信念教育,传承中华文明,促进物的全面丰富和人的全面发展。”[①]实现中华民族伟大复兴,既需要强大的物质力量,也需要强大的精神力量。全面建设社会主义现代化国家,向着第二个百年奋斗目标进军,必须把物质文明建设和精神文明建设都搞好,使国家物质力量和精神力量都增强,实现物质文明和精神文明协调发展。其三,中国式现代化是人与自然和谐发展的现代化。人与自然的关系是人类社会最基本的关系。习近平指出,“自然是生命之母”,“生态是统一的自然系统”,“无止境地向自然索取甚至破坏自然必然会遭到大自然的报复”[②]。在推进中国式现代化的过程中,必须始终“坚持可持续发展,坚持节约优先、保护优先、自然恢复为主的方针,像保护眼睛一样保护自然和生态环境,坚定

① 《习近平著作选读》第1卷,人民出版社2023年版,第19页。

② 《习近平著作选读》第1卷,人民出版社2023年版,第19页。

不移走生产发展、生活富裕、生态良好的文明发展道路，实现中华民族永续发展”[①]。

协调发展是构建新发展格局的必然选择。新发展格局包括以国内大循环为主体、国内国际双循环相互促进两个方面。习近平强调：“在实践中，我们要注意防范一些认识误区：一是只讲前半句，片面强调‘以国内大循环为主’，主张在对外开放上进行大幅度收缩；二是只讲后半句，片面强调‘国内国际双循环’，不顾国际格局和形势变化，固守‘两头在外、大进大出’的旧思路。”[②]构建新发展格局必须坚持协调发展，努力增强发展的统筹性和协调性。一方面，坚持整体推进和重点突破统筹协调。既要整体推进构建新发展格局，把经济循环的生产、分配、流通、消费各环节各方面作为有机整体进行谋划和推进，同时也要重点把握制约国民经济发展的关键问题，化解供给体系与国内需求不相匹配的矛盾。另一方面，坚持自立自强和扩大开放统筹协调。既把构建新发展格局放在自身力量发展的基点上，坚持自立自强，特别是加快实现高水平科技自立自强，从根本上确保国内大循环畅通，切实做到“练好内功、站稳脚跟”，又坚定不移全面扩大开放，立足国内大循环吸引全球资源要素，不断拓展中国式现代化的发展空间。

协调发展是缩小城乡差距和区域差距的有效举措。当前，我国城乡收入分配差距问题依然突出，深刻影响着经济社会的稳定发展，制约着共同富裕目标的实现。而破解这一问题的有效途径就是坚持协调发展，推动城乡融合发展。具体而言，就是在推进全体人民共同富裕的进程中，以低收入人口为重点人群，以公共服务和基础设施建设为重点领域，持续缩小农村居民在物质生活和精神生活方面与城镇居民之间的差距，走城乡共同富裕之路。再者，我国国土面积巨大，不同地区的自然地理条件、资源禀赋、产业基础和发展水平差别很大，在经济发展过程中不可避免地出现了东部地区发展快于中部地区、西部地区发展慢于东部地区的发展差距。而要解决区域差距问题，就需要在推动区域协调发展中强化举措、精准施策，促进优势互补、良性互动，通过促进资源的优化配置、推动区域间的协同与合作，建立产业链供应链的协同发展机制，促进各地区经济均衡增长。

党的十八大以来，中国共产党带领全国各族人民坚定不移贯彻协调发展理念，持续优化经济结构，扎实推进协调发展，经济发展的整体性、平衡性不断提

---

① 《习近平著作选读》第1卷，人民出版社2023年版，第19页。

② 习近平：《论把握新发展阶段、贯彻新发展理念、构建新发展格局》，中央文献出版社2021年版，第483～484页。

升。一是不断优化产业结构，转型升级成效显著。第一产业保持平稳增长，粮食安全基础巩固；第二产业加快转型升级，创新驱动持续深化；第三产业规模日益壮大，新兴产业蓬勃发展，有力支撑了国民经济持续健康发展。二是需求结构更趋协调，内需战略基点得以巩固。消费需求稳定增长，基础性作用进一步增强，投资结构改善优化，关键性作用持续发挥，对外贸易稳中提质，开放水平不断提升，为加快构建以国内大循环为主体、国内国际双循环相互促进的新发展格局提供了有力支撑。三是扎实推进区域发展战略，区域新格局加速构建。区域经济总量不断增加，发展差距逐步缩小，比较优势持续发挥，发展协调性逐步增强，经济增长潜力进一步显现。四是宏观收入分配结构不断改善。通过持续深化收入分配制度改革，大力实施减税降费，居民收入水平稳步提高，企业效益不断改善，为经济社会持续稳定发展注入强大动力与活力。

二、促进城乡、区域协调发展

改革开放以来特别是党的十八大以来，随着脱贫攻坚各项政策和乡村振兴战略的纵深推进，以人为核心的新型城镇化深入推进，美丽乡村建设取得巨大成效，工农互促、城乡互补、全面融合、共同繁荣的新型工农城乡关系加快形成。与此同时，党中央坚持实施区域协调总体战略，推动东、中、西和东北地区协调发展，加快优化国土空间开发格局，优势互补、高质量发展的区域经济布局加快实现。但需要注意的是，区域间发展差距仍然较大，老少边穷地区发展相对落后，城乡二元结构的问题仍然没有根本解决，城乡之间的发展差距仍然十分明显。对此，习近平强调，要深入推进实施区域发展总体战略，着力提高城乡区域发展一体化水平，把解放和发展农村社会生产力、改善和提高广大农民群众生活水平作为根本的政策取向，推动形成城乡协调、区域协调的良好发展局面。

第一，提高城市化水平和流动人口市民化水平。人口流动是一种生产要素的空间再配置过程，是推动经济社会发展的重要动力。随着人口流动的增加，人才、技术和资本等生产要素在不同地区之间得以优化配置。近年来，随着我国城市化的不断发展，大量农村人口流入城市，促进了城市经济社会的发展，提高了我国城市化的发展水平。但与此同时，我国现行的户籍制度也在一定程度上限制了人口的流动，尤其是农村剩余劳动力向城市的流动，削弱了农村剩余劳动力在向城市转移过程中对于推动城市经济发展所具有的作用。对此，习近平强调，

“加快户籍制度改革，是涉及亿万农业转移人口的一项重大举措”①，必须统筹户籍制度改革和相关经济社会领域改革，有序推进农业转移人口市民化。一方面，要进一步调整户口迁移政策，通过全面放开建制镇和小城市落户限制、合理确定大城市落户条件、严格控制特大城市人口规模等举措，有效解决户口迁移中的重点问题；另一方面，要创新人口管理，通过建立城乡统一的户口登记制度、建立居住证制度、健全人口信息管理制度等，不断提升人口管理的科学化水平。

第二，以中心城市作为区域经济发展的重要载体，促进各项要素合理流动。区域协同发展的根本目的在于使各种要素在空间上有序地流动、聚集，从而实现经济高质量、可持续发展。在城市化进程中，农村人口逐渐向城镇聚集，小城镇人口逐渐向大城市聚集，逐渐形成了以大城市为核心的“城市群”与“都市区”两大区域的集聚格局。在此背景下，要进一步提高我国经济高质量发展，就必须依托中心城市建设推动区域经济协调发展。一方面，发挥中心城市的资源配置作用，促进区域经济发展的效率、质量和动力转换。既要利用中心城市的规模和集聚效应，提升区域经济发展的全要素生产率，也要通过推行供给侧结构性改革，带动区域经济的动力变革。另一方面，发挥中心城市的辐射带动作用，增强区域经济发展的整体性。在中心城市发展过程中，人才、资金、信息等资源会不断向区域内和区域间辐射，从而为周边城市提供必要的资源支持。同时，伴随着产业的升级转型，中心城市将会与周边城市建立起密切的产业链关系，从而提升区域产业结构的协调性。

第三，建立健全城乡一体化发展的体制机制和政策体系。习近平指出：“健全城乡发展一体化体制机制，是一项关系全局、关系长远的重大任务。”②要建立起一套支持农业农村优先发展的政策保障体系，加强财政金融支持农业农村发展的激励机制，加强对各种人才下乡的保障和激励，对乡村产业给予优先保障。要加强农村的基础设施建设，为农村的工业创造一个有利的发展空间，为农村的居民提供一个工作、创业的平台，为农村的发展创造一个良好的政策环境。要以承包地、宅基地“三权分置”为依据，优化乡村营商环境，稳定政策预期，引导、服务、保护工商资本进入乡村，为“金融活水”流入乡村扫除障碍、铺设管道。要积极探索返乡下乡就业创业人员在原籍地或就业创业地安家落户、享受合法权益

---

① 中共中央党史和文献研究院：《习近平关于城市工作论述摘编》，中央文献出版社 2023 年版，第 101 页。

② 中共中央党史和文献研究院：《习近平关于“三农”工作论述摘编》，中央文献出版社 2019 年版，第 35 页。

的具体办法，合理保障其住房需求，以稳定的生活和居住条件确保他们进得来、干得好、留得住。

三、推动经济与社会协调发展

习近平强调，必须“坚持系统观念，着力固根基、扬优势、补短板、强弱项，推动经济社会全面协调可持续发展”①。

第一，坚持以经济建设为中心。社会主义的根本任务是解放和发展生产力，这内在地决定了以经济建设为中心是兴国之要，是推动我国经济高质量发展的应有之义，是实现中国式现代化的必由之路。因此，必须坚持“发展才是硬道理”的理念，不断夯实我国经济基础。既要以供给侧结构性改革为主线，推动产业优化升级，加快建设实体经济、科技创新、现代金融、人力资源协同发展的产业体系，也要发挥好消费对经济循环的带动作用，建立以国内为主的消费市场，激发居民消费潜能，努力实现更高质量、更有效益、更加公平、更可持续的发展，为协调发展提供雄厚的物质基础。

第二，把握好“以经济建设为中心”与“以人民为中心”的关系。最终实现全体人民共同富裕是社会主义的本质要求。因此，坚持发展依靠人民，发展为了人民，是建设中国特色社会主义的必然选择。当前，我国已在中华大地上全面建成小康社会，进入全面建设社会主义现代化国家新征程。但是，必须清醒地认识到，我国仍处于并将长期处于社会主义初级阶段，仍然是世界上最大的发展中国家，发展仍然是党执政兴国的第一要务。因此，进入新发展阶段，党和国家的一切工作仍然必须始终立足我国处于社会主义初级阶段这一总依据，牢牢坚持党在社会主义初级阶段的基本路线不动摇，坚持“以经济建设为中心”。坚持“以经济建设为中心”和坚持“以人民为中心”二者是内在统一的。“以人民为中心”是根本目的、是价值旨归，“以经济建设为中心”是逻辑必然、是根本路径，二者有机统一于新时代中国特色社会主义的伟大实践。

第三，把握好经济发展和生态环境保护的关系。习近平指出，“我们既要绿水青山，也要金山银山。宁要绿水青山，不要金山银山，而且绿水青山就是金山银山”②，强调“绿水青山”和“金山银山”之间是彼此对应、互融互补、内在统一的关系。“绿水青山”和“金山银山”的辩证统一关系说明，发展经济与保护生态是

---

① 《习近平谈治国理政》第 4 卷，外文出版社 2022 年版，第 120 页。

② 中共中央文献研究室：《习近平关于社会主义生态文明建设论述摘编》，中央文献出版社 2017 年版，第 21 页。

相互依存、相互转化的有机统一体，决不能以破坏生态环境为代价发展经济，而是要始终把“绿水青山”当作宝贵资源，努力把生态效益更好地转化为经济效益和社会效益。改革开放初期，粗放型的经济发展方式使我国的生态环境遭受了很大的破坏。进入新时代，良好生态环境是人民的美好追求之一，为了更好满足人民群众的需要，进而实现中华民族永续发展的千年大计，必须保护和恢复生态环境，充分发挥自然环境的生态价值和经济价值，坚持节约资源、保护环境的基本国策，将人的活动控制在自然的可承受范围内，为子孙后代留下足够的发展空间。

第四，处理好经济建设和文化建设的关系。文化关乎国运。实现中华民族伟大复兴需要物质文明的极大发展，同样也需要精神文明的繁荣发展。经济建设与文化建设是相互促进的，经济建设能够为文化建设提供良好的物质基础，同时文化建设可以为经济建设注入强大的精神动力。在社会主义现代化建设进程中，物质文明和精神文明有如车之两轮，两者都是中国式现代化本质要求的重要范畴，必须推动二者协调发展。一方面，要始终坚持发展是第一要务，不断夯实现代化的物质基础；另一方面，要大力发展社会主义先进文化，繁荣发展文化事业和文化产业，加强理想信念教育，传承红色基因，赓续红色血脉，促进物的全面丰富和人的全面发展，不断推动中国式现代化开创新局面。

第三节　绿色发展撬动效能之变

生态环境是人类生存最为基础的条件，是实现经济发展更高质量、更有效率、更可持续的重要基础。建设生态文明是关乎人民生活福祉和中华民族永续发展的千年大计，是关乎实现中华民族伟大复兴的一项重要战略任务。习近平强调，新时代必须坚持和贯彻绿色发展理念，“正确处理经济发展和生态环境保护的关系，像保护眼睛一样保护生态环境，像对待生命一样对待生态环境”①。

一、绿色发展是实现中华民族永续发展的必由之路

绿色发展是坚持以人民为中心的发展思想的必然选择。绿色发展的价值旨归是为人民谋幸福，满足人民对于美好生态环境的需要。习近平指出，“环境就是民生，青山就是美丽，蓝天也是幸福”②，强调生态环境是民生的重要内容，要求

---

① 《习近平谈治国理政》第 2 卷，外文出版社 2017 年版，第 395 页。

② 《习近平谈治国理政》第 2 卷，外文出版社 2017 年版，第 209 页。

全党大力宣传和贯彻落实绿色发展理念，切实满足人民群众对于生态环境的美好需要。

绿色发展是高质量发展的基本要求。高质量发展是新发展理念所指向的更高层次的经济发展目标。绿色发展成为普遍形态的发展正是高质量发展的基本要求。绿色发展的核心要义是实现人与自然和谐共生，着力解决生态环境保护和经济社会发展之间的协调问题。绿色发展既是一种理念，也是一种状态，更是人与自然关系的价值判断。一方面，经济发展要尽力避免以资源能源的大量消耗和生态环境的严重破坏为成本，全力避免和消除发展的生态代价；另一方面，要从人与自然的协调发展中寻求经济发展的新路子，走出一条人与自然和谐共生的现代化之路。

绿色发展是提高国际竞争力的必然要求。习近平强调：“中国将继续承担应尽的国际义务，同世界各国深入开展生态文明领域的交流合作，推动成果分享，携手共建生态良好的地球美好家园。”[①]当前，世界各国纷纷聚焦新能源、新材料、节能环保等领域，将其作为新一轮产业发展的重点，旨在抢占发展先机以占据未来经济发展制高点。作为发展中国家，我国也必须紧紧抓住新能源革命的机遇，积极推进能源科技的创新，大力发展绿色经济，在全球能源转型中占据主动，在国际市场竞争中赢得主动。

党的十八大以来，中国共产党带领全国各族人民坚定不移贯彻绿色发展理念，生态环境保护发生历史性、转折性、全局性变化。一是经济发展的“含金量”和“含绿量”显著提升。产业结构调整取得明显成效，传统制造业加快调整优化，能源资源利用效率持续提升，绿色供给能力显著增强，数字化、绿色化融合水平不断提高。二是政策工具激励引导作用明显增强。运用各类政策工具，引导促进绿色产品消费，强化绿色技术创新，推动绿色技术产业化，同时大力发展绿色金融，为绿色产业提供资金支持，推动绿色产业持续健康更好地发展。三是生态环境质量明显改善。深入推进蓝天、碧水、净土保卫战，加强区域生态环境联建联防联治，打造绿色发展高地和美丽中国先行区，划定生态保护红线，促进形成绿色空间格局。近年来，我国生态环境保护的措施之实、力度之大、成效之显著前所未有，生态环境质量得到明显改善。四是有力推进全球减碳，为维护全球可持续发展作出积极贡献。深入推进绿色“一带一路”建设，积极开展生态保护和气候变化领域的南南合作，同时大力优化能源结构，深入推进能源革命，持续提升可再生能源装备制造能力，为全球应对气候变化注入了强劲动力。

---

① 习近平：《论坚持人与自然和谐共生》，中央文献出版社 2022 年版，第 37 页。

二、实现人与自然的和谐共生

自然是生命之母和文明之基，人与自然是相互依存的整体，对自然的伤害最终会伤及人类自身。进入新时代，美好生态环境成为人民日益增长的美好生活需要的一部分，这就要求尽快转变原来以破坏生态环境、资源浪费为代价的经济增长模式。党的二十大报告提出："尊重自然、顺应自然、保护自然，是全面建设社会主义现代化国家的内在要求。"

第一，要加快发展模式的转变，实现绿色发展。推动产业、能源和交通等方面的结构调整和优化。提高投入与产出的效率，减少能耗，促进清洁生产与绿色消费同步发展，贯彻节约资源的方针。合理配置资源环境要素，加快节能降碳先进技术研发。减少化石能源的使用，提高非化石能源的使用比重。改变传统交通方式的能耗和排放，倡导绿色消费，促进形成绿色低碳的生产方式和生活方式。

第二，进一步加强环保工作。继续打好"蓝天碧水净土"保卫战，强化各类主要污染物的协同治理，实现大气重污染基本消除。坚持推进重点河流、湖泊和水库的生态保护和治理。从源头上控制土壤污染，重点管控和治理新型污染物。加强城市和农村的基础设施建设，推动城市和农村的人居环境改善步伐相协调，促进生态环境的整体向好。

第三，增强生态系统的多样性、稳定性和持续性。一是加快实施重大生态保护与修复项目，以国家重点生态功能区、生态保护红线、自然保护地等为重点，统筹考虑生态系统的完整性，筑牢国家生态安全屏障。二是实施生物多样性保护重大工程，优化就地保护体系，完善迁地保护体系，构筑生物多样性保护网络。三是推行草原森林河流湖泊湿地休养生息，落实禁牧、休牧和草畜平衡制度，实施天然林保护，推动河湖和湿地生态保护修复，健全耕地休耕轮作制度，提升生态系统的多样性、稳定性、持续性。

第四，积极稳健推进碳达峰、碳中和。推进"双碳"工作是实现可持续发展的迫切需要，是推动经济结构转型升级的必然选择，是促进人与自然和谐共生的应有之义，是推动构建人类命运共同体的应尽责任。党的二十大报告对"双碳"工作作出了全面部署，提出了明确要求。一是深入推进能源革命，把促进新能源和可再生能源发展放在更加突出的位置。二是提升生态系统碳汇能力，巩固生态系统固碳作用，提升生态系统碳汇增量。三是积极参与应对气候变化全球治理，开展绿色低碳领域务实合作和技术交流，支持发展中国家能源绿色低碳发展。

三、推动生态环境的修复与保护

生态修复，通常是指利用生物和生态工程等技术，重建被破坏或退化的生态系统，恢复其原有的面貌，并将生态系统的功能恢复到没有被破坏之前的状态，或接近于被破坏之前的状态。生态保护是指通过制定和实施一系列生态环境保护和建设措施，有效保护自然资源、生物多样性和生态系统完整性的过程。生态保护与修复是维护生态安全底线、促进生态环境质量全面提高的一项重要举措。“十四五”规划实施后，国家生态保护与修复工作已进入体系化、科学化的新阶段。

第一，坚持系统治理、科学治理，促进生态环境的修复与保护。生态环境是一个自然系统，在其内部有着相互依存、紧密联系的各个环节，山水林田湖草沙正是相互联系的生命共同体。生态环境修复与保护要遵循生态系统自身的规律，综合考虑自然生态的各个因素，实行整体保护、系统修复和综合治理。在生态修复与保护中，坚持以“自然恢复为主，人工修复为辅”的基本原则，一方面，始终尊重自然，以自然恢复为主推进生态保护；另一方面，积极保护自然，发挥人的主观能动作用，以人工修复推进自然恢复，推动自然恢复和人工修复相互统一、相辅相成、相互促进，实现生态环境的全面改善和人民生活质量的提高。当然，生态环境的修复与保护工作是一项长期的工作，不可能一蹴而就，要将提高生态效益作为首要目标，同时还要兼顾社会效益和经济效益，最终达到人与自然的和谐共生。

第二，坚持因地制宜，推进生态环境的修复与保护。我国幅员辽阔，自然条件复杂，各个地区的生态环境破坏和退化的实际情况不同，需要修复的生态类型也不相同，所以必须坚持因地因时制宜、分区分类施策。例如，在“山水工程”的指导下，福建闽江流域通过对互花米草问题的研究，建立了一种“海陆一体”的流域生态保护与恢复管理模式；江西赣州南部丘陵区形成了山上山下、地上地下、流域上下的“三水同治”的治水方式；甘肃祁连山地区为了使退化的林地和草场得到有效封闭和恢复，在严格控制放牧和砍伐的前提下，发展菌类等林产品，扩大了收入来源。在进一步推进生态环境的修复与保护过程中，各地区要结合当地的实际情况进行创新。

第四节　开放发展助推格局之变

开放是国家繁荣的必经之路。进入新时代以来，世界经济形势发生巨大变化，全球经济治理体系也正在发生重大调整，中国经济要更好地与世界经济接轨，适应新的发展形势，就必须主动参与全球经济治理，发展高水平的开放型经济。

一、开放发展是历史和现实的必然选择

党的二十大报告把“坚持高水平对外开放”作为新发展格局的重要内容之一，强调“必须完整、准确、全面贯彻新发展理念，坚持社会主义市场经济改革方向，坚持高水平对外开放，加快构建以国内大循环为主体、国内国际双循环相互促进的新发展格局”。

开放发展是深层次改革的必然要求。改革与开放相辅相成、相互促进。改革是开放的必然要求，开放是改革的应有之义，二者共同构成了推动社会主义现代化发展的强大动力。党的十八大以来，党和人民始终坚持全面深化改革，着力构建开放型的经济体制，不断破除经济发展过程中的体制机制障碍，取得了历史性伟大成就。但改革开放没有休止符、永远在路上。习近平指出，新时代新征程“重点领域改革还有不少硬骨头要啃”[①]，要求用好改革这个关键一招，坚持社会主义市场经济改革方向，加强改革系统集成、协同高效，巩固和深化解决体制性障碍、机制性梗阻、创新性政策方面的改革成果，在重要领域和关键环节取得新突破。习近平强调，开放发展是深层次改革的必然要求，必须“以开放促改革、促发展”[②]，努力实现高水平开放与深层次改革协调互促。坚持高水平对外开放，能够有效推动社会主义市场经济体制更为完善，充分发挥市场在资源配置中的决定性作用，同时也能够更好地发挥政府的作用，推动形成更高水平的开放型经济新体制，推动中国特色社会主义走向新的辉煌。

开放发展是高质量发展的应有之义。开放是经济高质量发展的必需品，坚持开放发展有利于在国际范围内引进更多先进要素，为进一步发展拓展空间、增强动力，为高质量发展塑造新动能新优势。党的二十大报告强调，推进高水平对外开放是实现经济高质量发展的内在要求，只有坚持以高水平开放促进科技创新、推动产业升级、优化经济结构，才能充分释放中国发展的巨大潜力和强大动能，为高质量发展蓄积更强的动力。

开放发展是构建新发展格局的必由之路。构建新发展格局，是以习近平同志为核心的党中央根据当前发展形势作出的一项战略决策。建立新发展格局，就是要打造顺畅联通的国内国际双循环，把供给侧作为改革的重点，把生产、分配、流通、消费等各个方面连接起来，积极建设更高水平开放型经济新体制，创造

---

① 《习近平著作选读》第1卷，人民出版社2023年版，第12页。

② 习近平：《开放合作　命运与共——在第二届中国国际进口博览会开幕式上的主旨演讲》，人民出版社2019年版，第5页。

出国际竞争的新优势。坚持开放发展，有助于增强国内大循环的内生动力和可靠性，推动国内经济与世界经济的有效对接，增强国际国内两个市场、两种资源的互动作用，以国内循环牵引世界循环，又以世界循环带动国内循环，以更高层次的对外开放为基础，加快推动构建新发展格局。

党的十八大以来，中国共产党带领全国各族人民坚定不移贯彻开放发展理念，开放发展迈向更高层次，全面开放新格局加快形成。一是积极稳妥高质量推进“一带一路”建设，推动贸易投资合作新模式及推进全球经济治理体系改革，强调各国发展战略的协同，强调基础设施建设的互联互通，为国际社会提供有效公共产品，逐步实现与沿线国家发展战略和相关区域一体化进程的相互对接。二是加快培育外贸竞争新优势，推动贸易高质量发展。贸易规模不断扩大，贸易结构不断优化，贸易优势不断增强。跨境电商、市场采购、外贸综合服务、离岸贸易等贸易新业态新模式动能不断释放，对外贸易整体呈现高质量效益型的发展走向。特别是跨境电商已经成为外贸出口增长的新亮点，并在复杂经济形势下保持了良好的增长势头，充分体现了其发展韧性和竞争力。三是坚持自主开放，不断提高对外开放水平。坚定支持多边贸易体制，反对贸易保护主义和单边主义，市场准入开放的范围越开越大，特别是金融领域的开放取得了重大突破，国际经贸合作的新平台不断拓展，利用外资规模稳定增长，自主开放的进程不断加快。

二、开放发展理念是一个系统发展理念

开放发展理念是一个系统发展理念，包含主动开放、双向开放、公平开放、全面开放、共赢开放等重要思想。开放发展理念核心是解决发展内外联动问题，目标是拓宽开放领域、提高开放质量、提升开放水平。

第一，主动开放，把开放作为发展的内在要求。习近平强调：“世界经济的大海，你要还是不要，都在那儿，是回避不了的。”[①]新时代新征程，必须与经济全球化的发展潮流相适应，坚持采取更加主动的对外开放策略，用开放推动改革和发展，以更加积极主动的姿态融入世界经济之中。坚持主动开放，既符合中国发展的利益要求，又可以推动世界各国的共同发展，是处理国家间经贸关系所遵循的重要原则。坚持主动开放，就是要将国内和国际两个大局结合起来，建立起一整套有利于实现合作共赢，并且与国际规则相适应的开放机制，同时积极地参与到世界经济治理体系当中，持续地提升中国在世界经济治理中的话语权，增强中国在世界经济规则和世界经济组织中的影响力。

---

① 《习近平谈治国理政》第2卷，外文出版社2017年版，第478页。

第二，双向开放，坚持“引进来”与“走出去”并重。既要坚持“引进来”，又要坚持“走出去”，推动国内外资源要素合理流动、有效配置，加强国内外市场有效对接、深度融合，充分发挥两个市场、两种资源的优势，实现更可持续的增长。在“引进来”上，要适应国家加快经济发展方式转变的需要，把重点放在提升招商引资的质量上，放在吸收国外投资公司的技术创新能力、先进的管理经验和高素质的人才上。在“走出去”上，要适应中国对外开放由贸易大国向贸易强国转变的新态势，以及市场、资源和投资深度融合的新趋势，大力支持国内企业对外投资，出台相关的优惠政策，加快中国商品、服务等“走出去”的步伐，不断提升中国商品、服务在国际市场上的竞争力。

第三，公平开放，构建公平竞争的内外资发展环境。公平开放，是指在对外开放中积极构建公平竞争的内外资发展环境，努力营造公开透明的法律政策环境，保证各类企业依法平等使用生产要素、公平参与市场竞争、同等受到法律保护。具体而言，在对外开放的过程中，要强化法制作用，实施好相关的法律规定，给内资和外资企业提供一个公平、透明、可预期的市场环境，健全更加开放透明、规范高效的市场主体准入和退出机制，持续提升跨境贸易便利化水平，优化外商投资和国际人才服务管理，进一步加强和创新监管，依法保护各类市场主体产权与合法权益，以此增强外资企业在中国长期投资发展的信心。

第四，全面开放，打造陆海内外联动、东西双向开放的全面开放新格局。全面开放，不仅仅意味着要继续扩展开放的范围与领域，还要在此基础上继续创新开放方式，提高开放质量。在开放的措施上，坚持独立自主与对外开放相统一，把多边、双边和地区对外开放结合起来，加速推进自贸区的建设。在开放的内容方面，持续培育新的贸易业态和模式，推动服务贸易的创新和发展；继续扩大外资规模，提升外资质量，搭建外资新平台，重塑外资新优势。在开放的空间方面，要从根本上改变我国对外开放沿海地区与内陆地区发展不平衡的现状，促进形成陆海内外联动、东西双向开放的新格局。

第五，共赢开放，加强国际交流合作，推动经济全球化朝着普惠共赢的方向发展。习近平强调：“中国扩大高水平开放的决心不会变，同世界分享发展机遇的决心不会变，推动经济全球化朝着更加开放、包容、普惠、平衡、共赢方向发展的决心也不会变。”[①]新时代，全球产业链、供应链、价值链正在加快融合，各国之间发展联动、机遇共享、命运与共的利益交织关系越来越明显，必须始终坚持共

---

① 中共中央宣传部：《习近平新时代中国特色社会主义思想学习纲要（2023 年版）》，学习出版社、人民出版社 2023 年版，第 98 页。

赢开放的发展理念，维护并强化多边贸易体制，促进各国之间的经济增长相互促进、共同发展，既要充分利用国际机遇加快中国的发展，也要以中国的发展带动世界经济的发展，实现合作共赢。

三、推动高水平对外开放

对外开放是推动中国经济社会发展的重要动力。新时代新征程，必须继续坚持对外开放，推动高水平的对外开放，建设更高水平的开放型经济新体制，形成国际合作和竞争新优势。

第一，进一步深化制度型开放。制度型开放，通常是指在经济发展和对外开放的过程中，不断对标国际通行规则，更多用市场化和法治化手段推进开放。推进制度型开放，旨在建立一个以公平、透明、规范等为根本特征的现代开放型市场经济体制，是推动高水平对外开放的重要举措和支撑。习近平强调，要“稳步扩大规则、规制、管理、标准等制度型开放”①。以制度型开放推进构建开放型经济新体制，一是要立足中国对外开放的具体实践进行自主制度创新，在结合自身实际和参照国际经验的基础上，构建符合中国高水平开放型经济发展需要的、与国际通行规则相衔接的制度体系，提升制度型开放的有效性与针对性。二是要以积极有为的行动参与国际经济贸易领域相关规则的制定，推动建立各方普遍接受、具有国际适用性的国际规则与制度体系，为促进世界经济有序发展奠定制度基础。三是要继续实施《中华人民共和国外商投资法》，进一步减少外资进入负面清单，完善外资进入前国民待遇加负面清单的管理体制，持续优化外资营商环境，稳定外资的预期，扩大外资的规模，巩固外资优势。四是以点带面，充分发挥示范区、自由贸易区的功能，积极探索出一大批具有可复制性、可推广性的制度创新成果，为全面深化改革、高水平对外开放注入新的动能与活力。

第二，推进高质量共建“一带一路”。“一带一路”为建设人类命运共同体提供了一个重要的实践平台，为各成员国在政策、设施、贸易、资金和人民生活等方面提供了便利。要加速构建更高水平的开放型经济，就必须推动共建“一带一路”高质量发展，并在“一带一路”高质量发展的框架下提升中国的对外开放水平。一是要进一步巩固发展基础，加强政治互信，将理念认同化为实际成果；二是要进一步完善陆、海、天、网“四位一体”的网络结构，推动世界范围内的网络连接；三是要加强贸易通畅，提升贸易与投资的自由化、便利化，推动平衡、双赢的贸易发展；四是要加大资本融通力度，完善多元化的投资与融资结构；五是要促

① 《习近平著作选读》第1卷，人民出版社2023年版，第27页。

进人才互通,深化沿线国家间人才的交流与合作,持续推进世界重要人才中心和创新高地建设。

第三,积极参与全球经济治理体系改革。要更加主动地参与到全球经济治理体系的变革当中,提高中国在全球治理体系变革中的话语权和影响力,努力创造对中国经济发展有利的国际环境,充分释放中国经济发展活力。一方面,坚持维护和完善多边贸易体制,推动建立更加均衡、共赢、包容发展的多边贸易体制,做全球自由贸易体系的维护者;另一方面,积极营造良好的外部环境,既要高举构建人类命运共同体旗帜,积极推动高质量共建"一带一路",广泛开展国际发展合作,也要坚持多边主义和共商共建共享原则,推动全球经济治理体系朝着更加平等公正、合作共赢的方向发展,实现中国与各国互利共赢、共同发展。

第五节　共享发展加速福祉之变

共享发展是中国特色社会主义的本质要求,是中国共产党全心全意为人民服务根本宗旨的集中反映。党的二十大报告明确指出:"坚持以人民为中心的发展思想。维护人民根本利益,增进民生福祉,不断实现发展为了人民、发展依靠人民、发展成果由人民共享,让现代化建设成果更多更公平惠及全体人民。"共享发展理念不仅为实现经济社会高质量发展提出了目标要求,也为实现第二个百年奋斗目标和民族复兴指明了前进方向。

一、共享发展是中国发展的必然要求

人人共建、人人共享,是经济社会发展的理想状态。将共享作为发展的出发点和落脚点,充分体现了社会主义的本质和中国共产党全心全意为人民服务的根本宗旨。

共享发展是社会主义优越性的集中体现。一是共享发展坚持全民共享,坚持以人民为中心,让广大人民群众共享改革发展成果,符合社会主义的本质要求,集中体现了社会主义制度的优越性。二是共享发展坚持全面共享,旨在推动高质量发展,保障人民共享国家经济、政治、文化、社会、生态各方面建设成果,能够真正实现人的自由全面发展。三是共享发展坚持共建共享,能够充分发挥人民首创精神,激发人民群众的创造活力,使广大人民群众在"共建"中各尽其能,在"共享"中各得其所。四是共享发展坚持渐进共享,力求在遵循共产党执政规律、社会主义建设规律和人类社会发展规律的基础上,通过不断解放和发展生产

力逐步实现从低级到高级、从不均衡到均衡的共同富裕，能够有效解决经济社会发展的不均衡问题，扎实推动全体人民共同富裕。

共享发展是中国共产党的执政要求。中国共产党自诞生之日起就始终代表着中国最广大人民的根本利益和整个中华民族的利益。中华人民共和国成立后，以毛泽东同志为核心的党的第一代中央领导集体创造性地提出了“共同富裕”的概念，并在推进社会主义改造和建设“四个现代化”的过程中极大地改善了人民的生活状况。改革开放和社会主义现代化建设新时期，以邓小平、江泽民、胡锦涛为主要代表的中国共产党人对共享发展问题进行了接续探索，坚持以改革开放促进共享发展，推动人民生活水平实现了从贫穷到温饱再到总体小康的历史性跨越，领导人民实现了从站起来到富起来的历史性飞跃。党的十八大以来，以习近平同志为核心的党中央把握新时代中国共产党的执政使命，创造性地提出了“创新、协调、绿色、开放、共享”的发展理念，强调要使“全体人民在共建共享发展中有更多获得感，增强发展动力，增进人民团结，朝着共同富裕方向稳步前进”①。党的十八届五中全会明确将共享发展作为发展的起点和归宿，这是中国共产党以人民为中心的执政理念的拓展和升华。党的二十大报告进一步强调，“江山就是人民，人民就是江山”，这不仅反映出中国共产党以民生为本，更反映出其在新时代为人民谋福利的执政责任。共享发展理念的提出，既丰富了中国共产党执政思想的科学内涵，又为党的执政路线提供了新的实践方向，是对共产党执政规律认识的新飞跃，也是对新时代党的执政思想的一次升华，对于提升国家治理体系和治理能力现代化水平有着十分重要的意义与价值。

共享发展是社会和谐的必然选择。社会主义和谐社会是指以人为主体的社会和谐发展的状态，包括民主法治、公平正义、诚信友爱、充满活力、安定有序、人与自然和谐相处的基本内涵和总体特征。共享发展是和谐社会的应有之义和重要抓手。一方面，构建社会主义和谐社会是一项前无古人的伟大事业，必须依靠亿万人民的创造伟力，才能将这一目标变为现实，而坚持共享发展既可以满足“生存性需求”的民生，也能够满足“发展性需求”的民生，让人民群众在得到更多看得见、摸得着的实惠的同时，充分激发自身的积极性、主动性和创造性，自觉为构建社会主义和谐社会不懈奋斗。另一方面，共享发展既有利于化解社会矛盾，减少有违公平正义的现象，也有助于解决发展的不平衡、不充分问题，缩小城乡之间、区域之间、行业之间的发展差距，通过推进公共服务均等化和补齐发展短板，促进经济社会的协调健康发展，为构建社会主义和谐社

① 中共中央文献研究室：《十八大以来重要文献选编》(中)，中央文献出版社 2016 年版，第 793 页。

会奠定坚实的物质基础。

党的十八大以来，以习近平同志为核心的党中央带领全国各族人民坚定不移贯彻共享发展理念，共享发展持续加强，发展成果更多更公平惠及全体人民。一是脱贫攻坚取得全面胜利。以习近平同志为核心的党中央带领全国各族人民开展了人类历史上规模空前、力度最大、惠及人口最多的脱贫攻坚行动，完成了从世界上贫困人口最多的发展中国家之一到整体消除绝对贫困的历史性跨越，并推动巩固拓展脱贫攻坚成果与乡村振兴有效衔接，构建起减贫发展的长效机制，守住了不发生规模性返贫的底线。二是就业规模和质量稳步提升。就业规模稳步扩大，就业结构不断优化，区域就业结构更加均衡，失业率保持在较低水平，整体就业质量逐步提升。三是国民收入水平保持较快增长。居民收入增长基本与经济增长保持同步，中等收入群体比重不断增大，居民增收的渠道更加多元化，财富水平持续提高。四是基本公共服务均等化水平显著提高。党和政府在发展中不断补齐民生短板，聚焦群众“急难愁盼”问题，加快完善多层次社会保障体系，建成了世界上规模最大的社会保障体系，公共服务保障和均等化水平显著提升，广大人民群众的公共服务获得感不断提升。

二、完善共享发展的制度保障

坚持共享发展，实现发展为了人民、发展依靠人民、发展成果由人民共享，必须“作出更有效的制度安排，使全体人民在共建共享发展中有更多获得感”[①]。

第一，坚持公有制为主体的基本经济制度。马克思、恩格斯指出，建立在私有制基础上的资本主义制度从生产、分配、交换及消费各个环节都反对符合大多数人利益的共享发展。与之相反，通过公有制可以把资产阶级所拥有的资本、生产资料以及生活资料全部转化为共同享有的社会财产，从而真正实现生产资料、政治权利、物质利益的共同享有。在中国革命、建设、改革的实践进程中，中国共产党始终坚持将马克思主义基本原理与中国国情相结合，创造性地提出了以公有制为主体的基本经济制度，以强大制度优势为中国经济的快速发展提供了坚实保障，夯实了人民共享发展成果的物质基础。习近平强调：“公有制主体地位不能动摇，国有经济主导作用不能动摇，这是保证我国各族人民共享发展成果的

---

① 中共中央宣传部：《习近平总书记系列重要讲话读本（2016 年版）》，学习出版社、人民出版社 2016 年版，第 136 页。

制度性保证。”[①]因此，必须毫不动摇巩固和发展公有制经济，发挥公有制经济对共同富裕和中国经济的基础性支撑作用，切实保障全体人民实现发展权利共享、发展条件共享、发展成果共享。

第二，完善以公平为导向的收入分配制度。公平分配是共享发展的基础内容与核心要义，共享发展是公平分配的集中体现。收入分配作为改善民生、实现发展成果由人民共享最重要最直接的方式，其公平与否直接决定着广大人民群众能否真正享受到发展所带来的好处。党的二十大报告强调，要完善分配制度，“构建初次分配、再分配、第三次分配协调配套的制度体系”。在初次分配方面，要对工资制度进行完善，坚持多劳多得的分配原则，鼓励勤劳致富，注重对劳动所得的保护，同时通过构建基于市场的生产要素价值评估和基于贡献的薪酬激励机制，完善生产要素按贡献参与分配的制度，让全体人民更好共享经济发展成果。在再分配方面，要完善政府对收入分配进行调节的机制，加大税收、社会保障、转移支付等的调节力度。在第三次分配方面，要充分调动社会各方面的资源，引导更多个人、社团和企业自愿积极参与社会公益事业。

第三，坚持以人民为中心的社会保障制度。社会保障制度对全体人民共享发展成果具有重要意义。习近平强调，社会保障是“实现广大人民群众共享改革发展成果的重要制度安排”[②]，实现共享发展必须进一步完善社会保障制度。一方面，继续推动基本公共服务的均等化。基本公共服务均等化不仅可以提高人民的生活品质，还可以帮助减少城乡居民之间的收入差距，是实现共享发展理念的强大动力。以实现全民覆盖为目标，增加中央对地方转移支付，并针对各类公共服务特征，构建长效、高效的基本公共服务成本分担机制。另一方面，以系统集成的方式推进基本公共服务均等化。对城乡居民基本医疗保险、基本养老保险等方面的整合，使城市的优质公共服务资源向农村及边远地区延伸。

三、在共享发展中保障和改善民生

保障和改善民生不仅关系改革发展稳定，而且关系人民群众的切身利益。新时代新征程，必须坚持共享发展理念，更好地解决人民群众最关心最直接最现实的利益问题，实现经济发展和民生改善的良性循环，使改革发展成果更多更公平惠及全体人民。

---

① 中共中央宣传部、国家发展和改革委员会:《习近平经济思想学习纲要》，人民出版社、学习出版社 2022 年版，第 73 页。

② 《习近平著作选读》第 2 卷，人民出版社 2023 年版，第 447 页。

第一，实现较充分和高质量的就业。就业是人们赖以生存的基础。在经济发展新常态下，要实现就业相对充分的目标，就必须坚持就业优先战略，实行更为积极的就业政策，将重点放在解决结构性就业矛盾上。要健全创业支持政策，鼓励以创业带动就业，构建人人参与的创业服务平台。加强对人才市场的整合，打破城乡、区域、行业的分割，消除性别和身份的歧视，保障员工的公平就业权。做好大学生和就业困难群体的就业工作，实施大学生就业促进和创业引导计划，为大学生提供创业服务和创业支持，完善大学生自主创业、下基层就业的激励政策。加强公共就业和创业服务，健全就业和创业服务体系，建立健全就业和失业的统计指标，加强对就业和失业的监测和预警。加强对就业创业公共服务的信息化建设，推动各种类型就业信息的开放和共享。

第二，扩大中等收入群体，缩小收入差距。扩大中等收入群体的规模和比重，是缩小收入差距、消除两极分化、推动共同富裕取得实质性进展的重要手段，也是促进社会长期稳定、构建可持续发展的橄榄型社会结构的必要举措。一是要通过各类社会保障制度，保障低收入群体人民收入水平的提高。二是要对个人所得税制度进行改革，按照各地实际情况，制定相应的免税标准，以减轻中低收入人群的税负，防止收入差距过分拉大。三是要深化人事制度改革，提高技能型劳动者的薪酬待遇和社会地位，促进 2 亿技能劳动者成为中等收入群体。四是要消除阻隔社会流动的体制机制障碍，以扩大社会性流动的方式使更多低收入人群跨入中等收入行列。五是要实施稳健的宏观经济政策，防止中等收入群体跌落为困难群体，培育更大规模、更高质量的中等收入群体。

第三，推进健康中国建设。健康是实现人的全面发展的必然要求。没有全民健康，就没有全面小康。全民健康与全面小康既相互区别，又联系密切，全民健康是全面小康的必要条件，全面小康是全民健康的现实保障。党的十八大以来，以习近平同志为核心的党中央坚持不懈增进全民健康福祉，顺利实现了全面建成小康社会的第一个百年奋斗目标。展望未来，必须一以贯之推进健康中国建设，进一步深化医药卫生体制改革，推动医药分离，构建和完善城乡基本医疗保障体系；在深化公共卫生体制改革的基础上，进一步深化公立医院的整体改革，坚持公益属性，破除逐利机制，建立健全基本药物制度和保障体系；加强全民健康保护，实行大病保险，完善重大疾病救助和紧急救助机制；通过对医疗保险的管理与支付模式的改革，使医疗费用得到有效的控制，使医保基金达到可持续的平衡；通过对卫生服务体系进行调整和优化，更好地满足人民群众的卫生需求。

第五章　坚持经济高质量发展

经济高质量发展是高质量发展的核心和关键，是中国式现代化的本质要求和重要基础，是全面建设社会主义现代化国家的内在要求。党的十八大以来，以习近平同志为核心的党中央深入分析中国发展新的历史条件和阶段、全面认识和把握中国现代化建设实践历程以及各国现代化建设一般规律，创造性地作出了“中国经济已由高速增长阶段转向高质量发展阶段”的重大论断，作出了一系列推动经济高质量发展的重大决策部署，强调“高质量发展是全面建设社会主义现代化国家的首要任务”，为推动中国经济高质量发展提供了根本遵循。

第一节　经济高质量发展是中国式现代化的本质要求

经济高质量发展是中国式现代化的本质要求，也是推进中国式现代化的路径选择。面对当今世界变乱交织、百年变局加速演进、发展战略机遇和风险挑战并存、不确定难预料因素增多的发展环境，必须牢牢把握经济高质量发展这个重要任务，以经济高质量发展为中国式现代化强基赋能。

一、中国经济已进入高质量发展阶段

经济社会发展是一个从量变到质变、螺旋式上升的过程，量的积累发展到一定程度，必然转向质的提升。中国经济社会发展同样要遵循这一客观规律。党的十八大以来，以习近平同志为核心的党中央在推动中国经济社会发展过程中不断深化对中国经济发展阶段性特征的认识。2012 年 11 月，党的十八大报告提出，要“把推动发展的立足点转到提高质量和效益上来”。2013 年 7 月，在中央政治局常委会会议上，习近平强调，“中国经济正处于增长速度换挡期、结构调整阵痛期和前期刺激政策消化期‘三期叠加’阶段”。2014 年 12 月，在中央经济工作会议上，习近平从 9 个方面的趋势性变化分析了中国经济发展进入新常态的原

因，强调“认识新常态、适应新常态、引领新常态是当前和今后一个时期我国经济发展的大逻辑”。2017 年 10 月，党的十九大报告明确提出，“我国经济已由高速增长阶段转向高质量发展阶段”，要求从深化供给侧结构性改革、加快建设创新型国家、实施乡村振兴战略、实施区域协调发展战略、加快完善社会主义市场经济体制、推动形成全面开放新格局等方面着手推动经济持续健康发展，努力实现更高质量、更有效率、更加公平、更可持续的发展。2020 年 7 月，中共中央政治局会议明确指出，“中国已进入高质量发展阶段”。同年 10 月，在中国共产党第十九届中央委员会第五次全体会议上，习近平指出，“‘十四五’时期经济社会发展要以推动高质量发展为主题，这是根据中国发展阶段、发展环境、发展条件变化作出的科学判断”。2022 年 10 月，党的二十大报告进一步强调，“高质量发展是全面建设社会主义现代化国家的首要任务”。

从“进入新常态”到“由高速增长阶段转向高质量发展阶段”，再到“进入高质量发展阶段”，再到“高质量发展是全面建设社会主义现代化国家的首要任务”，高质量发展作为新时代中国经济社会发展的主题逐渐明确并最终确立。经济高质量发展明确了中国在当前和今后一段时期的发展主题，体现了中国共产党对中国发展实践以及客观发展规律的认识和把握，成为中国确定发展思路、制定经济政策、实施宏观调控的根本要求。

二、坚持以高质量发展为引领推进经济现代化

经济现代化是指以科技为先导、以工业化为核心的经济发展和经济结构的变革过程，这个过程充满着机遇和挑战，其中最为关键的是要保持经济的持续稳定增长。如何保持经济的持续稳定增长，是一个世界性难题。从各国经济增长史看，一些高速增长的经济体，经济大起之后出现大落，往往一蹶不振。世界银行调查结果显示，从 1960 年到 2008 年间，全球 101 个中等收入国家和地区中，只有 13 个成功发展为高收入经济体，其余均是发展停滞不前甚至出现倒退，陷入“中等收入陷阱”。[①] 以阿根廷为例，该国位于南美洲，得益于优越的资源禀赋优势和发展环境，早在 20 世纪 60 年代，其人均国内生产总值就已达到了当时中高收入国家的水平。但时至今日，阿根廷经济仍未走出阴霾，无法跨越“中等收入陷阱”[②]。导致这些国家和地区经济陷入停滞甚至倒退的原因有很多，其中一个

① 参见世界银行和国务院发展研究中心联合课题组：《2030 年的中国：建设现代、和谐、有创造力的社会》，中国财政经济出版社 2013 年版，第 13～14 页。

② 参见胡志翔：《试论“中等收入陷阱”的国际比较和原因分析》，《科技视界》2012 年第 25 期。

非常重要的原因就是其经济发展没有实现“从量的扩张”转向“质的提升”的根本性转变。

改革开放40多年以来，中国经济持续高速增长，用几十年时间创造了人类历史上经济快速发展和社会长期稳定的奇迹，2010年中国经济规模首次超过日本，成为世界第二大经济体。但在经历长期的高速增长后，中国发展面临的约束明显增多，经济增速开始放缓，下行压力明显加大。其一，生产要素的数量和结构正在发生变化。劳动力方面，根据第七次全国人口普查数据，2020年中国15～59岁劳动年龄人口占总人口的63.35%，较2010年减少4000多万人[①]，劳动力成本优势逐渐减弱。能源资源方面，随着经济规模的不断扩大，中国对能源资源的需求量大幅度增加，一些重要的能源资源国内生产已经不能满足需求。天然气、原油、铁矿石、有色金属矿等对外依存度高，能源资源约束性明显增强。土地方面，随着中国工业化和城市化进程的不断深入，部分大中城市开始面临土地供需失衡的矛盾，一是人口持续向大中城市集中，住宅、工业、商业服务等各类用地需求快速增长；二是城市建设用地总量的增长受到各种因素制约。其二，科技领域存在一些亟待解决的突出问题。当前，世界新一轮科技革命和产业变革方兴未艾，全球科技创新进入了空前密集的活跃期，科学技术以前所未有的力量驱动着经济社会的发展。习近平强调：“进入二十一世纪以来，全球科技创新进入空前密集活跃的时期，新一轮科技革命和产业变革正在重构全球创新版图、重塑全球经济结构。以人工智能、量子信息、移动通信、物联网、区块链为代表的新一代信息技术加速突破应用，以合成生物学、基因编辑、脑科学、再生医学等为代表的生命科学领域孕育新的变革，融合机器人、数字化、新材料的先进制造技术正在加速推进制造业向智能化、服务化、绿色化转型，以清洁高效可持续为目标的能源技术加速发展将引发全球能源变革，空间和海洋技术正在拓展人类生存发展新疆域。总之，信息、生命、制造、能源、空间、海洋等的原创突破为前沿技术、颠覆性技术提供了更多创新源泉，学科之间、科学和技术之间、技术之间、自然科学和人文社会科学之间日益呈现交叉融合趋势。”[②]面对全球科技创新空前密集活跃的发展，中国科技领域仍然存在一些亟待解决的突出问题，表现为科学技术和重大新兴产业起步相对较晚、技术储备和人才队伍尚有不足、大多以跟踪模仿和

---

① 参见国务院第七次全国人口普查领导小组办公室：《2020年第七次全国人口普查主要数据》，中国统计出版社2021年版，第9页。

② 习近平：《论把握新发展阶段、贯彻新发展理念、构建新发展格局》，中央文献出版社2021年版，第268～269页。

追赶西方发达国家为主。近年来，虽然在某些领域已经取得了许多重大成就，但世界领先甚至独创独有的重大科技成果数量还是很少，加上西方少数国家对中国的科技遏制和封锁持续升级，使得中国的科技发展面临着多处被“卡脖子”的被动局面。其三，资源环境的约束明显增多。一方面，尽管近年来中国在节能减排和生态建设方面取得了积极进展，但生态环境对经济发展的约束性还在强化。经济增长所带来的环境污染、水污染、大气污染、固体废弃物污染、物理性污染等问题限制着经济的可持续发展；另一方面，中国已向国际社会作出庄重承诺，要在2030年前实现“碳达峰”、2060年前实现“碳中和”的目标，实现由高碳向低碳过渡、最终实现绿色清洁发展对中国而言无疑是极具挑战性的目标。要解决这些问题，推动中国经济社会持续健康发展，其根本条件是继续加快转变发展方式，塑造经济高质量发展的新格局。

当前，中国经济发展虽然面临较大压力，但与其他发展中国家相比，具有国内基本盘总体稳定、经济韧性强、潜力大、活力足且长期向好等强大优势，这为实现经济高质量发展创造了现实条件。其一，市场资源广阔，内需潜力巨大。中国具有超大规模国内市场，有14亿多人口、9亿多劳动力、1.7亿多受过高等教育和拥有技能的人才资源，拥有世界最大中等收入群体，达4亿多人，有1.6亿多个市场主体。随着消费环境的改善和优质供给的跟进，消费需求潜力将不断得到增长。其二，经济韧性强劲，基本面长期向好。党的十八大以来，中国经济顶住了各方压力，实现了经济总量的稳定增长。特别是在受2020年新冠肺炎疫情严重冲击、世界经济出现深度衰退的背景下，中国不仅成为全球唯一实现经济正增长的主要经济体，GDP总量也实现了百万亿的历史性突破，对世界经济增长的贡献率超过30%，是当之无愧的世界经济“稳定器”。其三，经济发展内生动力充足。居民购买力水平总体提升，2012年以来消费对经济增长的贡献率超过50%，已经成为拉动经济增长的重要引擎。高技术产业、基础设施投资所占比重不断上升，创新日益成为经济增长的第一驱动力。新型城镇化建设日益成为产业投资、基础设施投资、城市公用事业投资的重要引擎，区域结构的优化重组为经济健康发展提供了源源不断的新动能，新产业、新业态、新模式日益成为带动经济增长的新动力。其四，宏观调控有效。宏观调控是保持经济总量平衡、抑制通货膨胀、促进经济结构优化、实现经济稳定增长、保持国际收支平衡的重要手段。面对增速换挡、结构调整和动力转换的冲击挑战，以习近平同志为核心的党中央保持了良好的战略定力，抓住主要矛盾和矛盾的主要方面，及时调整宏观思路，作出真正符合实际的系统谋划。以深化供给侧结构性改革为主线，正确处理当前和长远、总量和结构、速度和效益的关系，把稳增长放在更加突出位置，加快推动经济结构调整和转型升级，充分彰显了中国应对复杂局面的经济治理能力。

实现经济现代化，关键是如何始终保持经济的持续健康稳定发展。党的十八大以来，中国共产党在实践中逐渐探索出了中国方案——高质量发展，强调要保持经济增长奇迹的长期性和可持续性，必须推动中国经济向高质量发展转型。从党的十九大报告提出“中国经济已由高速增长阶段转向高质量发展阶段”，到党的十九届五中全会提出“高质量发展是‘十四五’乃至更长时期中国经济社会发展的主题”，再到党的二十大报告提出“高质量发展是全面建设社会主义现代化国家的首要任务”，表明高质量发展在中国社会主义现代化建设全局中的地位越来越重要。习近平指出：“高质量发展不只是一个经济要求，而是对经济社会发展方方面面的总要求；不是只对经济发达地区的要求，而是所有地区发展都必须贯彻的要求；不是一时一事的要求，而是必须长期坚持的要求。”[①]这三个“不是”和三个“是”，指明了推动高质量发展的科学内涵和实践路向，要求我们必须树立系统观念和战略思维，把高质量发展落实到经济社会发展的各领域、全过程，坚定不移走好高质量发展之路。

第二节　准确把握经济高质量发展的核心要义

经济高质量发展内涵深刻、意蕴深厚，既可以从宏观、中观、微观等经济维度来解读，也可以从新发展理念、以人民为中心等方向来把握，还可以从供给需求、投入产出、经济循环等角度加以阐释。但不管从哪个方面对经济高质量发展进行探析，都会发现贯穿其中的几个标志性核心概念——质量、效率、公平、可持续和安全。也就是说，质量、效率、公平、可持续、安全共同构成了经济高质量发展的核心要义，五者是互相关联、不可分割的统一整体。经济高质量发展就是要实现经济“更高质量”“更有效率”“更加公平”“更可持续”“更为安全”的发展。

一、更高质量的发展

经济发展质量是衡量一个国家或地区在一定时期内经济发展程度和机构之间的协调状态的指标，不仅表现为经济总量和物质财富数量的增加，而且是一种

① 习近平：《论把握新发展阶段、贯彻新发展理念、构建新发展格局》，中央文献出版社 2021 年版，第 533 页。

水平高低的价值判断。一般来说，在一个国家或地区的经济发展过程中，人们首先追求的往往是经济增长的数量和速度，但在一味追求经济增长数量和速度的过程中，必然会出现诸多问题，如经济结构失衡、资源短缺、收入差距拉大、生态环境恶化等，这些问题使得人们逐渐意识到经济增长和经济发展之间存在巨大差别。简单来说，经济增长更多聚焦于经济规模和速度在“量”上的积累和扩大，而经济发展不仅强调经济在“量”上的增长，还强调经济在“质”上的提升。因此，当一个国家或地区的经济发展到一定阶段后，就会开始更多关注经济发展的质量，希望经济发展既能实现“量的合理增长”，又能实现“质的有效提升”。

第一，经济发展是质和量的有机统一。经济层面的“质”通常是指经济发展的结构、效益，“量”通常是指经济发展的规模、速度。量变与质变的辩证关系指出，量变引起质变，在新质的基础上，事物又开始新的量变，如此交替循环，不断转化。经济的运行和发展同样符合这一规律，体现为经济发展过程中既有生产要素投入和产出的增长变化，如经济总量、规模、速度等的变化，又有经济结构、产业结构、就业结构和收入结构等方面的深刻变化。没有“量”的积累就谈不上“质”的转变，反过来，没有“质”的提升也无法实现“量”的持续增长。因此，经济规模和速度的增长是经济结构和效益提升的重要支撑，经济结构和效益的提升是经济规模和速度增长的重要动力，两者相辅相成、有机统一。经济的高质量发展是经济发展质量的高级状态和最优状态，既能够保证在“质的有效提升”中提高经济发展的有效性、创新性和可持续性，又能够在“量的合理增长”中保证经济发展的稳定性、协调性和包容性，实现经济更平衡、更充分的发展。

第二，经济高质量发展是稳定经济社会发展大局、全面建设社会主义现代化国家的必然要求。从发展趋势看，改革开放 40 多年来，中国经济高速增长，经济总量跃居世界第二，人均 GDP 突破 1.2 万美元，经济发展势头良好。但随着经济规模的持续扩大，“大而不强”“大而不优”的问题愈益突出，资源、环境等承受巨大压力，发展不平衡不充分问题日益凸显，这表明传统的数量扩张型的增长模式已经不可持续，必须向集约型经济增长方式转变。从现实条件来看，中国仍是世界上最大的发展中国家，国内经济正处在转方式、调结构、换动能的攻关期，结构性、体制性、周期性问题相互交织，需求收缩、供给冲击、预期转弱三重压力仍然较大，产业链供应链运行不畅，企业生产经营活动受阻，科技创新能力还不强，新动能接续不够，房地产业对经济下拉效应明显增大，群众就业困难不少，经济社会风险点增多。从世界形势来看，近年来世界经济下行风险加剧，不稳定不确定因素显著增多，乌克兰危机延宕发酵，全球贸易形势不容乐观，大宗商品价格高位波动，粮食和能源安全问题突出等，给中国经济带来风险和挑战。从未来目标来看，党的二十大报告提出，“从二〇二〇年到二〇三五年基本实现社会主义现代化；从二〇三五年到本世纪中叶把我国建成富强民主文明和谐美丽的社会主义现代化强国”①。要应对这些风险挑战，顺利实现党的预期目标，必须推动经济高质量发展，努力实现经济“质的有效提升”和“量的合理增长”。

第三，更好统筹经济“质的有效提升”和“量的合理增长”。面对复杂多变的国内外形势，要更好统筹经济“质的有效提升”和“量的合理增长”，必须从系统观念出发，统筹兼顾、综合平衡，突出重点、带动全局，在经济发展多重目标中寻求动态平衡。其一，始终坚持“稳中求进”工作总基调。“稳中求进”是做好经济工作的方法论。党的十八大以来，历次中央经济工作会议都强调要坚持“稳中求进”的总基调。习近平指出：“坚持稳中求进工作总基调，‘稳’的重点要放在稳住经济运行上，确保增长、就业、物价不出现大的波动，确保金融不出现区域性系统性风险。‘进’的重点要放在调整经济结构和深化改革开放上，确保转变经济发展方式和创新驱动发展取得新成效。‘稳’和‘进’要相互促进，经济社会平稳，才能为调整经济结构和深化改革开放创造稳定宏观环境；调整经济结构和深化改革开放取得实质性进展，才能为经济社会平稳运行创造良好预期。”②其二，把握新发展阶段，贯彻新发展理念，构建新发展格局。一是要准确把握新发展阶段。要从历史与现实、理论与实践、国内与国际相结合上深刻认识和准确把握新发展阶段，进一步明晰新发展阶段的历史方位、发展环境和战略部署，从而更好统筹经济发展。二是要深入贯彻新发展理念。要把贯彻新发展理念贯穿于经济发展的全过程各领域，用创新、协调、绿色、开放、共享的理念把握、引领、衡量和推动经济发展。三是要加快构建新发展格局。充分依托中国超大规模市场优势，以国内大循环吸引全球资源要素，增强国内国际两个市场、两种资源联动效应，提升贸易投资合作质量和水平。坚定维护多边贸易体制，将国内经济融入经济全球化当中，实现国内循环和国际循环相辅相成、相得益彰。其三，把扩大内需战略与深化供给侧结构性改革有机统一到高质量发展上来。既要以规模扩大、结构升级的内需牵引和催生优质供给，又要以创新驱动、高质量供给引领和创造新需求，提高供给和需求的适配性，形成供给与需求的更高水平动态平衡，畅通国民经济良性循环。其四，把发展经济的着力点放在实体经济上。实体经济作为

---

① 习近平：《高举中国特色社会主义伟大旗帜 为全面建设社会主义现代化国家而团结奋斗——在中国共产党第二十次全国代表大会上的报告》，人民出版社 2022 年版，第 24 页。

② 习近平：《论坚持党对一切工作的领导》，中央文献出版社 2019 年版，第 38～39 页。

国民经济的脊梁，是提高经济发展质量最关键的部分。要发挥新型举国体制优势，加强基础研究和应用，推动互联网、大数据、人工智能和实体经济深度融合，着力解决“卡脖子”问题。同时，要紧扣数字化、绿色化、高端化发展方向，推进传统产业改造提升，大力推动战略性新兴产业发展壮大，着力提升制造业核心竞争力。

二、更有效率的发展

经济效率是指社会利用现有资源进行生产所提供的效用满足的程度，反映的是投入和产出的关系，因此也可一般地称为资源的利用效率。习近平指出："经济发展就是要提高资源尤其是稀缺资源的配置效率，以尽可能少的资源投入生产尽可能多的产品、获得尽可能大的效益。"[①]经济更有效率的发展，意味着必须改变原来依靠要素投入拉动经济增长的方式，不断提升资源的投入产出效率，提高全要素生产率，促进经济增长效益不断提升。

第一，实现经济更有效率的发展是中国经济转型升级的必然要求。从经济学角度讲，效率能够最直观地反映出投入和产出或成本与收益之间的对比关系。经济效率高意味着在经济活动中投入要素条件不变的情况下，可以获得更多的产出和更高的收益；反之，产出和收益则小。受主客观因素的制约和影响，人类的经济活动总是在追求高效率，避免和防止低效率、无效率的过程中开展的。从主观因素来看，人类的需求具有无限性。人类在经济生活中，希望获得更多的产出和收益，以满足自身对更高生活品质的需要。因此，只有不断提高经济活动的效率，才能更好地满足人类不断增长的物质需要以及某些精神需要。从客观因素来看，资源具有有限性或稀缺性。由于资源在不同地区、不同国家、不同的社会群体中的分布是不平衡的，且受科技水平等条件的影响，人类对资源的开发和利用程度也存在差异，致使资源的供给出现失衡或不足。需求的无限性和资源的有限性之间的矛盾关系，要求人们必须提高资源利用和配置效率。

改革开放初期，中国经济长期保持高速增长，但这一时期主要采用的是低水平低效率的粗放型经济增长方式，即在生产要素质量、结构、使用效率和技术水平不变的情况下，依靠生产要素的大量投入和扩张来实现经济的增长。这种发展方式在一定时期内对提高中国经济实力、改善人民生活水平发挥过很大作用。但进入新时代以来，特别是中国经济发展进入新常态之后，中国生产要素条件发生了许多新的变化，突出表现在传统人口红利优势日益降低、资本报酬递减趋势

① 《习近平谈治国理政》，外文出版社 2014 年版，第 77 页。

日益凸显。以工业为例，作为世界上最大的工业制造国，中国工业化过程是典型的原材料高投入、能源高消耗、资本高积累模式，在能源消耗、污染排放、固定资产投资等指标上一度居高不下。当工业发展到一定阶段以后，要素投入的边际效益递减趋势越来越明显。习近平指出："粗放型经济发展方式曾经在我国发挥了很大作用，大兵团作战加快了我国经济发展步伐，但现在再按照过去那种粗放型发展方式来做，不仅国内条件不支持，国际条件也不支持，是不可持续的，不抓紧转变，总有一天会走进死胡同。"[①]推动经济发展方式转型升级，已经是中国经济发展的必由之路，必须积极推动经济发展由粗放型增长模式转为集约型经济增长模式。集约型经济增长模式是通过对生产要素进行优化配置、依赖科技进步和提升劳动者素质、以提高效率和经济效益为核心的一种经济增长模式，是一种低投入、低消耗、高产出、高效益、高质量的经济增长方式。推动经济发展由粗放型增长转为集约型增长的基本要求是：从片面追求社会生产总量的增长转变到以提高经济增长的质量和效益为主；从主要靠生产要素的扩张和增加人、财、物的投入推动经济增长转变到主要依靠科技进步和提高劳动者素质、提高生产要素生产率推动经济发展；从以铺新摊子上新项目、扩大投资规模为主转变到以充分利用现有基础，着重于更新、改造和挖潜；从经济周期性波动地增长转变到经济健康、持续地发展。

第二，提高全要素生产率是高质量发展的动力源泉。全要素生产率是在同样数量规模的劳动、资本、土地等要素投入下，由科技进步、资源优化配置等引致的额外经济增长率，它既能直观地体现科技进步贡献和资源配置效率、衡量发展质量，又提供了提高发展质量的基本路径。全要素生产率越高，说明同样的投入可以获得更高的产出，劳动、资本、土地等要素的利用率也就越高，科学技术、人力资本、制度体系、资源配置率等无法被定量测算的因素的贡献度也越高。中国人民银行调查统计司课题组的测算数据显示，改革开放以来，全要素生产率对中国经济的贡献率呈现先升后降的趋势，表明随着中国总体生产力水平的不断提高，全要素生产率对经济增长的贡献空间在客观上有所缩小。因此，实现中国经济高质量发展，有效提升全要素生产率是关键。党的十九大报告提出，要"推动经济发展质量变革、效率变革、动力变革，提高全要素生产率"；党的二十大报告再次强调，要"着力提高全要素生产率"。提高全要素生产率，已经成为党和政府推动实现经济高质量发展的关键性举措。

第三，提高全要素生产率，就要不断提升要素配置效率和技术效率。实践证

---

① 《习近平谈治国理政》第2卷，外文出版社2017年版，第239～240页。

明，随着经济发展水平的不断提高，要素投入对经济增长的拉动速度会逐步放缓。这时，要保持经济的持续增长，就必须靠提高全要素生产率。党的二十大报告提出，“高质量发展是全面建设社会主义现代化国家的首要任务”，并把“着力提高全要素生产率”列为推动高质量发展的着力点之一。只有提高全要素生产率，才能对冲劳动力成本的上升，稳定投资边际产出，提高企业盈利水平，缓解资源环境压力。提高全要素生产率，就要不断提升要素配置效率和技术效率。其一，通过深化要素市场化改革，提升要素配置效率。近年来，中共中央、国务院就深化要素市场化改革出台了一系列相关配套文件，旨在建立健全高标准要素市场体系，更好处理政府与市场的关系，着力破除阻碍要素自主有序流动的体制机制障碍，促进要素自主有序流动，提高要素配置效率，为推动经济高质量发展奠定坚实基础。诸如，深化户籍制度改革，畅通劳动力和人才社会性流动渠道；优化、盘活城乡用地，提高土地要素配置效率；加强、完善金融供给和监管，实现资本与实体经济双向互动；完善科技资源配置，促进技术与资本融合发展；加强数据资源整合与利用，培育发展数据要素。其二，通过建设教育强国、科技强国、人才强国，提升技术效率。党的二十大报告指出，“科技是第一生产力、人才是第一资源、创新是第一动力”，强调要实施教育强国推进工程，加快建设中国特色、世界一流的大学和优势学科；深入实施人才强国战略，完善人才战略布局，着力造就拔尖创新人才，形成人才国际竞争的比较优势；全面实施创新驱动发展战略，加快实现高水平科技自立自强，坚决打赢关键核心技术攻坚战。

三、更加公平的发展

经济公平是指在国民经济发展过程中，实现社会收入的公平分配、企业之间的公平竞争及社会成员市场机会的公平。社会收入的公平分配，是指通过调节收入分配，使之达到社会公认的“公平”状态，既保持合理的收入差距，又防止贫富悬殊；企业之间的公平竞争，要求企业站在同一起跑线上展开公平竞争，防止垄断；社会成员市场机会的公平，要求社会成员都有公平参与市场的机会，如能公平地选择职业、有公平的投资机会、有公平地选择消费模式的自由等。

在中国，经济公平还具有特殊意义，即全体人民共享经济发展机遇和共享发展成果。这是中国特色社会主义市场经济与资本主义国家的市场经济在根本目的上的本质区别。中国特色社会主义市场经济的发展是为了保障和改善民生，满足人民日益增长的美好生活需要，最终实现全体人民共同富裕。因此，中国特色社会主义市场经济在发展过程中，更加重视公平问题。而资本主义市场经济发展的根本目的是实现资本价值增值。新时代,中国特色社会主义市场经济发展更加重视公平问题,集中体现为"坚持以人民为中心的发展思想","坚持发展为了人民、发展依靠人民、发展成果由人民共享"。

第一,以人民为中心是中国经济发展的根本立场。以人民为中心的经济发展思想明确回答了发展的根本取向、根本力量和根本目的。一是发展为了人民,明确了发展的根本价值取向。为什么人的问题,是社会主义生产与资本主义生产的根本区别。习近平强调,"适应人民群众需求变化,努力办好各项民生事业,让老百姓的日子越过越好,是社会主义生产的根本目的"①。正是基于发展为了人民的立场,面对发展不平衡、不充分、不可持续问题十分突出的复杂局面,以习近平同志为核心的党中央创造性地提出了把高质量发展作为经济社会发展的主题,在高质量发展中着力解决好发展所需、改革所急、基层所盼、民心所向等突出问题。二是发展依靠人民,明确了发展的根本依靠力量。人民是历史的主体,也是推动社会经济发展的决定性力量,社会主义国家推进各项事业的发展都要依靠人民。习近平指出:"人民群众身处实践最前沿,对实践变化感知最敏感、感受最深切,也最聪慧,只要走到人民群众中去,很多百思不得其解的问题就能豁然开朗、找到答案。"②习近平强调,经济社会各项事业的发展决不能闭门造车、坐而论道、流于空想,必须广泛倾听人民群众的声音,自觉问计于民、问需于民,充分尊重发挥人民群众的首创精神、善于从人民群众中汲取智慧和力量、坚持发展成效由人民群众评判。三是发展成果由人民共享,明确了发展的根本目的。习近平指出:"我们追求的发展是造福人民的发展,我们追求的富裕是全体人民共同富裕。改革发展搞得成功不成功,最终的判断标准是人民是不是共同享受到了改革发展成果。"③发展成果由人民共享,就要顺应人民群众对美好生活的向往,不断实现好、维护好、发展好最广大人民根本利益。

第二,共享发展是实现社会公平正义的根本途径。让广大人民群众共享改革发展成果,是社会主义的本质要求,是社会主义制度优越性的集中体现,是中国共产党坚持全心全意为人民服务根本宗旨的重要体现。一是实现公平正义的基础是经济发展。习近平指出:"实现社会公平正义是由多种因素决定的,最主要的还是经济社会发展水平。"④只有在社会生产力不断得到解放和发展、经济发

---

① 《习近平谈治国理政》第4卷,外文出版社2022年版,第159页。

② 习近平:《开辟马克思主义中国化时代化新境界》,《求是》2023年第20期。

③ 中共中央宣传部、国家发展和改革委员会:《习近平经济思想学习纲要》,人民出版社、学习出版社2022年版,第48页。

④ 《习近平谈治国理政》,外文出版社2014年版,第96页。

展水平不断得到提高的基础上，才能为实现社会公平正义提供物质保障。与一些发达国家和经济体相比，中国的整体实力和人均收入水平还相对较低。中国仍处于并将长期处于社会主义初级阶段的基本国情，决定了我们必须长期坚持以经济建设为中心的基本路线，进一步解放和发展生产力，提高经济发展质量。只有把“蛋糕”做得再大一些，才能更好为分好“蛋糕”奠定坚实物质基础。二是经济发展水平高并不代表社会公平正义。“把蛋糕做大了”，并不意味着就能“把蛋糕分好”。欧美等发达资本主义国家的经济总量和人均 GDP 早已领先世界上其他国家，但其社会内部却存在着严重的两极分化、财富分配不公、社会撕裂等现象。这表明，没有共享理念和举措，再好的发展也不会带来公平正义。三是共享发展是全民共享、全面共享、共建共享和渐进共享。从“谁来共享”而言，要全民共享；从“共享什么”而言，要全面共享；从“如何共享”而言，要共建共享；从“如何推进共享”而言，要渐进共享。这四个方面相互贯通，为促进社会公平正义、实现共同富裕提供了实践指向。

第三，让改革发展成果更多更公平惠及全体人民，需要配备完备合理的制度安排。习近平指出：“中国要实现共同富裕，但不是搞平均主义，而是要先把‘蛋糕’做大，然后通过合理的制度安排把‘蛋糕’分好，水涨船高、各得其所，让发展成果更多更公平惠及全体人民。”①一是要深化收入分配制度改革，完善分配制度体系。初次分配是基础，要不断提高居民收入和劳动报酬比重，扩大中等收入群体，完善按要素分配政策制度；再分配是保障，要积极完善税收调节机制、加大转移支付、规范收入分配秩序，促进基本公共服务均等化；第三次分配是补充，要积极探索公益慈善活动有效实现形式，完善公益慈善事业政策法规体系和社会文化环境，鼓励支持企业、社会组织和个人积极参与公益慈善事业。二是做好巩固拓展脱贫攻坚成果同乡村振兴的有效衔接，大力推进乡村振兴。做好巩固拓展脱贫攻坚成果同乡村振兴的有效衔接具有重要战略意义，直接关系到以国内大循环为主体、国内国际双循环相互促进的新发展格局的顺利构建，关系到全面建设社会主义现代化国家和实现第二个百年奋斗目标的按期实现。要持续改善脱贫地区基础设施条件，健全农村低收入人口常态化帮扶机制，支持乡村特色产业发展壮大，促进农村人口稳定就业。三是建立城乡统一的社会保障制度，推进城乡基本公共服务均等化。加强基础性、普惠性、兜底性民生保障建设，在推进解决教育、就业、医疗、住房等事业上取得实质性进展，不断增强人们的获得感、幸福感和安全感。

---

① 《习近平重要讲话单行本（2022 年合订本）》，人民出版社 2023 年版，第 15 页。

四、更可持续的发展

可持续发展是指既满足当代人的需求，又不对后代人满足其需求的能力构成危害的发展，涉及人口、资源、环境、社会、经济的方方面面。经济的可持续发展，是指在遵循自然规律和经济规律的基础上，实现经济的绿色、持续、健康发展。习近平指出："中国式现代化坚持可持续发展，统筹推进经济社会发展和生态环境保护。必须牢固树立和践行绿水青山就是金山银山的理念，坚持节约优先、保护优先、自然恢复为主的方针，坚定不移走生产发展、生活富裕、生态良好的文明发展道路，实现中华民族永续发展。"①实现高质量发展必须走可持续发展道路。

第一，可持续发展是中国经济转型升级的必然要求。新中国成立以来，中国仅用几十年时间就走完了发达国家两百多年的工业化历程，创造了人类历史上的经济发展奇迹。但经济发展奇迹的背后，也付出了巨大的资源环境代价，特别是出现了资源约束趋紧、生态环境恶化等矛盾问题，严重影响了中国经济的可持续发展。同时，随着新时代社会主要矛盾的转化，人民群众对生态环境的关注度和环境保护意识比以往任何时候都高，对优美生态环境的需求比以往更加强烈。过去那种需要付出巨大资源和环境代价的粗放型发展方式已经不适合新时代中国经济社会发展的需要，更不符合社会主义现代化的需要。因此，推动经济转型升级，逐步向以依靠提高生产要素的质量与利用效率推动经济增长的集约型经济增长方式转变，实现经济社会发展和生态环境保护协调统一、相互促进，就成为不可阻挡的历史趋势和必然选择。

第二，可持续发展契合世界上绝大多数国家的共同诉求。2015 年 9 月，联合国可持续发展峰会正式通过了包括经济发展、社会进步和环境保护三个维度的 17 项可持续发展目标，呼吁所有国家(不论该国是贫穷、富裕还是中等收入)行动起来，在促进经济繁荣的同时保护地球家园，这标志着世界各国在可持续发展议题上达成普遍共识。作为负责任的世界大国，中国秉持"创新、协调、绿色、开放、共享"的新发展理念，推动中国经济高质量发展，全面深入落实 2030 年可持续发展议程。同时，中国积极深化南南合作，推动共建"一带一路"同 2030 年可持续发展议程深入对接，为全球实现可持续发展目标作出积极贡献。2016 年至 2020 年是世界各国落实 2030 年可持续发展议程的第一个五年，也是中国在可持续发展上

① 中共中央宣传部：《习近平新时代中国特色社会主义思想学习纲要(2023 年版)》，学习出版社、人民出版社 2023 年版，第 60 页。

取得巨大成就的五年。这五年，中国促进经济绿色、持续、健康发展，为实现可持续发展注入了强劲动力；历史性地解决了绝对贫困问题，提前10年实现联合国2030年可持续发展议程减贫目标；提出“碳达峰”“碳中和”目标，生态环境保护发生历史性、转折性、全局性变化。2021年，党的十九届五中全会审议通过了《中共中央关于制定国民经济和社会发展第十四个五年规划和二〇三五年远景目标的建议》，将国家重大发展战略与联合国2030年可持续发展议程有机融合，彰显了大国的责任和担当。未来，中国将继续为推动建设更加美丽、更加美好、更可持续发展的世界贡献中国智慧，为构建全球发展命运共同体作出新的更大贡献。

第三，可持续发展要求正确处理生态环境保护与经济发展之间的关系。生态环境保护与经济发展是辩证统一、相辅相成的关系，生态环境为经济发展提供潜力和后续动力，经济发展为生态环境保护提供物质和技术支持。脱离环境保护而搞经济发展是“竭泽而渔”，离开经济发展而搞环境保护是“缘木求鱼”。实现经济高质量可持续发展，必须正确处理生态环境保护和经济发展的关系。一是“绿水青山”就是“金山银山”。习近平强调：“我们既要绿水青山，也要金山银山。宁要绿水青山，不要金山银山，而且绿水青山就是金山银山。”[①]绿水青山与金山银山的理论阐释了生态环境保护与经济发展之间的关系，强调保护生态环境就是保护生产力，改善生态环境就是发展生产力。必须坚持在发展经济中保护生态环境，在保护生态环境中发展经济，将生态优势变成经济优势，用良好的生态环境保证经济的可持续发展。二是保护生态环境与发展经济都是为了改善民生。发展经济是为了满足人民对更高质量物质产品的需求，保护生态环境是为了满足人民对优质生态产品的需求，归根到底都是为了满足人们的美好生活需要，二者并行不悖。必须坚决摒弃以牺牲生态环境为代价换取经济增长的做法，也要坚决摒弃为加强环保治理“一刀切”、突破经济安全运行底线的做法。三是全面推动绿色发展。习近平强调，要“坚持不懈推动绿色低碳发展。……建立健全绿色低碳循环发展经济体系、促进经济社会发展全面绿色转型是解决我国生态环境问题的基础之策”[②]。坚持绿色发展，必须坚持节约资源和保护环境的基本国策，坚定走生产发展、生活富裕、生态良好的文明发展道路，加快建设资源节约型、环境友好型社会，形成人与自然和谐发展的现代化建设新格局，开辟一条经济发展和生态环境保护协同共生的新路径，形成绿色发展方式和生活方式。

---

① 中共中央文献研究室：《习近平关于全面建成小康社会论述摘编》，中央文献出版社2016年版，第171页。

② 《习近平谈治国理政》第4卷，外文出版社2022年版，第363页。

五、更为安全的发展

国家安全是国家生存发展的基本前提。经济安全则是国家安全的基础，是国家安全体系的重要组成部分。特别是第二次世界大战后，随着和平与发展成为时代主题，经济全球化成为不可阻挡的历史大势，世界各国日益成为一个紧密联系的整体，大国与大国之间的交锋主要集中在经济领域，这就使得经济安全在国家安全体系中的重要地位日益突出。没有经济安全，文化、教育、科技、信息等很多领域的安全也就无从谈起。因此，经济安全越来越成为国家安全的重要一环。

第一，实现经济安全是应对国内外经济风险挑战的战略抉择。近年来，世界百年未有之大变局加速演进，世界经济发展的不确定因素与潜在风险日益增多，给中国经济的平稳运行和健康发展带来更多风险和挑战。从内部环境来看，中国已进入高质量发展阶段，经济发展形势长期向好，具备继续发展的很多优势和条件，但同时发展不平衡不充分的问题依然突出，在关系国民经济命脉的重要行业、重点产业和关键领域仍面临许多新情况新挑战。一是产业链供应链基础不牢问题仍然突出，在核心基础零部件、先进基础工艺、产业技术基础等方面对外依存度高，许多产业面临"缺芯""少核""弱基"的窘境。近年来，随着国际地缘政治和地缘科技竞争日益激烈，以美国为首的发达国家对中国在高科技领域进行制裁和打压，不断强化对华技术壁垒，严格管控对华高新技术出口，一定程度上制约了中国高新技术产业进步。二是粮食结构性供过于求和供给不足并存，质量安全风险依然存在。从品种结构看，稻谷和小麦等口粮产量有绝对保障，库存充足，但优质强筋小麦、玉米、大豆等作物产量不足，供需趋紧。同时，随着人民群众生活水平的提升，人民群众食物需求结构升级，对农副产品的需求不断上升。此外，粮食生产、储运、加工、销售等环节，仍然存在质量安全隐患。三是石油、天然气、铁矿石等战略资源能源对外依存度居高不下，且不少矿产资源进口来源高度集中，稳定供应容易受到各种外部因素冲击和影响。以铁矿石为例，自2015年以来，中国铁矿石对外依存度一直保持在80%左右，主要进口国为澳大利亚、巴西、印度和南非。2022年，中国铁矿石进口量的86.36%来自澳大利亚和巴西两国，进口来源过于集中，且以海运为主，跨越太平洋、印度洋等要地，安全保障风险较大。四是国内金融市场一些长期存在的隐患并未有效消除，金融相关体制机制尚不健全。当前，金融相关制度尚有较多短板，存在如金融机构常态化风险处置机制尚待完善、非正规金融体系交易活动缺乏有效约束、社会信用体系不健全、失信惩戒不到位、市场透明度需进一步提高等问题。

从外部环境来看，随着全球政治经济环境变化，经济全球化遭遇逆流，个别国家大搞单边主义、保护主义、霸权主义，加之新冠疫情全球大流行对世界经济造成严重冲击，给中国经济安全带来深层挑战。一是国际经济金融动荡带来风险挑战。国际金融危机深层次影响依然存在，主要风险源包括美欧经济深度衰退、境外股票市场过热、日本货币政策转向以及大宗商品价格波动等，可能对国内金融市场主体、金融资产价格以及经济基本面等造成冲击。当前，发达国家实施超常规量化宽松货币政策的负面效应不断积累，世界经济复苏和金融市场稳定都面临着不确定性。二是国际经济秩序加速调整变革带来风险挑战。世界经济版图发生深刻变革，新兴经济体和发展中国家在世界经济舞台中的地位和作用不断扩大，世界经济重心加快"自西向东"位移，随着国际力量对比发生新变化，大国之间围绕国际合作的主导权、经济规则制定权的竞争异常激烈。在这样一个国内外各类矛盾和风险易发的时期，中国必须把经济安全摆在突出位置，准确识变、科学应变、主动求变，紧紧把握未来发展的主动权。

第二，实现经济安全是把握新发展阶段、贯彻新发展理念、构建新发展格局的必然要求。从新发展阶段看，经过新中国成立以来特别是改革开放 40 多年的不懈奋斗，中国经济实力、科技实力、综合国力和人民生活水平都实现了历史性跨越，为实现中华民族伟大复兴提供了更为坚实的物质基础。当前，中国既具备过去难以想象的良好发展条件，也面临改革开放以来发展环境最为严峻复杂、安全风险最多最大的困难和挑战。一是一些地方的工业发展还在依靠资本、能源、劳动力等要素投入，自主创新能力不足，核心技术缺乏，高技术高效益的高质量发展步伐缓慢；二是中国在国际产业链和价值链分工的位置还处于中低端，高端产业供给短板明显，关键核心技术面临的"卡脖子"问题非常突出，产业链安全问题凸显；三是区域经济发展不平衡明显，城乡、东西部地区尤其是南北部地区差距愈来愈大；四是金融服务实体经济发展还不充分，中小企业融资难融资贵问题依然存在，国有企业杠杆率偏高等。越是在发展的关键时刻，越要注重经济发展大局的安全稳定，警惕"黑天鹅""灰犀牛"事件对中国经济的干扰和影响。从新发展理念看，新发展理念是中国经济社会发展的指导原则，经济高质量发展是"体现新发展理念的发展，是创新成为第一动力、协调成为内生特点、绿色成为普遍形态、开放成为必由之路、共享成为根本目的的发展"[①]。实现创新、协调、绿色、开放、共享的发展，要求把经济发展建立在更加安全、更为可靠的基础之上。

---

① 中共中央宣传部：《习近平新时代中国特色社会主义思想学习纲要（2023 年版）》，学习出版社、人民出版社 2023 年版，第 143 页。

从新发展格局看，当前世界之变、时代之变、历史之变深入交织、加速演变，完成社会主义现代化建设的艰巨性和复杂性前所未有。构建新发展格局的目的在于改变市场和资源长期“两头在外”的发展模式，把未来发展的主动权牢牢掌握在自己手中。唯有如此，才能夯实中国经济发展的根基，增强发展的安全性稳定性，确保中华民族伟大复兴进程不被迟滞甚至中断。

第三，实现经济安全要求切实把国民经济更为安全发展贯穿于经济发展各领域全过程。发展和安全，是关乎国家兴衰存亡的两大支撑。习近平指出：“安全是发展的前提，发展是安全的保障。统筹发展和安全，增强忧患意识，做到居安思危，是我们党治国理政的一个重大原则。”[①]对于中国这样一个发展中国家和社会主义大国来说，实现社会主义现代化中的经济现代化，必须保证经济的高质量发展和安全同步协调。当前和今后一个时期，经济领域各种可以预见和难以预见的风险因素明显增多，必须高度警惕经济发展各领域全过程中的安全问题。一方面，必须全面贯彻总体国家安全观，把维护国家安全贯穿关系国民经济命脉的重要行业和关键领域，切实保障产业链供应链、能源资源、粮食、金融安全。建立健全重要产业链供应链风险识别、预警和处置机制，以深化供给侧结构性改革为主线，以改革创新为根本动力，增强产业链、供应链自主可控能力。加快构建国家粮食安全保障体系，加强粮食进出口调节，畅通粮食进口来源多元化渠道。推动能源消费、供给、技术、体制革命，全方位加强国际合作，实现开放条件下能源安全。健全金融管理和风险防范、处置机制，妥善处理房地产、地方中小银行、地方政府债务等重点金融领域风险。另一方面，要处理好维护国家经济安全和国际合作竞争博弈的关系。既要统筹好开放发展与经济安全，有效防范外部冲击，保证国内经济平稳健康运行，又要善于充分把握国际合作的机会，与世界各国共享经济发展的机遇和成果。要完善对外开放战略布局，扩大高水平对外开放，充分利用好“两个市场、两种资源”，服务于经济高质量发展。扎实推进“一带一路”建设，大力实施自贸试验区提升战略，优化区域开放布局，打造国际竞争新优势。积极参与全球经济治理改革，在共商、共建和共享的理念基础上构建国际区域经济贸易和投资合作新范式。积极参与全球经贸规则制定，提高在国际经贸领域的话语权和参与度。加大对核心基础技术、关键基础材料等薄弱环节的创新研发力度，破解经济发展的“卡脖子”问题，补强产业链供应链短板，加速向全球价值链中高端迈进。

---

① 中共中央宣传部、国家发展和改革委员会：《习近平经济思想学习纲要》，人民出版社、学习出版社2022年版，第140页。

第三节 推动经济高质量发展的实现路径

推动经济高质量发展，要着眼于解决发展过程中的深层次问题，在化解矛盾和补齐短板中，不断塑造发展新动能和新优势，释放发展的活力和潜能，提高发展的平衡性和协调性。

一、努力实现高水平科技自立自强，不断塑造发展新动能和新优势

察势者智，驭势者赢。习近平指出："科技创新成为国际战略博弈的主要战场，围绕科技制高点的竞争空前激烈。我们必须保持强烈的忧患意识，做好充分的思想准备和工作准备。"[①]改革开放40多年来，我国科技实力和科技水平大幅提升，已经有足够的信心和能力在世界新一轮科技革命和产业变革中争取更多的主动权。但也必须清醒地认识到："我国原始创新能力还不强，创新体系整体效能还不高，科技创新资源整合还不够，科技创新力量布局有待优化，科技投入产出效益较低，科技人才队伍结构有待优化，科技评价体系还不适应科技发展要求，科技生态需要进一步完善。"[②]必须采取有效措施，进一步提高我国的科技创新能力和科技创新水平，努力实现高水平科技自立自强。

党的十九大报告确立了到2035年"跻身创新型国家前列"的战略目标。党的十九届五中全会提出，"坚持创新在中国现代化建设全局中的核心地位，把科技自立自强作为国家发展的战略支撑"。党的二十大报告进一步提出，"加快实现高水平科技自立自强"，加快建设科技强国。推动经济高质量发展，必须坚决打赢关键核心技术攻坚战，强化国家战略科技力量，加快推进科技体制改革，加快建设科技强国，实现高水平科技自立自强。

第一，坚决打赢关键核心技术攻坚战。关键核心技术是国之重器，是增强科技创新引领作用的重要抓手，是实现高水平科技自立自强的保证。可以说，谁掌握了关键核心技术主动权，谁就掌握了未来发展先机。实践反复证明，真正的关键核心技术是引不进、买不来的，维护国家安全绝不能在关键核心技术领域受制于人，"只有把核心技术掌握在自己手中，才能真正掌握竞争和发展的主动权，才能从根本上保障国家经济安全、国防安全和其他安全"[③]，才能为中国经济发展提

---

① 《习近平谈治国理政》第4卷，外文出版社2022年版，第196页。

② 《习近平著作选读》第2卷，人民出版社2023年版，第469页。

③ 《习近平谈治国理政》，外文出版社2014年版，第122页。

供强有力的科技支撑。一是要加强基础研究。基础研究处于从研究到应用、再到生产的科研链条起始端，是整个科学体系的源头，也是所有技术问题的总机关。当前，我国面临的很多"卡脖子"技术问题，归根到底是基础理论和技术原理跟不上，源头和底层的东西没有搞清楚。习近平指出："基础研究要勇于探索、突出原创，推进对宇宙演化、意识本质、物质结构、生命起源等的探索和发现，拓展认识自然的边界，开辟新的认知疆域。"[①]要突出前瞻性、战略性需求导向，坚持"四个面向"，把世界科技前沿同国家重大战略需求和经济社会发展目标结合起来，统筹遵循科学发展规律提出的前沿问题和重大应用研究中抽象出的理论问题，凝练基础研究关键科学问题。要加大对基础研究的财政投入和政策扶持力度，优化国家科技计划基础研究支持体系，建设基础研究高水平支撑平台和人才体系，充分调动高校、企业以及其他社会力量广泛参与基础研究的积极性。二是要坚持问题导向。"拿来主义"导向的科技发展不可能形成强大的自有原创能力，不能解决关键领域核心技术受制于人的问题。必须坚持问题导向，精准识别、解决关键领域的"卡脖子"问题，"从国家急迫需要和长远需求出发，在石油天然气、基础原材料、高端芯片、工业软件、农作物种子、科学试验用仪器设备、化学制剂等方面关键核心技术上全力攻坚，加快突破一批药品、医疗器械、医用设备、疫苗等领域关键核心技术。要在事关发展全局和国家安全的基础核心领域，瞄准人工智能、量子信息、集成电路、先进制造、生命健康、脑科学、生物育种、空天科技、深地深海等前沿领域，前瞻部署一批战略性、储备性技术研发项目，瞄准未来科技和产业发展的制高点"[②]。

第二，强化国家战略科技力量。世界科技强国竞争，比拼的是国家战略科技力量。战略科技力量的影响力和支撑力，直接关系到我国综合国力和国际竞争力的提升。强化国家战略科技力量是新时代实现我国科技自立自强、支撑全面建设社会主义现代化国家的必然选择，是加快建设科技强国的重要任务。习近平强调："国家实验室、国家科研机构、高水平研究型大学、科技领军企业都是国家战略科技力量的重要组成部分，要自觉履行高水平科技自立自强的使命担当。"[③]国家实验室要强化国家战略科技力量的使命担当，更加注重高质量、系统化、特色化、国际化发展，积聚力量进行原创性引领性科技攻关，大力提升原始创新能力、战略科技支撑能力、服务经济社会发展能力，为建设世界科技强国提供

① 《习近平谈治国理政》第4卷，外文出版社2022年版，第198页。

② 《习近平著作选读》第2卷，人民出版社2023年版，第470页。

③ 《习近平谈治国理政》第4卷，外文出版社2022年版，第199页。

有力支撑。国家科研机构要以国家战略需求为导向，充分发挥其建制化、体系化和综合化的优势，加快调整优化科研力量整体布局，打破学科、领域、团队壁垒，把相关研究机构组织起来，把创新链上下游的研究力量贯通起来，共同形成技术攻关合力，着力解决国家发展各重要领域的重大科学问题和攻克关键技术。高水平研究型大学要围绕国家重大战略需求找准发力点，强化科研方向与国家需求的衔接，在发挥自身优势的过程中不断提升服务国家战略需求的能力，在提升服务国家战略需求能力的过程中进一步增强自身优势；要以学科优势为基础，大力推进有组织科研，充分发挥创新资源聚集、基础研究深厚、交叉平台广布的优势，开展集成性、系统性科研攻关；加强基础学科建设，重点支持基础理科、基础文科、基础医学等发展壮大，推动基础领域实现更多原创性突破。科技领军企业要发挥其研发投入强、技术水平高、人才储备足等先天优势，牵头组建重大创新联合体，集成高校、科研院所的科技成果，统筹行业上下游创新资源，形成体系化、任务型的协同创新模式，聚力突破产业安全、国家安全的重大技术瓶颈制约。

第三，加快推进科技体制改革。科技创新要取得突破，既离不开基础设施等"硬件"支撑，也离不开制度机制等"软件"保障。深化科技体制改革是全面深化改革的重要内容，是实施创新驱动发展战略、建设世界科技强国的根本要求。习近平强调："推进自主创新，最紧迫的是要破除体制机制障碍，最大限度解放和激发科技作为第一生产力所蕴藏的巨大潜能。"①一是要改革科技管理体制。政府部门要积极转变科技管理职能，优化科研组织架构，形成更加适应科技进步和技术创新的管理方式，推动科技管理战线转变作风、提升能力，提高科技创新治理和制度执行能力，强化规划政策引导，"给予科研单位更多自主权，赋予科学家更大技术路线决定权和经费使用权，让科研单位和科研人员从繁琐、不必要的体制机制束缚中解放出来！"②改革重大科技项目立项和组织管理方式，坚持能者上、智者上、谁有本事谁上的原则，以更加开放的姿态选拔人才，打破科研"小圈子"，让有真才实学的科技人员英雄有用武之地。二是要改革科技创新评价体制机制。坚持按目标成果、绩效考核为导向进行科技资源分配，构建总体布局合理、功能定位清晰、具有中国特色的科技创新评价体系。围绕成果转化、股权激励、税收等关键环节，持续推进科技体制机制改革，打破制约科技成果转化的瓶颈，在收益分配上有效激发科技人员对成果转化的积极性。加快打造以质量、绩效、

① 习近平：《论把握新发展阶段、贯彻新发展理念、构建新发展格局》，中央文献出版社 2021 年版，第 273 页。

② 《习近平谈治国理政》第 4 卷，外文出版社 2022 年版，第 201 页。

贡献为核心的评价制度体系，正确评价科技创新成果的科学价值、技术价值、经济价值、社会价值、文化价值，营造起适合潜心研究的科研生态，让各类创新人才心无旁骛地投身科研、勇攀高峰。

二、全面深化改革开放，持续释放发展活力和潜能

全面深化改革开放是新时代中国的显著标识，也是新时代中国发展进步的根本动力。习近平指出："改革开放是决定当代中国命运的关键一招，也是决定中国式现代化成败的关键一招。"①党的十八大以来，以习近平同志为核心的党中央以伟大的历史主动精神、巨大的政治勇气、强烈的责任担当，坚定不移推进全面深化改革、坚定不移扩大对外开放，啃下了许多难啃的硬骨头，解决了许多过去没能解决的难题，许多领域实现历史性变革、系统性重塑、整体性重构，带动经济发展活力大幅提升、动力持续释放，推动党和国家事业呈现大改革大开放大发展的繁荣景象。新发展阶段，要推动经济高质量发展，必须坚定不移全面深化改革，持续推进高水平对外开放。

第一，坚定不移全面深化改革。改革只有进行时，没有完成时，必须以更大的政治勇气和智慧推进全面深化改革，注重改革关联性和耦合性，有效破除阻碍经济高质量发展的体制机制弊端。一是要始终坚持社会主义市场经济改革方向，推动有效市场和有为政府更好结合，进一步激发高质量发展的活力和潜能。一方面，坚持和完善社会主义基本经济制度，充分发挥市场机制的作用，不断完善社会主义市场经济体制，推动生产关系与生产力发展更加协调适应；另一方面，加快建设统一开放、竞争有序的市场体系，完善产权保护、市场准入、公平竞争、社会信用等市场经济基础制度，促进资源配置实现效率最优化，夯实推动高质量发展的制度基础。二是要深化国资国企改革，巩固国有经济在关系国家安全和国民经济命脉重要行业领域的控制地位，更好地发挥国有经济主导作用和战略支撑作用。以增强企业活力、提高效率为中心，提高国企核心竞争力，建立产权清晰、权责明确、政企分开、管理科学的现代企业制度，完善国有资产监管体制，防止国有资产流失，全面推进依法治企，加强和改进党对国有企业的领导，做强做优做大国有企业，不断增强国有经济竞争力、创新力、控制力、影响力、抗风险能力。三是要强化民营经济发展法治保障，促进民营经济健康发展。持续破除市场准入壁垒、全面落实公平竞争政策制度、完善社会信用激励约束机制，持

① 中共中央宣传部：《习近平新时代中国特色社会主义思想学习纲要（2023年版）》，学习出版社、人民出版社2023年版，第56页。

续优化民营经济发展法治环境，依法保护民营企业产权和企业家合法权益，全面构建亲清政商关系，引导民营企业通过自身改革发展、合规经营、转型升级不断提升发展质量，促进民营经济做大做优做强。四是要加快要素价格市场化改革，健全要素市场运行机制。深化要素市场化改革，重点推动土地、金融、科技、数据等要素价格由市场决定，理顺煤、电等能源价格机制，鼓励绿色能源发展，围绕提高资源配置效率、畅通经济循环、增强有效激励来拓展改革的广度和深度。五是要健全基本公共服务体系，着力解决好人民群众急难愁盼问题，扎实推进共同富裕。坚持以人民为中心的发展思想，立足新发展阶段，完整、准确、全面贯彻新发展理念，构建新发展格局，以推动高质量发展为主题，树立系统观念，强化底线思维，牢牢抓住人民群众最关心最直接最现实的民生问题，科学合理界定基本公共服务与非基本公共服务范围，正确处理政府与市场关系，持续推进基本公共服务均等化，多元扩大普惠性非基本公共服务供给，丰富多层次多样化生活服务供给，切实兜牢基本民生保障底线，稳步提升公共服务保障水平，不断满足人民群众美好生活需要，努力增进全体人民的获得感、幸福感、安全感，促进人的全面发展和社会全面进步，推动全体人民共同富裕迈出坚实步伐。

第二，持续推进高水平对外开放。依托中国超大规模市场优势，增强国内国际两个市场、两种资源联动效应，以国内大循环吸引全球资源要素，促进国内国际双循环，推动形成更高水平开放型经济新体制，打造中国在国际经贸合作和竞争中的新优势。一是要加快制度型开放，不断破除内外贸一体化发展面临的制度障碍，促进制度规则衔接，优化内外贸融合发展环境。对内要主动对标国际高标准经贸规则，稳步扩大规则、规制、管理、标准等高水平制度型开放，全面落实“市场准入＋外商投资”的负面清单制度设计，加快推进投资便利化、监管便捷化、法制规范化建设，更大力度吸引和利用外资。对外要积极参与国际经贸规则谈判，主动构建有利于中国的多边和双边规则体系，为推动建立新型世界经济秩序贡献中国智慧和中国方案。二是要深化拓展对外经贸关系，扩大同各国利益的汇合点，深化与周边国家经贸关系，推进与世界大国的良性互动，加强与发展中国家团结合作，努力实现互利共赢。持续深化“一带一路”经贸合作，围绕政策沟通、设施联通、贸易畅通、资金融通、民心相通，持续深化合作，深入拓展健康、绿色、数字、创新等新领域合作空间，协调各方力量、整合优势资源，助力共同推进国家经济社会发展和民生福祉改善。扩大面向全球的高标准自贸区网络，加快推进《区域全面经济伙伴关系协定》实施，积极参与《全面与进步跨太平洋伙伴关系协定》《数字经济伙伴关系协定》谈判，推动商签更多高标准自贸协定。三是要积极推动全球经济治理体系改革，高举和平、发展、合作、共赢旗帜，不断丰富新形势下多边主义实践，推动全球经济治理朝着更加公平公正合理的方向发展。以更加积极的姿态参与世界贸易组织改革和多边贸易谈判进程，维护世界贸易组织在全球贸易投资中的主渠道地位，建立更加均衡、共赢、包容发展的多边贸易体制，减少和消除贸易投资壁垒。与广大发展中成员加强团结，推动形成更加公正、合理、透明的多边经贸规则体系，反对各种形式的贸易保护主义，维护国家产业利益和企业合法权益。

三、推进城乡区域协调发展，提高发展的平衡性和协调性

中国幅员辽阔、人口众多，各地区自然资源禀赋差别很大，城乡区域经济发展不平衡不充分是客观现实。实施城乡区域协调发展政策的目的就是破除区域壁垒，促进资源要素在不同区域间的合理流动和高效集聚，提升区域经济实力，消除城乡差距和区域差距，有效解决城乡、区域发展不平衡不充分的问题，让现代化建设成果更多更公平惠及全体人民，逐步实现全体人民的共同富裕。随着我国经济进入高质量发展阶段，对城乡区域协调发展提出了新的要求，不能简单要求城乡和各地区在经济上达到同一发展水平，而是要因地制宜、因时制宜，走出一条合理分工、优化发展的路子。

第一，推进城乡均衡协调发展。一方面，要充分发挥乡村作为消费市场和要素市场的重要作用，全面实施乡村振兴战略。坚持走中国特色社会主义乡村振兴道路，强化政策供给，在资金投入、要素配置、基本公共服务、人才配备等方面优先保障农业农村发展，加快补上农业农村短板。抓好农业生产，落实藏粮于地、藏粮于技战略，保障粮食安全，提高农业质量效益和竞争力。不断深化农村集体产权制度改革，健全农村金融服务体系，推动城乡要素平等交换、双向流动，增强农业农村发展活力。建立健全巩固拓展脱贫攻坚成果长效机制，把防止发生规模性返贫作为全面推进乡村振兴的底线任务，切实维护和巩固脱贫攻坚战的伟大成就。坚持把促进脱贫地区发展作为主攻方向，推动脱贫地区产业提质增效、转型升级，积极发展特色优势主导产业和劳动密集型产业，努力缩小脱贫地区与其他地区的发展差距。坚持把加强兜底保障作为重要支撑，对丧失劳动能力的脱贫人口和低收入人口做好兜底保障，及时纳入现有社保体系，保障基本生活需要。另一方面，要不断完善新型城镇化战略。坚持以人为核心、以提高质量为导向，扎实推进农业转移人口市民化，在进一步推动城乡户籍制度改革的基础上，加大政策力度推进基本公共服务均等化取得突破性进展，使全体居民公平

共享城市发展成果。推动城市组团式发展，形成多中心、多层级、多节点的网络型城市群结构，做到因城施策、分类引导、标本兼治，聚力抓好“一大一小”两头和城市群都市圈两个平台，形成疏密有致、分工协作、功能完善的城镇化空间格局。统筹城市规划、建设、管理，合理安排生产、生活、生态空间，加强城市基础设施建设，打造宜居、韧性、智慧城市。不断提高城市治理水平，构建科学合理的体制机制，努力做到城市治理彰显情感温度、提升治理效能、凝聚治理合力，不断增强人民群众的获得感、幸福感、安全感，让城市生活更加美好。

第二，深入实施区域协调发展战略。深入推进西部大开发、东北全面振兴、中部地区崛起、东部率先发展，支持特殊类型地区加快发展，在发展中促进相对平衡，形成更高水平和更高质量的区域经济协调发展新格局。其一，西部大开发要强化举措抓重点、补短板、强弱项，提高政策精准性，推动形成大保护、大开放、高质量发展的新格局。推动大保护要深入实施重点生态工程，稳步开展重点区域综合治理，筑牢国家生态安全屏障；推动大开放要积极参与和融入共建“一带一路”，大力推进西部陆海新通道建设，优化中欧班列组织运营模式，构建包括自由贸易试验区、内陆开放型经济试验区等在内的多层次开放平台；推动高质量发展要不断提升创新发展能力，充分发挥比较优势，推动具备条件的产业集群化发展，提升能源资源开发利用效率。其二，东北振兴必须坚持从国家发展大局出发，切实保障国防安全、粮食安全、生态安全、能源安全、产业安全，加快传统优势产业转型升级和新兴产业培育，着力破解体制机制障碍，激发市场主体活力，推动产业结构调整优化，走出一条质量更高、效益更好、结构更优、优势充分释放的发展新路。其三，中部地区要充分发挥承东启西、连南接北的区位优势和资源要素丰富、市场潜力巨大、文化底蕴深厚等比较优势，加快建设现代化基础设施体系和现代流通体系，着力增强城乡区域发展协调性，加快内陆开放通道和对外开放平台建设，推动综合实力和竞争力再上新台阶。其四，东部地区要发挥改革开放先行、创新要素集聚、现代制造领先等优势，提升科技创新能力，培育壮大高质量发展动力源，更高层次参与国际经济合作和竞争，在全国率先实现高质量发展。其五，统筹支持欠发达地区、革命老区、边境地区、生态退化地区、资源型地区、老工业城市等特殊类型地区发展，切实维护生态安全、边疆安全和能源资源安全。

第三，持续深入实施区域重大战略。党的十八大以来，以习近平同志为核心的党中央在充分考虑我国国土空间类型多样、差别巨大的客观实际的基础上，从不同空间尺度、区域类型和功能定位出发，确立了京津冀协同发展、长江经济带发展、粤港澳大湾区建设、长三角区域一体化发展、黄河流域生态保护和高质量发展等区域重大战略。今后，应更好发挥区域重大战略对经济高质量发展的支撑作用。推进京津冀协同发展，要以疏解北京非首都功能为重点，优化区域经济结构和空间结构，加快推进雄安新区重点项目建设，保持北京城市副中心生机勃发良好态势，不断谋划京津冀协同发展新篇章。推动长江经济带高质量发展，要坚持生态优先、绿色发展的理念和共抓大保护、不搞大开发的战略导向，以科技创新为引领，正确把握生态环境保护和经济发展的关系，把长江经济带打造成为生态文明建设的先行示范带、引领全国转型发展的创新驱动带、具有全球影响力的内河经济带、东中西互动合作的协调发展带。推进粤港澳大湾区建设，要加快推进粤港澳基础设施“硬联通”和规则机制“软联通”，推动三地经济运行的规则衔接、机制对接，增强联通国内国际双循环的功能，提升市场一体化水平，全面打造高水平对外开放的门户枢纽。推进长三角区域一体化发展，要坚持一盘棋思想，充分发挥上海和苏浙皖各地优势，深化跨区域协调合作，循序渐进推进基本公共服务制度衔接、政策协同、标准趋同，加快长三角生态绿色一体化发展示范区建设，加快从区域项目协同走向区域一体化制度创新，推进跨区域共建共享，使长三角真正成为区域发展共同体。全面推进黄河流域生态保护和高质量发展，要抓好大保护、推进大治理，准确把握好生态保护和经济发展的辩证关系，在推进全流域高质量发展、改善人民群众生活、保护传承弘扬黄河文化方面下大功夫，让黄河成为造福人民的幸福河。

第三篇

中国特色社会主义基本经济制度

第六章　坚持公有制为主体、多种所有制经济共同发展

公有制经济和非公有制经济都是社会主义市场经济的重要组成部分。公有制经济和非公有制经济具有各自发挥作用的领域和优势，都是我国经济社会发展的重要基础。“两个毫不动摇”是坚持和完善中国特色社会主义基本经济制度的核心。通过积极发展混合所有制经济，促进国有经济与非公有制经济有机融合，切实增强国有经济活力、影响力、控制力。

第一节　毫不动摇巩固和发展公有制经济

毫不动摇巩固和发展公有制经济，就要不断深化对公有制主体地位的认识，在实践中不断探索公有制多种实现形式；进一步深化国有企业改革，提升国有企业核心竞争力；完善农村基本经营制度，大力发展新型农村集体经济。

一、公有制主体地位内涵认识的不断深化

社会主义公有制经济是生产资料归全体或部分劳动者共同占有的经济形式，其基本特征是劳动者共同占有生产资料；生产资料不再是剥削手段，而是广大劳动者从事生产经营活动、增进自身物质利益的基本物质条件；在劳动者共同占有生产资料的基础上，人们建立起互助合作、协调一致的经济关系；劳动者共同占有生产资料决定了按照劳动者付出的劳动量分配劳动产品。

生产资料公有制是中国特色社会主义经济制度的核心内容，是决定我国社会主义社会性质和社会主义发展方向的根本因素。坚持把公有制经济作为社会主义经济制度的基础，既是科学社会主义的一项根本原则，也是中国共产党建设和发展中国特色社会主义的一条根本原则。改革开放后，党中央始终高度重视

公有制经济的发展，强调“社会主义的经济是以公有制为基础的，生产是为了最大限度地满足人民的物质、文化需要”①，“我国是社会主义国家，必须坚持公有制作为社会主义经济制度的基础”②，“必须毫不动摇地巩固和发展公有制经济”③。进入新时代，以习近平同志为核心的党中央更是把巩固和发展公有制经济放在至关重要的位置，高度重视公有制经济的发展和改革，强调“公有制经济是长期以来在国家发展历程中形成的，为国家建设、国防安全、人民生活改善作出了突出贡献，是全体人民的宝贵财富，当然要让它发展好，继续为改革开放和现代化建设作出贡献”④，强调毫不动摇地巩固和发展公有制经济，坚持公有制主体地位，是满足人民日益增长的美好生活需要的必然要求，是保证我国各族人民共享发展成果的制度保证，是实现“两个一百年”奋斗目标进而实现中华民族伟大复兴中国梦的重要保障。

坚持公有制经济的主体地位，是社会主义的一项根本原则，也是中国特色社会主义市场经济的基本标志。第一，坚持公有制为主体是社会主义经济制度的内在要求。生产资料所有制是一个社会经济制度的基础，决定着一个社会经济制度的基本性质和发展规律。我国坚持社会主义制度，必须坚持以生产资料公有制为主体。没有生产资料公有制的主体地位就不会有社会主义经济制度。第二，坚持公有制为主体是解放和发展生产力的根本要求。社会主义生产是高度社会化的大生产，生产的高度社会化客观上要求在生产资料公有制的基础上，对整个社会生产和经济发展进行更加合理的、有计划的调节，以推动生产力更快发展。第三，坚持公有制为主体是实现共同富裕的基本前提。共同富裕是社会主义的本质要求。只有在生产资料公有制为主体的基础上才能形成比较公平的分配关系，才能使全体劳动者共享改革和发展的成果。第四，坚持公有制为主体是构建社会主义和谐社会的经济基础。在公有制经济条件下，生产资料的所有权归社会全体成员或部分成员共同占有而不是归任何个人占有，这就从根本上消除了资本与劳动的阶级对立和对抗性的社会矛盾，维护了社会的公平正义，为构建社会主义和谐社会奠定了经济基础。第五，坚持公有制为主体是确保中国特色社会主义发展方向的重要经济基础。经济基础决定上层建筑，坚持公有制为主体，既是一个重大的经济问题，也是一个关系党和国家前途的重大政治问题。

---

① 《邓小平文选》第2卷，人民出版社1994年版，第167页。

② 中共中央文献研究室：《十五大以来重要文献选编》（上），人民出版社2000年版，第20页。

③ 中共中央文献研究室：《十六大以来重要文献选编》（上），中央文献出版社2005年版，第19页。

④ 中共中央党史和文献研究院：《十八大以来重要文献选编》（下），中央文献出版社2018年版，第246页。

只有坚持公有制为主体，才能不断巩固中国特色社会主义事业的根基，确保中国特色社会主义的发展方向。

公有制主体地位并不存在一个固有的模式，需要紧密结合经济发展阶段和基本国情进行不断丰富和发展。新中国成立初期，受传统所有制理论的影响，人们普遍将公有制主体地位理解为数量和结构优势，认为公有制越纯越好、越大越公越好。改革开放后，关于公有制越纯越好、越大越公越好的理念逐渐被打破。随着实践的发展，党逐步认识到，单纯公有制经济数量上的优势并不能确保公有制的主体地位，缺乏质量、竞争力和效率的公有资产，依靠行政手段人为地提高公有资产的数量比重，不仅不会有助于公有制经济成为国家引导、推动经济和社会发展的力量，反而会成为国民经济和国家财政的负担，阻碍生产力的发展。同时也认识到，公有资产占优势并不代表公有资产在所有地区、部门和领域都占有优势。在认识不断深化的基础上，1997 年 9 月，党的十五大报告明确提出："公有制的主体地位主要体现在：公有资产在社会总资产中占优势；国有经济控制国民经济命脉，对经济发展起主导作用。"由此形成了关于"公有制主体地位"认识的三个层面：一是公有制主体地位是就全国而言的，有的地方、有的产业可以有所差别；公有资产占优势，要有量的优势，更要注重质的提高；国有经济起主导作用，主要体现在控制力上，只要国家控制经济命脉、国有经济的控制力和竞争力得到增强，国有经济比重的减少不会影响我国的社会主义性质。这一认识上的创新，是党对中国特色社会主义理论的重大贡献。

二、公有制实现形式的发展

所有制与所有制的实现形式是两个既相互联系又不相同的概念。所有制是指对生产资料占有、使用、处置并获得收益等一系列经济权利和经济利益关系的总和。所有制的实现形式是指在一定的所有制前提下财产的组织形式和经营方式。所谓财产的组织形式，包括独资、合资和各类资本相互融合等形式，在企业形态上体现为业主制企业、合伙制企业和股份制企业等。所谓经营方式，包括经营资产的直接经营方式和经营资本的间接经营方式。对于经济利益主体而言，拥有经济权利重要，使经济权利得到实现更重要。在市场经济条件下，所有者既可以通过控制一定所有制赋予的全部权利来实现自己的利益，也可以通过权利的分割和部分权利的有偿转让来实现自己的利益。体现在所有制实现形式上，所有者控制全部权利，就形成了独资企业的资本组织形式和经营资产的直接经营方式；所有者有偿让渡了部分权利，比如经营权，就形成了股份制等资本组织形式和经营资本的间接经营方式。可见，相对于所有制，所有制实现形式具有相对独立性。同一种所有制可以有多种实现形式，不同所有制也可以采取同一种实现形式。

公有制就其本性来说具有适应和促进社会化生产发展的潜能，而要充分发挥这种潜能，必须具有能够促进生产力发展的公有制实现形式。改革开放初期，在谈到农村生产经营方式的选择时，邓小平就曾明确讲："生产关系究竟以什么形式为最好，恐怕要采取这样一种态度，就是哪种形式在哪个地方能够比较容易比较快地恢复和发展农业生产，就采取哪种形式；群众愿意采取哪种形式，就应该采取哪种形式，不合法的使它合法起来。……现在要恢复农业生产，也要看情况，就是在生产关系上不能完全采取一种固定不变的形式，看用哪种形式能够调动群众的积极性就采用哪种形式。"①邓小平的这段论述虽然是就农村和农业问题讲的，但其表述的思想大大超过了农业本身的范围，适用于我国整个所有制结构的调整和改革。改革开放以来的理论和实践充分证明，公有制可以而且应该适应时代发展、经济环境变化和科学技术进步的新情况，采取多种有效实现形式。党的十五大报告在总结理论和实践探索经验的基础上，明确指出："公有制实现形式可以而且应当多样化。一切反映社会化生产规律的经营方式和组织形式都可以大胆利用。要努力寻找能够极大促进生产力发展的公有制实现形式。"②

股份制是公有制的一种有效实现形式。股份制是社会化大生产和市场经济发展到一定阶段的必然产物，是企业赢得市场竞争优势的一种有效组织形式和运营方式，有利于所有权和经营权分离，有利于健全企业治理机制、拓宽投融资渠道、提高企业和资本运作效率，是国有企业制度创新的重要方向，也是公有制经济与市场经济在微观基础上有效结合的一种重要形式。党的十五大报告明确指出："不能笼统地说股份制是公有还是私有，关键看控股权掌握在谁手中。国家和集体控股，具有明显的公有性，有利于扩大公有资本的支配范围，增强公有制的主体作用。"1999 年 9 月，党的十五届四中全会指出，要"积极探索公有制的多种有效实现形式，大力发展股份制和混合所有制经济，重要企业由国家控股"。2003 年 10 月，党的十六届三中全会提出，要"积极推行公有制的多种有效实现形式……大力发展国有资本、集体资本和非公有资本等参股的混合所有制经济，实现投资主体多元化，使股份制成为公有制的主要实现形式。需要由国有资本控

① 《邓小平文选》第 1 卷，人民出版社 1994 年版，第 323 页。

② 中共中央文献研究室：《十五大以来重要文献选编》(上)，人民出版社 2000 年版，第 21～22 页。

股的企业，应区别不同情况实行绝对控股或相对控股”。2007年10月，党的十七大报告进一步指出，要“深化国有企业公司制股份制改革，健全现代企业制度，优化国有经济布局和结构，增强国有经济活力、控制力、影响力”。从此，股份制作为公有制的一种有效实现形式得到了快速发展。

股份合作制也是公有制的有效实现形式。股份合作制既不同于股份制，又不同于合作制，而是兼有股份制和合作制特点的一种新的独立的企业组织形式。一方面，它保持了股份制筹集资金、按股分红和经营管理方面的合理内核；另一方面，它又吸收了股东参加劳动，按劳分配和提取公共积累等合作制的基本内核。在股份合作制企业中，劳动合作和资本合作有机结合，企业职工既是出资者又是劳动者，共同出资、共同劳动、共担风险；企业实行民主管理，最高权力机构是股东大会，采取一人一票制，即职工具有平等的表决权；实行资本保全原则，股东以其出资额为限对企业承担责任，企业以其全部资产对企业债务承担责任，股东不得退股，以保证企业正常的经营运转和对社会承担相应的义务；实行按劳分配和按股分红相结合的分配制度。股份合作制是我国商品经济和市场经济发展的客观要求，是我国进一步深化经济体制改革的必然选择。

此外，租赁制、承包制、合作制等都是公有制的有效实现形式。习近平强调，公有制实现形式属于生产关系范围，应由生产力的发展状况决定，新时代“要毫不动摇巩固和发展公有制经济，推行公有制多种实现形式”[①]。

三、不断提升国有企业核心竞争力

国有经济是公有制经济的重要组成部分，国有企业是中国特色社会主义的重要物质基础，是中国特色社会主义经济的“顶梁柱”，在国民经济发展中发挥着主导作用。党的十五大报告指出，“要从战略上调整国有经济布局。对关系国民经济命脉的重要行业和关键领域，国有经济必须占支配地位。在其他领域，可以通过资产重组和结构调整，以加强重点，提高国有资产的整体质量”，要求必须做大做优做强国有企业，不断提升国有企业核心竞争力。

新中国成立之初，我国通过没收官僚资本、继承解放区公营经济、完成资本主义工商业社会主义改造、新建一大批国营企业，使得以国营企业为代表的公有制经济在国民经济中占据优势地位。随着社会主义改造的完成，社会主义经济制度得以确立，我国进入了社会主义建设时期。社会主义建设时期，国家优先发展重工业，推进“一五”时期156项重点工程，建成了“鞍钢”“一重”“一汽”“一拖”

---

① 中共中央文献研究室:《十八大以来重要文献选编》(上)，中央文献出版社2014年版，第16页。

“沈飞”等一大批骨干企业，逐步建立了独立的比较完整的工业体系与国民经济体系，我国社会主义经济制度得以巩固发展。改革开放和社会主义现代化建设新时期，中国特色社会主义经济制度得以进一步完善发展。在建立和完善社会主义市场经济体制过程中，国家始终坚持“两个毫不动摇”，逐步确立了以公有制为主体、多种所有制经济共同发展的社会主义基本经济制度。国有企业通过深化改革，逐步成为独立市场主体，总体上实现了与市场经济相融合，有力带动和促进了非公有制经济共同发展。

进入新时代以来，以习近平同志为核心的党中央高度重视发展国有经济，不断深化国有企业改革，国有资本调整和国有企业重组力度不断加大，国有经济规模不断壮大，国有经济布局和结构调整不断优化，经济效益显著提升，在国民经济中的主导地位进一步增强，国际竞争力也显著提高。一是高质量发展迈上新台阶。坚持质量第一、效益优先，在质量效益明显提升的基础上，实现规模实力持续增长、国有资产保值增值，经济效益增速与国民经济增长相匹配，营业收入利润率、净资产收益率、全员劳动生产率等投入产出指标明显提高，供给质量和水平更好满足人民日益增长的美好生活需要。二是科技自立自强展现新作为。国有企业攻坚工程取得重要成果，在关键行业和重要领域攻克一批“卡脖子”技术难题，研发投入强度、高新技术企业数、发明专利拥有量等显著提高，建成一批国家级科技创新平台，牵头承担或参与的国家重大科技项目取得重大创新突破，对国家战略和现代化经济体系建设的科技支撑能力大幅提升。三是国有经济布局实现新优化。国有经济在关系国家安全、国民经济命脉和国计民生重要行业领域的控制地位持续巩固，在前瞻性战略性新兴产业的布局上比重大幅提升，在经济社会发展中的战略引领和基础保障作用全面增强，产业基础高级化、产业链现代化水平明显提高，国有经济布局优化机制更加成熟定型。四是国资国企改革取得新突破。国企改革三年行动任务全面完成，中国特色现代企业制度更加成熟定型，市场化经营机制更加灵活高效，管资本为主的国有资产监管体制更加健全，与各类所有制企业公平竞争、优势互补、共同发展的良好格局全面形成。

随着国有企业改革的不断推进，我国国有经济规模不断扩大，国有资产大幅增值，上缴利税显著增加，一批国有大型企业跻身于世界一流或知名企业行列。国务院发布的《关于 2022 年度国有资产管理情况的综合报告》显示，截至 2022 年底，全国国有企业资产总额 339.5 万亿元、国有资本权益 94.7 万亿元；上缴税费总额占全国财政收入的 1/4，工业增加值占全国 GDP 的 1/5。

在全面建设社会主义现代化强国的进程中，为更好发挥国有企业在建设现代化产业体系、构建新发展格局中的重要作用，必须进一步提高国有企业的核心竞争力，推动国有资本和国有企业进一步做大做优做强。

第一，增强产业引领力，更好推动现代化产业体系建设。一是加快布局前瞻性战略性新兴产业，加大新一代信息技术、人工智能、新能源、新材料、生物技术、绿色环保等产业投资力度，在集成电路、工业母机等领域加快补短板强弱项，促进支撑国家算力的相关产业发展，推动传统产业数字化智能化绿色化转型升级。二是强化在产业链循环畅通中的支撑带动作用，发挥龙头企业优势，持续推动基础固链、技术补链、优化塑链、融合强链。围绕产业链部署创新链，加快在重要领域和节点实现自主可控，增强国内大循环内生动力和可靠性。积极参与全球产业链优化布局。三是以高质量共建"一带一路"为重点，聚焦重点国家和重点项目深耕细作，增强资本、技术、人才等各类要素全球化配置能力，提升国际循环质量和水平。

第二，提升科技创新力，发挥国有企业在新型举国体制中的重要作用。一是加快原创性引领性科技攻关，强化企业科技创新主体地位，加强基础性、紧迫性、前沿性、颠覆性原创技术研究，取得更多"从0到1"的突破，提升基础研究和应用基础研究能力。二是大力提高投入产出效率，突出科技产出、科技成果、科技转化、科技产业，构建以实效为导向的科技创新工作体系，强化以企业为主导的产学研深度融合，牵头建设更多高效协同的创新联合体，打通产业应用"最后一公里"。三是加快建设科技创新国家战略人才力量，完善科技人才评价机制，探索创新对科技人才的激励手段，赋予领军人才更大技术路线决定权和经费使用权，建立更有效的科技成果收益分享机制，让广大科技人才创新活力和创造潜能充分释放。

第三，打造现代新型国有企业，完善中国特色国有企业现代公司治理。一是全面落实"两个一以贯之"，把党的领导贯穿到公司治理全过程，动态优化国有企业党委（党组）前置研究讨论重大经营管理事项清单。二是分层分类落实董事会职权，强化外部董事规范管理和履职支撑，完善董事会向经理层授权制度。三是全面构建中国特色现代企业制度下的新型经营责任制，更大力度推行管理人员竞争上岗、末等调整和不胜任退出相关制度，分类明确并优化员工市场化退出的标准和渠道，探索建立完善企业内部人才市场，真正按市场化机制运营。四是健全更加精准灵活、规范高效的收入分配机制，完善具有市场竞争优势的核心关键人才薪酬制度，加大收入分配向基层关键岗位、作出突出贡献的一线苦脏险累岗位倾斜力度，推动中长期激励政策更大范围、更大力度规范实施，支持国有企业结合实际探索创新更多灵活的激励方式。

第四，营造公平竞争市场环境，促进各类所有制企业共同发展。一是进一步健全国有资产监督管理体制机制，强化专业化体系化法治化优势，提升监管信息化水平，更好发挥国有资本投资运营公司功能作用。二是深化国有企业分类核算、分类考核改革，完善企业功能界定与分类，设置更有针对性、个性化的考核指标。三是进一步加强国有企业同各类所有制企业的协同合作，在更深层次更高水平上实现优势互补、互利共赢。

四、大力发展农村新型集体经济

集体所有制经济是公有制经济的重要组成部分。与国有经济相比较，集体所有制经济生产资料公有化的范围比较小，生产资料所有权只属于各个集体经济单位的劳动者共同所有，集体生产经营的成果和各种经济利益在集体范围内分配。作为公有制经济的重要组成部分，集体经济可以体现共同富裕的原则，可以广泛吸收社会分散资金，可以缓解就业压力，可以增加公共积累和国家税收；集体经济经营比较灵活，对市场的适应性强；集体经济实行自负盈亏，其经营状况同劳动者的利益密切相关，能够更好地调动劳动者的积极性。在我国现阶段尚存在多层次生产力、资金短缺、就业困难、某些社会需要还得不到充分满足的情况下，更多地发展集体所有制经济，对于充分调动各种社会资源，大力发展生产力，更好满足人民群众日益增长的美好生活需要，具有十分重要的意义。当前，我国集体所有制经济主要包括农村集体所有制和城镇集体所有制两种基本形态以及股份合作制企业等新形态。

农村集体所有制是农村社会主义生产关系的基础。中华人民共和国成立后，党领导人民在全国范围内进行了轰轰烈烈的土地改革，废除了封建地主剥削的土地所有制，确立了“耕者有其田”的土地制度。在此基础上，通过社会主义改造，逐步确立了在人民公社制度下实行“三级所有，队为基础”的土地集体所有制，为我国的工业化和农村经济社会的发展创造了有利条件。党的十一届三中全会后，我国农村在基本经营制度上大力推行家庭联产承包责任制。家庭联产承包责任制在保证土地归集体所有的前提下，实行宜统则统、宜分则分的双层管理体制，实现了生产资料所有权与经营权的分离，肯定了农户作为独立经营者的地位，使农户的利益直接与其生产经营活动紧密联系起来，极大提高了广大农民从事农业生产的积极性，推动了农业的快速发展，农民的生活水平也得到显著提高。党的十八大以来，以习近平同志为核心的党中央坚持把解决好“三农”问题作为全党工作的重心，真抓实干推动农业农村实现历史性变革、取得历史性成就。习近平强调："要把好乡村振兴战略的政治方向，坚持农村土地集体所有，发展新型集体经济，走共同富裕道路。"①

新型农村集体经济是在坚持农村基本经营制度的前提下，适应社会主义市场经济要求，通过农村集体产权制度改革建立起产权清晰、成员明确、运行规范、分配合理的地域性集体经济组织，主要利用农村集体所有的资源资产，开展多种形式的合作与联合，促进集体资产保值增值，实现集体成员共同发展的一种经济形态。相较于传统农村集体经济，新型农村集体经济的要素联合范围更加广泛，除了劳动联合外，还包括土地、资金、技术、管理及文旅资源等各种要素的联合，要素所有者从农村集体延展到农户个体、国有企业、城镇工商企业等多元化经营主体。新型农村集体经济通过将资产进行分类改革、清产核资及确权到户，以集体资产的股份合作为纽带紧紧扭住发展现代农业、增加农民收入、建设社会主义新农村的三大任务，盘活集体资产，优化基本经营制度和经营体系，推动农业高质高效、乡村宜居宜业、农民富裕富足。2016 年 12 月，中共中央、国务院发布《关于稳步推进农村集体产权制度改革的意见》，正式提出"新型农村集体经济"概念，并把大力发展新型农村集体经济看作推动农村共同富裕的重要战略举措。2017 年 10 月，党的十九大报告明确提出了乡村振兴战略，并把发展壮大新型农村集体经济作为实施乡村振兴战略的重要举措。随后《中共中央国务院关于实施乡村振兴战略的意见》以及《乡村振兴战略规划(2018—2022 年)》要求，"探索农村集体经济新的实现形式和运行机制"，大力"发展新型农村集体经济"。2020 年 10 月，党的十九届五中全会再次强调，要"发展新型农村集体经济"。2023 年中央一号文件更加明确提出，要"巩固提升农村集体产权制度改革成果，构建产权关系明晰、治理架构科学、经营方式稳健、收益分配合理的运行机制，探索资源发包、物业出租、居间服务、资产参股等多样化途径发展新型农村集体经济"。随着实践的发展，党和政府对于新型农村集体经济在乡村振兴和农村共同富裕中的重要作用有了更加全面系统的认识。当前，新型农村集体经济已经成为适应我国农村劳动力结构、生产方式以及公共产品供给等方面重大变化，促进农村共同富裕、实现乡村振兴的主要途径。

近年来，各地在探索发展新型农村集体经济的过程中，总结出了许多行之有效的促进新型农村集体经济发展的经验。一是从国家层面完善关于新型农村集

① 中央农村工作领导小组办公室：《习近平关于"三农"工作的重要论述学习读本》，人民出版社 2023 版，第 134 页。

体经济的政策法规，支持新型农村集体经济的健康发展。政府通过立法完善新型农村集体经济的运行方式和内部治理机制；积极推进政经分离，通过与村民自治组织在机构、职责、财务、资产等方面的分离，促进农村集体经济组织独立自主地开展生产经营活动；厘清政府支持与参与发展集体经济的边界，基层政府对新型农村集体经济组织既不宜不管不顾，也不宜大包大揽。二是发挥县级政府发展新型农村集体经济的作用，以县为基本发展平台、以整县为单元推进。联村抱团的新型农村集体经济发展模式大都由县级或地市级的组织部门主导推进。县级政府在不改变行政村区划和自治主体、尊重农民意愿等基本原则的前提下，突破村域、镇域限制，完善"飞地"抱团机制，实现强村带弱村、弱村抱团发展。三是树立新型农村集体经济发展样板，发挥示范带动的作用。村党组织和村集体经济组织等村级组织发挥组织优势和凝聚作用，牵头创办合作社和企业等经营实体，树立集体经济样板，带动辐射区域内集体经济发展。四是通过选拔发掘有潜力的新型农村集体经济带头人，引进新型农村集体经济经营人才，发挥带头人的作用。农村集体经济组织负责人作为"头雁"，积极发挥自身优势和先锋作用，形成带动集体经济发展和农民增收致富的示范效应。五是建立发展新型农村集体经济专项基金，为新型农村集体经济提供资金支持。资金是新型农村集体经济发展的源头活水与关键力量，发挥农村金融机构对新型农村集体经济的带动作用，运用金融惠农服务，增强其发展韧性。

第二节　毫不动摇鼓励、支持、引导非公有制经济发展

毫不动摇鼓励、支持、引导非公有制经济发展，要正确认识非公有制经济作为社会主义市场经济重要组成部分的意义。民营经济是社会主义市场经济发展的重要成果，是推动社会主义市场经济发展的重要力量，是推进供给侧结构性改革、推动高质量发展、建设现代化经济体系的重要主体。新时代新征程，要进一步优化民营企业发展环境，促进民营经济发展壮大，实现民营经济健康发展、高质量发展。

一、非公有制经济是社会主义市场经济的重要组成部分

中华人民共和国成立初期，我国在所有制结构上，存在国营经济、合作社经济、农民和手工业者的个体经济、私营资本主义经济和国家资本主义经济等五种经济成分。这一时期，我国使用的是"经济成分"这一术语来描述所有制结构。

毛泽东指出："国营经济是社会主义性质的，合作社经济是半社会主义性质的，加上私人资本主义，加上个体经济，加上国家和私人合作的国家资本主义经济，这些就是人民共和国的几种主要的经济成分，这些就构成新民主主义的经济形态。"①社会主义性质的经济是公有制经济，除此之外的经济形式从逻辑上讲就属于非公有制经济。

非公有制经济概念的形成及对其进行系统阐述，始于党的十一届三中全会之后的改革开放新时期。1982年9月，党的十二大报告指出："在农村和城市，都要鼓励劳动者个体经济在国家规定的范围内和工商行政管理下适当发展，作为公有制经济的必要的、有益的补充。只有多种经济形式的合理配置和发展，才能繁荣城乡经济，方便人民生活。"②1992年10月，党的十四大报告进一步强调，在所有制结构上要坚持"以公有制包括全民所有制和集体所有制经济为主体，个体经济、私营经济、外资经济为补充，多种经济成分长期共同发展"③。1993年11月，党的十四届三中全会通过的《中共中央关于建立社会主义市场经济体制若干问题的决定》提出，要"坚持以公有制为主体、多种经济成分共同发展的方针"，强调"国家要为各种所有制经济平等参与市场竞争创造条件，对各类企业一视同仁"。这一时期，"多种经济成分"与"各种所有制"已经产生了一定的关联，在平等保护理念上也形成了统一认识。1995年9月，党的十四届五中全会提出，"允许和鼓励个体、私营、外资等非公有制经济的发展，并正确引导、加强监督、依法管理，使它们成为社会主义经济的必要补充"④。由此，作为一种概括性质的"非公有制经济"概念被正式提出，其内容包括个体经济、私营经济、外资经济等。从"多种经济成分"到"非公有制经济"概念的转变，体现了党对公有制经济以外的各种经济成分的统合。1997年9月，党的十五大报告对非公有制经济作了明确的定位："非公有制经济是我国社会主义市场经济的重要组成部分。"随后，1999年《宪法修正案》又从法律上为非公有制经济的发展提供了依据。据此修正的《中华人民共和国宪法》第11条明确规定："在法律规定范围内的个体经济、私营经济等非公有制经济，是社会主义市场经济的重要组成部分。"由此，非公有制经济从政策概念变为法律概念，并在宪法层面得到确认，体现了党对非公有制经济认识的逐步深化。2012年11月，党的十八大报告进一步强调："保证各种所有制经济平等

① 中共中央文献研究室、中央档案馆：《建党以来重要文献选编(1921—1949)》第26册，中央文献出版社2011年版，第165页。

② 中共中央文献研究室：《十二大以来重要文献选编》(上)，人民出版社1986年版，第20～21页。

③ 中共中央文献研究室：《十四大以来重要文献选编》(上)，人民出版社1996年版，第19页。

④ 中共中央文献研究室：《十四大以来重要文献选编》(中)，人民出版社1997年版，第1470页。

使用生产要素、公平参与市场竞争、同等受到法律保护。”

非公有制经济主要包括个体经济、私营经济、外资经济等几种形式。个体经济是指生产资料归劳动者个人所有,并由劳动者个人支配和使用的一种非公有制经济形式。我国个体经济主要存在于城乡的手工业、农业、商业、交通运输业和服务业中。个体经济的存在和发展是同现阶段生产力水平呈现出多层次性的特点相适应的。作为社会主义市场经济的重要组成部分,个体经济在社会经济发展中发挥着重要的作用。个体经济的发展能够增加就业机会,维护社会稳定;创造财富,推动生产力的发展;促进产业结构调整,提升产业竞争力;活跃城乡商品交换,开展多种服务,满足社会多方面的需要;为国家提供税收,增强国家的经济实力。与其他社会形态的个体经济不同,在我国社会主义初级阶段,个体经济的存在和发展与社会主义公有制经济密切联系在一起,服务于社会主义经济发展的大目标。私营经济是指企业资产属于私人所有、存在雇佣劳动关系的一种非公有制经济形式。在社会主义初级阶段,私营经济的存在和发展有其必要性,它在活跃市场和增加就业,促进技术创新、优化产业结构和转变经济发展方式,推动城镇化和工业化进程,以及扩大对外开放等方面发挥着积极作用。作为社会主义市场经济的重要组成部分,我国的私营经济有别于一般的资本主义经济,它受到公有制经济的影响和约束,在社会主义国家的法律制度规范下运行,成为社会主义市场经济发展的一支重要力量。外资经济是指国外投资者和港澳台投资者经中国政府批准,尊重中国主权,接受中国政府监督和监管,以独资、合资、合作等方式在中国境内开办企业而形成的一种非公有制经济形式。外资经济是在社会主义公有制经济的影响和制约下运营的,国家能够依据我国法律限制和规定其运营方式和活动范围。我国现阶段的外资经济主要有三种形式:中外合资经营企业、中外合作经营企业、外商独资企业。以中外合资、合作方式形成的外资经济是一种混合所有制经济,其中所包含的国有或集体部分属于公有经济成分。

毫不动摇鼓励、支持和引导非公有制经济发展是我国社会主义基本经济制度的重要内容,是党长期坚持的方针政策。在社会主义市场经济发展中,大力发展非公有制经济,有其必要性。一是社会主义初级阶段生产力发展的客观需要。我国仍处于并将长期处于社会主义初级阶段,发展的不平衡不充分问题突出,很多部门的资源配置和生产、交换、分配、消费活动,可以通过非公有制经济在市场经济体制中更高效地完成。坚持公有制为主体、多种所有制经济共同发展,发挥多种所有制的优势,充分调动各方面积极性,是满足生产力多层次发展要求、进一步解放和发展社会主义社会生产力的客观需要。二是满足人民日益增长的美好生活需要的必然要求。国有经济在满足社会的生产和生活需要方面起到巨大作用，但是现阶段国有经济所具有的生产能力还不足以提供社会所需要的全部产品。国家只能将有限的生产资料用在对整个国民经济具有重大影响的关键领域，其他领域的产品则需要由大量的非公有制经济来提供。特别是中国特色社会主义进入新时代，人民美好生活需要日益广泛、不断升级，在坚持公有制为主体的前提下，促进非公有制经济健康发展，可以形成广泛而丰富的分工体系，创造出丰富多彩的物质和精神产品，推动社会生产的蓬勃发展，满足人民日益增长的美好生活需要。三是充分发挥中国特色社会主义经济制度优势的需要。改革开放以来，中国经济快速发展的奇迹、社会长期稳定的奇迹，都源于公有制为主体、多种所有制经济共同发展的所有制结构的有力支撑。这一所有制结构，既坚持了公有制主体地位，又有效发挥了非公有制经济的作用，调动了各类市场主体的积极性、主动性，发挥了各方面的优势，推动了我国经济的快速发展和社会的长期稳定。

鼓励、支持、引导非公有制经济发展，是党对中国特色社会主义建设规律认识不断深化的结果，是充分体现中国特色的社会主义发展理念。改革开放以来，我国非公有制经济从无到有，从小到大、从弱到强，不断发展壮大，逐渐成为我国经济社会发展不可或缺的重要力量，为我国社会主义市场经济发展、政府职能转变、农村富余劳动力转移、国际市场开拓、推进国有企业改革、推动混合所有制经济发展、探索基本经济制度有效实现形式等发挥了重要作用。

中国特色社会主义进入新时代，我国经济发展面临许多新的风险和挑战，国内经济下行压力明显加大，“必须毫不动摇鼓励、支持、引导非公有制经济发展，激发非公有制经济活力和创造力”①，让非公有制经济创新源泉充分涌流、创造活力充分迸发。

第一，健全支持非公有制经济发展的法治环境。一是加强法律法规立改废释。全面清理不利于非公有制经济发展的法律法规，完善促进非公有制经济发展的法律法规制度，健全充分听取非公有制企业意见的立法工作机制。坚持以平等保护作为规范财产关系的基本原则，严格防止设立可能导致排除、限制竞争等不良效果的制度条款，有效激发市场活力和全社会创造力。二是加快推动法治政府建设，为非公有制经济公平发展营造良好法治环境。强化对行政权力的监督和制约，提升权力运行的科学化、规范化、法治化，规范政府决策行为，防范

① 中共中央文献研究室编：《十八大以来重要文献选编》（上），中央文献出版社2014年版，第515页。

行政权力“任性”和“随意”，推动严格规范公正文明执法，确保对非公有制经济的行政执法程序和执法决定经得起法律上的推敲和检验。

第二，完善构建亲清政商关系的政策体系。一是要以市场为导向构建有序的政商关系。转变政府职能，深化行政审批制度改革，继续简政放权，减少政府不必要的行政审批事项，强化政府经济调控、市场监管职能，减少政府对微观经济活动的干预，让各类资源更加高效流动，进一步释放主体活力。二是要以企业为基础构建有度的政商关系。企业家要把握与“政”交往的度，建立正常的政商交往关系，自设底线，在企业发展过程中恪守“臂距原则”。三是要以政府为纽带构建有束的政商关系。推进政府从“大政府”“无限责任政府”，转变为“小政府”“有限责任政府”，设置负面清单，限定政府的活动范围，使其从企业活动的干预者转变为规则的制定者和监督者，发挥市场监管作用，使权力不能乱作为。习近平要求，“各级领导干部要光明磊落同企业交往，了解企业家所思所想、所困所惑，涉企政策制定要多听企业家意见和建议，同时要坚决防止权钱交易、商业贿赂等问题损害政商关系和营商环境”，“要支持企业家心无旁骛、长远打算，以恒心办恒业，扎根中国市场，深耕中国市场”。[①]

第三，营造各种所有制主体依法平等使用资源要素、公开公平公正参与竞争、同等受到法律保护的市场环境。一是营造支持非公有制经济高质量发展的制度环境。在要素获取、市场准入、经营运行、政府采购和招投标等方面平等对待各类所有制企业，破除制约市场竞争的各类显性障碍和隐性壁垒。二是着力推进经济结构的战略调整。加快转方式、优结构，坚持扩大国内需求，优化消费环境，激发民间投资的积极性。三是深化改革开放，加强改革的顶层设计和总体规划。鼓励和尊重群众的首创精神，进一步处理好政府与市场的关系，打破各种各样的“卷帘门”“玻璃门”“旋转门”，打造公平竞争环境，让非公有制经济享受平等的进入市场、产业扶持、税收优惠、金融支持等机会，保障各种所有制经济依法平等地使用生产要素，公平参与市场竞争，同样受到法律的保护。四是全面提升开放型经济的水平，更加充分地利用好国际国内两个市场、两种资源，实现互利共赢，共同发展。坚持“引进来”和“走出去”相结合，提高利用外资的综合优势和总体效益，支持和引导各类所有制企业有序开展境外投资和合作。

二、加快实现民营经济高质量发展

“民营经济”一词是从经营主体角度表述的概念。按照国家统计局民营经济统计范围，民营经济由民营企业、个体经济两部分组成。民营企业是指具有集

---

① 《习近平著作选读》第2卷，人民出版社2023年版，第320～321页。

体、私营、个人性质的内资企业以及由其控股（包括绝对控股和相对控股）的企业。民营经济是社会主义市场经济的重要组成部分，是党长期执政、团结带领全国人民实现“两个一百年”奋斗目标和中华民族伟大复兴中国梦的重要力量。民营经济对经济社会发展、就业、财政税收、科技创新等具有重要作用。进入新时代，实现我国经济高质量发展对民营经济发展提出了更高要求，必须始终坚持社会主义市场经济改革方向，坚持“两个毫不动摇”，不断优化民营企业发展环境，促进民营经济发展壮大。习近平强调：“民营经济是社会主义市场经济发展的重要成果，是推动社会主义市场经济发展的重要力量，是推进供给侧结构性改革、推动高质量发展、建设现代化经济体系的重要主体，也是我们党长期执政、团结带领全国人民实现‘两个一百年’奋斗目标和中华民族伟大复兴中国梦的重要力量。在全面建成小康社会、进而全面建设社会主义现代化国家的新征程中，我国民营经济只能壮大、不能弱化，不仅不能‘离场’，而且要走向更加广阔的舞台。”[①]

改革开放40多年来，我国民营企业蓬勃发展，民营经济从小到大、由弱变强，不断发展壮大。截至2023年7月，我国民营企业数量接近5000万户，占企业总量的92%以上。[②] 民营企业已经成为创业就业的主要领域、技术创新的重要主体、国家税收的重要来源，在稳定增长、促进创新、增加就业、改善民生等方面发挥了重要作用，是推动我国经济发展不可或缺的力量。2018年，习近平在民营企业座谈会上的讲话中，高度概括了民营经济在我国经济社会发展中的作用，强调“民营经济具有‘五六七八九’的特征，即贡献了百分之五十以上的税收，百分之六十以上的国内生产总值，百分之七十以上的技术创新成果，百分之八十以上的城镇劳动就业，百分之九十以上的企业数量”[③]。

实践证明，民营经济是推动中国特色社会主义市场经济发展的重要力量，是推进供给侧结构性改革、推动高质量发展、建设现代化经济体系的重要主体。必须采取有效措施，支持民营企业的发展，让民营经济创新的源泉充分涌流，让民营经济创造的活力充分迸发。党的二十大报告强调，要不断“优化民营企业发展环境，依法保护民营企业产权和企业家权益，促进民营经济发展壮大”，既要正确认识民营经济的重要地位和作用，正确认识公有制经济与非公有制经济的关系，

---

① 中共中央党史和文献研究院：《十九大以来重要文献选编》（上），中央文献出版社2019年版，第674～675页。

② 上奇产业研究院：《民营企业驱动经济高质量发展——2023年民营企业画像报告》，https://baijiahao.baidu.com/s?id=1776650116934077482。

③ 中共中央党史和文献研究院：《十九大以来重要文献选编》（上），中央文献出版社2019年版，第673页。

又要通过理论、制度、法律、政策、舆论等方面的积极引导，为广大民营企业提供更加广阔的创新创富空间。一是要深入学习、研究、宣传、践行党中央关于支持民营经济发展壮大的理论和政策。落实好《中共中央国务院关于营造更好发展环境支持民营企业改革发展的意见》《中共中央国务院关于加快建设全国统一大市场的意见》，着力优化民营经济发展环境，破除制约民营企业公平参与市场竞争的制度障碍，进一步优化公平竞争的市场环境，进一步放开民营企业市场准入，引导民营企业在高质量发展中找准定位，通过企业自身改革发展、合规经营、转型升级，不断提升发展质量。二是要依法保护民营企业产权和企业家权益。全面梳理修订涉企法律法规政策，持续破除影响平等准入的壁垒，完善公平竞争制度，为民营企业开辟更多空间。三是培育壮大民营企业家队伍。宣传优秀民营企业家的先进事迹；教育引导民营企业家遵纪守法、坚守底线，诚信清廉、奋发进取，引导民营企业积极履行社会责任。四是积极推动国有经济和民营经济协同创新发展。加强顶层设计，推动国有企业与民营企业全方位合作，充分发挥各自优势，实现高质量发展；聚焦国家战略和产业发展重大需求，加大企业创新支持力度，积极鼓励、有效引导民营企业参与国家重大创新，推动民营企业在关键核心技术创新和重大原创技术突破中发挥作用。同时，民营企业要践行新发展理念，转变发展方式、调整产业结构、转换增长动力，坚守主业、做强实业，自觉走高质量发展路子，在推进科技自立自强和科技成果转化中发挥更大作用，为构建新发展格局、推动经济高质量发展作出更大贡献。

第三节　积极发展混合所有制经济

国有资本、集体资本、非公有资本等交叉持股、相互融合的混合所有制经济，是社会主义基本经济制度的重要实现形式，有利于国有资本放大功能、保值增值、提高竞争力，有利于各种所有制资本取长补短、相互促进、共同发展。积极发展混合所有制经济是新形势下坚持公有制主体地位，增强国有经济活力、控制力、影响力的有效途径和必然选择。

一、发展混合所有制经济是新形势下坚持公有制主体地位的重要途径

混合所有制经济是指财产权分属于不同性质所有者的经济形式，是在生产社会化和专业分工进一步发展的条件下，各种不同所有制经济按照一定的原则，主要以入股的方式将生产要素组织起来，进行统一经营、按股分红并负有限责任

的所有制经济形式。

我国混合所有制经济的发展，主要源于国有企业改革中寻找公有制同市场经济相结合的形式和途径，源于现阶段实行的适合中国国情的公有制为主体、多种所有制经济共同发展的基本经济制度。作为一种所有制形态，混合所有制的存在反映了生产力发展水平的多层次性和所有制形式的多样性，体现了生产高度社会化发展对不同所有制经济形式之间合作和共同发展的客观要求。1997年9月，党的十五大报告明确指出："公有制经济不仅包括国有经济和集体经济，还包括混合所有制经济中的国有成分和集体成分。"①这就突破了把公有制经济仅仅理解为单纯的国有经济和集体经济、把公有制为主体仅仅理解为国有经济为主体的误区，为发展混合所有制经济拆掉了樊篱，拓宽了道路。1999年9月，党的十五届四中全会审议通过了《中共中央关于国有企业改革和发展若干重大问题的决定》，明确提出"国有大中型企业尤其是优势企业，宜于实行股份制的，要通过规范上市、中外合资和企业互相参股等形式，改为股份制企业，发展混合所有制经济"，同时强调国家继续采取改组、联合、兼并、租赁、承包经营和股份合作制、出售等多种形式"放开搞活国有中小企业"，推动其发展成为混合所有制企业。2003年3月，国务院成立了国有资产监督管理委员会，第一次在国务院机构设置上实现了政府公共管理职能和国有资产出资人职能的分开，实现了权利、义务和责任相统一，管资产和管人、管事相结合，标志着我国国有资产管理体制改革进入了一个新的阶段。进入新时代，以习近平同志为核心的党中央更进一步明确，要"积极发展混合所有制经济"②。习近平强调，"国有资本、集体资本、非公有资本等交叉持股、相互融合的混合所有制经济，是基本经济制度的重要实现形式"，强调发展混合所有制经济"有利于国有资本放大功能、保值增值、提高竞争力"，强调发展混合所有制经济"是新形势下坚持公有制主体地位，增强国有经济活力、控制力、影响力的一个有效途径和必然选择"。③ 习近平的这一重要论断，明确将混合所有制经济提升到了基本经济制度重要实现形式的高度，充分肯定了发展混合所有制经济的目的、意义、地位和作用，为完善我国所有制结构指明了方向。

混合所有制经济以股份制作为组织和运营形态，在股份制经济组织内部，将国有资本、集体资本、非公有资本合在一起，形成了利益共同体，这些不同的产权

① 中共中央文献研究室：《十五大以来重要文献选编》(上)，人民出版社2000年版，第21页。

② 中共中央文献研究室：《十八大以来重要文献选编》(上)，中央文献出版社2014年版，第515页。

③ 《中国共产党第十八届中央委员会第三次全体会议文件汇编》，人民出版社2013年版，第98页。

主体共同投资、共同经营、共负盈亏、共担风险。混合所有制分离了所有权和经营权,企业法人产权相对独立。在混合所有制企业中,公有制资本与非公有制资本不再相互对立,而且相辅相成、取长补短、相互促进、共同发展。

国有企业的多形式、多层次的混合所有制改革,实现了投资主体多元化,提升了企业的活力,对国有经济的快速发展发挥了重要作用。一是增强了国有经济的活力、控制力、影响力。通过国有企业混合所有制改革,推动完善了现代企业制度,健全了企业法人治理结构,提高了国有资本配置和运行效率,优化了国有经济布局,增强了国有经济活力、控制力、影响力和抗风险能力。二是放大了国有资本功能,提高了国有资本的竞争力。国有资本通过与社会资本特别是民营资本融合,既可以调动和组织更多的社会资本,放大国有资本的功能,又可以促进国有企业治理的完善和体制机制的转换,增强竞争能力。三是实现了各种所有制资本取长补短、相互促进、共同发展。国有资本在体现国家意图、实现公共目标等方面更具优势,民营资本在适应市场竞争、激发企业活力等方面更具优势。混合所有制经济兼具国有资本与民营资本的特点,通过国有资本与民营资本的交叉持股、相互融合,可以实现国有资本与民营资本优势互补,能够更好地适应现代市场经济的发展要求。

二、深化国企改革,推动混合所有制经济向纵深发展

党的十八大以来,国有企业围绕服务国家战略目标,积极进行混合所有制改革,以管资本加强国有资产监管,推动完善现代企业制度等改革任务稳步推进,逐步形成了以“新型国有企业”为主的国有经济战略布局。国务院国有资产监督管理委员会的统计数据显示,截至 2023 年底,中央企业的资产总额从 2012 年的 31.4 万亿元增长到 86.6 万亿元,营业收入从 22.3 万亿元增长到 39.8 万亿元,利润总额从 1.3 万亿元增长到 2.6 万亿元。在 2023 年世界 500 强企业中,我国共有 142 家公司上榜,其中有 97 家为国有企业。

虽然我国在推进混合所有制改革和发展方面取得了积极进展,但制约混合所有制经济发展的有形或隐形的体制机制羁绊仍然存在,必须进一步深化改革,为混合所有制经济的发展壮大创造更好的制度保证和市场环境,推动混合所有制经济向纵深发展。

第一,坚持政府引导和市场运作相结合,让政府“有形的手”有效配合市场“无形的手”发挥作用。一是要建立分类改革的动态调整机制,适时建立对国有企业功能定位和类别进行动态调整的长效机制,以适应新时代国有企业改革发

展的需要，推动国有企业更好地同市场经济深入融合，实现国有企业经济效益和社会效益有机统一，促使各项改革举措落地生根。二是切实体现问题导向，真正做到有什么问题就改什么问题，什么问题突出就优先解决什么问题。要从思想意识、政策文件、法律规定等层面切实解决历史遗留问题，让企业“轻装上阵”。

第二，加快体制机制改革，充分释放市场活力。一是在深入开展重点领域混合所有制改革试点基础上，按照完善治理、强化激励、突出主业、提高效率要求，推进混合所有制改革，规范有序发展混合所有制经济。对充分竞争领域的国家出资企业和国有资本运营公司出资企业，探索将部分国有股权转化为优先股，强化国有资本收益功能。支持符合条件的混合所有制企业建立骨干员工持股、上市公司股权激励、科技型企业股权和分红激励等中长期激励机制。二是完善国资管理体制，推行监管清单、报告清单和问责清单在内的权力清单管理机制模式，以监管模式的转变提升国有资本的市场活力。三是建立容错纠错机制，鼓励大胆探索者，宽容改革失误者，鞭策改革滞后者，科学合理设置容错认定的程序，制定容错纠错机制的实施细则。四是实行负面清单管理方式，营造公平竞争的市场环境。实行统一的市场监管，加强反垄断执法，清理和废除妨碍市场公平竞争的各种规定和做法，给予各类市场主体同等的法律待遇，提供均等的竞争机会。五是进一步完善国家、集体、私人产权保护的法律法规，加强对包括公有制经济和非公有制经济在内的各种所有制经济组织和自然人财产权的保护，确保个人和非公有制企业法人财产权不受侵犯。

第三，加强各方面的协调配合，确保各项改革任务有序推进。发展混合所有制经济是一项系统工程，要按照党中央、国务院的总体部署，加强各方面的协调配合，细化工作任务，落实工作责任，确保各项改革任务有序推进、取得实效。一是严格产权保护。发展混合所有制经济必须以保护产权为基本导向，切实做到维护契约、统一市场、平等交换、公平竞争、有效监管，切实保护混合所有制企业各类出资人的产权权益，以调动各类资本参与发展混合所有制经济的积极性。二是完善混合所有制企业公司治理。健全混合所有制企业现代企业制度，推动混合所有制企业包括其母公司层面进一步健全现代企业制度，形成权责统一、运转协调、有效制衡的法人治理结构。三是构建竞争有序的产权市场体系。要按照“统一、开放、竞争、有序的现代市场体系”的目标要求，建立体制合理、规则健全、竞争充分、通畅有序的现代产权市场。要完善产权市场功能，建立合理的定价机制，加快信息披露建设，促进产权市场的规范化，为混合所有制经济可持续发展创造良好的市场环境。

第四，进一步完善和落实混合所有制经济发展细则。习近平在参加十二届全国人大二次会议安徽代表团审议时强调，我国“发展混合所有制经济，基本政策已明确，关键是细则，成败也在细则”。一是明确混合所有制企业公司治理原则，破除非公有制企业参与混改的担忧。坚持以资本为纽带、以产权为基础的公司治理原则。国有股东要按照市场化规则，以股东角色和身份参与企业决策和经营管理，通过股东（大）会表决、推荐董事和监事等方式行使股东权力，避免“行政化”“机关化”管控。企业党组织行使权力也要遵循这一原则，要完善制度细则，有效规范大股东行为，切实平等保护混合所有制企业各类出资人的合法产权权益。二是明确混合所有制企业的监管模式。对于混合所有制企业，要建立有别于国有独资、全资公司的治理机制和监管制度；对于混合所有制企业党组织的设置，要随国有股权比重变化而调整，根据不同类型混合所有制企业特点，明确党组织的设置方式、职责定位和管理模式。三是明确混合所有制改革流程和细则。明确混改流程和操作细则，明确操作各方权力和责任，使操作各方能有规可依，有章可循，有效规避风险。四是采取有效措施充分激发混合所有制企业活力，充分激发经营者和员工两个层面的积极性。对于主业处于充分竞争行业和领域的商业类国有企业，鼓励发展非公有资本控股的混合所有制企业，探索将部分国有股权转化为优先股，充分发挥民营企业家的作用，让民营企业家能够“当得了家、说得上话、做得成事、盈得着利”；通过企业员工持股、跟投，将企业利益与员工利益紧密结合，形成利益共享、风险共担、同谋发展的利益共同体；积极推动国有控股混合所有制企业劳动用工制度、收入分配制度、干部人事制度三项改革，建立市场化选人用人机制，实现管理人员“能者上、庸者下、平者让”，建立健全以合同管理为核心、以岗位管理为基础的市场化用工制度，实现员工能进能出；落实中央企业工资总额管理制度改革要求，建立健全与劳动力市场基本适应、与企业经济效益和劳动生产率挂钩的工资决定和正常增长机制，实现收入能增能减。对国有资本不再绝对控股的混合所有制企业，要采取更加灵活高效的监管方式。

目前，新一轮国有企业改革深化提升行动（2023—2025 年）已经展开。要进一步完善中国特色现代企业制度，实现国有企业经济属性、政治属性和社会属性的有机统一；要突出国有企业“科技创新、产业控制、安全支撑”作用，强化企业创新主体地位，打造国家战略科技力量；要坚持社会主义市场经济改革方向，完善中国特色国有企业现代公司治理，在市场化机制运营上取得明显成效。

第七章　坚持按劳分配为主体、多种分配方式并存

按劳分配为主体、多种分配方式并存的分配制度，是社会主义基本经济制度的重要组成部分，既体现了社会主义制度优越性，又同我国社会主义初级阶段社会生产力发展水平相适应。党的二十大报告明确指出，要“坚持按劳分配为主体、多种分配方式并存，构建初次分配、再分配、第三次分配协调配套的制度体系”。

第一节　坚持按劳分配为主体

按劳分配是社会主义公有制经济中个人收入分配的基本原则，有利于消除两极分化，实现共同富裕。按劳分配原则反映了社会主义的本质要求，是社会主义生产关系的重要组成部分。坚持按劳分配为主体的收入分配制度，既能促进社会生产力发展、调动劳动者积极性，又能保障公平、防止贫富两极分化，有效实现效率和公平的统一。

一、社会主义初级阶段按劳分配的特殊性

按劳分配概念的提出可以追溯到空想社会主义者对分配问题的思考。早在16～18世纪，西方空想社会主义者就提出了按需分配和平均分配的设想。到了19世纪初，圣西门、傅立叶、欧文等三大空想社会主义者提出了在未来社会实行按劳分配的构想。19世纪中叶，马克思、恩格斯以唯物史观的创立为理论前提，以资本主义经济的快速发展为物质基础，以无产阶级的发展壮大为现实力量，从理论基础、制度设计、实践形式三个方面对按劳分配进行了科学阐释。苏联社会主义国家的建立，使按劳分配有了实践条件。列宁、斯大林在继承马克思、恩格斯按劳分配理论的基础上进行了初步实践。中华人民共和国成立以来，以毛泽东、邓小平、江泽民、胡锦涛、习近平为主要代表的历代中国共产党人，不断深化对马克思、恩格斯分配理论的认识，总结苏联社会主义分配实践的经验教训，使

按劳分配理论不断创新发展，社会主义按劳分配实践进一步得以推进。

按劳分配，是指社会根据劳动者提供的劳动数量和质量，在作出必要的扣除后，按照等量劳动取得等量报酬的原则分配个人消费品，多劳多得，少劳少得，不劳动者不得食。在社会主义公有制经济中，实行按劳分配具有客观必然性。首先，社会主义公有制是实行按劳分配的根本前提。生产资料公有制否定了依靠生产资料私人占有无偿占有他人劳动成果的可能性，为实行按劳分配提供了前提。其次，生产力发展水平是实行按劳分配的物质基础。在社会主义初级阶段，生产力还没有达到高度发达的状态，社会产品还没有达到极大丰富的程度，因而还不能根据人们的需要来分配产品，还不具备实行按需分配的条件，只能实行按劳分配。最后，旧的社会分工引起的劳动差别和劳动还是个人谋生手段，是实行按劳分配的直接原因。在社会主义初级阶段，旧的社会分工还没有完全消失，工农之间、城乡之间、脑力劳动和体力劳动之间的差别依然存在，因而劳动者向社会提供的劳动的数量和质量还存在明显差别。同时，劳动还没有成为人们生活的第一需要，依然是人们谋生的手段。因此，必须承认不同劳动者的劳动差别，并把劳动者向社会提供的劳动同他可能获得的消费品的数量联系起来，实行按劳分配。

实行按劳分配，是人类历史上分配制度的一场深刻革命。实行按劳分配，将每个劳动者付出的劳动和报酬直接联系起来，使每个劳动者从物质利益上关心自己的劳动成果，有利于促进社会生产力的发展；实行按劳分配，既反对平均主义，又反对两极分化，实现了劳动平等和报酬平等，有利于实现社会分配的公平与公正；实行按劳分配，排除了任何个人凭借对生产资料的所有权占有他人劳动成果的可能，对实现共同富裕的目标具有重要意义。当然，“权利决不能超出社会的经济结构以及由经济结构制约的社会的文化发展”[①]。在实行按劳分配的条件下，由于劳动者个人禀赋不同、家庭人口数量和构成不同，劳动者的收入水平和生活水平在实际上必然会存在一定差距。马克思强调，按劳分配方式所体现的这种事实上不平等的“弊病”，在“共产主义社会第一阶段，是不可避免的”[②]。我们必须清晰地认识到这一点，否则，就会导致脱离生产的物质条件而陷入盲目追求理想化的绝对公平的误区。

马克思关于社会主义按劳分配的基本理论是科学的。但是，马克思强调的按劳分配是以不存在商品货币关系为前提条件的。在社会主义初级阶段，我国

① 《马克思恩格斯选集》第3卷，人民出版社2012年版，第364页。

② 《马克思恩格斯选集》第3卷，人民出版社2012年版，第364页。

所实行的按劳分配是以社会主义市场经济的存在和发展为前提条件的。因此，社会主义初级阶段的按劳分配方式与马克思曾经设想的按劳分配方式存在很大的区别。

一方面，社会主义初级阶段的按劳分配有着特定的内涵和特征。一是有劳动能力的社会成员，都必须参加社会劳动，不劳动者不得食。二是在全社会范围内，在对社会总产品作了各项必要的扣除之后，以劳动者提供的劳动（包括劳动数量和质量）为唯一的尺度来分配个人消费品，实行等量劳动领取等量报酬的原则。三是按劳分配的"劳"仅指活劳动，排除了任何客观的、劳动以外的因素，如土地、机器等生产资料的影响，只包括劳动者自身脑力与体力的支出。四是作为分配尺度的劳动，不是劳动者实际支出的个别劳动，而是劳动者在平均熟练程度和平均劳动强度下生产单位使用价值所耗费的社会平均活劳动。以此为尺度，复杂劳动所对应的平均劳动数量是倍加的简单劳动。五是随着劳动生产率的提高和生产的发展，劳动者通过按劳分配得到的消费品也将逐步增加。

另一方面，在社会主义初级阶段，按劳分配的实现过程和实现形式与马克思的设想存在很大差别，与苏联的分配实践也有着较大的差异。一是在社会主义市场经济条件下，个别劳动不能直接转化为社会劳动，按劳分配不能通过社会直接计算劳动者的劳动时间来分配个人消费品，而只能通过市场机制和价值形式以迂回曲折的方式来间接地加以完成。二是按劳分配的"劳"是在市场上实现了的劳动，还不能直接以每个劳动者的劳动时间为尺度，只能以社会承认的商品价值量所还原的劳动量为尺度。也就是说，在社会主义市场经济条件下，劳动者提供的劳动不直接是社会劳动，而是个别劳动。劳动者生产的商品在市场上售卖后取得收益，其凝结在商品中的劳动才得到社会承认，商品生产者的个别劳动才转化为社会劳动，社会据此进行按劳分配。三是按劳分配主要采取货币工资形式实现。按劳分配在社会主义初级阶段还不能通过马克思所讲的"劳动券"直接进行实物分配，必须通过商品货币关系来实现。在社会主义市场经济条件下，按劳分配实现的形式或劳动报酬的具体形式，一般由工资、奖金和津贴构成。工资是按劳分配实现的主要形式，奖金和津贴是实现按劳分配的辅助形式。四是劳动者的收入与企业的经营状况相关联。在社会主义初级阶段，企业是自主经营的生产者和经营者，不同企业拥有的生产要素不同，各个企业经营状况不同，这决定了劳动者的收入不仅取决于自己的劳动贡献，还取决于企业的生产经营状况，不同企业劳动者的劳动收入水平存在着一定的差距。

按劳分配原则，强调的是多劳多得，着重保护的是劳动者的劳动所得。坚持按劳分配原则，必须采取科学合理的有效措施，不断优化收入分配格局，提高劳动者的劳动报酬。

第一，建立科学的工资增长制度。要合理确定工资标准，并根据经济发展及物价变动等因素变化，及时进行适当调整，建立工资形成和正常增长机制，确保劳动报酬提高和劳动生产率提高同步。要提高劳动者在工资决定中的话语权，完善工资增长政府、企业、工会三方协调机制。习近平强调，要“鼓励勤劳守法致富……坚持在经济增长的同时实现居民收入同步增长、在劳动生产率提高的同时实现劳动报酬同步提高”①，要“坚持多劳多得，着重保护劳动所得，增加劳动者特别是一线劳动者劳动报酬，提高劳动报酬在初次分配中的比重”②。

第二，完善就业增长机制。就业是民生之本，是增加劳动收入的前提。要坚持就业优先原则，强化公共就业服务、职业技能培训、重点群体就业、创业带动就业、灵活就业、劳动关系协调、公平就业等方面的制度建设，引导宏观政策支持就业，产业、财税、金融、贸易、教育、社保等各方面政策围绕稳定和促进就业发力。要建立就业影响评估机制，调整经济结构、优化产业布局、实施重大政策项目工程，都要同步评估对就业的影响，同步制定涉及劳动者的分流安置方案，将对就业的吸纳和提升能力作为重要依据。要不断优化高等教育结构，加强对劳动力的培训，大力发展职业教育，同时完善职业技能培训、考核、鉴定、认证体系，采取多种途径，优化劳动力结构，提升劳动者素质和就业能力。

第三，建立全国统一的劳动力市场。妥善解决农村剩余劳动力转移及社会保障等问题，彻底打破城乡之间、区域之间的就业壁垒，消除劳动力市场的流动性障碍，为劳动者提供公平的就业机会，抑制垄断性因素对不同行业、不同区域劳动者收入的影响。

第四，完善正常的劳动报酬支付制度，彻底消除拖欠、克扣工人工资的现象。依法解决工资支付问题，关系到社会公平正义。在社会主义市场经济发展过程中，由于劳动关系复杂化、市场主体多元化、用工形式多样化，由工资支付引起的劳动争议时有发生，拖欠和克扣工资等违法现象时有发生，严重损害了劳动者合法权益。必须采取有效措施，从源头上、制度上解决拖欠、克扣劳动者工资问题，切实保护劳动者的合法权益，促进社会公平和稳定。习近平强调：“全社会都要贯彻尊重劳动、尊重知识、尊重人才、尊重创造的重大方针，维护和发展劳动者的

---

① 中共中央党史和文献研究院：《十九大以来重要文献选编》(上)，中央文献出版社 2019 年版，第 33 页。

② 中共中央党史和文献研究院：《十九大以来重要文献选编》(中)，中央文献出版社 2021 年版，第 281 页。

利益，保障劳动者的权利。要坚持社会公平正义，排除阻碍劳动者参与发展、分享发展成果的障碍，努力让劳动者实现体面劳动、全面发展。”①

二、按劳分配与公平和效率的关系

效率与公平的关系是实现财富增长最大化和分配公平化的关系。在经济领域，对公平的理解主要有三个方面。一是机会公平或起点公平，即每个社会成员在市场竞争中都有同等参与的机会，人人都有参加劳动、获得报酬的权利。二是规则公平或过程公平，即国家的收入分配法规或制度对任何经济主体来说都是平等的，任何人不能以超经济的强权手段获得额外的收入。三是结果相对公平，即每个社会成员都能获得与其提供的社会劳动相当的收入，共享生产力发展的成果。公平的三个方面是相互联系的，机会公平、过程公平是结果公平的基础和前提。所谓效率，就是经济效率。从宏观层次上看，是指资源配置的效率，即经济资源在全社会范围内的合理分配、社会生产符合市场需求的一种状态。从微观层次上看，是指经济活动的效率，包括劳动生产率和各种生产要素的使用效率，可以用投入生产的劳动或生产要素与取得经济成果的价值比率来衡量。效率的两个层次紧密联系在一起，微观层次效率的提高有利于宏观层次效率的改善，宏观层次效率的改善有利于微观层次生产效率的提高。

公平与效率是一个有机结合的整体。公平是提高经济效率的前提和保证，只有给劳动者充分的利益和权利分配的公平，才能激发劳动者发展社会生产力、建设社会主义的积极性。但公平分配不是平均分配，收入分配上搞绝对平均主义不利于调动广大劳动者的积极性，不利于经济效率的提高。过大的收入分配差距，尤其是非劳动因素造成的收入分配悬殊，也同样会挫伤广大劳动者的积极性，阻碍经济效率的提高，从而使经济发展严重受挫。效率是公平的物质前提。效率低下，就会直接影响社会生产力的发展和社会财富的增长，就不能更好地为实现公平创造物质条件。没有效率作前提和基础的公平，只能导致平均主义和普遍贫穷。在社会主义市场经济条件下，效率和公平的统一始终是社会主义追求的基本目标。深化收入分配制度改革，基本方针就是正确处理效率和公平的关系。

在社会主义公有制范围内，贯彻落实按劳分配原则，有助于正确处理效率和公平的关系。首先，贯彻落实按劳分配原则能够实现个人收入分配公平。按劳分配是以生产资料公有制为前提的，生产资料公有制不仅排除了任何集团和个人凭借生产资料的占有无偿占有他人劳动成果的可能，而且还使人们在生产关

---

① 《习近平谈治国理政》，外文出版社 2014 年版，第 46 页。

系上都处于平等地位，人人都是公共生产资料的主人，都有参加社会主义劳动的平等权利。建立在生产资料公有制基础上的按劳分配原则是人类社会迄今为止最公平的个人收入分配方式，它的公平就在于“生产者的权利是同他们提供的劳动成比例的；平等就在于以同一尺度——劳动——来计量”①。其次，按劳分配能够实现经济效率。收入分配对生产有着能动的反作用，这种反作用主要是通过收入分配的公平与否对经济效率的促进或阻碍作用表现出来。收入分配公平，就能调动各方面的积极性，促进经济效率的提高；收入分配不公平，就会妨碍各方面的积极性，阻碍经济效率的提高。建立在生产资料公有制基础上的按劳分配由于在劳动机会、按劳动获得个人收入等方面的权利是平等的，因而能体现分配机会公平、分配原则公平和分配结果公平。按劳分配将劳动者的劳动所得与劳动者的劳动贡献直接联系起来，促使劳动者从物质上关心自己的劳动成果，从而促使劳动者努力学习科学文化、提高自己的劳动熟练程度，推动生产力的发展。并且，按劳分配实现形式的多样化能激发国家、企业和劳动者个人的主动性、创造性，从而使资源配置更合理、更有效。同时，“不劳动者不得食”和“多劳多得”的分配原则使得劳动者要得到更多的收入，必须首先为社会财富的增加作出更大贡献，从而推动经济效率的提高。

第二节　坚持多种分配方式并存

在按劳分配为主体的前提下，坚持多种分配方式并存，是以公有制为主体、多种所有制经济共同发展的基本经济制度决定的。坚持多种分配方式并存，不断“健全劳动、资本、土地、知识、技术、管理、数据等生产要素由市场评价贡献、按贡献决定报酬的机制”，有利于调动各类生产要素所有者参与投资和生产的积极性，让各类生产要素的活力竞相迸发，让一切创造社会财富的源泉充分涌流。

一、多种分配方式形成的客观必然性

改革开放以后，我国在坚持按劳分配主体地位的同时，也逐步发展起来多种分配方式。1987 年 10 月，党的十三大报告提出，“社会主义初级阶段的分配方式不可能是单一的。我们必须坚持的原则是，以按劳分配为主体，其他分配方式为补充。除了按劳分配这种主要方式和个体劳动所得以外，企业发行债券筹集资金，就会出现凭债权取得利息；随着股份经济的产生，就会出现股份分红；企业经营者的

① 《马克思恩格斯选集》第 3 卷，人民出版社 2012 年版，第 364 页。

收入中，包含部分风险补偿；私营企业雇用一定数量劳动力，会给企业主带来部分非劳动收入。以上这些收入，只要是合法的，就应当允许。”1992年10月，党的十四大报告在明确我国经济体制改革的目标是建立社会主义市场经济体制的同时，也提出在分配制度上“以按劳分配为主体，其他分配方式为补充，兼顾效率与公平”。1997年9月，党的十五大报告明确提出，“坚持按劳分配为主体、多种分配方式并存的制度。把按劳分配和按生产要素分配结合起来”，明确“允许和鼓励资本、技术等生产要素参与收益分配”。2002年11月，党的十六大报告强调，“确立劳动、资本、技术和管理等生产要素按贡献参与分配的原则，完善按劳分配为主体、多种分配方式并存的分配制度”。2007年10月，党的十七大报告提出，“要坚持和完善按劳分配为主体、多种分配方式并存的分配制度，健全劳动、资本、技术、管理等生产要素按贡献参与分配的制度”。2012年11月，党的十八大报告提出，“完善劳动、资本、技术、管理等要素按贡献参与分配的初次分配机制”。2017年10月，党的十九大报告明确指出，“坚持按劳分配原则，完善按要素分配的体制机制，促进收入分配更合理、更有序”。在此基础上，2019年10月，党的十九届四中全会明确将按劳分配为主体、多种分配方式并存确立为社会主义基本经济制度之一，这是社会主义分配理论和实践发展的重大创新，对于进一步完善我国的分配制度具有重大意义。

经过40多年的探索与实践，按劳分配为主体、多种分配方式并存的分配制度在我国基本确立。在按劳分配为主体的前提下，按生产要素分配对收入分配的贡献逐渐加大，居民收入来源从改革开放初期的单一工资性收入扩展到工资性收入、经营性收入、财产性收入和转移性收入并存。

在我国社会主义市场经济条件下，多种分配方式主要是指按生产要素分配。生产要素指在生产过程中起决定性作用的各种资源和条件，包括土地、劳动力、资本、技术、数据等。生产要素可以分为物质要素和非物质要素两大类。生产资料、货币资本等为物质要素；劳动力、技术、信息管理、数据等为非物质要素。所谓按生产要素分配，是指生产要素所有者凭借要素所有权，从生产要素使用者那里获得报酬的经济行为。它包括三层含义：一是参与分配的主体是要素所有者，依据是要素所有权；二是参与分配的客体是各种生产要素共同作用创造出来的价值；三是分配的衡量标准是生产要素的数量和质量，以及生产要素贡献的比重。在我国现阶段，按生产要素分配主要包括按资本要素分配、按劳动力要素分配、按技术要素分配、按管理要素分配、按信息要素分配、按数据要素分配等。

允许和鼓励资本、技术、数据等生产要素按贡献参与收益分配，有利于调动社会各方面的积极性，有利于科学技术向生产力的转化，有利于完善社会主义市场经济体制，有利于促进资源的合理配置，有利于促进社会生产力的发展。

当然，按生产要素分配是伴随着市场经济的建立而出现的社会收入分配方式，由于现阶段我国市场制度体系还不健全，完善的市场经济体制还在逐步建立，国家治理体系和治理能力现代化还有很长的路要走，按生产要素分配仍需进一步完善。

其一，要进一步健全和完善按生产要素分配的体制机制。一是健全和完善生产要素所有权制度。按生产要素分配的首要问题是健全和完善生产要素所有权制度。生产要素归不同的市场主体所有，生产要素所有者凭借要素所有权拥有剩余索取权，这是生产要素所有权制度的核心内容。二是完善生产要素市场体系。生产要素只有在市场上才能实现合理流动和优化配置。要大力发展金融、劳动力、信息、技术、产权、数据等市场。只有建立起一系列统一、开放、竞争有序的要素市场，生产要素才能通过市场实现合理流动和优化配置，也才能为按生产要素分配提供完善的市场环境。三是建立和健全生产要素收入评价制度，合理确定生产要素的收入分配比例。

其二，要进一步健全和完善社会主义法律制度。一是以法律、法规的形式科学界定按生产要素分配。通过法律、法规明确界定生产要素及其范围，确保“谁投入、谁所有、谁受益”的分配原则得以真正贯彻落实。二是加大对按生产要素分配法律监督的力度。对于凭借生产要素获得的合法收入应加以保护，对于凭借非生产要素获得的不合理收入、非法收入，应当依法制约或取缔。

二、数据作为生产要素参与分配

国际标准化组织认为，数据是“对事实、概念或指令的一种特殊表达形式”。数据作为新型生产要素，是数字化、网络化、智能化的基础，已快速融入生产、分配、流通、消费和社会服务管理等各环节。2019 年 11 月，党的十九届四中全会首次把数据确立为生产要素，提出“健全劳动、资本、土地、知识、技术、管理、数据等生产要素由市场评价贡献、按贡献决定报酬的机制”。2020 年 3 月，中共中央、国务院发布《关于构建更加完善的要素市场化配置体制机制的意见》，提出要加快培育数据要素市场，推进政府数据开放共享，提升社会数据资源价值，加强数据资源整合和安全保护。2022 年 12 月，中共中央、国务院印发《关于构建数据基础制度更好发挥数据要素作用的意见》，提出要“完善数据要素市场化配置机制，扩大数据要素市场化配置范围和按价值贡献参与分配渠道。完善数据要素收益的再分配调节机制，让全体人民更好共享数字经济发展成果”。2022 年，我国数字经济规模已达 50.2 万亿元，占 GDP 比重提升至 41.5%。2023 年，我国工业互联网核心产业规模达 1.35 万亿元，工业互联网覆盖全部工业大类；5G 应用融入 97 个国民经济大类中的 71 个，5G 直接带动经济总产出 1.86 万亿元；云计算、大数据等技术创新能力位于世界第一梯队，人工智能企业数量超过 4000 家；数字经济核心产业销售收入同比增长 8.7%。数字经济作为我国新的经济增长点，是做大“蛋糕”的重要依托，也是共享式、普惠式发展的强大动力，成为分好“蛋糕”的有力抓手。数据要素被纳入基础性分配制度，是顺应历史发展潮流、符合现实发展状况的必然举措，具有鲜明的时代背景。

数据要素之所以能够而且应该参与分配，主要是因为：

其一，数据要素对生产作出了贡献，加快了生产和流通进程。第一，数据要素直接参与产品生产，成为最终产品的一部分。这一过程中，数据要素提供使用价值的方式不是以实物的形式直接构成最终产品，而是替代实体资本，并通过改变构成最终产品的生产要素的结构和运行方式来发挥作用。例如，数据可以使企业在电商平台上销售商品而不用购置实体商店，可以训练算法提升最终人工智能产品的智能成分使得最终产品更具智慧，也可以根据数据形成的用户画像为产品生产添加个性化成分得到独具个性化的最终产品。第二，数据要素间接参与产品生产，组织生产过程和生产要素的投入。这一过程中，数据要素提供使用价值的方式是为企业组织生产和经营决策提供各种信息。企业根据数据要素提供的各种信息，决定是否要开始生产、开始何种生产、生产要素的投入量和结构如何、是否需要增减产或停产，由此可以避免生产资料的无谓浪费，并提高对已有生产资料的利用效率。在这里，处理分析数据以得到信息的数字劳动构成了企业总体劳动中的局部劳动，数据要素的价值由数据分析、编写智能化决策算法的数字劳动转移到最终产品中。第三，数据要素加强了生产间的联系，促进了企业间和部门间的流通，推进了生产社会化。一方面，数据要素可以极大地减少传统市场内的信息不对称，减少流通过程的时间和成本，使产销快速精准匹配以更快地开启下一个生产过程，加快了价值流通和循环；另一方面，数据要素打破了社会各部门、各领域的壁垒，各类市场主体和要素不但能通过数据相互联通，还能以成为数据的内容的形式参与到生产中来，甚至完成对部分实物资本的替代；再一方面，各种数据平台如美团等外卖平台和淘宝等电商平台等，可以聚合大量的生产者和消费者，消费者和生产者的信息和活动成为数据，被算法分析以进行搜寻和匹配，快速而准确地对接供需从而开始生产。

其二，数据要素参与分配有助于激发数据主体活力，促进数字经济发展。第一，数据要素参与分配有助于激发数字劳动者的积极性。劳动者是生产力中最活跃的因素，数据的产生、处理、分析等全流程都离不开数字劳动者的劳动，保证数字劳动者凭借数字劳动公平合理地参与分配，有利于激励产生数据的用户出让数据，有利于激发数据复杂劳动者的工作热情和创新活力，有利于引导培养出更多的数据人才。第二，数据要素参与分配有助于激发企业的活力。数据的采集、储存、处理、分析、交易等过程的主要依靠力量是广大的微观市场主体，凭借自身在数据生产中的贡献参与分配是企业回收投入在数据基础设施、数据平台搭建、数据分析处理等数据相关领域成本的保证，在这一过程中获取的利润也激励着企业不断增加数据新基建、算法研发、提高数据要素利用水平等数据相关投入，进行扩大再生产。第三，数据要素参与分配有利于产业数字化水平的整体提升。数据要素参与分配有利于推进数字产业化和产业数字化，一方面，众多受数据要素参与分配激励的企业能形成具有优势和活力的数字产业，在构建多样化的数字新业态和成熟数字化产业结构的同时，还能提高整体的生产效率，降低社会必要劳动时间；另一方面，数字产业迸发的新活力，使得数据技术有条件外溢到其他产业完成数字化改造升级，也使得其他产业有动力和条件主动寻求数字化升级以谋得更高的生产效率和更高的利润率。

构建数据要素收益分配制度，既涉及数据产权的界定、保护、经济上的实现，又涉及数据要素价值贡献的市场评价，还涉及政府对数据要素收益再分配的调控和治理。完善数据要素收益分配制度，需多方面采取有效措施。

其一，明确各方参与收入分配的依据。根据数据产权明确各方的权利和活动范围，数字劳动者根据自身的数字劳动、企业根据自身的贡献参与分配，并完善各方劳动和贡献的评价机制，合理评价各方劳动创造的价值或贡献，保障各方利益的同时激发数据主体活力。

其二，遵循数据要素价格形成的市场化原则。在数据资产主体产权归属确定的前提下，利用市场清晰界定数据要素的用途及用量，围绕参与社会生产中释放的数据要素的质量、安全合规风险以及市场评价等多方面的价值信号，借助区块链共识算法等方法，让数据要素市场主体在良性竞争和博弈中达成价格共识。

其三，探索多种形式的生产要素按贡献参与分配的形式。采用估价作股、数字租金、以数易数或以数易商（服）等新形式参与收入分配，促进数据要素沿着资源化、资本化、资产化的价值链拓展收益。

其四，更好发挥政府在完善数据收入分配方面的作用。一方面，基于我国尚处于构建社会主义数据要素市场初级阶段的现实，政府部门可制定面向数据要素产业链参与主体的税收优惠政策或新型专项财政补贴制度，推动数据要素产业补链、强链。另一方面，逐步建立保障公平的数据要素收益分配体制机制，更加关注公共利益和相对弱势群体，探索建立公共数据资源开放收益合理分享机制，允许并鼓励各类企业依法依规依托公共数据提供公益服务。再一方面，统筹使用多渠道资金资源，开展数据知识普及和教育培训，提高社会整体数字素养，着力消除不同区域间、人群间数字鸿沟，增进社会公平、保障民生福祉、促进共同富裕。

第三节　构建初次分配、再分配、第三次分配协调配套的制度体系

初次分配、再分配和第三次分配是我国分配制度中包含的三种分配形式，初次分配是基本的分配形式，再分配是具有调节功能的分配形式，第三次分配是发挥补充作用的分配形式。初次分配制度、再分配制度、第三次分配制度，在促进共同富裕中具有不同功能和作用。围绕实现共同富裕目标，与当前生产力发展水平和生产关系的需要相适应，我国正逐步构建起使初次分配、再分配和第三次分配协调配套、有机融合的基础性分配制度体系。

一、统筹效率与公平，发挥初次分配的基础性作用

初次分配是国民收入在各生产要素所有者之间的原始分配，依据的是各种生产要素在财富和价值创造方面的贡献。任何生产活动都离不开劳动力、资本、土地和技术等生产要素，在市场经济条件下，取得这些要素必须支付一定的货币，这种货币报酬就形成了各要素提供者的初次分配收入。初次分配是收入分配体系的起点也是基础性环节，主要解决的是货币资本所有者与人力资本所有者之间的利益分配问题，不仅数额大，而且涉及面广。党的二十大报告指出，要“努力提高居民收入在国民收入分配中的比重，提高劳动报酬在初次分配中的比重。坚持多劳多得，鼓励勤劳致富，促进机会公平，增加低收入者收入，扩大中等收入群体。完善按要素分配政策制度，探索多种渠道增加中低收入群众要素收入，多渠道增加城乡居民财产性收入”。

其一，提高居民收入和劳动报酬比重。国民收入初次分配中劳动报酬占比过低会拉大社会收入差距，影响居民内需消费、投资和经济增长。因此，必须采取措施提高居民收入和劳动报酬比重。一是要努力提高居民收入在国民收入分

配中的比重。要通过扩大就业和提高就业质量增加劳动者收入，拓展服务业、中小微企业、劳动密集型企业、知识和技能密集型企业就业空间，稳定新就业形态、灵活就业人员就业增收，帮助高校毕业生、农民工等重点群体就业增收。二是提高劳动报酬在初次分配中的比重。要坚持多劳多得，着重增加劳动所得。完善劳动者工资决定、合理增长和支付保障机制，健全最低工资标准调整机制，完善农民工欠薪治理长效机制。健全国有企业市场化薪酬分配机制和科技创新薪酬分配激励机制，改革完善体现岗位绩效和分级分类管理的事业单位薪酬制度，落实并完善公务员工资正常调整机制。

其二，不断完善按生产要素分配制度。实行劳动、资本、土地、技术、管理、知识、数据等生产要素由市场评价贡献、按贡献决定报酬的机制，有利于提高效率效益、推动创新发展和转型升级。要健全各类生产要素由市场决定报酬的机制，拓展和创新收入分配方式。一是拓宽财产性收入渠道。要从农村土地、金融资产入手，探索通过土地、资本等要素使用权和收益权增加中低收入群众要素收入，多渠道增加城乡居民财产性收入。深化农村土地制度改革，赋予农民更加充分的财产权益。有序推动农村宅基地出租、流转、抵押，探索实现已入市农村集体土地与国有土地同地同权，探索农村集体经济收益分配向当地低收入困难群体倾斜。推动资本市场稳定健康发展，丰富居民可投资金融产品，完善上市公司分红激励机制。促进房地产市场持续健康发展，支持居民合理拥有住房资产。二是增加技术、管理和知识要素收入。要鼓励符合条件的企业用足用好股权、期权等工具激励科研人员等核心人才。完善职务科技成果转化激励政策，健全科研人员职务发明成果权益分享机制。三是构建数据要素收益分配机制。要积极培育数据市场并健全数据价值实现机制，科学界定数据要素权属，探索建立合理分配数据要素收益的方法制度，促进数字红利共享。

其三，不断提高发展的平衡性、协调性、包容性。人民的幸福生活是奋斗出来的，共同富裕要靠勤劳智慧来创造。要把推动高质量发展放在首位，形成人人参与的发展环境，奠定共同富裕的物质基础。一是要维护社会公平正义，防止社会阶层固化，畅通向上流动通道，促进机会公平，为人民提高受教育程度、增强发展能力创造更加普惠公平的条件，提高全社会就业创业和创新创造能力，鼓励勤劳致富。二是要健全城乡融合发展体制机制。坚持以城带乡、以工促农，巩固拓展脱贫攻坚成果，全面推进乡村振兴，对易返贫人口加强监测、及早干预，确保不发生规模性返贫和新的致贫。开拓乡村特色产业发展等增收渠道，使更多农民勤劳致富。

二、更加注重公平，加大再分配的调节力度

再分配是指政府根据法律法规，在初次分配的基础上，通过征收税收和政府非税收入，在各收入主体之间以现金或实物进行的收入再分配过程。在市场经济条件下，通过初次分配，不同劳动者、不用要素所有者之间出现收入差距是难以避免的，因此需要通过再分配的方式进行必要的调节。与初次分配不同，再分配起主导作用的是政府，更加强调公平的原则，具有通过国家权力强制进行的特征。党的二十大报告强调，要“加大税收、社会保障、转移支付等的调节力度。完善个人所得税制度，规范收入分配秩序，规范财富积累机制，保护合法收入，调节过高收入，取缔非法收入”。

其一，完善税收调节机制。税收是国家财政的主要来源，也是收入分配的调节利器。一是优化税制结构。要健全地方税、直接税体系，提高直接税比重，增强税收对收入分配的调节作用。二是完善个人所得税制度。要健全综合与分类相结合的个人所得税制度，完善专项附加扣除范围和标准，优化个人所得税税率结构。三是完善消费、财产等方面税收。要加大消费环节税收调节力度，积极稳妥推进房地产税立法和改革，探索建立与数字经济发展相适应的税收制度。四是完善税收征管。要深化税收征管制度改革，健全自然人税费服务与监管体系，提升税收监管能力。

其二，促进基本公共服务均等化。提高基本公共服务和社会保障能力，逐步实现基本公共服务均等化。一是完善低收入人口保障服务。逐步健全生活救助和专项救助制度，加快缩小社会救助城乡标准差异，逐步提高城乡最低生活保障水平，完善社会救助和保障标准与物价上涨挂钩联动机制。二是促进教育公平。加大普惠性人力资本投入，推动义务教育优质均衡发展和城乡一体化，有效减轻困难家庭教育负担。三是完善养老和医疗保障体系。逐步缩小职工与居民、城市与农村筹资和保障待遇差距，逐步提高城乡居民基本养老金水平，加快优质医疗资源扩容和区域均衡布局。四是完善住房供应和保障体系。坚持租购并举、因城施策，完善长租房政策，扩大保障性租赁房供给，重点解决好新市民住房问题。五是完善公共文化服务体系。不断满足人民群众多样化、多层次、多方面精神文化需求，促进人民精神生活共同富裕，加强促进共同富裕舆论引导，营造良好舆论氛围。

其三，加大转移支付。转移支付是各级政府用以补充公共物品而提供的一种支出，是政府财政资金单方面的无偿转移。一是完善财政转移支付制度。增

加财政转移支付，缩小区域人均财政支出差距，逐步实现主要按常住人口进行均衡性转移支付，增强基层公共服务保障能力。加大对口支援和帮扶工作力度。二是优化转移支付结构。明确中央和地方财政事权与支出责任，稳定提高一般性转移支付比重，提高均衡性转移支付在一般性转移支付中的比重。三是强化转移支付管理。提高转移支付项目实施的精准性，提高转移支付资金使用效率，促进转移支付制度化、规范化。

其四，规范收入分配秩序。规范收入分配秩序是消除分配不公、防止两极分化的重要措施。一是保护合法收入。保护劳动和生产要素收入，保护居民财产，保护产权和知识产权，保护并调动企业家积极性。二是调节过高收入。加强反垄断和反不正当竞争，规范资本性所得管理，规范财富积累机制，通过个人所得税、消费税、财产税等加强对高收入的调节。清理规范不合理收入，治理分配乱象，合理缩小行业收入分配差距。三是取缔非法收入。坚决遏制权钱交易，坚决打击内幕交易、操纵股市、财务造假、偷税漏税等获取非法收入行为。

其五，健全社会保障。社会保障是收入再分配的一种形式，是调节收入、保障居民基本生活需要和社会稳定的一项重要工作。要不断健全城乡居民的社会保障体系，不断完善城乡居民的社会保障制度，不断提高城乡居民的社会保障水平。

三、彰显道德力量，建立健全第三次分配机制

第三次分配主要是企业、社会组织、家庭和个人等基于自愿原则，以募集、捐赠、资助、义工等慈善、公益方式对所属资源和财富进行分配。第三次分配的基本原则是自愿基础上的社会共济，社会组织和社会力量是第三次分配的中坚力量，慈善捐赠是第三次分配的重要方式。党的二十大报告提出，要“引导、支持有意愿有能力的企业、社会组织和个人积极参与公益慈善事业”。

改革开放以来，党和政府高度重视社会慈善事业的发展。1996 年 3 月，全国人大八届四次会议明确提出，要“积极发展社会福利事业和社区服务”“提倡开展社会志愿者活动和社会互助活动”，并将“社会互助”纳入社会保障制度中，而社会互助最重要的形式就是慈善事业。2001 年 3 月，全国人大九届四次会议审议通过了《中华人民共和国国民经济和社会发展第十个五年计划纲要》，首次将“发展慈善事业”写入国民经济和社会发展计划。2019 年 10 月，党的十九届四中全会审议通过了《中共中央关于坚持和完善中国特色社会主义制度、推进国家治理体系和治理能力现代化若干重大问题的决定》，首次将“重视发挥第三次分配作

用，发展慈善等社会公益事业”写进党和国家的正式文件，强调未来第三次分配将成为完善我国基本分配制度的重要着力点。在党和政府的高度重视下，我国慈善事业得到了快速发展，慈善组织的数量与规模不断提升，慈善捐赠与志愿服务大幅增长，慈善生态系统逐步形成，慈善事业在社会保障、解决社会问题、弘扬爱心、促进社会治理现代化中的作用不断增强。当然，我国在慈善事业发展方面也还存在着一些问题，如激励机制运用不足、管理体制不够完善、公众参与社会慈善的意愿不够强等。解决这些短板，成为完善第三次分配的重点。

其一，进一步调动社会各方面发展公益慈善事业的积极性，支持有意愿有能力的企业、社会组织和个人积极参与公益慈善事业。企业是我国慈善捐赠的主体。要鼓励企业更好履行社会责任，积极参与生态治理、民生建设、乡村振兴和区域协调发展，持续增加慈善捐赠。社会组织参与第三次分配具有较好条件。要积极有序发展社会性的慈善组织，动员更多社会组织从自身实际出发参与慈善捐赠。广大城乡居民是慈善捐赠的重要力量。要加强宣传引导，增强城乡居民的公益慈善意识，鼓励城乡居民采取财物捐赠、志愿服务、互助互济等多种方式参与公益慈善活动。

其二，积极探索公益慈善活动的有效实现形式。一是完善适合我国国情的慈善模式。加强现代慈善组织制度建设，建立健全非营利法人制度，打造慈善捐赠平台。完善志愿者注册、服务记录、激励嘉许、保险保障、基层组织等制度，搭建好志愿者服务平台。二是探索各类新型捐赠模式。探索金融助力第三次分配的方式，鼓励设立慈善信托。利用数字网络便捷的优势，积极培育和规范发展互联网慈善。三是拓展慈善捐赠和志愿服务领域。加大扶贫济困、教育、医疗卫生、助残助老、减灾救灾等方面的慈善投入，拓展生态环保、文艺、科技等领域慈善活动，支持慈善力量更加及时充分地参与重大突发事件救援。

其三，完善公益慈善事业政策法规体系。一是进一步落实公益慈善税收优惠政策。对非营利组织从事公益性或非营利性活动，予以免税。根据《企业所得税法》第 9 条规定，对企业发生的公益性捐赠支出，不超过年度利润总额 12%的部分，准予扣除企业所得税。对个人将其所得用于教育、扶贫、济困等公益慈善事业的捐赠额，未超过纳税人申报应纳税所得额 30%的部分，可从其应纳税所得额中扣除。对符合条件的公益慈善事业捐赠，实行企业所得税或个人所得税全额税前扣除。二是加强慈善领域法治建设。完善慈善法、公益事业捐赠法、红十字会法、民法典以及社会团体登记、基金会等管理条例，推进相关立法修法工作。三是健全慈善综合监管体系。加强慈善组织专业化、规范化建设，建立健全慈善组织、志愿者、捐赠方和政府部门协调联动机制，加强政府部门对慈善行业的监督管理。

其四，营造有利于公益慈善事业发展的社会文化环境。弘扬中华民族乐善好施、守望相助的优良传统文化，提倡向上向善、关爱社会，为慈善事业发展注入强大精神力量。建立协调配套的慈善表彰奖励体系，加大对在慈善事业发展中作出突出贡献的自然人、法人和其他组织的表彰奖励力度，激发更多社会力量投身慈善事业。推进慈善文化和慈善教育体系建设，引导广播、电视、报刊、互联网等媒体积极开展公益慈善宣传活动，加大对慈善组织、慈善人物、慈善事迹的宣传力度，将慈善文化纳入教育教学内容，让越来越多的人了解慈善、关心慈善、支持慈善、自觉投身慈善，为慈善事业发展营造良好社会氛围。

第四节　坚定不移推进全体人民共同富裕

共同富裕是中国式现代化的重要特征，体现了社会主义最大的优越性，彰显了社会主义的本质。实现共同富裕不仅是经济问题，而且是关系党的执政基础的重大政治问题。

一、共同富裕是社会主义的本质要求

治国之道，必先富民。习近平强调："在全面建设社会主义现代化国家新征程中，我们必须把促进全体人民共同富裕摆在更加重要的位置，脚踏实地、久久为功，向着这个目标更加积极有为地进行努力，促进人的全面发展和社会全面进步，让广大人民群众获得感、幸福感、安全感更加充实、更有保障、更可持续。"[①]党的二十大报告明确指出，必须"坚持在发展中保障和改善民生，鼓励共同奋斗创造美好生活，不断实现人民对美好生活的向往"，必须"紧紧抓住人民最关心最直接最现实的利益问题，坚持尽力而为、量力而行，深入群众、深入基层，采取更多惠民生、暖民心举措，着力解决好人民群众急难愁盼问题，健全基本公共服务体系，提高公共服务水平，增强均衡性和可及性，扎实推进共同富裕"。

共同富裕是社会主义的本质要求。社会主义与资本主义的本质区别就在于，它是"绝大多数人的，为绝大多数人谋利益"的制度。恩格斯在《卡尔·马克思》中指出，无产阶级及其政党的一个重要使命，就是"建立这样一种制度，使社会的每一成员不仅有可能参加社会财富的生产，而且有可能参加社会财富的分

① 《习近平著作选读》第2卷，人民出版社2023年版，第444页。

配和管理,并通过有计划地经营全部生产,使社会生产力及其成果不断增长,足以保证每个人的一切合理的需要在越来越大的程度上得到满足”[①]。毛泽东指出:“现在我们实行这么一种制度,这么一种计划,是可以一年一年走向更富更强的,一年一年可以看到更富更强些。而这个富,是共同的富,这个强,是共同的强,大家都有份。”[②]邓小平指出,“社会主义的本质,是解放生产力,发展生产力,消灭剥削,消除两极分化,最终达到共同富裕”[③],强调“社会主义的目的就是要全国人民共同富裕,不是两极分化”[④]。习近平强调:“共同富裕是社会主义的本质要求,是人民群众的共同期盼。我们推动经济社会发展,归根结底是要实现全体人民共同富裕。”[⑤]历代马克思主义者的这些重要论述,鲜明指出了共同富裕是社会主义的本质要求。

共同富裕包括“共同”和“富裕”两方面内容,分别从生产关系和生产力两方面作出规定。“富裕”是前提,“做大蛋糕”是“分好蛋糕”的前提;“共同”是关键,实现共同富裕的关键就是要构建科学合理的分配制度。“富裕”要以一定的生产力发展为基础,而“共同”则要有相应的生产关系条件。共同富裕既体现了社会生产力发展的内在要求,也体现了社会生产关系运动的内在要求。

新时代,共同富裕的内涵主要应从三个方面理解。一是从实现主体看,共同富裕是“全民共富”,是 14 亿人民的共同富裕。当然,实现 14 亿人民的共同富裕,不是整齐划一、同时同步、齐头并进的平均主义。由于禀赋、努力、机会、政策等各种复杂原因,不同人群、不同地区实现富裕的程度会有高有低,时间上也会有先有后,这是一个在动态中不断向前发展的过程。二是从实现内容看,共同富裕是“全面共富”,不仅仅是物质生活方面的富裕,更包括精神层面,是人民群众物质生活和精神生活两个方面都富裕。习近平强调:“物质富足、精神富有是社会主义现代化的根本要求。物质贫困不是社会主义,精神贫乏也不是社会主义。我们不断厚植现代化的物质基础,不断夯实人民幸福生活的物质条件,同时大力发展社会主义先进文化,加强理想信念教育,传承中华文明,促进物的全面丰富和人的全面发展。”[⑥]新征程上,要不断满足人民群众多样化多层次的文化需要,

---

① 《马克思恩格斯选集》第 3 卷,人民出版社 2012 年版,第 724 页。

② 《毛泽东文集》第 6 卷,人民出版社 1999 年版,第 495 页。

③ 《邓小平文选》第 3 卷,人民出版社 1993 年版,第 373 页。

④ 《邓小平文选》第 3 卷,人民出版社 1993 年版,第 110～111 页。

⑤ 《习近平谈治国理政》第 4 卷,外文出版社 2022 年版,第 116 页。

⑥ 习近平:《高举中国特色社会主义伟大旗帜 为全面建设社会主义现代化国家而团结奋斗——在中国共产党第二十次全国代表大会上的报告》,人民出版社 2022 年版,第 22～23 页。

坚持以社会主义核心价值观为引领，加强公共文化事业建设，健全完善公共文化服务体系，为人民群众提供更为丰富、更高质量的精神食粮，让人们的精神世界更加充盈饱满，促进物质富裕与精神富裕协调发展。三是从实现过程看，共同富裕是“逐步共富”，在建设社会主义现代化强国这个宏大背景下，实现共同富裕是由一个一个阶段性目标逐步达成的历史过程，不可能一蹴而就。以习近平同志为核心的党中央在综合分析国际国内形势和我国发展条件的基础上，对全面建成社会主义现代化强国和实现全体人民共同富裕作出了系统筹划和战略安排：一是到“十四五”末，全体人民共同富裕迈出坚实步伐，居民收入和实际消费水平差距逐步缩小；二是到2035年，基本实现社会主义现代化，全体人民共同富裕取得更为明显的实质性进展，基本公共服务实现均等化；三是到本世纪中叶，全面建成社会主义现代化强国，全体人民共同富裕基本实现，居民收入和实际消费水平差距缩小到合理区间。

二、更高质量地做大“蛋糕”、更高水平地分好“蛋糕”

习近平指出：“中国要实现共同富裕，但不是搞平均主义，而是要先把‘蛋糕’做大，然后通过合理的制度安排把‘蛋糕’分好，水涨船高、各得其所，让发展成果更多更公平惠及全体人民。”[①]习近平的这一重要论述充分体现了新发展阶段推动共同富裕的辩证法，即必须依靠高质量发展，在推动质量变革、效率变革、动力变革中，优化分配结构，提高中等收入者比重，把“富裕”和“共同”统筹协调起来，把做大“蛋糕”和分好“蛋糕”有机统一起来。

第一，不断做大“蛋糕”，夯实共同富裕根基。发展是共同富裕的根本基础，只有发展才能满足人民对美好生活的向往。没有发展，没有扎扎实实的发展成果，共同富裕就无从谈起。要完整、准确、全面贯彻新发展理念，以创新、协调、绿色、开放、共享的发展理念引领经济社会发展，坚持质量第一、效益优先，切实转变发展方式，推动质量变革、效率变革、动力变革，实现更高质量、更有效率、更加公平、更可持续、更为安全的发展；要构建以国内大循环为主体、国内国际双循环相互促进的新发展格局，畅通国内大循环，促进国内国际双循环，全面促进消费，拓展投资空间，以创新驱动、高质量供给引领和创造新需求。

第二，坚持分好“蛋糕”，全面促进共同富裕。要抓住人民最关心最直接最现实的利益问题，努力使发展成果更多更公平惠及全体人民，使人民获得感、

① 《习近平重要讲话单行本(2022年合订本)》，人民出版社2023年版，第15页。

幸福感、安全感更加充实、更有保障、更可持续。一是要统筹解决区域协调发展。加强地区协作，充分发挥比较优势，形成主体功能明显、优势互补、高质量发展的区域经济布局，实现区域协调发展。二是要统筹解决城乡融合发展。大力实施乡村振兴战略，做好巩固拓展脱贫攻坚成果同乡村振兴的有效衔接，形成工农互促、城乡互补、协调发展、共同繁荣的新型工农城乡关系，有效破解城乡发展“一条腿长、一条腿短”的突出矛盾，让城乡居民共同分好经济社会发展的“大蛋糕”。三是要统筹解决收入差距。坚持按劳分配原则，完善按要素分配的体制机制，促进收入分配更合理、更有序。鼓励勤劳守法致富，扩大中等收入群体，增加低收入者收入，调节过高收入，取缔非法收入。坚持在经济增长的同时实现居民收入同步增长、在劳动生产率提高的同时实现劳动报酬同步提高。拓宽居民劳动收入和财产性收入渠道。履行好政府再分配调节职能，缩小收入分配差距。

只有在不断发展的基础上做大“蛋糕”，并把不断做大的“蛋糕”分好，才能使社会主义制度的优越性更加充分体现，全体人民共同富裕才能取得更为明显的实质性进展。

第八章　完善社会主义市场经济体制

社会主义市场经济体制是中国特色社会主义的重大理论和实践创新，是社会主义基本经济制度的重要组成部分。社会主义市场经济体制把社会主义制度同市场经济有机结合起来，既发挥市场经济的长处，又发挥社会主义制度的优越性，极大地促进了社会生产力的发展，创造了世所罕见的经济快速发展奇迹。推动经济高质量发展必须进一步解放思想，坚定不移深化市场化改革，不断在经济体制关键性基础性重大改革上突破创新，构建高水平社会主义市场经济体制。

第一节　建立社会主义市场经济体制是中国共产党的伟大创举

将社会主义与市场经济有机结合，建立社会主义市场经济体制是中国共产党的伟大创举。与资本主义市场经济相比较，社会主义市场经济体制具有集中力量办大事的优势、解放和发展社会生产力的优势、保持宏观经济稳定发展的优势、促进社会公平的优势、扩大高水平对外开放的优势等。要坚持法治与德治相结合，充分彰显社会主义制度与市场经济体制耦合统一的创造性和优越性。

一、社会主义制度与市场经济的有机结合

社会主义能否搞市场经济？这是一个世界性的课题，马克思主义经典作家没有讲过，西方经济学家认为二者互不兼容。在社会主义条件下发展市场经济，是中国共产党的一个伟大创举，既体现了市场决定资源配置的一般规律和以等价交换为基础的市场制度的一般规定，又体现了社会主义经济的特殊规律及中国共产党领导和社会主义制度的特殊规定。社会主义市场经济体制把社会主义制度和市场经济有机结合起来，在改革开放实践中彰显了巨大优势。

中国共产党在执政初期，对市场经济规律缺乏科学认识，总是将市场经济与

资本主义制度画等号，认为社会主义不能搞市场经济，只能搞计划经济。改革开放后，中国共产党在深刻总结国内外发展经验教训的基础上，从我国社会主义初级阶段的基本国情出发，冲破传统思想和体制的桎梏，实现了从高度集中的计划经济体制向社会主义市场经济体制的转变，用40多年的时间走过了发达资本主义国家几百年的工业化历程，创造了经济社会快速发展的奇迹。实践证明，社会主义市场经济比传统的单一计划经济模式更有效，比资本主义市场经济更具优越性。在社会主义条件下搞市场经济，符合中国国情，更有利于资源的合理配置、更有利于解放和发展生产力、更有利于人民生活水平的提高、更有利于社会主义现代化建设的发展。

市场经济作为一般性概念，是对各种具体形态的市场经济的抽象。这种抽象具有重要的方法论意义，但在实践中它总是与一个国家的基本国情、社会制度紧密联系在一起的。国情不同决定了各国市场经济模式的多样性，社会制度的不同则决定了市场经济模式的不同制度属性。市场经济与资本主义结合在一起就是资本主义市场经济，与社会主义结合在一起就是社会主义市场经济。市场经济与社会制度结合在一起，不仅具有经济体制的意义，也具有基本经济制度的属性，对经济发展方向有着重要的影响。我国在发展市场经济的过程中之所以坚持和强调社会主义的制度性质，就在于党对于市场经济的这种制度属性始终保持着清醒的认识。早在改革之初，邓小平就指出，在社会主义条件下搞市场经济，"归根到底是社会主义的，是社会主义国家"[①]，强调改革过程中必须要始终坚持两条，"一条是公有制经济始终占主体地位，一条是发展经济要走共同富裕的道路，始终避免两极分化"[②]。江泽民也强调，"我们搞的是社会主义市场经济，'社会主义'这几个字是不能没有的，这并非多余，并非画蛇添足，而恰恰相反，这是画龙点睛。所谓'点睛'，就是点明我们的市场经济的性质"[③]。习近平强调，"在社会主义条件下发展市场经济，是我们党的一个伟大创举。……我们是在中国共产党领导和社会主义制度的大前提下发展市场经济，什么时候都不能忘了'社会主义'这个定语。之所以说是社会主义市场经济，就是要坚持我们的制度优越性，有效防范资本主义市场经济的弊端"[④]。社会主义制度与市场经济的结

① 中共中央文献研究室:《邓小平关于建设有中国特色社会主义的论述专题摘编》，中央文献出版社1992年版，第95页。

② 《邓小平文选》第3卷，人民出版社1993年版，第149页。

③ 江泽民:《论社会主义市场经济》，中央文献出版社2006年版，第203页。

④ 中共中央文献研究室:《习近平关于社会主义经济建设论述摘编》，中央文献出版社2017年版，第64页。

合，使社会主义生产关系具有了新的特征，实现了所有制关系、收入分配关系和经济运行方式内在的有机统一。

在建立和完善社会主义市场经济体制的过程中，中国共产党始终坚持社会主义原则，在所有制方面，实行公有制为主体、多种所有制经济共同发展；在分配制度方面，实行按劳分配为主体、多种分配方式并存；在资源配置方面，既强调充分发挥市场在资源配置中的决定性作用，又强调充分发挥好政府的作用。社会主义市场经济体制，既是社会主义社会资源配置的基本方式，也是中国特色社会主义的一项基本经济制度。建立和完善社会主义市场经济体制，既能调动广大人民的积极性，促进社会生产力的发展，又能体现社会主义制度的优越性，不断保障和改善民生，增进民生福祉，实现全体人民走向共同富裕的美好理想。

二、社会主义市场经济的体制优势

社会主义市场经济体制把社会主义制度同市场经济有机结合起来，既发挥市场经济的长处，又发挥社会主义制度的优越性，为我国经济长期稳定发展提供了制度保障。

其一，集中力量办大事的优势。邓小平指出："社会主义市场经济优越性在哪里？就在四个坚持。四个坚持集中表现在党的领导。"①中国特色社会主义市场经济体制的一个重要特征是坚持党的领导，发挥党总揽全局、协调各方的领导核心作用。中国共产党始终代表最广大人民的根本利益，坚持以人民为中心的发展思想，立足国家整体利益、根本利益、长远利益来谋划工作并指导资源配置，团结带领全国各族人民集中力量办大事。坚持党对经济工作的全面领导，有利于实现经济和政治的有机统一，既能激发市场的活力，提高经济效率，又能发挥社会主义制度优越性，充分调动各方面的积极因素，促进社会公平正义。

其二，解放和发展社会生产力的优势。社会主义市场经济体制能够正确处理政府与市场的关系，既尊重市场经济一般规律，使市场在资源配置中起决定性作用，充分发挥市场机制信息灵敏、激励有效、调节灵活、平等开放等优势，提升资源配置效率；又更好发挥政府作用，切实转变政府职能，深化行政体制改革，创新行政管理方式，健全宏观调控体系，加强市场活动监管，加强和优化公共服务，有效弥补市场失灵。在处理政府与市场的关系问题上，中国共产党不是简单增减政府与市场的职能作用，而是对二者统筹把握，实现优势互补、有机结合、协同发力，极大地促进了社会生产力的解放和发展。

---

① 中共中央文献研究室：《邓小平年谱（1975—1997）》（下），中央文献出版社 2004 年版，第 1363 页。

其三，保持宏观经济稳定发展的优势。改革开放以来，中国共产党始终坚持用中长期发展规划指导经济社会发展。用中长期发展规划指导经济社会发展，是党治国理政的一种重要方式，对于宏观经济稳定发展具有重要意义。中长期发展规划既能充分发挥市场在资源配置中的决定性作用，又能更好发挥政府作用。在制定中长期发展规划过程中，中国共产党始终坚持把远大理想和阶段性目标统一起来，着眼长远、把握大势，不断研究新情况、作出新规划，接续奋斗、不懈奋斗，确保我国经济社会发展的战略方向和战略重点，增强发展的稳定性和可持续性，从根本上避免了资本主义国家政策前后不一、朝令夕改的弊端。

其四，促进社会公平、推进共同富裕的优势。推动经济发展必须正确处理效率和公平的关系。社会主义市场经济体制坚持按劳分配为主体、多种分配方式并存的分配制度，不断优化收入分配格局，健全覆盖全民、统筹城乡、公平统一、安全规范、可持续的多层次社会保障体系，既能够创造比资本主义市场经济更高的效率，又能够让改革发展成果更多更公平惠及全体人民。在经济发展中，我国不断创造条件、完善制度，通过合理的制度安排正确处理增长和分配的关系，在把“蛋糕”做大做好的同时把“蛋糕”切好分好，不断促进社会公平，推动全体人民实现共同富裕。

其五，扩大高水平对外开放的优势。经济全球化是时代潮流，是科技进步和生产力发展的必然要求。我国在发展社会主义市场经济过程中，坚持实行更加积极主动的开放战略，稳步扩大规则、规制、管理、标准等制度型开放，吸收借鉴国际成熟市场经济制度经验和人类文明有益成果，全面对接国际高标准市场规则体系；推动共建“一带一路”高质量发展，优化区域开放布局；实施自由贸易试验区提升战略，扩大面向全球的高标准自由贸易区网络；深度参与全球产业分工和合作，维护多元稳定的国际经济格局和经贸关系。改革开放以来，我国对外开放的水平不断提升，对外开放的力度不断增强，对外开放的质量不断提高，大大拓展了中国式现代化的发展空间。

三、法治与德治并举完善社会主义市场经济体制

法律和道德是现代国家治理不可缺少的两种重要手段。完善社会主义市场经济体制，必须坚持依法治国和以德治国相结合，把法律和道德的力量、法治和德治的功能结合起来，既重视发挥法律的规范作用，又重视发挥道德的教化作用，做到法治和德治两手抓、两手都要硬。

一方面，以法治筑牢社会主义市场经济的制度基石。推动社会主义市场经济体制更加系统完备、更加成熟定型，要求把法治贯穿到制度建设的全过程和各方面，不断夯实社会主义市场经济的制度基础。其一，在法治轨道上推动制度建立。在现代化进程中发展市场经济，需要产权制度、交易制度、竞争制度、信用制度等一系列制度作为支撑。没有法治，就不可能建立和巩固市场经济健康发展所必需的各项制度。世界上实现现代化的国家和地区，都非常注重依靠法治推动和保障市场经济发展，制定了体量庞大的法律规则来保证市场经济各项制度的明确性、稳定性和权威性。改革开放以来，党和政府依靠法治、厉行法治，把“公有制为主体、多种所有制经济共同发展”“按劳分配为主体、多种分配方式并存”“社会主义市场经济体制”等社会主义基本经济制度落实到宪法法律中，依靠法治巩固社会主义基本经济制度，使社会主义基本经济制度的优势更好转化为国家治理效能，推动社会主义市场经济展现蓬勃生机和旺盛活力。其二，在法治轨道上进行制度改革。只有处理好改革与法治的关系，坚持改革与法治同步推进，才能使社会主义市场经济体制改革在更宽领域和更深层次上稳步展开、取得实效。一是必须坚持在法治下推进改革，使立法主动适应改革需要，积极发挥引导、推动、规范、保障改革的作用。加强涉及改革有关法律的“立改废释”工作，通过“打包”修改、作出授权决定和改革决定等方式及时为推进相关改革提供法律依据，以法治之力推动破解深层次体制机制障碍，增强改革的穿透力。二是必须坚持在改革中完善法治，及时把社会主义市场经济体制改革取得的经验用法律形式固定下来，不断完善社会主义市场经济法律制度，持续增强法律制度的系统性、整体性、协同性。其三，在法治轨道上确保制度执行。构建高水平社会主义市场经济体制，必须把制度执行摆在更加突出的位置上。这就需要全面贯彻实施宪法，健全保证宪法全面实施的制度体系，通过完善宪法监督、推进合宪性审查等方式，确保宪法关于社会主义基本经济制度、社会主义市场经济等的相关规定、原则、精神得到坚决维护和贯彻。认真贯彻实施民法典、公司法、合伙企业法、反垄断法、反不正当竞争法、外商投资法等法律，使市场在资源配置中的决定性作用在法治保障下得以充分发挥。加强法治政府建设，依法厘清政府与市场的边界，坚持依法进行经济调节、市场监管，依法保护民营企业产权和企业家权益，持续打造市场化、法治化、国际化一流营商环境，使政府作用通过法治方式得到更好发挥。

另一方面，使道德成为社会主义市场经济的核心软实力。要把培育和践行社会主义核心价值观落实到经济发展和社会治理中，注重经济行为和价值导向有机统一，经济效益和社会效益有机统一，实现市场经济和道德建设良性互动。一是在目标上实现市场经济带来的经济增长与道德进步有机统一。要实现市场经济和道德建设的良性互动，就需要克服两者间的掣肘与抵牾，既要避免用抽象的道德教条限制经济发展的步伐，避免用道德的枷锁把经济发展的躯体拴牢勒死，扼杀经济增长的活力和潜能；也要避免让经济的滔天巨浪淹没人们道德生存的空间，冲垮道德的堤岸。二是在过程上实现市场行为与价值导向有机统一。要实现市场经济与道德建设的良性互动，就要保证人们经济行为和价值导向的有机统一，坚持用正确价值观引导人们的经济行为，使之达到合目的性与合规律性的有效结合和高度统一。三是在效果上实现经济活动的经济效益与社会效益有机统一。市场活动既有创造经济效益的一面，也有发展社会效益的一面，经济效益和社会效益不能被孤立也不可被割裂。对于社会的稳定和谐与健康进步而言，经济效益和社会效益同等重要、不可偏废。

道德建设对发展社会主义市场经济的作用主要体现在三个层面。其一，从宏观层面看，道德是引领经济沿着理性方向发展的“导航仪”和“定向仪”。道德引领经济发展的理性方向主要体现在三方面：一是道德可以规定经济发展的基本理念，使经济发展树立清晰的价值理念，沿着“以人为本”的轨道推进，防止经济发展理念的偏失或模糊。“以人为本”的科学发展理念生动地诠释了经济发展方向的道德引领作用。二是道德可以指导经济体制和制度改革，保证具有道德合理性的经济政策、法律和制度的制定，防止没有道德含量的制度和决策。三是道德可以促进制度和决策的贯彻落实，道德通过影响政府、企业、个人等主体的实践和行为，降低实践和运行成本，促使有关制度、决策落到实处。其二，从中观层面看，道德可以优化企业管理，使企业各种要素形成合力，从而提升企业核心竞争力。现代企业管理要处理企业资源要素中物与物、物与人、人与人之间的关系，而离开了道德，这三重关系都无法处理或调整到理想状态。道德软实力在企业发展中具有重要的价值黏合剂作用。其三，从微观层面看，道德能够培养有道德情操的经济主体。经济活动是物质活动，同时也是精神活动、人文活动、道德活动，经济行为和经济活动内含着道德。通过道德建设，培养经济主体的人文情怀、社会责任意识，有助于推动经济社会全面、健康、可持续发展。

第二节　夯实市场经济基础性制度

产权保护、市场准入、公平竞争、社会信用等是社会主义市场经济的基础制度。夯实市场经济基础制度是保障市场公平竞争的前提条件。只有不断完善市场经济基础制度，才能确保充分发挥市场在资源配置中的决定性作用，更好发挥政府作用。

一、全面完善产权制度

产权制度是社会主义市场经济的基石。产权是自然人或法人对财产及其他能够为占有人带来排他性利益的权利。产权制度就是通过明确人对物及利益的所有权及由其派生的归属权、占有权、支配权和使用权，来规范人与人之间的经济权利关系。明确的产权是交易的前提，是经营的基础，是经济发展的动力，是市场经济存在和发展的保障。在市场经济活动中，只有严格保护产权，才能稳定各类投资者的预期，规范并保障市场主体的生产经营行为，维护正常的市场秩序。随着实践的发展，产权的内涵也在逐步丰富和扩展，不仅包括经济领域的物权、债权、股权等，而且包括社会领域、文化领域、环境资源领域的知识产权，各种无形财产权（如人力资本产权）以及自然资源资产产权等。全面完善产权制度不仅是完善社会主义市场经济体制的要义，而且是经济、社会、资源环境等各方面形成一整套更加成熟、更加定型的制度的前提。

其一，进一步深化产权设置改革。改进和完善企业产权制度特别是国有企业产权制度，优化国有企业内部产权结构，建立健全现代企业制度，完善公司治理结构，充分发挥党委会、董事会、股东会、监事会、工会、职代会的功能作用；强化国有产权监管，完善国有资产营运管理和监督机制。深化土地产权特别是农村土地产权改革，深化农地“三权分置”（所有权、承包权、经营权）改革，细化农地承包权、经营权、转包权、转让权、入股权、租赁权、抵押权、处分权、收益权等各项权能权责权益，以此推动土地规范流转、规模经营；深化农村宅基地“三权分置”（所有权、资格权、使用权）改革；改进农村建设用地产权制度，盘活用好农村建设用地。进一步改进和完善国有土地产权制度，规范国有土地市场化经营。

其二，加强产权保护制度建设。一是在加强对公有制经济组织产权的保护的同时，加强对非公有制经济组织产权的保护。既要保护公有产权，也要保护私有产权。二是在加强对各类有形物权保护的同时，加强对专利、商标等无形的知识产权的保护。严格执行国家法律以及国际法中有关保护知识产权的法律规定，建立健全知识产权保护体系，加大保护知识产权的执法力度，营造尊重和保护知识产权的法治环境。三是加强对所有权、占有权、转让权、使用权、经营权、收益权等各种产权权能权益的保护。四是完善资源和环境产权保护制度。加强对自然资源公有产权的保护，严防在土地批租、土地流转、矿产开发过程中侵害国家和集体产权的行为，严防市场主体在资源利用过程中越权、侵权、破坏环境、浪费资源的行为。

二、全面完善市场准入制度

市场准入制度是社会主义市场经济的基础制度之一。近年来，我国市场准入制度建设取得了许多进展和成效，全国统一的市场准入制度体系全面确立，市场准入管理体系不断完善，妨碍生产要素市场化配置和商品服务流通体制机制障碍不断被破除，有效市场和有为政府实现了较好的结合。特别是市场准入负面清单制度的实施，打破了各种形式的不合理限制和隐性壁垒，实现了我国对市场准入从正面清单管理到负面清单管理模式的重大转变。

市场准入负面清单制度是指国务院以清单方式明确列出在我国境内禁止和限制投资经营的行业、领域、业务等，各级政府依法采取相应管理措施的一系列制度安排。市场准入负面清单包括禁止准入类和限制准入类，适用于各类市场主体基于自愿的初始投资、扩大投资、并购投资等投资经营行为及其他市场进入行为。对禁止准入事项，市场主体不得进入，行政机关不予审批、核准，不得办理有关手续；对限制准入事项，由市场主体提出申请，行政机关依法依规作出是否予以准入的决定，或由市场主体依照政府规定的准入条件和准入方式合规进入；对市场准入负面清单以外的行业、领域、业务等，各类市场主体皆可依法平等进入。实行市场准入负面清单制度，标志着我国市场准入管理从以正面清单为主向以负面清单为主的全面转型，是国家治理体系和治理能力的重大进步。

全面完善市场准入制度，需要在市场准入制度体系建设、完善市场准入负面清单制度配套制度、新业态新领域准入放宽和市场准入效能评估等方面持续发力。

其一，完善市场准入制度体系。市场准入制度体系是市场经济运行的基石，它关系到市场主体的平等参与和公平竞争。完善的市场准入制度体系能够有效防止市场垄断和不正当竞争，保障市场主体的合法权益，促进资源的优化配置和高效利用。同时，完善的市场准入制度体系还能够激发创新创业活力，推动产业升级和转型发展。完善市场准入制度体系必须进一步放宽市场准入，降低企业成本，打破行业垄断和地域壁垒，促进市场竞争；严格落实“全国一张清单”管理模式，严禁各地区各部门自行发布具有市场准入性质的负面清单，清理废除妨碍依法平等准入和退出的规定做法，维护市场准入负面清单制度的统一性、严肃性、权威性；完善与市场准入密切相关的各种审批制度，不断改进和完善企业前置审批、企业登记注册、个体工商户登记注册、企业注册资本（金）缴付及注册资本审验、企业经营范围核定等方面的行政审批制度。

其二，完善市场准入负面清单制度配套制度。市场准入负面清单的实施需要多项配套措施的保障。在审批体制方面，要规范各级政府及有关部门审批权责和标准，实现审批流程优化、程序规范、公开透明、权责清晰；在监管机制方面，要转变监管理念、创新监管方式、提升监管效能；在社会信用体系和激励惩戒机制方面，要健全社会信用体系，完善企业信用信息公示系统，对守信主体给予褒奖激励、对失信主体采取限制措施、对严重违法失信主体实行市场禁入。此外，基于维护国家安全的需要，应抓紧完善规范严格的外商投资安全审查制度，明确规定审查要素、审查程序和可采取的措施等，对涉及国家安全的外商投资，要依法进行安全审查。

其三，持续推进新业态新领域准入放宽。新业态新领域是我国新质生产力形成发展的重要阵地。持续推进新业态新领域市场准入，一是要清理和规范制约其发展的行政许可、资质资格等事项，简化项目报备程序及审批流程，审慎出台新业态准入限制政策，对创新企业给予先行先试机会，设置清晰明确的“路标”，清除或明或暗的“路障”，为其发展创造广阔空间；二是优化新业态新领域准入环境，落实土地供给、金融信贷、用能保障等要素支持和相应配套措施，建立与产业发展相适应的产品准入制度，分领域制定监管规则和标准，探索包容审慎的监管方式等；三是准入政策要落实落细，将相关政策措施细化分解，量化为可实施的具体举措，同时持续跟踪、定期评估落实情况，确保转化为市场主体实实在在的获得感。

其四，加强事中事后监管，推动实现市场准入效能评估全覆盖。一是政府要把更多监管资源投向加强对市场主体投资经营行为的事中事后监管。针对审批事项取消后可能出现的风险，要逐项制定事中事后监管措施或替代方法，明确监管内容、方法和手段，建立统一高效的监管数据采集、监测、分析和预警体系，为防范市场风险和提高监管效率提供有效保障。二是全面实现市场准入效能评估全覆盖。聚焦市场准入负面清单制度是否全面有效落实、许可准入事项办理是否便捷高效、违规问题投诉举报渠道是否畅通、落实情况是否满意等市场主体重点关切问题，持续完善评估指标体系建设，深化效能评估结果运用，着力提升准入效能。

三、全面完善公平竞争制度

公平而充分的竞争是市场经济的本质特征，没有竞争就没有市场经济。2019年10月，党的十九届四中全会通过的《中共中央关于坚持和完善中国特色社会主义制度、推进国家治理体系和治理能力现代化若干重大问题的决定》，系统阐述了公平竞争制度的逻辑架构，强调“建设高标准市场体系，完善公平竞争制度”“强化竞争政策基础地位，落实公平竞争审查制度”“加强和改进反垄断和反不正当竞争执法”等。显然，公平竞争制度是一个包含竞争性政策、公平竞争审查、公平产权保护等一系列制度在内的制度集合。

其一，强化竞争政策的基础地位。市场经济的核心是公平竞争，只有竞争是公平的，才能实现资源的有效配置和企业的优胜劣汰。竞争性政策是实现公平竞争的基本制度，是以创造公平市场竞争环境为目标选择，规范市场竞争主体行为的制度安排。强化竞争政策的基础地位，是以竞争政策为基础来协调统领其他相关政策，并通过构建高标准的统一、开放、竞争、有序的现代市场体系来实现。一是推进要素市场制度建设，优化劳动、资本、土地、知识、技术、管理、数据等生产要素市场运行规则，尤其是加强资本市场基础制度建设，健全具有高度适应性、竞争力、普惠性的现代金融体系。二是实现要素价格市场决定、流动自主有序、配置高效公平的政策体系。三是深化行政审批制度改革，推进政府的“权力清单”“责任清单”与企业的负面清单制度建设，最大限度减少政府对资源的直接配置行为。

其二，落实公平竞争审查制度。强化竞争执法机构在公平竞争审查中的作用，通过明确法律授权的方式让竞争执法机构参与到竞争审查中去，明确对违反公平竞争的行政行为依法审查，充分利用现有的相关制度实施公平竞争审查。同时，完善违反公平竞争审查制度的责任追究制度，对设置不合理的准入退出市场的条件、违法授予特许经营、歧视性补贴政策等进行责任追究。

其三，优化政府职责，推动规制型政府建设。政府是竞争政策的制定者、维护者，是产权保护制度的推动者，是推进公平竞争审查的实施主体。要以完善公平竞争制度为目标，不断优化政府职责，确保所有市场主体都能公平公正地进行竞争。

其四，完善反垄断政策。反垄断政策是促进公平竞争、抑制垄断的政策，是竞争政策的重要组成部分。通过不断完善反垄断法律制度，有效破除妨碍生产要素合理配置和商品服务自由流通的垄断障碍，畅通高效的国内大循环、构建繁荣的国内大市场，充分发挥市场竞争机制的创新激励和优胜劣汰功能，不断增强经济的创新力和竞争力。

四、全面完善社会信用制度

社会信用制度是市场经济体制的重要组成部分。依法规、重合同、守信用，是社会主义市场经济有效运行的基本要求。建设高水平社会主义市场经济体制，必须进一步完善社会信用制度。要以完善信贷、纳税、合同履约、产品质量的信用记录为重点，加快建设社会信用体系；编制出台全国公共信用信息基础目录，完善信用信息标准，建立公共信用信息同金融信息共享整合机制，形成覆盖全部信用主体、所有信用信息类别、全国所有区域的信用信息网络；建立健全以信用为基础的新型监管机制，以信用风险为导向优化配置监管资源，依法依规编制出台全国失信惩戒措施基础清单。全面推广信用承诺制度，建立企业信用状况综合评价体系；健全守信激励和失信惩戒机制，将失信惩戒和惩治腐败相结合；完善信用修复机制；加快推进社会信用立法。

第三节　建设现代化经济体系

现代化经济体系，是由社会经济活动各个环节、各个层面、各个领域的相互关系和内在联系构成的一个有机整体。国家强，经济体系必须强。只有形成现代化经济体系，才能更好顺应现代化发展潮流，赢得国际竞争主动，也才能为其他领域现代化提供有力支撑。建设现代化经济体系，是党中央、国务院从党和国家事业全局出发作出的重大决策部署，是开启全面建设社会主义现代化国家新征程的重大任务。

一、深刻把握现代化经济体系的科学内涵

现代化经济体系是由社会经济活动各个环节、各个层面、各个领域的相互关系和内在联系构成的一个有机整体，涵盖了产业体系、市场体系、收入分配体系、城乡区域发展体系、绿色发展体系、全面开放体系和经济体制建设等多个方面。

建设现代化经济体系，一是要建设创新引领、协同发展的产业体系，实现实体经济、科技创新、现代金融、人力资源协同发展，使科技创新在实体经济发展中的贡献份额不断提高，现代金融服务实体经济的能力不断增强，人力资源支撑实体经济发展的作用不断优化。二是要建设统一开放、竞争有序的市场体系，实现

市场准入畅通、市场开放有序、市场竞争充分、市场秩序规范，加快形成企业自主经营公平竞争、消费者自由选择自主消费、商品和要素自由流动平等交换的现代市场体系。三是要建设体现效率、促进公平的收入分配体系，实现收入分配合理、社会公平正义、全体人民共同富裕，推进基本公共服务均等化，逐步缩小收入分配差距。四是要建设彰显优势、协调联动的城乡区域发展体系，实现区域良性互动、城乡融合发展、陆海统筹整体优化，培育和发挥区域比较优势，加强区域优势互补，塑造区域协调发展新格局。五是要建设资源节约、环境友好的绿色发展体系，实现绿色循环低碳发展、人与自然和谐共生，牢固树立和践行绿水青山就是金山银山理念，形成人与自然和谐发展现代化建设新格局。六是要建设多元平衡、安全高效的全面开放体系，发展更高层次开放型经济，推动开放朝着优化结构、拓展深度、提高效益方向转变。七是要建设充分发挥市场作用、更好发挥政府作用的经济体制，实现市场机制有效、微观主体有活力、宏观调控有度。上述七个体系是一个统一整体，要一体建设、一体推进。

二、深刻认识建设现代化经济体系的重要性

建设现代化经济体系是开启全面建设社会主义现代化国家新征程的重大任务，也是紧扣我国社会主要矛盾转化推进经济建设的客观要求。2017 年 10 月，党的十九大报告明确作出了建设现代化经济体系的重大决策部署，强调新时代“我国经济已由高速增长阶段转向高质量发展阶段，正处在转变发展方式、优化经济结构、转换增长动力的攻关期，建设现代化经济体系是跨越关口的迫切要求和我国发展的战略目标”。2018 年 1 月，习近平在主持中央政治局第三次集体学习时，再次强调“建设现代化经济体系，这是党中央从党和国家事业全局出发，着眼于实现‘两个一百年’奋斗目标、顺应中国特色社会主义进入新时代的新要求作出的重大决策部署”，强调“建设现代化经济体系是我国发展的战略目标，也是转变经济发展方式、优化经济结构、转换经济增长动力的迫切要求”①。习近平强调，“国家强，经济体系必须强。只有形成现代化经济体系，才能更好顺应现代化发展潮流和赢得国际竞争主动，也才能为其他领域现代化提供有力支撑”，强调必须要“按照建设社会主义现代化强国的要求，加快建设现代化经济体系，确保社会主义现代化强国目标如期实现”②。2022 年 10 月，党的二十大报告进一步对“加快建设现代化经济体系”作出战略部署，明确到 2035 年要“建成现代化经

---

① 《习近平谈治国理政》第 3 卷，外文出版社 2020 年版，第 240 页。

② 《习近平谈治国理政》第 3 卷，外文出版社 2020 年版，第 240 页。

济体系”。建设现代化经济体系，是一个重大理论命题，更是一个重大实践课题，需要从理论和实践的结合上进行深入探讨。

其一，建设现代化经济体系是开启全面建设社会主义现代化国家新征程的重大任务和内在要求。党的十八大以来，中国共产党从建设社会主义现代化强国、实现中华民族伟大复兴这一中华民族的最高利益和根本利益出发，基于中国的基本国情，明确确立了“两个一百年”的奋斗目标，明确了新时代中国特色社会主义发展的战略安排。2021 年 7 月 1 日，在庆祝中国共产党成立 100 周年大会上，习近平庄严宣告：“经过全党全国各族人民持续奋斗，我们实现了第一个百年奋斗目标，在中华大地上全面建成了小康社会，历史性地解决了绝对贫困问题，正在意气风发向着全面建成社会主义现代化强国的第二个百年奋斗目标迈进。”2022 年 10 月，党的二十大报告明确提出，“从现在起，中国共产党的中心任务就是团结带领全国各族人民全面建成社会主义现代化强国、实现第二个百年奋斗目标，以中国式现代化全面推进中华民族伟大复兴”，明确“全面建成社会主义现代化强国，总的战略安排是分两步走：从二〇二〇年到二〇三五年基本实现社会主义现代化；从二〇三五年到本世纪中叶把我国建成富强民主文明和谐美丽的社会主义现代化强国”，并明确把“建成现代化经济体系”纳入到 2035 年我国发展的总体目标之中。

其二，建设现代化经济体系是紧扣我国社会主要矛盾转化推进经济建设的客观要求。新时代，我国社会主要矛盾已经转化为人民日益增长的美好生活需要和不平衡不充分的发展之间的矛盾。解决人民日益增长的美好生活需要和不平衡不充分的发展之间的矛盾，必须统筹推进“五位一体”总体布局，协调推进“四个全面”战略布局，中心任务是贯彻新发展理念，建设现代化经济体系。一是建设创新引领、协同发展的产业体系，提高供给体系质量和效率，不断提供更好、更新的商品和服务，满足人民群众多样化、个性化、不断升级的需求。二是建设资源节约、环境友好的绿色发展体系，使人民群众渴望的清新空气、洁净水和良好生态环境的需求逐步得到满足。三是建设彰显优势、协调联动的城乡区域发展体系，逐步缩小城乡区域发展差距，使发展不平衡不充分的短板得以补齐。四是建设体现效率、促进公平的收入分配体系，实现收入分配合理、社会公平正义、全体人民共同富裕。五是建设市场对配置资源起决定性作用、更好发挥政府作用的经济体制，为产业体系、绿色发展体系、城乡区域发展体系、收入分配体系的现代化提供体制机制保障。建设现代化经济体系，既是推动解决新时代我国社会主要矛盾的重要条件，也是解决新时代我国社会主要矛盾的有效举措。

其三，建设现代化经济体系是推动经济发展质量变革、效率变革、动力变革的内在要求。推动质量变革、效率变革、动力变革，是高质量发展阶段的必然要求，是转变发展方式、优化经济结构、转换增长动力的重要内容。建设现代化经济体系与实现经济发展的“三大变革”是相互渗透和相互促进的。一方面，“三大变革”是建设现代化经济体系的重要内容和基本目标，建设现代化经济体系是实现“三大变革”的支撑和重要手段；另一方面，建设现代化经济体系有利于加快实现“三大变革”，“三大变革”又能不断为建设和完善现代化经济体系提出要求、指明方向和目标。在“三大变革”中，质量变革是主题，效率变革是主线，动力变革是基础，它们相互渗透，密不可分，共同对建设现代化经济体系提出具体要求，而建设现代化经济体系又成为实现“三大变革”的支撑和重要手段。

其四，建设现代化经济体系是促进我国产业迈向全球价值链中高端、提升我国经济国际竞争力的必由之路。建设中国特色社会主义现代化经济强国，必须不断提升我国经济的国际竞争力。当今的国际经济竞争已由传统的发挥比较优势的进出口竞争，转化为利用核心技术和先进管理提升资源整合能力的竞争，而资源整合能力的提升必须通过提升价值链、优化供应链、完善产业链来实现。这就要求我国必须不断提升技术创新优势和质量优势，加快建设制造强国，加快发展先进制造业，推动互联网、大数据、人工智能和实体经济深度融合，在中高端消费、创新引领、绿色低碳、共享经济、现代供应链、人力资本服务等领域培育新增长点、形成新动能。建设现代化经济体系，有助于加快传统产业优化升级，促进我国产业迈向全球价值链中高端，培育若干世界级先进制造业集群，促进“一带一路”国际合作，在合作中不断提升我国经济的竞争能力和资源整合能力。

三、建设现代化经济体系的路径选择

建设现代化经济体系是一项系统工程，必须牢牢把握高质量发展的要求，坚持质量第一、效率优先，不断深化供给侧结构性改革、加快建设创新型国家、实施乡村振兴战略、实施区域协调发展战略、加快完善社会主义市场经济体制、推动形成全面开放新格局。

其一，深化供给侧结构性改革。建设现代化经济体系，必须始终把深化供给侧结构性改革作为主线。供给侧结构性改革的主要任务就是优化供给结构，提高供给质量，转换供给机制，这也正是建设现代化经济体系的重要内容。建设现代化经济体系的核心是推动高质量发展，其内容主要包括两大方面：一是在质量变革、效率变革、动力变革和提高全要素生产率的基础上，建设实体经济、科技创新、现代金融、人力资源协同发展的产业体系。二是在坚持社会主义市场经济改革方向的基础上，构建市场机制有效、微观主体有活力、宏观调控有度的经济体制。推进这两方面建设，均需以深化供给侧结构性改革为主线。

其二，加快建设创新型国家。创新是引领发展的第一动力，也是建设现代化经济体系的战略支撑。就科技创新而言，它本身就是现代产业体系的重要内容，同时又是实体经济发展的技术支撑。加快科技创新，关键是要深化科技体制改革，建立以企业为主体、市场为导向、产学研深度融合的技术创新体系，完善技术创新机制。同时，要明确创新的方向和重要内容，加大创新投入，加强人才队伍建设，倡导创新文化，完善激励机制，加快科技成果转化，强化知识产权创造、保护、运用。在科技创新的方向和重要内容上，瞄准世界科技前沿，强化基础研究，实现前瞻性基础研究、引领性原创成果重大突破。加强应用基础研究，拓展实施国家重大科技项目，突出关键共性技术、前沿引领技术、现代工程技术、颠覆性技术创新，为建设科技强国、质量强国、航天强国、网络强国、交通强国、数字中国、智慧社会，进而为建成强大的现代化经济体系提供有力支撑。

其三，实施乡村振兴战略。实施乡村振兴战略是建设现代化经济体系的重要基础。农业农村农民问题是关系国民经济的根本性问题，建设现代化经济体系，离不开构建现代农业产业体系，实现农业现代化。构建现代农业产业体系，必须在深化农村集体产权制度改革、保障农民财产权益、壮大农村集体经济的基础上，逐步建立和完善与现代化农业相适应的农业生产体系、经营体系和分配体系。一是要运用现代产权制度，创新农业财产和资本组织形式，培育新型农业经营主体，发展多种形式适度规模经营，并实行与经营形式相适应的分配制度，为建设现代化农业体系奠定基础。二是要健全农业社会化服务体系，实现小农户和现代农业发展有机衔接，以及农业与工业和服务业等其他产业的有机衔接。三是要以发展生态农业为基础，大力发展农产品加工、养殖、旅游、餐饮等产业，实现农村一、二、三产业融合发展，实现农村经济与城市经济的有机衔接。

其四，实行区域协调发展战略。实施区域协调发展战略，是关乎我国经济发展全局的重要战略举措，是建设现代化经济体系的重要组成部分。正确处理区域经济发展和产业经济发展的辩证关系，是实现区域协调发展，建设现代化经济体系的一项重要原则。通过产业发展的区域布局，促进区域之间的平衡发展和产业衔接；通过区域内部的产业协调发展和区域之间的产业联接，促进区域之间的协调发展。

其五，加快完善社会主义市场经济体制。现代市场经济体制是现代化经济体系的重要方面和重要内容。建设现代化经济体系，必须加快完善社会主义市场经济体制。在政府与市场的关系上，既要确保市场机制健全和运行有效，又要发挥好政府有效弥补市场失灵的作用；在政府与企业的关系上，既要维护企业的市场主体地位，又要发挥好政府的宏观调控和市场监管作用，从而构建起市场机制有效、微观主体有活力、宏观调控有度的经济体制。

其六，推动形成全面开放新格局。推动形成全面开放新格局是建设现代化经济体系的必由之路。要以推进贸易强国建设为目标，实行“引进来”和“走出去”并重，进一步拓展对外贸易，培育贸易新业态新模式，不断提高对外贸易的质量和水平，通过创新对外投资方式促进国际产能合作，形成面向全球的贸易、投融资、生产、服务网络，加快培育国际经济合作和竞争新优势；遵循共商共建共享原则，推进“一带一路”建设高质量发展，形成陆海内外联动、东西双向互济的对外开放格局；实行高水平的贸易和投资自由化便利化政策，全面实行准入前国民待遇加负面清单管理制度，赋予自由贸易试验区更大的改革自主权。

四、把发展经济的着力点放在实体经济上

着力发展实体经济，是推动经济转型升级、建设现代化经济体系的重大任务。党的二十大报告强调，建设现代化产业体系，必须“坚持把发展经济的着力点放在实体经济上”。

实体经济是一国经济的立身之本，是财富创造的根本源泉。实体经济的发展壮大，不仅关系到国家安全与国际竞争力，影响着国家经济社会运行进程，同时也关系到国计民生，影响着人民的生活水平质量。在激烈的国际竞争中，一个国家只有具备更强大的实体经济、拥有更强大的制造业，才能在竞争中拥有更大话语权、控制力，更好地统筹发展和安全。改革开放以来，我国经济发展创造了世界奇迹，仅用几十年时间就走完了发达国家几百年走过的工业化历程，实体经济的发展功不可没。党的十八大以来，以习近平同志为核心的党中央高度重视实体经济的发展，强调“像我们这么一个大国，要想强大，必须靠实体经济”[①]，强调“不论经济发展到什么时候，实体经济都是我国经济发展、在国际经济竞争中赢得主动的根基”[②]，并采取了一系列战略和举措推进我国实体经济发展。我国

① 中共中央宣传部、国家发展和改革委员会：《习近平经济思想学习纲要》，人民出版社、学习出版社2022年版，第115页。

② 中共中央宣传部：《习近平新时代中国特色社会主义思想学习纲要(2023年版)》，学习出版社、人民出版社2023年版，第162页。

实体经济实现了规模稳步扩大和质量显著提升，产业体系更加健全、产业链更加完整，产业整体实力和抗风险能力显著提高，一批大国重器及重大实体经济项目建成使用。但我国实体经济发展不平衡不充分的问题仍然明显：一是创新不足带来关键技术缺失，关键技术环节受制于人的局面尚没有根本扭转；二是经济过度金融化导致实体经济内生发展动力不足；三是制造业发展面临发展中国家和发达国家的双重挤压，国际竞争压力增大；四是实体经济与数字经济的融合不深，阻碍了经济整体效能的释放。因此，构建现代化经济体系必须把发展经济的着力点放在实体经济上。

其一，加大政策支持实体经济发展的力度。一是深化财税体制改革，加大财政支持实体经济发展的力度。加大财政对民营企业、中小微企业和个体工商户支持力度，综合运用税费减免、财政奖补、财政贴息、政府采购等多种政策工具，为市场主体加力赋能；发挥政府性融资担保机构作用，促进中小企业融资增量、扩面、降价；加大中央财政投入，推动实施产业基础再造工程和重大技术装备攻关工程，加快基础、关键技术和重要产品工程化攻关；落实税收、政府采购等政策，支持传统产业改造升级和新一代信息技术、高端装备、新材料等战略性新兴产业发展；发挥企业科技创新主体作用，促进创新链产业链深度融合；完善"小巨人"企业支持政策，加大对战略关键领域产业链和工业基础领域中小企业的支持。二是深化金融体制改革，增强金融服务实体经济能力。加大对先进制造业、战略性新兴产业的中长期资金支持；健全普惠金融体系，改进小微企业和"三农"金融供给，提升金融服务水平。三是优化竞争环境。积极回应各类市场主体的关切和诉求，打造一流营商环境，为实体经济发展创造良好的体制机制条件；优化企业设立和项目审批流程，积极推行重点项目全链条领办代办帮办服务，以低成本高效率推进新时期招商引资；帮助民营企业特别是中小微企业解决发展难题，增强民营企业对实体经济长期投资的信心；加强反垄断反不正当竞争，严厉打击侵犯知识产权行为，提高侵权行为成本，确保市场机制的公平高效，为企业家捕捉盈利机会、创新商业模式、从事经济活动提供支持；深化校企合作，着力培养一大批具有创新精神和国际视野的企业家人才、一大批各行各业各领域的高级经营管理人才和一大批知识型、技能型、创新型劳动者大军。

其二，加快建设制造强国。制造业是实体经济的主体部门，也是核心部分，发挥着基础性、主导性和引领性作用。发展实体经济必须要抓住制造业这个"牛鼻子"，筑牢实体经济的根基。2008 年国际金融危机爆发后，世界主要发达国家都在深刻反思长期以来经济高度金融化、虚拟化和"产业空心化"所导致的问题，重新聚焦实体经济，纷纷推出“再工业化”战略，集中发力高端制造领域，力图重振制造业并不断扩大竞争优势。同时，一些新兴经济体依靠低成本优势，积极承接国际产业转移，加快工业化步伐，致力于打造新的“世界工厂”。在此背景下，我国制造业提质升级任务更加紧迫，必须深化供给侧结构性改革，大力发展实体经济，努力推进制造业做大做强。一是培育壮大新兴产业，推动重点领域率先突破。新兴产业是经济体系中最有活力、最具增长潜力的部分，是我国抢占未来竞争制高点、实现引领型发展的关键。要密切跟踪国际科技、产业发展的最新变化，超前谋划、部署、行动，统筹科技研发及产业化、标准制定和应用示范，加快形成一批新兴产业集群和龙头企业。二是优化升级传统产业，促进全产业链整体跃升。传统产业是当前和今后一个时期我国工业结构调整的重点。要通过引入新技术、新管理、新模式，使之焕发强大生机和活力；实施制造业重大技术改造升级工程，支持企业瞄准国际同行业标杆，全面提高产品技术、工艺装备、能效环保和本质安全水平；开展质量提升行动，推动消费品工业增品种、提品质、创品牌；实施绿色制造工程，推动工业资源全面节约和循环利用，积极发展绿色金融，实现生产系统和生活系统循环链接。三是加快发展现代服务业，促进制造与服务协同发展。现代服务业是实体经济和制造业发展的重要支撑，特别是生产性服务业，具有专业性强、创新活跃、产业融合度高和带动作用显著的特点，对于提高制造业附加值和竞争力具有重要意义。要围绕研发设计、绿色低碳、现代供应链、人力资本服务等重点领域，充分激发和释放市场主体活力，切实提高生产性服务业专业化水平。四是打造世界先进制造业集群，促进大中小企业融通发展。产业集群是企业发展的重要组织形式和载体，对推动企业专业化分工协作、有效配置生产要素具有重要意义。要加快完善先进制造业集群优质企业梯度培育机制，壮大集群优质企业群体，加快培育一批具有产业生态主导力和长板优势的“链主”企业，带动形成一批有核心竞争力的单项冠军和专精特新“小巨人”企业，促进集群大中小企业融通发展。

其三，以创新驱动战略提高实体经济发展质量。创新是国家振兴之源、强盛之基。当今世界科技竞争日趋激烈，科技创新层出不穷。百舸争流，不进则退。振兴实体经济，就要抓好创新驱动，掌握和运用好关键技术。要推动产学研一体化，针对一些共性技术、关键技术、核心技术进行集中突破，形成推进自主创新的强大合力；要深化科技体制改革，建立以企业为主体、市场为导向、产学研深度融合的技术创新体系，加快促进科技成果转化；要倡导创新文化，鼓励更多社会主体投身创新创业，强化知识产权创造、保护、运用，培养造就一大批具有国际水平的战略科技人才、科技领军人才、青年科技人才和高水平创新团队，为实体经济特别是制造业发展提供不竭动力；要加强新技术产品的品牌建设和知识产权保护，为各类市场主体营造公平开放透明的竞争环境，建立有利于企业自主创新的激励机制。

其四，推动数字经济和实体经济深度融合。当今时代，世界经济正在向数字化转型，数字经济发展速度之快、辐射范围之广、影响程度之深前所未有，正在成为重组全球要素资源、重塑全球经济结构、改变全球竞争格局的关键力量。发展数字经济是把握新一轮科技革命和产业变革新机遇的战略选择，是新一轮国际竞争的重点领域。数字经济和实体经济的有效融合，能够推动各类资源要素快捷流动、各类经营主体深度合作、各类模式业态跨界发展，拓展发展新空间，增添发展新活力；能够促进产业全要素的互联互通，打破产业、地域限制，打通堵点卡点，降低交易成本，提升产业链供应链韧性和安全水平。建设现代化产业体系，推动我国实体经济发展，一定要抢抓先机，抢占未来发展制高点，大力推动数字经济和实体经济深度融合。一方面，推进数字产业化，支持人工智能、大数据、区块链、云计算、网络安全等新兴产业集群化发展，推动新技术、新产业、新业态蓬勃发展，为实体经济持续健康发展提供源源不断的内生动力；另一方面，推进产业数字化，利用互联网新技术对传统产业进行全方位、全角度、全链条的改造，发挥数字技术对经济发展的放大、叠加、倍增作用，赋能传统产业转型升级。

第四篇

中国特色社会主义经济发展与经济运行

第四章

[illegible]

第九章 推动市场作用和政府作用有机统一

经济活动的一个根本问题，就是如何有效地配置资源。实践中，能够对资源进行配置的力量不外乎两种：一种是市场的力量，另一种是政府的力量。政府与市场作为调节资源配置和经济运行的“两只手”，犹如车之双轮、鸟之两翼，不可或缺。只有“两只手”各司其职、各展所长，将“充分发挥市场在资源配置中的决定性作用”和“更好发挥政府作用”有机统一起来，形成市场作用和政府作用有机统一、相互补充、相互协调、相互促进的格局，才能真正实现社会资源的优化配置，才能推动社会经济持续健康发展。

第一节 市场决定资源配置是市场经济的一般规律

市场经济是指通过市场配置社会资源的经济形式。市场配置资源主要是通过市场机制的自发作用实现的。在调节资源配置和经济运行方面，市场有其长处和优势，但市场并非万能的，市场有失灵的时候，也有失灵的领域。

一、市场在资源配置中的功能和作用

市场，通俗地说，就是一种买者和卖者决定价格并交换物品或劳务的场所、渠道、平台和纽带。其一，市场是交换的场所。市场首先是一个空间概念，是人们发生交换活动和经济联系的场所。市场最重要的特征是在空间上将各种商品、各种资源以及商品和资源的供给者、需求者集中到一起，共同决定商品、资源的价格和成交的数量。其二，市场是交换关系。市场的中心内容是实现商品交换。市场上各种商品交换的背后，反映的是人们相互的利益关系。市场是各种经济主体发生利益关系的综合反映。其三，市场是调节机制。市场交换所涉及的经济利益的变化必然会对各种经济主体的经济行为产生调节作用，引导各行为主体把有限的资源在不同产品的生产和消费之间进行合理配置，努力用最小

的成本获得最大的经济利益。市场可以是集中的，如农产品市场、服装市场，也可以是分散的，如房地产市场或劳务市场等。

在市场经济条件下，人们在经济利益的驱动下，必然把自己所拥有的资源投入到能够获得最大利益的领域中，同时激烈的市场竞争过程必然导致优胜劣汰，其结果，不仅可以自发地促使经济均衡发展，而且能够自发地促进社会经济结构调整和优化，有效促进社会技术创新和进步。一是能够促进经济均衡发展。当供求出现失衡时，市场可以通过价格上下波动来使供求趋向平衡。如果供给大于需求，价格就会下跌，从而引起供给减少和需求增加，使供给和需求趋向平衡；如果需求大于供给，价格就会上涨，从而引起需求减少和供给增加，使供给和需求趋向平衡。二是能够促进经济结构调整和优化。在市场调节下，生产者为了追求利益最大化，会不断将资源从供过于求、价格较低的产业转移到供不应求、价格较高的产业中，使产业结构趋于合理化。市场竞争还会促使生产者不断生产新的产品，创造出新的需求，从而促使落后产业被淘汰、新兴产业发展，推动产业结构不断升级。此外，通过市场竞争，一部分经营理念先进、技术和管理水平高的经营者在竞争中不断发展，一部分经营理念落后、技术和管理水平落后的经营者在竞争中被淘汰，这种优胜劣汰的结果会使有限的资源从效益低的地方向效益高的地方流动，使社会有限的资源得到合理配置。三是能够有效促进社会技术创新和进步。市场对技术进步的促进作用是通过市场竞争压力和技术的市场交易实现的。市场竞争分为价格竞争和非价格竞争两种形式。在价格竞争条件下，企业为了降低价格以增强自身的竞争力，就必须降低成本。为此企业必须进行技术创新，采用新工艺、新技术、新设备，对现有技术设备进行更新改造，使生产成本达到最低。在非价格竞争下，企业必须通过技术和管理创新来提高产品质量、增加花色品种或改善售后服务等途径在竞争中获得优势。同时，技术市场对技术创新和进步也有极大的促进作用。技术市场不仅有利于技术发明和创新转化为现实生产力，而且技术市场的等价交换能够使技术发明者得到合理的发明报酬，从而刺激他们进行发明创造，为技术创新提供源源不断的动力。

二、市场机制及其作用机理

市场配置资源、调节经济活动的功能和作用是通过市场机制的自发作用实现的。市场机制是市场运行的实现机制，是指市场有机体内部各要素，在市场交换活动中建立的相互制约和影响的内在有机联系形式，是通过市场价格的波动、市场主体对利益的追求、市场供求的变化调节资源配置和经济运行的机制。市场机制主要包括价格机制、供求机制、竞争机制等。

价格机制是指在市场竞争过程中，与供求相互联系、相互制约的市场价格形成与运行机制。价格机制是市场机制中的基本机制，是市场机制中最敏感、最有效的调节机制。价格是市场调节的信号。市场主体中的供应方为了实现自身利益目标，需要作出生产什么、生产多少、如何生产以及为谁生产的决策，需求方则需要作出购买什么、购买多少以及向谁购买的决策，所有这些决策的基本依据，就是市场价格信号。商品价格水平的变化，不仅直接决定市场主体利益目标的实现程度，而且会直接影响供给和需求的变化。如价格水平上升，既刺激供给增加，又会抑制需求；价格水平下降，则既会引起需求增加，也会引起供给减少。反过来，市场价格的变化也会受到供求关系的影响，供大于求时商品价格下跌，供小于求时商品价格上升。也就是说，某种商品的价格上涨，说明这种商品供不应求；某种商品的价格下跌，说明这种商品供过于求。为追求更多的利益，商品生产者会不断缩减供过于求、价格下跌的商品生产，扩大供不应求、价格上升的商品生产，从而自发实现社会总劳动和各类生产资源在不同商品生产、不同生产部门之间的合理流动和优化配置。

供求机制是指通过商品、劳务和各种社会资源的供给和需求的矛盾运动来影响各种生产要素组合的机制。供求机制是市场机制的基础，是调节市场供给与需求矛盾，使之趋于均衡的机制。供求联结着生产、交换、分配、消费等环节，供求关系是市场供给与市场需求、生产者与消费者关系的反映和表现。市场经济条件下，价格、竞争、时间、区域等各种因素都会对供求关系产生影响，供求关系的变动又会引起商品价格变动并影响各经济主体的利益，继而影响社会资源在不同商品生产、不同生产部门之间的流动和配置。供求机制的作用是通过供求关系不平衡状态下形成的各种商品的市场价格、供给量和需求量等市场信号的变动来调节社会生产和交换，最终实现供求之间的基本平衡。具体来说，供求机制的作用主要表现在：一是通过调节商品价格，调节生产和消费的方向和规模，促使商品生产和消费在量上趋向平衡；二是通过调节商品价格，调节生产结构和消费结构，使商品生产和消费在结构上趋向平衡；三是通过调节商品价格，调节生产和消费在不同季节、不同区域的变化，使商品生产和消费在不同季节间、不同区域间趋向平衡。供求关系在不断变动中取得相对平衡并推动社会生产的发展，是供求机制作用的实现形式。

竞争机制是市场经济外在的压力机制，是市场经济条件下调动经济主体积极性的一种强制驱动机制，通过价格竞争或非价格竞争，按照优胜劣汰的法则来调节资源配置和经济运行。竞争机制是市场机制的灵魂。竞争是指各种市场主体为了实现自身利益目标而展开的较量和争斗。竞争是商品经济、市场经济的产物，只要有商品经济、市场经济存在，竞争就不可避免。竞争既包括买者和卖者之间的竞争，也包括买者之间和卖者之间的竞争。就买者和卖者之间的竞争而言，竞争主要表现为前者总是力求压低商品的价格，后者总是力求把商品卖得贵一些；就买者即同类商品的不同购买者而言，竞争主要表现为在商品供应数量有限的情况下，力争使自己的需求优先得到满足；就卖者即同类商品的不同生产者而言，竞争主要表现为在市场需求有限的条件下，尽量扩大自己商品的市场占有率。竞争的主要手段，在同一生产部门内部主要是生产技术和价格的竞争，目的是以先进的技术和较低廉的价格战胜对手；在部门之间，主要是生产要素的流入或流出，生产要素由利润率低的部门流向利润率高的部门，目的是通过抢占有利的投资场所战胜竞争对手。各种类型的竞争，不仅有利于改进技术、提高劳动生产率，而且有助于实现社会有限资源在各不同生产部门、不同地区之间的合理流动和优化配置，提高社会有限资源的利用效率。

价格机制、供求机制和竞争机制并非单独起作用，而是相互联系、相互制约。价格机制通过价格围绕价值上下波动，调节社会资源流向，促使资源流向合理化；供求机制通过供给和需求的变动，调节社会资源的供求关系，达到供求平衡，实现资源均衡配置；竞争机制通过各市场主体之间的相互竞争，优胜劣汰，把社会资源配置到耗费更少、效率更高的企业和部门中去，从而达到资源的优化配置。市场机制就像一只“看不见的手”，在价格机制、供求机制和竞争机制的相互作用下，推动着生产者和消费者作出各自的优化决策，实现着社会资源的合理流动和优化配置，推动着社会经济的发展。

“看不见的手”是英国古典经济学家亚当·斯密对市场机制所作的一个比喻。亚当·斯密提出，实现资源配置和市场秩序井然有序的最神秘的力量就是一只“看不见的手”。亚当·斯密讲，在市场经济条件下，虽然每个从事经济活动的主体，不论是生产者还是消费者都是理性的“经济人”，都是自私的，都追求自身利益的最大化。但是，每个人为了实现自身利益的最大化，又必须要进行一系列有利于社会进步和经济发展的决策和活动，因为有一只“看不见的手”引导着他的行为和活动。亚当·斯密讲：“在这场合，像在其他许多场合一样，他受着一只看不见的手的指导，去尽力达到一个并非他本意想要达到的目的。也并不因为事非出于本意，就对社会有害。他追求自己的利益，往往使他能比他在真正出于本意的情况下更有效地促进社会的利益。"[①]也就是说，在亚当·斯密看来，在市场经济条件下，虽然每个从事经济活动的主体都是"经济人"，都是自私的，都追求自身利益的最大化，但是每个自私自利的人为了实现自身利益的最大化，又必须要进行一系列有利于社会进步和经济发展的决策和活动。因为他生产的商品或者他提供的服务如果不符合社会的需要，他自己也赚不到钱，所以出于自己赚钱的私利的考虑，他也必须努力地生产社会需要的商品、提供社会需要的服务。这样一来，在市场机制这只"看不见的手"的引导下，私人以追求自身利益最大化为动机的经营活动，不仅使自身的利益得到了满足，同时也不自觉地增进了社会的利益，不仅实现了社会资源的优化配置，而且促进了社会经济的进步和发展。

马克思主义经典作家也充分肯定了市场机制这一"看不见的手"在调节资源配置和经济运行中的重要作用，并对市场机制、价值规律在资源配置中的作用进行了具体分析。首先，通过价格机制和供求机制的自发调节作用，可以实现社会资源在不同部门、不同行业和不同地区之间的合理流动和优化配置，促进社会经济进步和发展。马克思强调，当某种商品供不应求、价格上涨到价值以上时，就会吸引较多的生产者生产这种商品，生产资料和劳动力就随之转移到这个部门。反之，当某种商品供过于求、价格下跌到价值以下时，就会有一部分生产者把生产资料和劳动力从这一部门转移出去。正是这种调节作用，使生产资料和劳动力在社会各生产部门之间流动，从而调节着社会劳动和各种资源在各个生产部门之间的分配。其次，通过竞争机制的自发作用，可以刺激商品生产者不断改进技术、提高劳动生产率，进而自发地促进社会生产力的发展。马克思强调，商品的价值量是由生产商品的社会必要劳动时间决定的，所以，商品生产者要想在市场竞争中取得优势地位，要想赚取更多利润，就必须努力改进生产技术，提高劳动生产率，降低其所生产商品的个别劳动时间，而所有商品生产者都这样做的结果，就必然是整个社会技术进步和整个社会经济的发展。

我国改革开放40多年来所取得的辉煌成就，充分证明了市场经济的巨大威力。1978年召开的党的十一届三中全会，作出了把党和国家工作重心转移到经济建设上来、实行改革开放的重大决策，开启了我国改革开放的伟大历程。经过40多年的市场化改革，市场在资源配置中的作用日益增强，多元化的市场主体逐渐形成，竞争性领域和环节的商品与服务价格基本放开。社会主义市场经济的发展，极大激发了亿万人民的生产积极性和市场主体的创新活力，促进了商品和要素

---

① 《亚当·斯密全集》第3卷，商务印书馆2014年版，第30～31页。

的优化配置，极大地促进了我国社会生产力的发展。改革开放40多年来，我国GDP增长迅速，由1978年的3645亿元提高到2023年的超126万亿元。2010年以来，我国GDP一直稳居世界第二位。与此同时，我国经济结构不断优化、人民生活和消费水平稳步提高。改革开放40多年来所取得的辉煌成就充分说明，市场机制是调节资源合理配置和促进经济快速发展的有效手段。习近平强调，“理论和实践都证明，市场配置资源是最有效率的形式。市场决定资源配置是市场经济的一般规律，市场经济本质上就是市场决定资源配置的经济”①，强调健全社会主义市场经济体制必须遵循这条规律，让市场这只“看不见的手”在资源配置和经济运行中发挥决定性的作用。

三、市场失灵的原因及表现

在以亚当·斯密为代表的古典经济学家看来，自由竞争的市场机制是非常完美的。他们认为，在价格机制、供求机制和竞争机制的自发作用和调节下，市场能够实现资源的最优配置，强调市场机制是最有效率、最有活力的经济运行机制和资源配置手段。他们把亚当·斯密提出的“看不见的手”视为“万能之手”，认为依靠市场机制的自发调节作用就可以很好地解决所有的社会经济问题，政府不需干预经济的运行和资源的配置，政府只要发挥好“守夜人”的作用就可以了。但理论和实践的发展证明，市场并非万能的，市场也有失灵的时候，也有失灵的领域。

市场失灵是指市场本身不能有效配置资源的情况，或者说市场机制的某种障碍造成资源配置效率低或生产要素浪费性使用。在现实经济生活中，市场失灵的原因是多方面的，市场失灵的表现也是多方面的。

其一，市场机制的自发调节具有盲目性。市场机制调节资源配置和经济运行积极作用的充分发挥是需要条件的，如交换各方、竞争各方必须掌握真实的、充分的市场信息，交换各方、竞争各方市场地位平等，但这些条件常常是难以具备的。首先，市场信息的真实性是商品等价交换的基础。市场信息的这种真实性，不仅是指商品的价格和买卖双方的真实意愿，还包括商品的成本、质量、款式、规格、型号、类别、后期服务等信息，这些信息只有通过价格全面、准确地体现出来，市场机制才能有效发挥调节资源配置和社会生产的作用。但如果商品价格不能准确反映商品质量、服务等因素，就会导致对商品价格的高估或低估，进而导致价格机制难以合理调节社会资源流向。同样，市场信息的真实性，需要价

① 《习近平谈治国理政》，外文出版社2014年版，第77页。

格信号能够及时反映供求关系。如果信息传递不及时,出现迟滞,也会导致价格对现时经济状况作出扭曲或虚假的反映,不能有效实现价格机制对社会资源的合理调节。其次,掌握足够的、充分的市场信息是市场主体作出科学决策的前提。市场信息的充分性包含两个方面的含义:一是单个经济主体能在市场的现实交易活动中得到足够的定价信息,这些信息足以指导其对相关商品的生产成本、功能和质量要求作出准确判断;二是经济主体能够从当前交易中发掘足够的相关信息,这些信息可以帮助生产者判断商品价格变动的影响因素及价格变动趋势。但在现实的经济生活中,在市场机制的自发作用下,商品生产者掌握的市场信息常常是不充分的,因为他们只能从当前市场上得到相关信息,这些信息往往只能反映当前的经济状况。动态地看,单个商品生产者要作出正确的决策,尤其是周期长、规模大的投资决策,单单依据当前的市场信息是不够的,更重要的是要了解未来商品市场的信息,因为当前的投资将成为未来的生产能力。但在现实经济生活中,虽然商品生产者在投资前也要对未来市场状况进行预测,但这种预测常常带有不确定性,预测涉及的未来离当前越远,不确定性就越大。因此,商品生产者的许多决策,不可避免地带有不同程度的风险性和盲目性,这种盲目性常常会导致供求的长期性或结构性失衡。最后,在现实的市场条件下,不同经济主体在商品交换中的强弱地位是不同的,这也会加剧市场信息的失真。如出于投机的需要,一些实力强的生产者会刻意囤积某些商品、惜售某些商品,从而导致市场供给状况失真,导致市场机制的自发调节难以实现社会资源的优化配置。而且,这些失真信息的累积和放大,还会使供给结构和需求结构严重失衡,导致商品价值实现出现困难,影响社会经济活动顺利进行。

其二,市场机制的自发调节具有很大的滞后性。市场机制的自发调节是通过市场价格的自由涨落来调节供求和影响资源配置的,但价格的变动,只有在供求出现矛盾后才会发生,没有预先调节的功能。对生产者来说,只有在商品生产出来拿到市场出售时,才能发现其是否符合市场需要,其价格是否对生产者有利,才能决定自己下一步应该采取什么样的经营决策。这样自发的、事后的调节必然会导致生产的盲目性,也必然会导致资源的浪费和经济的波动。

其三,单纯的市场调节容易导致垄断的产生,难以保证竞争机制作用的正常发挥。竞争是市场活动的灵魂,是促进经济发展和经济繁荣的有效手段。市场机制的有效作用是以充分竞争为前提的,但竞争并不具有自我持续的特性。因为市场自由竞争的结果必定是“大鱼吃小鱼、小鱼吃虾米”,优胜劣汰。而伴随着“大鱼吃小鱼、小鱼吃虾米”的优胜劣汰的市场竞争,其结果必然会使生产资料、劳动产品、劳动力和资本越来越集中到少数大企业手中，出现生产和资本高度集中的现象。而伴随着生产和资本的高度集中，经济生活中就会自然而然地出现垄断现象。垄断形成后，垄断企业就会通过垄断原料、垄断技术、垄断价格等手段操纵市场，打击竞争对手，使竞争机制失去效力，最终不仅会影响整个社会经济效率的提高，而且会损害广大消费者的利益，不利于整个社会的进步和发展。

其四，市场机制的自发调节会在收入分配上造成贫富两极分化问题。一般说来，市场能促进经济效率的提高和生产力的发展，但不能自动带来社会分配结构的均衡。由于各地区、各部门、各行业、各企业发展的不平衡以及各人的自然禀赋、所拥有社会条件的不同，必然会存在收入水平的差别，产生事实上的收入分配不平等。市场竞争规律作用的必然结果是优胜劣汰，往往是强者愈强、弱者愈弱、财富越来越集中，导致收入在不同个体之间、不同地区之间、不同行业之间的差距越拉越大。而收入差距的拉大，必然会影响整个社会收入水平的提高和整个社会福利水平的提高，进而影响整个社会经济的稳定协调发展。

其五，市场机制无法补偿和纠正经济负外部性。外部性是指经济主体的经济活动对无直接市场利益关系的他人或社会造成的非市场化的影响。外部性可能是正的，也可能是负的。正外部性是指某个经济行为个体的活动使他人或社会受益，而受益者并未花费代价。负外部性是指某个经济行为个体的活动使他人或社会利益受损，但该经济行为个体并未因此承担成本。正是由于外部性的存在引起成本、收益不对称，从事具有正外部性的经济活动会使经济主体的成本付出大于收益，而从事具有负外部性的经济活动会使经济主体的成本付出小于收益，这就必然会使经济活动主体更加愿意从事具有负外部性的经济活动，而不愿意从事具有正外部性的经济活动，从而导致社会资源配置不合理，也不利于整个社会经济效益和社会效益的提高。

其六，市场机制对组织与实现公共物品的供给无能为力。经济社会生产的产品大致可以分为两类：一类是私人物品，一类是公共物品。私人物品是只能供个人享用的物品，如食品、住宅、服装等。而公共物品是可供社会成员共同享用的物品，如国防、环保、公园等。严格意义上的公共物品具有非排他性和非竞争性的特点。非排他性是指一个人对某一公共物品的享用并不排斥其他人对此公共物品的享用。例如，国防带给人民安全，全体国民都能享受到这种安全保障，公民甲享受国家安全时并不排斥公民乙对国家安全的享受。非竞争性是指一个人对某种公共物品的消费并不会影响其他人对这一公共物品的消费，受益者之间不存在利益上的冲突。例如，一个国家如果提供了安全的国防这种公共物品，则该国的每一个公民都可以充分享受到这种安全保障，每一个人享受这种好处的行为和状态并不妨碍和降低他人享受这种好处的水平和程度。公共物品的非排他性和非竞争性特点，导致市场机制在提供公共物品方面是失灵的。因为公共物品的提供者无法从其全部使用者那里收取费用，所以他们就会丧失提供这种公共物品的积极性，从而导致在市场机制自发调节下，必然会出现公共物品生产的萎缩，继而导致社会公共物品供给不足。

总而言之，市场不是万能的，市场在调节资源配置和经济运行方面虽有很多长处，但也存在着明显的缺陷和不足。为此，习近平强调，在资源配置和经济运行中“市场起决定性作用，是从总体上讲的，不能盲目绝对讲市场起决定性作用”①，强调“市场在资源配置中起决定性作用，并不是起全部作用”②。

第二节　现代市场经济发展中的政府职能

市场失灵的存在，导致完全依靠市场机制的自发调节不能实现资源的最优化配置和经济的良性运行。为弥补市场的缺陷和不足，就必须依靠政府的力量，发挥政府在资源配置和经济运行中的宏观调控作用。政府的宏观调控虽能在一定程度上弥补市场的失灵，但政府的宏观干预并非万能的，在力求弥补市场失灵的过程中，又不可避免地会产生另外一种缺陷，即政府失灵。

一、资源配置中的政府作用

针对市场失灵的原因和表现，政府在调节资源配置和经济运行中的作用主要体现在以下三个方面：引导性作用、弥补性作用、规制性作用。

其一，引导性作用。由于市场自发配置资源和调节经济运行具有一定的盲目性，有时不能很好地解决社会化大生产所要求的社会总供给和社会总需求平衡和产业结构合理化问题，容易出现经济周期性波动和区域性、系统性经济风险以及地区经济发展的不平衡，为此需要政府通过发挥引导性作用来影响资源配置，以保持宏观经济稳定、均衡和健康发展。一方面，政府通过制定和实施中长期经济发展战略、产业规划、市场准入标准等，引导一定资源向某些产业、区域流

---

① 中共中央文献研究室：《习近平关于社会主义经济建设论述摘编》，中央文献出版社 2017 年版，第 57 页。

② 中共中央文献研究室：《习近平关于社会主义经济建设论述摘编》，中央文献出版社 2017 年版，第 53 页。

动；另一方面，政府借助财政政策、货币政策、产业政策等手段，实现对经济活动的宏观调控，平抑经济波动，促进经济均衡、可持续发展。

其二，弥补性作用。受负外部性、信息不对称、竞争不完全等因素的影响，市场机制的自发作用不能有效解决公共物品供给、分配公平等问题，为此需要政府通过提供公共物品和公共服务、促进共同富裕、推动可持续发展来纠正市场失灵。在公共物品和公共服务方面，政府可以组织建设公园、道路等公共设施，以改善人们的生活质量，政府还可以提供教育、医疗等公共服务，以确保人们的基本需求得到满足。在收入分配方面，政府可以通过健全社会保障制度、征收累进所得税、转移支付等手段，调节社会收入分配的差距。

其三，规制性作用。自发的市场机制有时会损害公平和公共利益，为此需要政府通过制定规则对市场进行管理和制约，以营造公平竞争的市场秩序和市场环境。市场规则是政府为了保证市场有序运行而依据市场运行规律所制定的规范市场主体活动的各种规章制度，包括法律、法规、契约和公约等。市场规则可以有效地约束和规范市场主体的市场行为，使其有序化、规范化和制度化，保证市场机制正常运行并发挥其应有的优化资源配置的作用。

二、政府宏观经济调控的目标及手段

宏观经济调控是指政府从经济运行的全局及长远出发，按预定目标通过各种宏观经济政策、经济法规等对市场经济的运行在总量上和结构上进行调节、控制的活动。政府宏观经济调控的基本要求是，使宏观经济活动通过市场中介和微观经济活动有机地结合起来，使总供求在量上和结构上保持基本平衡，实现社会资源的优化配置和宏观经济的良性运行，确保经济社会发展的战略目标顺利如期实现。

（一）政府宏观经济调控的目标

政府宏观经济调控的主要目标是促进经济增长、增加就业、稳定物价、保持国际收支平衡、优化经济结构。

经济增长是社会财富增加和综合国力增强的重要标志，是经济社会发展和人民生活水平提高的物质基础。促进经济增长是各国政府调控经济活动的首要目标，因为只有经济不断增长，人们的生活水平才能不断提高；只有经济不断增长，人类社会才能不断发展进步；只有经济不断增长，就业岗位才能不断增加；只有经济不断增长，社会才能和谐稳定。

就业是民生之本。从个人的角度讲，就业是一个人生存、发展和自我实现的重要前提和基本途径，也是其融入社会的基本条件。从社会的角度讲，就业不仅关乎人力资源是否充分利用，而且关乎社会和谐稳定。增加就业不仅能够更加充分地利用劳动力资源，而且能够促进居民收入普遍增长，更有利于促进社会和谐稳定。因此，各国均把增加就业作为政府宏观经济调控的重要目标。

价格是市场经济的晴雨表和调节器。保持物价总水平的基本稳定是国民经济健康发展的重要标志，也是企业和个人在较为稳定的价格预期下合理安排生产和消费的重要前提。因此，各国均把保持物价基本稳定作为政府宏观经济调控的重要任务和目标。

国际收支是一国在一定时期内与其他国家或地区之间进行的全部经济交易的系统记录。在开放经济条件下，国际收支平衡对于一国经济发展具有重要影响。若一定时期内，一国国际收支出现严重失衡，无论是顺差还是逆差，都会对本国经济造成不利影响。长时期的巨额逆差会使本国外汇储备急剧下降，并承受沉重的债务和利息负担；长时期的巨额顺差，会造成本国资源使用上的浪费，使一部分外汇闲置，特别是如果因大量购进外汇而增发本国货币，则可能引起或加剧国内通货膨胀。因此，保持国际收支平衡是政府宏观经济调控的重要目标。

经济结构是指社会经济各地区、各部门、各种经济成分、各个经济组织以及社会再生产各环节之间的构成及其相互联系、相互制约的关系。经济结构状况是衡量一国经济发展水平的重要尺度。优化经济结构就是要在各产业、各部门、各主要产品之间保持合理的发展比例，在地区之间、城乡之间实现协调发展。调整和不断优化经济结构，不仅有利于调动各地区、各部门、各种经济成分、各个经济组织的生产经营积极性，而且有助于推动整体产业结构、产品结构的优化升级，提高国民经济的整体效益，实现经济的高质量发展。

(二)政府宏观经济调控的手段

在市场经济条件下，作为社会经济活动的调控者，政府对资源配置和经济运行的调控主要是通过制定经济发展规划并利用经济手段和法律手段及必要的行政手段实现的。

其一，制定经济发展规划。经济发展规划是一国政府对一定时期内国民经济的主要活动、科技进步等所作的部署和安排，对各经济活动主体具有明显的战略导向作用。制定经济发展规划，对一国经济发展的方向、重点等进行引导，使社会经济能够按照符合规划的要求来发展，是一国政府宏观经济调控的重要方式。科学编制并有效实施国家经济发展规划，明确阐明一国长远发展目标在规划期内的战略部署和具体安排，有利于引导公共资源配置方向，有利于规范和引导市场主体行为，有利于保持国家战略的连续性、稳定性，确保一张蓝图绘到底。

其二，发挥经济手段的调控作用。利用经济手段调节资源配置和经济运行是政府宏观经济调控的主要方式。经济手段是指政府在自觉依据和运用价值规律的基础上，借助各种经济政策的调节作用，对国民经济的发展和运行进行宏观调控。政府常用的调节资源配置和经济运行的经济政策包括财政政策、货币政策、产业政策、收入分配政策等。

财政政策是政府为维持经济平稳发展和运行，综合运用各种财政调节手段，调节经济总量和结构，进而调节整个国民经济的政策，主要由预算政策、税收政策、支出政策、国债政策等组成。政府通过财政政策调节经济发展和运行的一般机理是：当社会总需求大于社会总供给时，政府通过增加税种、提高税率、减少政府开支等方法，抑制投资需求和消费需求，降低社会总需求，从而使社会总需求与社会总供给趋于平衡；反之，当社会总需求小于社会总供给时，政府通过减少税种、降低税率、增加政府开支等方法，刺激投资需求和消费需求，增加社会总需求，从而使社会总需求与社会总供给趋于平衡。

货币政策是指政府为实现其特定的经济目标，通过中央银行增加或减少货币供给量和信用量的办法影响利率进而影响投资和消费的政策。在其他条件不变的情况下，货币供求状况会对社会总供给和社会总需求产生重要影响：当货币供给量明显小于货币需求量时，会造成一部分商品价值得不到实现，最终会引起物价总水平下降和生产萎缩；当货币供给量明显大于货币需求量时，会造成社会需求膨胀，商品供应短缺，最终会引起物价总水平上涨，甚至引发严重的通货膨胀。正因为货币供给量和需求量的变动具有宏观经济效应，所以政府可以运用货币政策调节货币供求以调节社会总需求和社会总供给的关系。政府通过货币政策调节经济发展和运行的一般机理是：在社会有效需求不足、生产要素大量闲置、商品严重积压、市场明显疲软、国民经济处于低速增长甚至衰退的情况下，中央银行采取扩张性的货币政策，以增加和扩大货币供给量与贷款规模，刺激经济增长；反之，在经济过热，总需求大于总供给，经济中出现严重的通货膨胀压力时，中央银行采用紧缩性的货币政策，通过紧缩银根，减少货币供应量，以抑制总需求的膨胀势头，将物价控制在合理水平。

产业政策是指政府根据国民经济发展的内在要求，调整产业结构和产业组织形式，从而提高供给总量并使供给结构能够有效地适应需求结构变化的政策措施。产业政策一般包括产业结构政策、产业组织政策、产业技术政策和产业布局政策等。产业政策既可以通过政府直接投资来实施,也可以通过间接的经济手段来实施。政府直接投资具有力度大、见效快的特点。对于那些对未来发展有重大引领作用的战略产业、对当前的整体经济发展产生严重制约作用的瓶颈产业,采用政府直接投资的方式能够在短时间内产生比较显著的效果。运用间接的经济手段实施产业政策,就是通过价格、税收、利率等经济杠杆对经济主体的行为进行间接调节,使其投资和生产行为符合政府调整和优化产业结构的要求,符合市场优化资源配置的要求。

收入分配政策是政府为实现宏观调控总目标和总任务,针对居民收入水平高低、收入差距大小在分配方面制定的原则和方针,旨在缩小社会成员之间的收入差距,促进社会公平和经济发展。收入分配政策主要是通过设立最低工资标准、调整税收制度、改善教育和医疗资源的分配、提供就业机会和职业培训等手段实施的。

其三,运用法律手段。利用法律手段调节资源配置和经济运行是政府宏观经济调控的重要方式。法律手段是指政府依靠法律的强制力量规范经济活动、保障经济政策目标实现的手段。市场经济是法治经济。在市场经济中,成千上万的市场主体彼此自发建立的经济关系需要法律加以维护和约束,政府对经济主体各项经济活动的调控同样需要法律加以规范和保障。法律手段的运用可以有效地保护公有财产、个人财产,维护各种所有制经济、各个经济组织和社会成员个人的合法权益,调整各种经济组织之间横向和纵向的关系,保证经济运行的正常秩序。法律手段的内容主要包括经济立法和经济司法两个方面。经济立法主要是由立法机关制定各种经济法规,保护市场主体权益、规范市场主体行为、协调各方面的利益关系,以保证社会生产和流通的有序进行;经济司法主要是由司法机关依照经济法律、法规和其他规范性文件,审理经济纠纷,以维护市场经济秩序,打击各种经济犯罪。法律手段具有权威性、强制性、规范性和稳定性特点,故政府通过法律手段进行宏观调控具有很强的力度。

其四,利用必要的行政手段。行政手段是政府依靠行政机构,利用行政权力,使用具有强制性的命令、指示、指标等方式直接干预经济的调控手段。行政手段具有指令性及速效性等特点,在一定时期和一定条件下,行政手段作为政府宏观经济调控的辅助性手段,有其存在的必要性和合理性。但行政手段是短期的非常规手段,政府在运用行政手段调控经济活动时,一定要谨慎适度,必须在尊重客观经济规律的基础上,从实际出发加以运用。

三、政府失灵的原因及表现

在市场经济中，政府调控是矫正和弥补市场机制功能缺陷和市场失灵的有效手段。然而，长期的实践证明，政府的宏观干预和计划调节虽能在一定程度上弥补市场的失灵，但也并非万能的，政府在力求弥补市场失灵的过程中，又不可避免地会产生另外一种缺陷，即政府失灵。

其一，政府行为目标与社会公共目标的差异导致政府失灵。政府干预经济活动的预期目标是弥补市场失灵，实现社会资源的优化配置，实现国民经济的总量平衡和协调发展。但政府经济功能的发挥、干预调节经济活动的有效性，是建立在这样一个基本假设基础上的，即政府是完全站在公共利益的角度从事经济活动和管理调控活动的，其行为目标与社会公共利益是完全一致的。然而现实中，在市场经济条件下，政府并不是一个完全超脱于现实社会经济利益关系之外的万能的"神灵"，它是由各级政府机构组成的，而各级政府机构又是由各层官员组成的。无论是政府官员还是政府机构都是有自己的利益目标的，而这些利益目标并不是自然而然地与社会公共利益之间完全画等号的。换言之，政府行为目标与社会公共利益之间并不总是完全一致的，有时二者之间是存在差异的。如在一些西方国家，政府常常为一些有影响的特殊利益集团所左右，这就会使政府行为目标与社会公共目标产生一定差异，从而影响社会公共目标的实现。

其二，政府干预经济活动效率低下、成本昂贵导致政府失灵。有时，政府调控经济活动虽然达到了预期目标，但资源并未得到充分有效地利用，代价较大，这也是宏观经济调控中政府失灵的一种重要表现。之所以会出现这种情况，主要原因是政府是一个非市场机构，其收入主要来源于税收，支出主要用于公共管理、公共服务，其自然不会像"经济人"那样精打细算。也就是说，政府在从事经济活动时，缺乏像企业那样严格的预算约束和市场约束，导致政府为获得一个给定的产出或者为达到某种既定的目标，往往会使用更多的资源。

其三，政府政策的滞后效应导致政府失灵。宏观经济调控政策的制定和实施需要时间，各项政策对经济的运行发生作用也需要时间，这就会出现政策的滞后效应。这种滞后效应，有时会使政策措施的结果与预期的宏观调控目标产生差距，从而导致宏观经济调控中的政府失灵。如美国经济学家弗里德曼就曾经质疑凯恩斯主义倡导的"逆经济风向行事"的经济政策。弗里德曼认为，任何经济政策尤其是货币政策，从其制定、实施到见效果，都会有一个时延效应，这种时延效应往往使政府的政策目标难以实现，甚至使经济波动更加频繁、更不稳定。

以货币政策为例，当经济处于萧条时期时，经济发展不景气，失业严重，按照凯恩斯主义者的主张，此时政府应实行扩张性的货币政策，增加货币的发行量，但增发货币的作用在当时却显现不出来。而等到增发货币的作用显现出来时(假如2年以后作用显现出来)，早已时过境迁，这时的经济可能已处于另一种情况了，如物价上涨，通货膨胀严重，但恰在此时，前一时期增发货币的作用显现出来了。结果，前一时期增发货币的政策不仅对治理前一时期的经济萧条没有发挥什么作用，反而对这一时期的通货膨胀起到了火上浇油的作用。同样，当经济处于物价上涨、通货膨胀严重的情况时，按照凯恩斯主义者的主张，此时政府应实行紧缩性的货币政策，减少、控制货币的发行量，但减发货币的作用在当时却显现不出来。而等到减发货币的作用显现出来时(假如2年以后作用显现出来)，早已时过境迁，这时的经济可能已处于另一种情况了，如经济萧条、失业严重，但恰在此时，前一时期减发货币的作用显现出来了。结果，前一时期减发货币的政策不仅对治理前一时期的通货膨胀没有发挥什么作用，反而对这一时期的经济萧条起到了火上浇油的作用，更加抑制了经济的发展。显然，按照弗里德曼的说法，政府若完全按照“逆经济风向行事”的原则干预经济，不仅起不到应有的作用，反而可能带来更加严重的问题。

其四，政府干预过度导致市场失灵。在市场经济条件下，政府实行宏观调控的目的，主要是解决市场调节所不能解决的宏观经济平衡问题。在这个过程中，政府应主要运用经济手段和法律手段，以维护市场经济运行的正常秩序，解决经济运行中存在的突出问题，从而达到预期的调控目标。但若政府干预经济的范围和力度过大，超出校正市场失灵和维护市场机制顺畅运行的合理界限，就会出现政府失灵。再者，政府在干预经济活动和调节资源配置的过程中，还可能会产生各种各样的寻租现象，导致资源人为紧张、流通环节增加、物价层层上涨、生产成本上升、国家资金流失、国家计划受阻、经济管理失衡和经济政策走样等，不仅会严重破坏社会经济秩序，还极易导致腐败现象的发生。

其五，微观经济主体对宏观经济政策反应不敏感导致政府失灵。政府宏观经济调控要达到预期目标，除了要把握好调控的方向、重点和力度外，一个极为重要的条件就是调控的对象，即微观经济主体必须接受宏观经济政策的调控。如果微观经济主体对宏观经济政策反应不灵敏，或根本不予理睬，那么无论多么有力的政策，都将无济于事。

如何矫正政府失灵？首先，要矫正政府失灵，必须严格划定政府活动的范围，采取合理、适度的干预方式。政府干预从本质上也是一种经济行为，只有当其收益高于成本时才是合理的。因此，政府的规模、功能应该严格限制在合理的范围之内，而不能随意扩大、盲目扩张。其次，要使政府干预经济发挥出有效作用，必须采取正确的干预方式，即保持"与市场一致原则"，绝不能简单地以政府干预经济活动替代甚至否定市场机制的作用。最后，要矫正政府失灵，必须建立竞争激励机制，实现"择优上岗"，提高政府机构工作效率。同时，要把决策者的决策权力与责任联系起来，减少或杜绝决策失误的发生。

事实上，政府失灵不可能完全消除，就像市场失灵的矫正一样，矫正的结果又会产生一些新的问题。对市场失灵的矫正和对政府失灵的矫正，都是为了寻求一种市场与政府的相对有效组合，这种组合关系要随着经济社会的发展变化而不断调整、修正。

第三节　在市场作用和政府作用的问题上"要讲辩证法、两点论"

市场决定资源配置是市场经济的一般规律，市场经济本质上就是市场决定资源配置的经济。但我国实行的是社会主义市场经济体制，必须要充分发挥我国社会主义制度的优越性、发挥党和政府的积极作用。在社会主义市场经济条件下，在市场作用和政府作用的问题上一定要讲辩证法、两点论，既要"有效的市场"，也要"有为的政府"。只有使市场和政府各就其位、各展其长，才能推动形成市场作用和政府作用有机统一、相互补充、相互协调、相互促进的格局，促进经济持续健康高质量发展。

一、正确认识和处理政府与市场的关系问题是我国经济体制改革的核心问题

1978 年改革开放以前，我国实行的是高度集中的计划经济体制，其根本特征主要是由政府通过国家计划进行资源配置和经济管理，从制订生产计划、下达生产指标到调配资源、安排就业等，生产经营活动的各个环节，基本上都是由政府来操控。之所以在实践中特别突出强调政府的核心作用，是因为在传统理念中，市场经济是资本主义特有的经济形式，计划经济才是社会主义经济的本质特征。所以，在计划经济时代，人们往往把国家、政府看作是生产经营活动的主宰，生产企业基本上没有生产经营的自主权，上级主管部门、计划部门让它们生产什么，它们就生产什么，让它们生产多少，它们就生产多少，生产所用的生产资料从何而来，生产出的产品销往何处，企业也不用操心，全由上级主管部门、计划部门说

了算，市场在资源配置和经济运行方面很少发挥作用。但长期单纯依靠计划机制调节资源配置和经济运行的结果是，生产企业既无改进技术、提高劳动生产效率的内在动机，也无努力提高产品质量、适应市场需求的外在压力，企业就像是算盘珠子一样，上级拨一拨，它就动一动，缺乏竞争力和应变能力，没有生机和活力。作为整个社会经济有机体的微观细胞，企业没有生机和活力，导致整个社会经济机体也缺乏生机和活力，严重制约了社会生产力的发展。

1978 年，党的十一届三中全会拉开了我国改革开放的序幕。在政府与市场关系的认识上开始突破传统，强调“政府不是万能的，需要市场来补充”，强调在发挥政府调节资源配置和经济运行作用的同时也应该发挥市场的补充作用。从党的十一届三中全会提出“应该有领导地大胆下放，让地方和工农业企业在国家统一计划的指导下有更多的经营管理自主权”，到党的十二大提出我国经济体制改革的思路是“计划经济为主、市场调节为辅”，到党的十二届三中全会提出要大力发展“公有制基础上的有计划的商品经济”，再到党的十三大提出“社会主义有计划商品经济的体制，应该是计划与市场内在统一的体制”，可以很清晰地看出改革开放初期我国市场化改革的路径，即在充分肯定政府作用的同时开始发挥市场在资源配置和经济运行中的辅助调节作用，这是党在“政府与市场关系”认识上的一个重大进步。当然，这种认识仍然是有局限的，因为它还是强调在政府的主导下发挥市场的作用，还是强调计划第一，市场第二，认为市场手段不过是计划手段的补充而已。按照这种认识，就是政府能干的事情还是要让政府干，只有政府干不了的事情才允许市场干。1992 年初，邓小平在南方谈话中明确指出：“计划多一点还是市场多一点，不是社会主义与资本主义的本质区别。计划经济不等于社会主义，资本主义也有计划；市场经济不等于资本主义，社会主义也有市场。计划和市场都是经济手段。”[①]邓小平的这一精辟论断，标志着党对政府与市场关系的认识实现了重大突破，标志着党对政府与市场关系的认识达到了一个新高度。在这一认识的基础上，1992 年党的十四大明确将建立和完善社会主义市场经济体制确定为我国经济体制改革的目标和方向。党的十四大报告明确指出，“我国经济体制改革的目标是建立社会主义市场经济体制”，“就是要使市场在社会主义国家宏观调控下对资源配置起基础性作用”，首次将“市场经济”写在了社会主义的旗帜上，强调市场在资源配置中要发挥基础性作用，而不只是起辅助性作用了。1997 年党的十五大报告进一步明确提出，要“坚持和完善社会主义市场经济体制，使市场在国家宏观调控下对资源配置起基础性作用”，进一步

① 《邓小平文选》第 3 卷，人民出版社 1993 年版，第 373 页。

强调市场是调节资源配置的基础性手段，而非补充手段。之后，为更加突出市场在资源配置中的基础性作用，2002 年党的十六大报告明确提出要“在更大程度上发挥市场在资源配置中的基础性作用”，2007 年党的十七大报告提出要“从制度上更好发挥市场在资源配置中的基础性作用”，2012 年党的十八大报告进一步提出要在“更大程度更广范围发挥市场在资源配置中的基础性作用”。从党的十六大到党的十八大，虽然在市场基础性作用前面所加的修饰词有所不同，但核心思想都是强调要发挥市场在资源配置中的基础性作用。同时，也一直在强调要完善政府的经济调节、市场监管、社会管理和公共服务的职能。党的十四大后，党对政府与市场关系认识的不断深化，推动我国沿着社会主义市场经济的改革方向不断迈进。

党的十八大以后，以习近平同志为核心的党中央进一步坚持社会主义市场经济的改革方向，并在理论和实践上进一步提升了党对政府与市场关系的认识。习近平指出，新时代讨论政府与市场的关系问题，关键就是讨论“在资源配置中市场起决定性作用还是政府起决定性作用这个问题”①。习近平强调，“理论和实践都证明，市场配置资源是最有效率的形式”，“健全社会主义市场经济体制必须遵循这条规律”②，即应该让市场在资源配置中发挥决定性作用。当然，我国实行的是社会主义市场经济体制，所以在强调市场在资源配置中的决定性作用的同时，还要充分发挥社会主义制度的优越性，更好地发挥政府的调控作用。2013 年，在党的十八届三中全会的决定中，党中央明确提出了“使市场在资源配置中起决定性作用和更好发挥政府作用”的重要论断，从而使党对政府与市场关系的认识达到了一个新境界。将以往强调“使市场在资源配置中起基础性作用”的提法改为“使市场在资源配置中起决定性作用”，虽然表述上只有二字之差，但却是认识上的一次质变，是对市场作用的全新定位。这种表述释放了一个非常明确的信号，就是党推进市场化改革、发展社会主义市场经济体制的目标是坚定不移的。2017 年，党的十九大报告强调“使市场在资源配置中起决定性作用，更好发挥政府作用”。这一表述与党的十八届三中全会的提法相比又有所不同，即把“使市场在资源配置中起决定性作用和更好发挥政府作用”改为“使市场在资源配置中起决定性作用，更好发挥政府作用”。把中间的“和”字改成了“，”，体现了党对政府与市场关系认识的进一步深化。把“市场在资源配置中起决定性作用”与“更好发挥政府作用”放在同一句话里，用“和”连接，使人感觉“市场的决定性作用”

---

① 《习近平谈治国理政》，外文出版社 2014 年版，第 77 页。

② 《习近平谈治国理政》，外文出版社 2014 年版，第 77 页。

与“政府作用”在“配置资源”上是并列关系，但把“和”改为“，”，则更加突出强调了“市场在资源配置中起决定性作用”，明确政府的功能主要不是在资源配置的微观层面，而应更多地体现在宏观调控和政府治理方面。2019年，党的十九届四中全会进一步强调“充分发挥市场在资源配置中的决定性作用，更好发挥政府作用”。从“使市场在资源配置中起决定性作用”到“充分发挥市场在资源配置中的决定性作用”，无疑使市场的主体定位进一步凸显、市场配置资源的决定性作用更为增强，“充分”一词更加凸显了党加快构建高水平社会主义市场经济体制的决心和信心。2022年，党的二十大报告再进一步强调，“充分发挥市场在资源配置中的决定性作用，更好发挥政府作用”。

总之，改革开放以来，中国共产党在理论上对政府与市场关系的认识不断深化，在实践中不断强化市场在资源配置中的作用、不断提升政府的宏观治理能力和治理水平，社会主义市场经济体制不断走向成熟和完善。

二、既要“有效市场”，也要“有为政府”

政府与市场作为现代市场经济体系中两个重要的调节资源配置和经济运行的力量和手段，各有长处，但也各有不足。政府是一只“看得见的手”，市场是一只“看不见的手”，它们都能对资源配置产生作用，但资源配置和利益调节的机理、手段、方式不同。市场主要基于各经济主体对自身利益最大化的追求，通过供求、价格、竞争等机制配置资源、调节利益关系；政府则主要根据全局和公益性需求，依靠经济手段和法律手段对市场经济活动进行调控，对社会重要资源进行配置，调节重要利益关系。市场主要从微观层面对社会经济运行进行调节，政府主要从宏观层面对社会经济运行进行整体调控。市场对资源的配置具有灵活性和及时性优势，政府对资源的配置具有长期性和战略性优势。但无论是政府力量还是市场力量都不是万能的，都存在各自的缺陷和不足，都有失灵的时候和失灵的领域。市场的功能缺陷或者说市场失灵需要靠政府的力量去弥补、纠正；同样，政府的失灵，也需要靠市场的力量去矫正，如通过引入竞争机制，特别是在各级政府机构内部和部门之间建立竞争激励机制，给决策者和决策部门以一定压力，以此来提高政府的服务意识，克服政府行政效率低下的问题。政府与市场作为调节资源配置和经济运行的“两只手”，犹如车之双轮、鸟之两翼，只有“两只手”各司其职、各展所长，才能真正实现社会资源的优化配置，才能推动社会经济持续健康发展。

习近平强调，“在市场作用和政府作用的问题上，要讲辩证法、两点论，‘看不见的手'和'看得见的手'都要用好,努力形成市场作用和政府作用有机统一、相互补充、相互协调、相互促进的格局"[①],强调在调节资源配置和经济运行的过程中,"既要遵循市场规律、善用市场机制解决问题,又要让政府勇担责任、干好自己该干的事"[②]。市场与政府作为调节资源配置和经济运行的两种力量,应各就其位、各司其职、各展所长、协调共进。习近平强调,"市场配置资源是最有效率的形式。市场决定资源配置是市场经济的一般规律,市场经济本质上就是市场决定资源配置的经济。健全社会主义市场经济体制必须遵循这条规律",但"我国实行的是社会主义市场经济体制,我们仍然要坚持发挥我国社会主义制度的优越性、发挥党和政府的积极作用"[③],"我们是在中国共产党领导和社会主义制度的大前提下发展市场经济,什么时候都不能忘了'社会主义'这个定语"[④]。习近平反复强调,在处理政府与市场的关系问题上,一定要讲辩证法、两点论,要"使市场在资源配置中起决定性作用"和"更好发挥政府作用"有机统一起来,"既不能用市场在资源配置中的决定性作用取代甚至否定政府作用,也不能用更好发挥政府作用取代甚至否定使市场在资源配置中起决定性作用"[⑤],而是要在社会主义基本制度与市场经济的结合上下功夫,要把"政府"与"市场"两方面的优势都发挥好,既要"有效的市场",也要"有为的政府"。

"有为政府"和"有效市场"之间不是谁大谁小、"有你无我"的对立关系,而是"相辅相成""相互促进""互为补充"的关系。市场决定资源配置是市场经济的一般规律。市场通过经济主体依据市场价格、市场规则配置资源,靠市场的充分竞争实现效益最大化和效率最大化。但要使市场的作用有效发挥出来,就要正确发挥政府作用,解决市场体系不完善、市场竞争不公平、市场秩序不规范等问题。再者,市场机制在发挥作用时常常存在着一些不可忽视的弊端,如市场信息不充分、不完全和市场垄断等问题,市场调节手段也存在着盲目性、自发性、滞后性等缺陷。为了解决市场存在的失灵问题,就需要政府参与经济活动,如提供无法由市场供给的公共服务和公共物品,打击由于市场自发性而产生的破坏市场规则

---

① 《习近平谈治国理政》,外文出版社 2014 年版,第 116 页。

② 中共中央文献研究室:《习近平关于社会主义经济建设论述摘编》,中央文献出版社 2017 年版,第 120 页。

③ 中共中央文献研究室:《习近平关于社会主义经济建设论述摘编》,中央文献出版社 2017 年版,第 53 页。

④ 中共中央文献研究室:《习近平关于社会主义经济建设论述摘编》,中央文献出版社 2017 年版,第 64 页。

⑤ 中共中央文献研究室:《习近平关于社会主义经济建设论述摘编》,中央文献出版社 2017 年版,第 59 页。

的行为，打破由市场垄断行为造成的行业壁垒等。总之，运转良好的市场经济既需要有效的市场促使市场主体创造财富的积极性得以充分发挥，使价值创造得到充分激励；同时也需要有作为的政府为市场主体创造平等竞争环境来保障经济运行的制度基础，并提供服务确保共同富裕目标的实现，促进社会稳定和人民生活幸福。习近平强调，在发展社会主义市场经济的过程中，既要“坚持使市场在资源配置中起决定性作用，完善市场机制，打破行业垄断、进入壁垒、地方保护，增强企业对市场需求变化的反应和调整能力，提高企业资源要素配置效率和竞争力”，又要“发挥政府作用”，“既要遵循市场规律、善用市场机制解决问题，又要让政府勇担责任、干好自己该干的事”。① 只有政府与市场“各就各位”，各展所长，成为优势互补的“黄金搭档”，才能协力推进和保障我国经济持续健康有序地发展。

第四节　推动“有效市场”和“有为政府”更好结合

改革开放40多年来，我国社会主义市场经济体制基本建立并不断完善，政府与市场越来越好地扮演着各自的角色，市场的活力不断增强，政府的作用逐渐到位，两者有机结合，促进我国社会生产力快速发展，实现了经济总量居世界第二的历史性飞跃，实现了人民生活从温饱不足到总体小康再到全面小康的历史性跨越。但同时也要看到，目前我国的市场经济体制还存在不少问题：一方面是市场体系尚不是很健全，市场发育尚不是很充分，市场要素流动尚不是很顺畅，市场秩序尚不是很规范，市场规则尚不是很统一，市场竞争尚不是很充分，市场这只“看不见的手”在调节资源配置和经济运行方面的决定性作用尚没有充分发挥出来；另一方面，政府这只“看得见的手”仍然管了很多不该管的事情，束缚了市场主体的手脚，而与此同时，又有不少应该政府管好的事情却没有管或没有管好，如市场监管不到位、公共服务不完善等。而所有这些问题归结到一点，就是政府与市场的关系还没有完全理顺，市场这只“看不见的手”还没有完全施展作用，政府这只“看得见的手”还没有收放自如，两者还没有达到“琴瑟和鸣”的最佳效果。因此，新时代全面深化改革，加快完善社会主义市场经济体制，核心问题还是要正确处理好政府与市场这“两只手”的关系。一方面，要通过进一步深化改革，使市场在资源配置中的决定性作用充分发挥出来；另一方面，要进一步转

① 中共中央文献研究室：《习近平关于社会主义经济建设论述摘编》，中央文献出版社2017年版，第69、120页。

变政府职能，更好地发挥政府的作用；再一方面，要通过深化清单制度改革，进一步厘清和理顺政府与市场的关系。

一、持续推进市场化改革，充分发挥市场在资源配置中的决定性作用

习近平指出，全面深化改革，就是要“充分发挥市场在资源配置中的决定性作用”，充分激发市场所蕴藏的活力。而要充分激发市场活力，就必须“从广度和深度上推进市场化改革，减少政府对资源的直接配置，减少政府对微观经济活动的直接干预，加快建设统一开放、竞争有序的市场体系，建立公平开放透明的市场规则，把市场机制能有效调节的经济活动交给市场，把政府不该管的事交给市场，让市场在所有能够发挥作用的领域都充分发挥作用，推动资源配置实现效益最大化和效率最优化，让企业和个人有更多活力和更大空间去发展经济、创造财富”①。

其一，给市场主体创造更大的发展空间，激发市场主体的创业热情。市场主体是经济发展的基本载体，是经济活动的主要参与者、就业机会的主要提供者、技术进步的主要推动者，是充分发挥市场在资源配置中的决定性作用、推动生产力发展的重要微观基础。要破除制约市场竞争的各类障碍和隐性壁垒，营造各种所有制主体依法平等使用资源要素、公开公平公正参与竞争、同等受到法律保护的市场环境，降低投资者的创业成本。一是要进一步深化产权制度改革，完善产权保护制度。要健全以公平为核心原则的产权保护制度，保护各种所有制经济产权和合法利益，保证各种所有制经济依法平等使用生产要素、公开公平公正参与市场竞争、同等受到法律保护。二是要进一步强化行政审批制度改革，简化整合办事环节，降低投资者创业的交易成本。强化相关部门间的信息互联互通，实现企业基础信息的高效采集、有效归集和充分运用，通过“数据网上行”，让“企业少跑路”；简化整合办事环节，强化部门之间的协同联动，加快业务流程再造；拓展服务渠道，创新服务方式，推行全程电子化登记管理和线上线下一体化运行，让企业办事更方便、更快捷、更有效率。三是进一步放松对市场主体准入的管制，降低市场准入门槛。凡是市场主体基于自愿的投资经营和民商事行为，只要不属于法律法规禁止进入的领域，不损害第三方利益、社会公共利益和国家安全，政府不得限制进入。

其二，建立和规范市场秩序，让市场竞争更加公平有序。市场秩序是市场运行中必须遵循的各种行为准则和行为规范的总称，是保证市场机制作用发挥的根本条件。要进一步健全统一市场监管规则，确保市场竞争公开公平。一是要

① 《习近平谈治国理政》，外文出版社 2014 年版，第 117 页。

加强市场监管行政立法工作，完善市场监管程序，加强市场监管标准化规范化建设，依法公开监管标准和规则，增强市场监管制度和政策的稳定性、可预期性。二是要全面提升市场监管能力，充分利用大数据等技术手段，加快推进智慧监管，提升市场监管政务服务、网络交易监管、消费者权益保护、重点产品追溯等方面跨省通办、共享协作的信息化水平。三是要进一步强化反垄断。强化反垄断、深入推进公平竞争政策实施，是完善社会主义市场经济体制的内在要求。要强化垄断风险识别、预警、防范，特别是要破除平台企业数据垄断等问题，防止利用数据、算法、技术手段等方式排除、限制竞争。四是要进一步依法查处不正当竞争行为。对市场主体、消费者反映强烈的重点行业和领域，加强全链条竞争监管执法，以公正监管保障公平竞争。要加强对平台经济、共享经济等新业态领域不正当竞争行为的规制，整治网络黑灰产业链条，治理新型网络不正当竞争行为。

其三，完善由市场决定价格的机制，让“信号”反应更加灵敏。价格是市场运行的指挥棒，引导着资源流向。借助于价格，消费者可以及时了解各种商品的供求信息，从而做出更加理性的消费抉择。借助于价格，企业可以及时了解各种商品的市场供求信息，从而不断地调整生产经营决策，调节资源的配置方向，提高企业经济效益。充分发挥市场在资源配置中的决定性作用，必须要形成和完善主要由市场决定价格的机制，让价格“信号”更加灵敏地反映市场供求变化状况，让消费者和企业对市场价格信号及时做出反应并根据市场变化调整自己的消费和经营决策。凡是能由市场形成价格的都交给市场，政府不再进行不当干预；政府定价领域，必须严格规范政府定价行为，坚决管好管到位；经营者自主定价领域，要通过健全规则、加强执法来维护市场秩序，保障和促进公平竞争。

其四，加快构建全国统一大市场，让商品和要素的流动更加顺畅。市场机制能够发挥决定性作用的一个基本前提是市场畅通。如果市场流通不畅，如生产、交换等环节存在一些不平等、不畅通的现象，就意味着在国民财富分配和消费方面也会存在不平等、不充足，进而导致供需无法匹配。而供需无法匹配就会产生过剩与短缺并存等一系列问题。反过来，一旦把过去的“堵点”打通了，就不仅能够解决生产端、交换端的不平等、不畅通问题，而且也能够顺带解决国民财富分配和消费的不平等、不充足问题，从而让供需更加匹配、财富更加增长。为实现土地、劳动力、资本、技术、数据、能源、生态环境等生产要素在全国范围内的合理流动和优化配置，必须采取有效措施，加快形成企业“自主经营、公平竞争”、消费者“自由选择、自主消费”、商品和要素“自由流动、平等交换”的现代市场体系，加快建设全国统一大市场。一是进一步强化全国统一的市场基础制度规则。要完善统一的产权保护制度,坚持平等保护、全面保护、依法保护各类产权;实行统一的市场准入制度,严格落实“全国一张清单”管理模式,推动实现市场准入效能评估全覆盖;维护统一的公平竞争制度,健全公平竞争制度框架和政策实施机制;健全统一的社会信用制度,推动社会信用体系建设高质量发展。二是推进市场设施高标准联通。要以完善流通网络、畅通信息交互、丰富平台功能为抓手,着力提高市场运行效率。三是打造统一的要素和资源市场。要健全城乡统一的劳动力市场,促进人才跨地区顺畅流动;加快发展统一的资本市场,坚持金融服务实体经济;加快培育统一的技术和数据市场,鼓励不同区域之间科技信息交流互动;建设全国统一的能源市场和培育发展全国统一的生态环境市场,充分发挥资源流动的乘数效应。四是推进商品和服务市场高水平统一。要以人民群众关心、市场主体关切的领域为重点,着力完善商品和服务质量与标准体系。五是推进市场监管公平统一。要统一监管规则,加强市场监管行政立法工作,完善市场监管程序,加强市场监管标准化规范化建设,依法公开监管标准和规则;要强化统一执法,统筹执法资源,减少执法层级,统一执法标准和程序,规范执法行为,减少自由裁量权,促进公平公正执法。

二、进一步深化政府职能改革,更好发挥政府作用

市场在资源配置中起决定性作用,但不是起全部作用,政府这只“看得见的手”同样不可或缺。习近平强调:“科学的宏观调控,有效的政府治理,是发挥社会主义市场经济体制优势的内在要求。”①问题的关键是,在社会主义市场经济条件下,政府到底应发挥什么样的作用?又该怎样更好地发挥作用?更好地发挥政府作用,并不是要更多发挥政府作用,不是让政府更深地介入到资源配置活动中去,而是要在保证“充分发挥市场在资源配置中的决定性作用”的前提下,管好那些市场管不了或管不好的事情。习近平强调:“各级政府一定要严格依法行政,切实履行职责,该管的事一定要管好、管到位,该放的权一定要放足、放到位,坚决克服政府职能错位、越位、缺位现象。”②

首先,要“定好位”,就是要明确政府的职责和作用所在。正确处理政府与市场关系问题,并不是简单地削弱政府的职能、强化市场的功能,而是要根据社会主义市场经济发展的要求,界定清楚两者的职能,理清两者的边界。政府与市场

---

① 《习近平谈治国理政》,外文出版社 2014 年版,第 77 页。

② 《习近平谈治国理政》,外文出版社 2014 年版,第 118 页。

不是谁大谁小、“有你无我”的对立关系，而应是“各就各位”的关系。那么，在发展社会主义市场经济的过程中，政府的职能到底应该是什么？2013 年，党的十八届三中全会通过的《中共中央关于全面深化改革若干重大问题的决定》对社会主义市场经济条件下政府的职能作了非常明确的界定，即：保持宏观经济稳定，加强和优化公共服务，保障公平竞争，加强市场监管，维护市场秩序，推动可持续发展，促进共同富裕，弥补市场失灵。2019 年，党的十九届四中全会通过的《中共中央关于坚持和完善中国特色社会主义制度，推进国家治理体系和治理能力现代化若干重大问题的决定》再次强调，要优化政府职责体系，“完善政府经济调节、市场监管、社会管理、公共服务、生态环境保护等职能”。形象地说，就是要求政府当好国民经济的“掌舵人”、市场规则的制定者、市场运行的“裁判员”、基本公共服务的提供者、公平正义的维护者。党中央对政府职能的科学界定，不仅为政府更好发挥其职能作用划定了边界，而且为进一步深化政府机构改革、转变政府职能指明了方向。

其次，要“防越位”，就是政府要把该放的权力坚决放开，不该管的事情坚决不要再去管。习近平强调，正确处理政府与市场的关系，关键是要简政放权，“该放给市场和社会的权一定要放足、放到位”①。对于能够充分发挥市场机制的调节作用，能够实现市场有效配置资源的领域，政府应该坚决退出，减少政府对资源的直接配置，减少政府对微观经济活动的直接干预，把市场机制能有效调节的经济活动交给市场，把政府不该管的事交给市场，让市场在所有能够发挥作用的领域都充分发挥作用，“推动资源配置实现效益最大化和效率最优化，让企业和个人有更多活力和更大空间去发展经济、创造财富”②。

最后，要“补缺位”，就是政府要把该管而没管好的事要坚决管好。简政放权，不是说政府对经济发展和经济运行就放任不管了。实际上，在发展社会主义市场经济的过程中，还有很多地方、很多方面需要政府更好地发挥作用。习近平强调，“更好发挥政府作用，不是要更多发挥政府作用，而是要在保证市场发挥决定性作用的前提下，管好那些市场管不了或管不好的事情”③，“凡属市场不能有

① 中共中央文献研究室：《习近平关于社会主义经济建设论述摘编》，中央文献出版社 2017 年版，第 68 页。

② 《习近平谈治国理政》，外文出版社 2014 年版，第 117 页。

③ 中共中央文献研究室：《习近平关于社会主义经济建设论述摘编》，中央文献出版社 2017 年版，第 66 页。

效发挥作用的，政府应当主动补位，该管的要坚决管，管到位，管出水平，避免出问题”[①]，强调政府“要集中力量办好市场办不了的事，履行好宏观调控、市场监管、公共服务、社会管理、保护环境等基本职责”[②]。

三、不断完善清单制度改革方案，厘清和理顺政府与市场的关系

“清单”中的“清”含有“明晰、准确”的意思，“清单”的“单”则为“按某种顺序陈列的相关条目”。广义上说，一切以特定形式明确呈列的条目，都可称为“清单”。以清单为核心工具所开展的治理探索，即为清单治理。中国特色社会主义进入新时代后，在国家治理迈向现代化的进程中，为更好地解决政府职能越位、缺位、错位问题，更好厘清政府与市场的关系，我国创造性地推出了以“负面清单”“权力清单”“责任清单”为主要内容的“清单”制度改革方案，成为国家治理“善治”与“现代化”的重要制度设计。

其一，完善“负面清单”，厘清企业的行为边界。“负面清单”是政府将法律、法规和政策不允许市场主体进入的行业、领域和经济活动等以一张清单的形式公布于众。除了清单上列出的禁区，其他行业、领域和经济活动均向市场主体开放，政府不得限制。“负面清单”明确了市场主体不该干什么，宣示和明确的是“法无禁止皆可为”。表面上看，“负面清单”好像是告诉市场主体哪些“高压线”不能碰，哪些事情不能做，但其实更为重要的信号是告诉市场主体除了这些以外，其他的都可以做，在“负面清单”之外，市场主体可以大有作为。“负面清单”这一管理模式，以非常简单明了的方式，让市场主体明确了“可为”和“不可为”的界限，省去了很多烦琐的审批手续，赋予了市场主体更多的主动权，不仅节约了市场主体的创业成本，而且提高了市场主体的办事效率。

其二，完善“权力清单”，强化对政府的权力约束。“权力清单”是政府将所有法律、法规授予政府和各政府部门的职权统一整理、归纳为一张清单，向社会公布，接受社会监督。凡是政府和各政府部门依法可行使的权力均列在清单上，未列的权力即法未授予的权力，政府和政府部门均不得行使。“权力清单”其实就是用清单的方式明确了政府“可以干什么”“不可以干什么”的界限，宣示和明确的是“法无授权不可为”的法治政府原则。“权力清单”制度有利于推动权力公开运行、强化权力运行的制约和监督，让政府的行为更加规范、更

---

① 中共中央宣传部：《习近平总书记系列重要讲话读本（2016 年版）》，学习出版社、人民出版社 2016 年版，第 150 页。

② 《习近平谈治国理政》第 2 卷，外文出版社 2017 年版，第 244 页。

加有公信力。

其三，完善“责任清单”，明确政府的法定职责。“责任清单”是政府将所有法律、法规赋予政府和各政府部门的职责统一整理、归纳为一张清单，向社会公布，接受社会监督。“简政”不是“减政”，“放权”并非“放任”，简政放权不是让政府当“甩手掌柜”，也不是给某些管理部门和某些工作人员不作为的借口。其实，在社会主义市场经济条件下，政府要做的事很多，责任很重。比如，市场在自发作用的过程中一定会形成垄断，垄断会抑制市场活力，政府就要想方设法反垄断，给市场一个公平的秩序环境；又比如，市场竞争中，假冒伪劣、坑蒙拐骗总会找机会露头，政府就要时时睁大“除杂草”“去劣币”的眼睛，让假冒伪劣、坑蒙拐骗无处藏身，给市场一个清洁的环境。“责任清单”其实就是明确了政府“该做什么”“不该做什么”的界限，宣示和明确的是“法定职责必须为”的法治政府原则。各级政府和政府部门对于“责任清单”上列出的法定职责，必须认真履行，不履行即构成不作为，就要承担相应责任。

“负面清单”“权力清单”“责任清单”是我国行政体制改革过程中的一项创新性制度安排，是优化政府与市场职责体系的重要手段。有了“负面清单”，市场主体就知道自己不能做什么，哪些领域、哪些行业不能进入，而除了负面清单上规定不能做的之外，其他的都可以大胆地、理直气壮地去做，除了负面清单上规定不能进的领域、行业外，其他都可以大胆地、理直气壮地进入；有了“权力清单”和“责任清单”，政府和政府部门及其工作人员就知道自己能做什么、不能做什么和应该做什么，政府无权做的做了，就是越权，应该做和必须做的不做就是失职，就应追究相关部门和相关人员的责任。这三张清单不是随意组合的，也不是各自为战的，而是彼此之间有着内在的联系。“负面清单”“权力清单”要求政府用权不能任性，政府不得随意干预市场，不得随意行使法律没有明确授予的权力；“责任清单”要求政府履责必须积极、主动，面对责任不得互相推诿、相互扯皮，不得为官不作为。“权力清单”与“责任清单”是“负面清单”的重要保障，只有“权力清单”将政府权力的范围限定了，才能避免政府将权力之手伸向“负面清单”之外的事项，只有“责任清单”将政府职责明确化了，才能保证政府对列入“负面清单”的事项依法予以有效规制，管住管好。“负面清单”“权力清单”和“责任清单”是相辅相成的，只有三者各守其位、有机结合，才能依法约束“看得见的手”，才能更好地发挥“看不见的手”的作用。为更好地处理政府与市场的关系，必须进一步完善以“负面清单”“权力清单”“责任清单”为主要内容的“清单”制度，用“清单”明确政府权力和责任，用清单厘清政府与市场的边界。

第十章　深化供给侧结构性改革

深化供给侧结构性改革是以习近平同志为核心的党中央在深刻把握国内外经济形势的前提下，针对新时代我国发展面临的一系列结构性矛盾和问题开出的“药方”，目的是提高供给体系质量和效率，增强供给结构对需求变化的适应性和灵活性，以更好地满足广大人民群众的需要，实现经济的高质量发展。

第一节　深化供给侧结构性改革的必要性和紧迫性

深化供给侧结构性改革是中国共产党在综合分析世界经济发展趋势和我国经济发展新常态的基础上对我国经济发展思路及工作着力点的重大调整，是化解新时代我国经济发展面临复杂困难和主要矛盾的重大举措，也是培育增长新动力、形成发展新优势、实现经济高质量发展的根本要求和必然选择。

一、深化供给侧结构性改革是适应和引领经济发展新常态的重大创新

在经过了改革开放初期的快速发展之后，我国经济发展逐渐进入新常态。“经济新常态”中的“新”，意味着不同以往，强调一个经济体在发展过程中呈现出了与以往不一样的新特征；“常态”，则意味着相对稳定，强调的是一个经济体在某一特定时期或某一特定阶段内所呈现出来的“经常性状态”或“稳定性状态”。“经济新常态”是指一个经济体在新的历史时期所呈现出来的有别于“上个时期或上个阶段”的相对稳定的经济运行状态。“经济新常态”是以习近平同志为核心的党中央针对新时代我国经济发展的阶段性特征作出的重大战略判断，说明新时代我国经济发展呈现出了诸多不同于改革开放初期的新特点，而且这些新特点不是短期的暂时性现象，而是要持续一段时间。2014 年 11 月，习近平在亚太经合组织工商领导人峰会开幕式上的演讲中，将这些新特点总结为三个方面：“一是从高速增长转为中高速增长。二是经济结构不断优化升级，第三产业、消

费需求逐步成为主体，城乡区域差距逐步缩小，居民收入占比上升，发展成果惠及更广大民众。三是从要素驱动、投资驱动转向创新驱动。”①随后，在出席当年的中央经济工作会议时，习近平又从消费需求、投资需求、出口和国际收支、生产能力和产业组织方式、生产要素相对优势、市场竞争特点、资源环境约束、经济风险积累和化解、资源配置模式和宏观调控方式等九个方面，进一步概括和总结了我国经济新常态所呈现出来的趋势性特征。其一，从消费需求看，新常态下，我国模仿型排浪式消费阶段基本结束，个性化、多样化消费渐成主流；其二，从投资需求看，新常态下，传统产业、房地产投资相对饱和，新技术、新产品、新业态、新商业模式的投资机会大量涌现，对创新投融资方式提出了新要求；其三，从出口和国际收支看，新常态下，低成本的产品出口对我国经济增长的拉动作用逐渐减弱，高水平引进来、大规模走出去正在同步发生，人民币国际化程度明显提高，国际收支双顺差局面正在向收支基本平衡方向发展；其四，从生产能力和产业组织方式看，新常态下，传统产业供给能力大幅超出需求，互联网技术加快发展，新兴产业、服务业、小微企业对经济增长的贡献作用越来越凸显，小型化、智能化、专业化日渐成为产业组织的新特征；其五，从生产要素相对优势看，新常态下，劳动力低成本的优势渐渐消失，借助利用外资、引进技术等途径实现技术进步的空间逐步缩小，靠要素规模扩张来驱动经济增长的力量逐渐减弱，经济增长将更多依靠人力资本质量和技术进步，创新逐渐成为驱动经济增长的重要新引擎；其六，从市场竞争特点看，新常态下，竞争正逐步从过去的数量扩张和价格竞争为主转向质量竞争、差异化竞争为主，统一全国市场、形成统一透明有序规范的市场环境、提高资源配置效率日益成为经济发展的内生性要求；其七，从资源环境约束看，新常态下，能源资源和生态环境的承载能力已经达到或接近上限，人民群众对生态产品的需求越来越迫切，生态环境越来越珍贵，过去那种不计资源和环境的高消耗、粗放型的发展模式已难以继续，绿色低碳循环发展模式已成为推动经济持续健康发展的内在要求；其八，从经济风险积累和化解看，新常态下，伴随着经济增速下调，各类隐性风险逐步显性化，地方政府性债务、影子银行、房地产等领域风险正在显露，就业的结构性风险也逐渐显露出来，要求必须建立健全化解各类风险的体制机制，防范和化解可能出现的各种经济风险；其九，从资源配置模式和宏观调控方式看，新常态下，需求侧刺激政策的边际效果明显递减，通过进一步发挥市场机制作用、深化供给侧结构性改革逐渐成为未来发展方向。

① 中共中央文献研究室：《习近平关于社会主义经济建设论述摘编》，中央文献出版社2017年版，第74页。

2016年1月，习近平在省部级主要领导干部学习贯彻党的十八届五中全会精神专题研讨班上的讲话中再次强调："新常态下，我国经济发展的主要特点是：增长速度要从高速转向中高速，发展方式要从规模速度型转向质量效率型，经济结构调整要从增量扩能为主转向调整存量、做优增量并举，发展动力要从主要依靠资源和低成本劳动力等要素投入转向创新驱动。这些变化，是我国经济向形态更高级、分工更优化、结构更合理的阶段演进的必经过程。"①

经济新常态下，我国经济发展面临的严峻问题是结构性问题。其一，实体经济出现了严重的结构性供需失衡。一方面，消费需求向高品质、个性化、多样化升级，但产品的供给仍处于中低端，难以满足公众日益升级的消费需求；另一方面，钢铁、汽车、家电、光伏、风电等行业出现了明显的产能过剩，但高科技产品、创新型产品和基础服务型产品供给能力却明显不足。其二，金融业和实体经济的发展出现了严重失衡。一方面，金融业发展迅速，在经济中的比重快速上升；另一方面，实体经济发展滞缓，在经济中的比重明显下降，整个经济发展的虚拟化现象越来越明显。其三，房地产和实体经济的发展出现了严重失衡。一方面，大量资金涌入房地产市场，带动一、二线城市房价过快上涨，导致实体经济发展成本不断提高，严重制约了实体经济的发展；另一方面，房地产市场的过度"繁荣"，房价的不断上涨，推高了城市居民生活的成本，抑制了城市居民对其他消费品的需求，进而间接抑制了其他行业的发展。这"三大失衡"相互交织，严重影响了经济循环的正常进行，导致经济发展面临的结构性问题越来越严重。

同时，经过改革开放初期的高速发展之后，拉动我国经济增长的原动力因素纷纷弱化甚至消失。从供给的角度看，劳动力、资源、土地等要素价格不断上涨，资源环境承载力接近甚至达到极限，生态环境不断恶化，结构积弊愈演愈烈，过去依靠低要素成本和高投资驱动的经济增长方式已经难以为继。如在劳动力供给方面，改革开放初期我国农村出现了大量剩余劳动力，并不断涌向城镇，为城镇经济发展输送了大量廉价的劳动力，促进了城市经济的高速发展。然而，随着农村剩余劳动力的减少和人口老龄化的加剧，我国的人口红利基本释放殆尽，原来的低成本劳动力优势逐渐丧失，靠廉价劳动力来带动我国经济增长的时代已经过去。再如，过去那种靠能源高消耗来带动我国经济增长的方式也难以再继续下去了。改革开放以来，随着我国经济规模的不断扩大，能源消耗量急剧增加，能源短缺日益严重。原油、天然气、煤炭三大主要能源的对外依存度不断提高。以原油为例，2009年我国原油对外依存度首次突破了50%的警戒线，2014年我国进口原

① 《习近平谈治国理政》第2卷，外文出版社2017年版，第245页。

油达 3.1 亿吨，原油对外依存度为 59.6%。从需求的角度看，虽然我国从 20 世纪 90 年代末即致力于“扩大内需”，但实践证明，刺激内需的效果并不明显。这除了因为居民的消费能力受到收入水平、社会保障水平等因素制约外，还在很大程度上同供给的有效性不足有关。迅速扩大的中产阶层不再满足于大众化的低档次的消费品消费，而是对消费品的质量、安全等提出了更高的要求，但国内消费品的供应却难以满足中产阶层对于优质、安全、多样、个性消费的需求，供需结构出现了明显错位。这导致：一方面，国内消费增速逐级而下，大量低档次消费品因供过于求而积压严重；另一方面，一些消费者到海外疯狂“扫货”，大量购买外国产的奶粉、服装、化妆品，甚至马桶盖。在外需方面，2008 年国际金融危机后，全球经济复苏乏力，国际市场有效需求急剧萎缩，出口对我国经济增长的拉动作用明显减弱。在投资需求方面，为了应对 2008 年国际金融危机，我国出台的“4 万亿计划”，虽在短期内维持了经济的高速增长，但大规模高强度的开发建设也导致传统产业和房地产业相对饱和，产能严重过剩。很显然，新常态下，投资、消费、出口这“三驾马车”对我国经济增长的拉动作用不断减弱，单纯依靠需求侧的“三驾马车”已经难以有效解决我国经济发展的动力问题，更难以解决供求不匹配和重大结构性失衡问题。

上述分析表明，“当前，我国经济发展虽然有周期性、总量性问题，但结构性问题最突出，矛盾的主要方面在供给侧。产能过剩、库存高企、杠杆偏高、成本过高、短板突出等问题不解决，只刺激需求，经济拉不上去，即使短期拉上一点，也不可持续”①，只有“把改善供给侧结构作为主攻方向，从生产端入手，提高供给体系质量和效率，扩大有效和中高端供给，增强供给侧结构对需求变化的适应性”，才能“推动我国经济朝着更高质量、更有效率、更加公平、更可持续的方向发展”。② 为此，习近平强调，深化供给侧结构性改革“是适应和引领经济发展新常态的重大创新，是适应国际金融危机发生后综合国力竞争新形势的主动选择，是适应我国经济发展新常态的必然要求”③。

① 中共中央文献研究室：《习近平关于社会主义经济建设论述摘编》，中央文献出版社 2017 年版，第 105 页。

② 中共中央文献研究室：《习近平关于社会主义经济建设论述摘编》，中央文献出版社 2017 年版，第 119 页。

③ 中共中央文献研究室：《习近平关于社会主义经济建设论述摘编》，中央文献出版社 2017 年版，第 94 页。

二、深化供给侧结构性改革是推动我国经济高质量发展的必然要求

2017年10月，党的十九大报告明确指出，中国特色社会主义进入了新时代，我国经济发展也进入了新时代，基本特征就是“我国经济已由高速增长阶段转向高质量发展阶段”，强调推动经济高质量发展，是全面建成小康社会、全面建设社会主义现代化国家的必然要求，是提升我国整体经济实力和竞争实力的必然要求，是确保我国顺利跨越“中等收入陷阱”的必然要求，是保持经济持续健康发展的必然要求，也是遵循经济规律发展的必然要求。2022年10月，党的二十大报告再次强调，“高质量发展是全面建设社会主义现代化国家的首要任务”，强调高质量发展不仅是全面建设社会主义现代化国家的基本路径，也是推动现代化建设行稳致远的重要保障。

经过改革开放几十年的快速发展，我国经济的总体规模不断增大，已成为世界第二大经济体。但我国经济“大而不强”“臃肿虚胖体弱”的问题还相当突出，科学技术、人力资源、生产资本等要素水平与发达经济体相比还有较大差距，许多产业仍处于全球价值链的中低端，“关键核心技术受制于人的局面尚未根本改变”[①]，我国经济的整体竞争实力还比较弱，与我国的大国地位还不匹配。而要从根本上改变这种经济“大而不强”的“虚胖”现状，就必须在保证我国经济规模不断增大的基础上，不断提升我国经济发展的质量。只有不断推进经济高质量发展，才能为全面建设社会主义现代化国家提供更为坚实的物质基础。

实现经济的高质量发展，关键是要深化供给侧结构性改革。习近平强调，要实现经济高质量发展，必须“以供给侧结构性改革为主线，推动经济发展质量变革、效率变革、动力变革，提高全要素生产率”[②]。其一，通过深化供给侧结构性改革，增强经济发展的创新驱动力。创新是引领发展的第一动力。通过创新驱动，替代或部分替代传统的要素资源，如用智能机器人替代传统的人力，减缓劳动力资源短缺对经济发展的制约影响；通过创新驱动，使各种传统生产要素的作用以“乘数效应”的形式放大出来，大大提高劳动生产效率；通过创新驱动，建立起以新技术、新产品、新服务等为核心内容的竞争新优势，不断提升和拓展市场空间、产业成长空间、经济发展空间，不断提高经济发展的核心竞争力。显然，只有牢固树立创新发展理念，推进供给侧结构性改革，推动新技术、新产业、新业态蓬勃发展，才能为经济持续健康高质量发展提供源源不断的内生动力。其二，通过深

① 《习近平谈治国理政》第2卷，外文出版社2017年版，第203页。

② 《习近平谈治国理政》第3卷，外文出版社2020年版，第23～24页。

化供给侧结构性改革，不断培育经济发展的新动能。要实现经济的高质量发展，必须要推动产业结构转型升级，加快培育新兴产业，改造提升传统产业，实现新旧动能转换，不断提升和拉长产业链条，在提质增效、融合创新上实现新突破。为此，必须深化供给侧结构性改革，将发展经济的着力点放在实体经济上，把提高供给体系质量作为主攻方向，加快建设制造强国，加快发展先进制造业，推动互联网、大数据、人工智能和实体经济深度融合，在中高端消费、创新引领、绿色低碳、共享经济、现代供应链、人力资本服务等领域培育新的经济增长点，不断培育和形成经济发展的新动能。其三，通过深化供给侧结构性改革，破解体制机制障碍与约束。经济结构性调整与改革是一项长期而复杂的艰巨任务，除了企业和行业要在创新发展、结构升级方面大有作为之外，也需要政府进一步转变职能，厘清政府与市场的职责界限，更好地处理政府与市场在调节资源配置和经济运行中的关系，加快推进国家治理体系和治理能力的现代化，为经济高质量发展营造更宽松更公平的营商环境，破解体制机制对供给的“约束”与“抑制”，让新技术、新产品、新产业和新服务的供给潜力得以充分释放。

三、深化供给侧结构性改革是化解新时代我国社会主要矛盾的重要手段

社会主要矛盾是在社会诸多矛盾中占主导地位、起支配作用的矛盾。1981 年，党的十一届六中全会通过《关于建国以来党的若干历史问题的决议》，在不断总结历史经验教训的基础上，对社会主义初级阶段的主要矛盾作出了明确的表述，强调“在社会主义改造基本完成以后，我国所要解决的主要矛盾，是人民日益增长的物质文化需要同落后的社会生产之间的矛盾”。从经济学的角度分析，“人民日益增长的物质文化需要”反映的是社会需求状况，“落后的社会生产”反映的是社会供给状况。所以，若从经济学的角度分析，社会主要矛盾其实就是社会供给能否满足人民群众需求之间的矛盾。正是基于对改革开放新时期我国社会主要矛盾的正确认识，党中央明确提出了社会主义初级阶段理论，确定了党在社会主义初级阶段的基本路线，强调党和国家工作的重点必须转移到以经济建设为中心的社会主义现代化建设上来，大力发展社会生产力，不断增加社会产品的供给，以满足人民日益的增长物质文化需要。

党的十八大后，中国特色社会主义进入新时代。新时代，我国社会主要矛盾无论是“需求侧”一方还是“供给侧”一方，都发生了明显的变化。

从“需求侧”看，经过改革开放几十年的发展，人民群众的生活水平不断提高，人民群众最基本的物质文化需要已得到有效满足，继而产生了更多对美好生

活的需求。一方面，人民群众的物质文化需求档次不断提高，由要求“吃得饱”升级为要求“吃得好”“吃得富有营养”“吃得更加安全健康”，由要求“穿得暖”升级为要求“穿得美”“穿得好”“穿得有品质”“穿得有个性”，由要求“有房住”升级为要求“住得宽敞”“住得舒适”“住得安全”，由要求“有书读”升级为要“接受更好的教育”……习近平强调，新时代，人们“期盼有更好的教育、更稳定的工作、更满意的收入、更可靠的社会保障、更高水平的医疗卫生服务、更舒适的居住条件、更优美的环境、更丰富的精神文化生活”①。另一方面，随着社会的全面进步和发展，广大人民群众不仅对物质文化生活提出了更高要求，而且在民主、法治、公平、正义、安全、环境等方面的要求日益增长，“人民群众的公平意识、民主意识、权利意识、法治意识不断增强”②。这表明，新时代，人民群众对美好生活的期待越来越强烈，再简单地用“物质文化需要”来表述人民群众对生活的需要已不全面、不准确，不符合客观实际。

从“供给侧”看，经过改革开放几十年的发展，我国的生产力水平与改革开放初期相比也已发生了很大变化。自2010年以来，我国GDP总量已经稳居世界第二位；制造业增加值连续多年位居世界第一位；高铁运营总里程、高速公路总里程和港口吞吐量均居世界第一位；我国工农业生产能力大幅提高，220多种主要工农业产品如粗钢、煤、发电量、水泥、化肥、谷物、肉类、花生、茶叶等生产能力稳居世界第一位，原油和棉花、大豆、菜籽油、甘蔗等产量也位居世界前列；我国货物进出口、对外投资和利用外资总额也已多年位居世界前列。然而，在社会生产能力总体大幅提升的同时，结构性问题却日益凸显出来，发展不平衡不充分的问题日益凸显。

发展“不平衡”，主要指我国经济内部结构以及经济与社会其他领域之间的发展不平衡。从经济内部结构的角度讲，不平衡主要表现在：其一，区域之间发展不平衡。东中西部之间发展不平衡的现象十分明显，南方与北方之间的发展差距明显拉大。其二，城乡之间发展不平衡。二元经济结构问题依然严峻，无论是在基础设施建设水平方面，还是在医疗卫生水平、教育水平、社会保障水平等方面，农村的发展都明显落后于城镇。其三，产业之间发展不平衡。一是一二三产业之间发展不平衡，第一产业的发展远远落后于第二产业，第三产业发展滞后的问题还比较突出；二是各次产业内部也存在着过剩与不足同时并存的尴尬局

---

① 《习近平谈治国理政》第2卷，外文出版社2017年版，第61页。

② 中共中央文献研究室：《习近平关于社会主义社会建设论述摘编》，中央文献出版社2017年版，第146页。

面,如在农产品供给方面,存在着“玉米供大于求,小麦基本平衡,大米略有盈余,大豆缺口巨大”的状况;在工业消费品的供给方面,存在着低端产品供给过剩和中高端产品供给相对不足并存的状况;在精神文化产品供给方面,也存在着低端文化供给过剩和优质文化供给不足并存的矛盾。其四,居民之间收入分配不平衡。虽然我国人均GDP在世界上已处在中等偏上行列,十几亿人的温饱问题已得到了解决,全面小康的目标已经实现,但不同行业、不同地区、不同层次居民的收入分配差距仍然较大,共同富裕的格局尚未形成。其五,基本公共服务体系发展不均衡的态势尚未根本改观。医疗、教育、文化设施等公共资源分配还存在着较明显的地域差异和城乡差异,针对农民工、残疾人、老年人、未成年人等社会群体的公共服务还明显不足,对弱势群体公共服务政策措施还不完善,保障还不到位。从经济与社会其他领域之间发展的程度看,不平衡主要表现在:经济领域的发展较为迅速,成绩明显,但精神文化、医疗卫生、教育培训、民主法治、生态环境等方面的建设则相对滞后,看病难、看病贵、择校难、择校贵、养老难、养老贵等问题仍然是人民群众的操心事、烦心事,经济发展与生态环境保护和改善之间的矛盾仍很突出。

发展“不充分”主要指的是发展质量问题,具体表现在:其一,市场竞争不充分。在市场准入方面还存在着一些不必要的限制和不公平的限制,一些“僵尸企业”还存在着退出困难的问题,一些地方的保护主义依然存在。其二,发展动能转换不充分。科技进步和制度创新对经济增长的贡献率不足。虽然随着新旧动能转化的不断推进,新技术、新产品、新业态、新模式不断涌现,但整体规模和贡献还相对有限,创新驱动增长格局尚未真正形成。其三,经济体制改革不充分。使市场在资源配置中发挥决定性作用还面临一些体制机制约束,监管体系、产品质量、食品安全、知识产权保护等方面的制度缺口还很明显。其四,中高端产品和服务供给不充分。居民个性化、多样化、高层次的服务需求尚不能充分得到满足。其五,民主、法治等政治产品的供给存在不足。随着社会的进步和发展,广大民众的维权意识、法治意识明显活跃,政治表达诉求日渐强烈,但人民群众直接参与民主决策的途径和渠道供给不足,无法充分满足广大人民群众表达政治诉求的需要。

这些发展不平衡不充分问题相互掣肘,带来很多社会矛盾和问题,日益成为制约我国经济发展和满足人民日益增长的美好生活需要的主要问题。正是基于对改革开放以来我国社会主要矛盾“需求侧”与“供给侧”均已发生明显变化的客观事实的分析,党的十九大报告明确指出:“中国特色社会主义进入新时代,我国社会主要矛盾已经转化为人民日益增长的美好生活需要和不平衡不充分的发展之间的矛盾。”

新时代,我国社会主要矛盾的内涵虽然发生了变化,但若从经济学的角度分析,其本质仍然是“需求”与“供给”之间的矛盾,而且矛盾的主要方面仍然在供给侧,只是随着我国社会主要矛盾的转化,矛盾的主要方面由“落后的社会生产”转为了“不平衡不充分的发展”。所以,要化解新时代我国社会的主要矛盾,关键是要破解供给侧的发展不平衡不充分问题,即在供给侧进行结构性改革,优化供给结构,提高供给质量,通过“更高质量的供给”来满足“更高层次的需要”,驱动经济由低水平供需平衡向高水平供需平衡转变。习近平强调:“我国不是需求不足,或没有需求,而是需求变了,供给的产品却没有变,质量、服务跟不上”,而“解决这些结构性问题,必须推进供给侧改革。”①一方面,通过“调整现有产品供给结构、提高产品和服务质量,从深层次上解决供给同需求错位问题,满足现有产品和服务需求”;另一方面,通过“优化现有产品和服务功能,大力培育发展新产业和新业态,提供新的产品和服务,创造新的供给,以此来创造新的需求”。②

总之,深化供给侧结构性改革是党在新时代适应和引领经济发展新常态的重大创新,是新时代推动我国经济实现高质量发展的必然要求,是化解新时代我国社会主要矛盾的重要手段。把深化供给侧结构性改革作为新时代我国经济工作的一条主线,不仅标志着党对社会主义市场经济规律的认识不断深化,而且进一步彰显了中国特色社会主义政治经济学的根本立场、价值取向和时代特色。

第二节　深化供给侧结构性改革的核心内涵

供给侧结构性改革内容丰富,而其核心内涵可以用“供给侧＋结构性＋改革”这样一个公式来概括。在这一公式中,“改革”是核心,“供给侧”是改革切入的方向,“结构性”是对改革内容和方式的要求。“供给侧结构性改革”的实质就是从提高供给质量出发,用改革的办法推进结构调整,矫正要素配置扭曲,扩大有效供给,提高供给结构对需求变化的适应性和灵活性,提高全要素生产率,更好满足广大人民群众的需要,促进经济社会持续健康发展。

① 《习近平谈治国理政》第2卷,外文出版社2017年版,第253～254页。

② 《习近平关于社会主义经济建设论述摘编》,中央文献出版社2017年版,第108页。

一、增强供给结构对需求变化的适应性和灵活性

从经济学一般意义上讲，供给是由生产部门在一定价格下所提供的商品和服务，供给既是一种实物的产品供给、服务供给，又是一种价值的供给。商品的价值能得以实现的供给称为“有效供给”；超过有效供给以上的那部分供给称为“无效供给”。习近平强调，深化供给侧结构性改革，必须“更加自觉地坚持以提高经济发展质量和效益为中心，大力推进经济结构战略性调整”[①]。进行经济结构的战略性调整，既要做好“加法”，又要做好“减法”。“加法”，就是增加有效和中高端供给，也就是努力补齐短板，发展新兴产业，提高经济增长质量与效益，不断发现和培育新的经济增长点。“减法”，就是减少无效和低端供给，也就是从产业发展上淘汰过剩产能、压缩落后产能，清除经济发展路上的“拦路虎”，为经济进一步顺利发展扫清障碍。

首先，深化供给侧结构性改革，要想方设法扩大有效供给。习近平强调，目前我国一些有大量购买力支撑的消费需求在国内得不到有效供给，使得很多“消费者将大把钞票花费在出境购物、‘海淘’购物上，购买的商品已从珠宝首饰、名包名表、名牌服饰、化妆品等奢侈品向电饭煲、马桶盖、奶粉、奶瓶等普通日用品延伸”，“事实证明，我国不是需求不足，或没有需求，而是需求变了，供给的产品却没有变，质量、服务跟不上。有效供给能力不足带来大量‘需求外溢’，消费能力严重外流”。[②] 为解决这一问题，必须想方设法扩大有效供给，切实满足广大民众的有效需求。扩大有效供给，最主要的办法就是“补短板”。从产业来看，现代农业是短板，新兴产业是短板；从产品来看，生态产品是短板；从产品的质量来看，高品质的产品是短板；从资本来看，人力资本是短板……所以，要扩大有效供给，就要大力发展现代农业，保障口粮安全，保障农产品质量稳步提高；培育发展新产业，加快技术、产品、业态等创新；补齐软硬基础设施短板，提高投资有效性和精准性，推动形成市场化、可持续的投入机制和运营机制；加大教育投资和人才培养力度，不断提高劳动者素质，使劳动者更好适应变化了的市场环境；加强质量品牌建设，完善标准体系和质量监管体系，推动中国质量、中国品牌建设，以质量升级改善有效供给。同时，随着经济发展、生活水平的改善，人们对公共产品有了更多的需求以及更强的支付能力，所以增加公共产品供给也是扩大有效供给的重要内容。

---

① 中共中央文献研究室:《十八大以来重要文献选编》(中)，中央文献出版社 2016 年版，第 246 页。

② 《习近平谈治国理政》第 2 卷，外文出版社 2017 年版，第 253～254 页。

其次，深化供给侧结构性改革，要想方设法减少无效供给。在推进供给侧结构性改革的过程中，只有减少无效供给，做好供给侧结构性改革的“减法”，才能扫清经济社会发展道路上的障碍，为增加有效供给、促进产业良性发展腾出更多空间。一是要“去产能”。2008 年以来，受国际金融危机的影响，国际市场持续低迷，国际需求增速趋缓，我国部分产业供过于求的矛盾日益凸显，传统制造业普遍出现了产能过剩的现象，特别是钢铁、电解铝、水泥、平板玻璃等高消耗、高排放行业。高消耗、高排放行业大量产能过剩，不仅造成这些行业本身大量产品积压，经济效率降低，而且占据着大量土地、资金、原材料、劳动力等各类社会资源，造成生产要素配置扭曲，社会资源整体利用效率降低，同时造成了严重的环境污染。所以，“去产能”是供给侧结构性改革的重要内容，必须遵循市场经济规律，出清过剩产能，将宝贵的资源要素从那些产能过剩、增长空间有限的产业中释放出来。二是要“去杠杆”。2008 年国际金融危机爆发后，很多国家为了应对危机，纷纷采用了量化宽松的货币政策，开启了带有世界性的加杠杆步伐。为了在世界经济陷入困境的情况下，依然保持我国经济的高速增长，我国政府在 2008 年末出台了“4 万亿”的经济刺激计划。在该政策的刺激下，各大企业纷纷通过借债的方式上马新项目，导致企业融资总额迅速增加；各地方政府的信托贷款数额迅速增加，导致地方政府的杠杆率迅速飙升；我国楼市的快速发展，又刺激了很多居民甚至很多低收入群体通过贷款的方式购买房子，从而使居民消费的杠杆率也明显攀升。高杠杆的存在，蕴藏着巨大的风险。对企业而言，一旦出现市场波动，不仅会面临破产风险，也会波及银行出现大量坏账呆账等不良资产，影响银行业的发展；对政府而言，高杠杆会加重政府的债务负担，影响政府的信誉；对居民而言，通过贷款买房，将家庭财产过分集中于房地产，一旦相关资产价格大幅度缩水，或者资产收益率长期偏低，就不仅会给投资者情绪和预期带来很大的冲击，而且会影响社会的安定。所以，“去杠杆”是深化供给侧结构性改革的重要内容。三是要“去库存”。2000 年以来，随着房价的不断上涨，房地产投资迅速增加，导致房地产市场盲目扩张，很多地方房地产库存积压严重。高库存意味着房地产行业的价值链堵塞，这必然会导致房地产行业投资效益下滑，进而导致房地产投资开发商的投资热情下降，而房地产开发投资的低迷又必然会通过产业链的关联效应挫伤对钢铁、煤炭、水泥、建材、家具等很多产业的需求，间接对这些产业的发展产生抑制性影响。再者，房地产高库存也会对银行体系以及整个金融体系的信用风险产生巨大冲击，因为绝大多数开发商的投资及购房者的购房资金大部分来自银行信贷，如果房地产市场经营不景气，必然会加重这些投资者的还款压力，进而会对金融体系的安全构成威胁。所以，必须想方设法解决房地产去库存问题。四是要政府简政放权，把政府不该管的事统统交给市场，让各种生产要素根据市场需求状况自由流动，让价格灵敏反映市场供求变化，让各类市场主体有更多活力和更大空间去发展经济，实现资源配置效益最大化和效率最优化。

习近平反复强调，在供给侧结构性调整的过程中，既要做好“加法”，又要做好“减法”，同时也要处理好“加法”与“减法”的关系，强调“做减法，就是减少低端供给和无效供给，去产能、去库存、去杠杆，为经济发展留出新空间。做加法，就是扩大有效供给和中高端供给，补短板、惠民生，加快发展新技术、新产业、新产品，为经济增长培育新动力。无论做减法还是做加法，都要把握症结、用力得当，突出定向、精准、有度。做减法不能‘一刀切’，要减得准、不误伤。做加法不要一拥而上，避免强刺激和撒胡椒面，避免形成新的重复建设。要增加社会急需的公共产品和公共服务供给，缩小城乡、地区公共服务水平差距，加大脱贫攻坚力度。要把调存量同优增量、推动传统产业改造升级同培育新兴产业有机统一起来，振兴实体经济。要紧紧围绕经济竞争力的关键、消费升级的方向、供给侧的短板、社会发展瓶颈制约等问题，统筹部署创新链和产业链，全面提高创新能力，提高科技进步对经济增长贡献率”①。深化供给侧结构性改革一定要“加法”“减法”一起做，既做强做大优势产业、培育壮大新兴产业、加快改造传统产业、发展现代服务业，又主动淘汰落后产能，腾出更多资源用于发展新的产业，在产业结构优化升级上获得更大主动。

二、提高全要素生产率

从供给侧的角度讲，资本、劳动力、土地、技术创新是促进经济长期增长的重要动力源，但在新常态下，这几大动力源均受到了一定程度的抑制。所以，为激发经济增长的潜力，必须通过各项制度改革和创新，解除资本、劳动力、土地、技术创新等诸方面的供给抑制，提高全要素生产率。

其一，通过深化投资体制改革，提升资本使用效率。解除对资本供给的抑制、提升资本的供给和使用效率是深化资本供给侧改革的关键。要通过深化投资体制改革，打破条块分割、市场分割，释放市场投资主体活力，调动市场主体投资的积极性；全面推进负面清单制度改革，放宽市场准入限制，激发民间资本和

---

① 中共中央文献研究室：《习近平关于社会主义经济建设论述摘编》，中央文献出版社 2017 年版，第 121 页。

外国资本投资的活力；推进利率市场化改革，不断降低投资主体的融资成本；不断实施减费降税改革，降低企业经营的制度性成本，特别是要通过结构性减税为中小微企业、科技型企业减轻负担；加大落后产能的淘汰力度，提高政府投资效率。

其二，通过深化生育制度和教育制度改革，不断增加、提高劳动力供给的数量和质量。解除对人口和劳动力的供给抑制是深化劳动力供给侧改革的关键。人是生产的主体，是经济增长的最根本因素，要解除对人口和劳动力的供给抑制，首先要想方设法增加劳动力的供给数量。一方面，通过完善人口政策，激发公民的生育积极性，使劳动力的增量得以不断增加；另一方面，通过实行延迟退休政策，盘活劳动力的现有存量，缓解劳动力供应不足的问题；再一方面，通过推进新型城镇化建设、深化户籍制度改革，促进人口自由流动，不断释放潜在的人口红利。其次要大力发展教育事业，全面提升劳动者素质。提高劳动者素质是优化劳动力供给结构的重要着力点，也是实现经济高质量发展的有力支撑。要全力实施教育兴国战略和人才强国战略，加强人力资本投资，全面提升劳动者素质。最后要有效激发和保护企业家精神。要采取有效措施，保护企业家的合法权益，促进企业家公平竞争，营造尊重和激励企业家干事创业的氛围，激发和保护企业家精神，鼓励更多社会主体投身创新创业。

其三，通过深化土地制度改革，提高土地使用效率。土地是生产的要素，要使蕴藏在土地上的效益充分释放出来，必须使土地成为资本市场上可交易的生产要素，为此就必须进一步深化和完善土地制度改革。城市方面，要进一步科学规划土地使用，盘活城市存量建设用地，同时适度增加城市建设土地增量。农村方面，一方面，稳固农村土地承包关系，完善土地所有权、承包权、经营权“三权分置”办法，推进土地经营权有序流转，让土地这块巨额资产真正活起来；另一方面，维护进城落户农民的土地承包权、宅基地使用权、集体收益分配权，切实维护广大农民的土地权益；再一方面，允许农民以土地做抵押申请贷款，让土地真正成为农民的一项重要资产。

其四，通过深化科技体制改革，增加创新潜力。创新是推动发展的重要动力。为充分发挥科技创新对经济增长的驱动作用，必须深化科技体制改革，一方面，通过建立创新性的科教体制，培育企业、创业者、创新型园区、科研院所、高等院校、创新型政府等各类创新主体；另一方面，通过健全和完善要素报酬分配机制和风险报酬补偿机制，激活优势要素供给，引导生产要素优化组合，创新要素生产力；再一方面，要加大科技投入力度，以多层次资本市场支持创新企业健康快速发展，促进我国产业迈向全球价值链中高端。

三、以“更高质量的供给”满足“更高层次的需要”

新时代我国社会主要矛盾的主要方面在供给侧，而供给侧存在的主要问题是发展不平衡不充分的问题，即供给的质量和效益、结构和水平以及创新能力不够高，无法充分有效地满足需求，供需之间出现了结构性错位。所以，要化解新时代我国社会的主要矛盾，关键是要破解供给侧的发展不平衡不充分问题，即在供给侧进行结构性改革，优化供给结构，提高供给质量，通过“更高质量的供给”来满足人民群众“更高层次的需要”。

其一，提高物质文化供给质量，不断满足人民日益增长的物质文化需要。物质文化需要是人民最基本的生活需要，提高物质文化产品的供给质量，是满足人民日益增长的美好生活需要的关键，也是供给侧结构性改革的内在要求。首先，要将供给理念从“数量多不多”转换为“质量好不好”，将提高供给质量作为经济发展的主攻方向。其次，要大力提升科技创新能力，发扬大国工匠精神，不断提升物质文化产品的科技含量，不断满足人民群众日益升级的物质文化消费需求。

其二，大力挖掘文化资源，不断满足人民对精品文化的需要。一方面，优化公共文化资源配置，大力推进乡村文化振兴，补齐农村文化短板，提供更多更好的农村公共文化产品服务，缩小城乡文化建设差距；另一方面，坚持以社会主义核心价值观为引领，充分挖掘中华优秀传统文化和红色革命文化资源，创新文化产品的表现形式，丰富文化内涵，解决文化产品质量供给不充分的问题。

其三，注重民主法治供给，不断满足人民日益增长的民主法治需要。不断拓宽公众参政渠道，特别是要充分利用网络新媒体平台，创新网络问政参政新模式，不断满足人民群众参政议政的需要；全面贯彻落实依法治国，不断满足人民群众对公正法治的需要。

其四，补齐民生供给短板，不断满足人民日益增长的共享发展需要。目前，我国民生建设还存在不少短板，教育、医疗、社会保障体系等公共服务还未能做到城乡区域的均等化配置，落后地区人民群众依然无法享受到便利的现代化公共服务。所以，在深化供给侧结构性改革的过程中，必须更加注重民生资源的平衡供给和充分供给，保证人人享有发展机遇、享有发展成果。

其五，加强生态产品供给，不断满足人民日益增长的美好生态需要。“良好生态环境是最公平的公共产品，是最普惠的民生福祉。”①习近平强调：“我们要建

① 中共中央宣传部：《习近平总书记系列重要讲话读本》，学习出版社、人民出版社2014年版，第123页。

设的现代化是人与自然和谐共生的现代化，既要创造更多物质财富和精神财富以满足人民日益增长的美好生活需要，也要提供更多优质生态产品以满足人民日益增长的优美生态环境需要。”[①]优质的生态产品不仅可以为物质产品和精神产品的生产提供必要的资源，为人类经济活动的顺利进行提供必要的保障，而且能够直接融入产业活动中，充当人们的消费对象，创造新的经济增长点，如开发旅游资源、绿色食品等。生态产品的供给侧结构性改革要兼顾当前和长远，既要下大力气解决当前紧迫的环境污染问题，如雾霾、水污染、耕地污染等，也要逐步构筑起一套有效的生态保护机制，以法治手段保障生态产品的永续供给。

第三节　我国供给侧结构性改革与西方供给学派的比较分析

供给侧结构性改革是适应和引领我国经济发展新常态的重大创新，它与西方供给学派在产生背景、理论观点及采取的对策措施等方面都有本质的不同。这些区别构成了我国供给侧结构性改革的重要理论特色和实践特色。

一、我国供给侧结构性改革与西方供给学派产生的时代背景不同

西方供给学派是在20世纪70年代西方国家普遍陷入“滞胀”困境、凯恩斯主义失效的背景下，产生于美国的一个新自由主义经济流派。

1929～1933年，资本主义世界爆发了一场空前严重的世界性经济危机。凯恩斯主义认为，导致资本主义经济危机的根本原因在于有效需求不足，而导致有效需求不足的原因在于三大基本心理规律，即边际消费倾向递减规律、资本边际效率递减规律、灵活偏好规律，而由三大基本心理规律导致的有效需求不足问题是市场不能自发解决的。由此，凯恩斯主义认为，完全依靠市场机制、价值规律的自发调节是不能保证经济的供求平衡、稳定发展的，由此主张政府要积极地干预经济，通过政府投资和消费的增加来弥补市场自发作用导致的有效需求不足。20世纪40～50年代，西方各国普遍接受了凯恩斯主义的理论观点，并大力推行凯恩斯主义倡导的国家干预经济政策。国家干预经济政策的实施，使这些国家在一段时间内出现了经济增长较快、失业人数较少、又没有严重通货膨胀的所谓战后“繁荣”景象。

但长期推行凯恩斯主义的国家干预经济政策，也给各国经济发展带来了一系列严重的问题，特别是到了20世纪60年代后半期，西方主要资本主义国家的

---

① 《习近平谈治国理政》第3卷，外文出版社2020年版，第39页。

通货膨胀日益加剧，预算赤字越来越大，而经济增长速度却明显减缓，甚至出现了停滞，最终在西方爆发了一场空前怪诞而又十分严重的“滞胀型”经济危机：经济衰退与物价上涨同时发生。面对空前严重的“滞胀”危机，凯恩斯主义显得束手无策，无能为力，他们既无法在理论上对这种史无前例的双重“社会瘟疫”作出令人信服的解释，又无法在政策上提出有效的治理对策。因为按照凯恩斯主义的理论观点和政策主张，要治理经济停滞，就要实行扩张性的财政货币政策，而这必然会导致通货膨胀的发生，而要治理通货膨胀，政府就要实行紧缩性的财政货币政策，而这又必然会导致经济停滞。顾头顾不了尾，顾此就会失彼，凯恩斯主义陷入了不攻自破的绝境。正是在此“滞胀”危机严重、凯恩斯主义又无能为力的背景下，西方供给学派应运而生。

我国供给侧结构性改革是新时代党中央适应和引领经济发展新常态的重大理论和政策创新，是新时代推动我国经济实现高质量发展的必然要求，也是化解新时代我国社会主要矛盾的重要手段。中国特色社会主义进入新时代后，我国经济发展面临的国内外形势异常严峻，经济发展在供给侧和需求侧都面临诸多问题，但最主要的矛盾和问题是供给侧的结构性问题，如实体经济结构性供需失衡、金融和实体经济失衡、房地产和实体经济失衡等，这些矛盾和问题相互交织，严重影响了经济循环的正常进行，导致经济发展面临的结构性问题越来越严重。为此，习近平强调，“当前和今后一个时期，制约我国经济发展的因素，供给和需求两侧都有，但矛盾的主要方面在供给侧”，所以“要加大供给侧结构性改革力度”，“把改善供给结构作为主攻方向”，把推进供给侧结构性改革“作为当前和今后一个时期经济发展和经济工作的主线”。[①]

二、我国供给侧结构性改革与西方供给学派的理论观点不同

西方供给学派的主要理论观点是特别强调供给在经济发展中的作用，其主要理论基础是萨伊提出的“供给自会创造需求”理论。萨伊认为，一个社会是依靠物物交换而存在的，货币只是执行了支付手段和交换媒介的职能，任何商品一旦制造出来，就自动为别的商品开辟了销路，即供给会自动创造需求。西方供给学派完全接受了萨伊的“供给自会创造需求”理论，特别强调供给在经济发展中的作用，认为供给是供求矛盾的主要方面，是需求的唯一可靠来源，没有供给就没有需求，没有出售产品的收入，也就没有可以用来购买商品的支出，强调供给

---

① 中共中央文献研究室：《习近平关于社会主义经济建设论述摘编》，中央文献出版社 2017 年版，第 95、101、107 页。

第一。西方供给学派认为，美国经济在 20 世纪 70 年代陷入"滞胀"困境就是政府长期推行凯恩斯主义的需求管理政策而忽视供给造成的。为了摆脱"滞胀"危机，西方供给学派强调，必须把凯恩斯颠倒了的东西再颠倒过来，重新确立"供给"在社会经济活动中的首要地位。为此，他们提出了"回到萨伊那里去""重新发现萨伊定律"等口号，认为只有通过刺激经济的供给方面，才能从根本上解决"滞胀"危机。

如何增加供给？西方供给学派认为，供给的增加主要取决于各种生产要素投入的增加，而各种生产要素投入的增加又主要取决于对各种生产要素的刺激。他们认为，要增加各种生产要素的投入，增加社会供给，就必须给生产要素所有者提供刺激，诸如政府税收、政府支出、规章条例等都是刺激人们进行经济活动的重要因素，而其中最主要和最有吸引力的刺激就是税收因素。西方供给学派认为，税率的高低不仅直接影响到经济主体的收益，而且对政府的收入也有重要影响。为了说明这一观点，西方供给学派的代表人物拉弗专门画了一条"拉弗曲线"证明（如图 10-1 所示）。

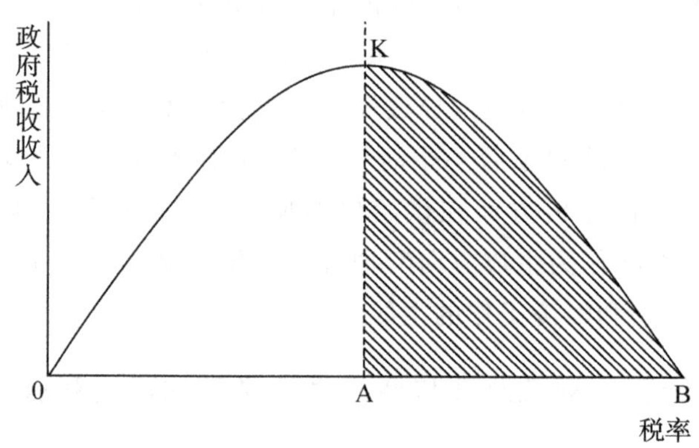

图 10-1　拉弗曲线

拉弗曲线显示，当税率为 0 时，政府税收自然为 0。随着税率的不断提高，政府的税收也不断增加，当税率由 0 增加到 A 时，政府的税收最多，这一税率便是最佳税率。以后，伴随着税率的不断提高，政府的税收不仅不会再增加，反而会不断减少。当税率增至 B(100%)时，政府的税收为 0。因为这意味着投资者和劳动者的全部收入都要以税收的形式上交政府，从而使企业和个人完全失去了投资和劳动的积极性。如果大家都不投资、都不劳动了，生产就中断了，政府也就没有了税源，税收自然为 0。拉弗因此把图中的 KAB 区域称为税率"禁区"，认为税率进入禁区后，降低税率不但不会使政府税收减少，反而会使政府税收增多。

显然，西方供给学派只是片面强调供给在经济发展中的作用而忽视了需求端的作用，相比于凯恩斯主义的需求管理，二者就像是天平的两端，不过是从一个极端走向另一个极端，割裂了供给和需求的关系。

我国供给侧结构性改革的理论依据，既不是西方供给学派的经济理论，也不是凯恩斯主义经济学，而是马克思主义政治经济学与当代中国实际相结合的具有中国特色的社会主义经济改革理论，是习近平经济思想的重大理论创新成果。我国供给侧结构性改革并非只是单纯强调供给侧的作用，而是突出强调“供给侧结构性改革”的重要作用。习近平强调，“供给侧结构性改革”的内在含义可以用“供给侧＋结构性＋改革”这样一个公式来理解。在这一公式中，“改革”是核心，“供给侧”是改革切入的方向，“结构性”是对改革内容和方式的要求。“供给侧结构性改革”的目标不是单纯追求供给的增长，而是从提高供给质量出发，用改革的办法推进供给体系的调整和优化，减少无效和低端供给，扩大有效和中高端供给，增强供给结构对需求变化的适应性和灵活性，实现供求关系在更高水平上的动态平衡，使供给能力更好地满足广大人民群众日益增长的、不断升级的美好生活需要。而且，我国强调以深化供给侧结构性改革为主线并没有忽视需求端的作用，而是强调“供给和需求是市场经济内在关系的两个基本方面，是既对立又统一的辩证关系，二者你离不开我、我离不开你，相互依存、互为条件。没有需求，供给就无从实现，新的需求可以催生新的供给；没有供给，需求就无法满足，新的供给可以创造新的需求”[①]。只有供给和需求在结构和质量上实现有效对接和动态平衡，呈现出供给与需求相互影响、相互促进，在持续升级中完成螺旋式上升的循环过程，才能推动经济实现质的有效提升和量的合理增长。为此，党中央明确提出，要统筹扩大内需和深化供给侧结构性改革，强调要“把实施扩大内需战略同深化供给侧结构性改革有机结合起来”[②]。

三、我国供给侧结构性改革与西方供给学派的政策措施不同

西方供给学派的政策主张有三个：一是减税；二是减少政府对市场的干预；三是缩减政府开支。

① 《习近平谈治国理政》第2卷，外文出版社2017年版，第252页。

② 中共中央宣传部：《习近平新时代中国特色社会主义思想学习纲要（2023年版）》，学习出版社、人民出版社2023年版，第154页。

其一,减税。西方供给学派认为,产生“滞胀”危机的主要原因是供给不足,而导致供给不足的主要原因是人们投资、劳动、创业的积极性不高,而导致人们投资、劳动、创业积极性不高的主要原因是政府对私人和企业征税的税率高。政府的税率高、税收重,减弱了对人们工作、储蓄和投资的刺激。对工人来说,为了少交税款而不愿努力工作,甚至宁愿少工作而接受社会救济;对雇主来说,为了少交税而不愿增加投资,甚至放慢设备更新或技术革新的速度。同时,税收过高还会造成产品成本提高,物价上涨,严重削弱民众的购买力。所以,西方供给学派主张政府实行减税政策,认为从短期效果看,减税可以增加个人收入和企业利润,增强私人和企业工作、储蓄、投资的积极性,从而刺激经济的发展,医好“经济停滞病”;从长期效果看,减税可以增加税源和扩大税收面,从而使国家的税收总额增加,有利于消除赤字和治好“通货膨胀病”。为此,西方供给学派强调,减税是治疗“滞胀”危机的一剂良药。

其二,减少政府对市场的干预。西方供给学派认为,第二次世界大战后,美国历届政府按照凯恩斯主义加强国家调节的理论制定了许多关于价格、工资、劳动雇用、环境保护、安全生产、商品检验、贸易及证券交易等的法令和规章制度。这些法令和规章制度,紧紧捆住了企业家的手脚,增加了企业的成本,降低了企业的利润率,扼杀了企业的活力和效率。而且政府为制定这些政策、为执行这些政策、为监督这些政策的执行情况,设立了一系列的机构、聘用了大批工作人员,每年要花费数十亿美元,如果把这笔支出用于生产投资,按照乘数效应,将为美国国民收入带来成百亿美元的收益。因此,西方供给学派主张废除一切不必要的限制性规章条例,给企业及投资者以宽松的环境,使企业在取得制造新产品、开办新工厂和采用新工艺的许可方面更容易一些,降低企业的制度性交易成本,提高企业生产效率,增加市场供给能力。

其三,缩减政府开支。西方供给学派认为,第二次世界大战以后,美国政府长期实行凯恩斯主义倡导的扩张性财政货币政策,导致政府开支连年增加,财政赤字越来越大。巨额的财政赤字使美国的经济受到沉重的打击,成为“滞胀”的重要病症之一。西方供给学派认为,政府的一切支出都具有排挤私人生产性支出的性质,主张政府应尽可能减少支出。西方供给学派认为,缩减政府开支一方面可以减少政府干预经济的能力和对经济的影响力,有助于充分发挥市场机制的调节作用;另一方面,有助于降低政府需求,抑制通货膨胀。在削减政府支出的项目中,西方供给学派主张应特别削减福利开支。他们认为,过多的社会福利项目不仅造成了政府开支巨大,而且造成了人们的依赖心理,使人们工作热情大大缩减，对社会发展不利。而且庞大的社会福利支出，需要有相应的社会福利机构和众多的管理人员、烦琐的管理制度，不仅会造成社会财富的巨大浪费，而且会助长官僚主义弊端。

显然，在政策主张上，西方供给学派只注重对供给侧的改革，完全忽视需求侧；在供给侧也是过分强调减税和削减政府开支，并不注重全面的政策配套，只停留在对局部经济的调控层面。西方国家推行供给学派的政策主张只是资本主义国家经济政策的一次自我调整与改革，并不能从根本上解决资本主义经济发展中遇到的深层次问题。习近平强调："供给学派强调的重点是减税，过分突出税率的作用，并且思想方法比较绝对，只注重供给而忽视需求、只注重市场功能而忽视政府作用。"[①]西方供给学派的政策主张虽在实践中产生了一定的效果，使英美等国在20世纪70年代末80年代初摆脱了"滞胀"危机的困境，但也导致了一系列严重的问题，如经济监管不力、贫富差距拉大等。

我国供给侧结构性改革的着力点主要不在具体的措施，而在于通过贯彻新发展理念，推进供给侧结构性改革，通过优化要素配置和调整生产结构来提高供给体系的质量和效率，实现经济的高质量发展。一是通过深化供给侧结构性改革，减少无效和低端供给，扩大有效和中高端供给，增强供给结构对需求变化的适应性和灵活性；二是通过深化供给侧结构性改革，推动各项制度改革和创新，解除资本、劳动力、土地、技术创新等诸方面的供给抑制，提高全要素生产率，激发经济增长的潜力；三是通过深化供给侧结构性改革，优化供给结构，提高供给质量，以"更高质量的供给"来满足"更高层次的需要"，驱动经济由低水平供需平衡向高水平供需平衡转变。

当然，我国供给侧结构性改革与西方供给学派的理论和政策主张也有某些相似之处，如都重视供给侧的作用，都强调减少政府对经济的干预，都重视市场主体和创新的作用等，而且在推进和深化供给侧结构性改革的实践过程中，我国也吸收和借鉴了西方供给学派的一些有益成果和实践经验。但我国供给侧结构性改革绝非是西方供给经济学的翻版，而是中国特色社会主义政治经济学的重要内容，是适应中国独特社会环境和发展阶段的重大理论和政策创新，具有鲜明的时代特征和中国特色，绝不能把我国的供给侧结构性改革与西方供给学派的理论观点和政策主张混为一谈。习近平指出："供给学派认为，供给会自动创造需求，供给决定需求，社会供给能力越强，需求就越大，在市场经济中供求可以自动达到均衡；因此，主张自由充分竞争，反对政府过多干预，主张减税刺激投资，

① 《习近平谈治国理政》第2卷，外文出版社2017年版，第252页。

反对过多社会福利支出，主张保持货币稳定，反对通货膨胀等等。客观地讲，其中有些观点和主张，对于解决我国经济新常态下面临的一些问题，推进供给侧结构性改革，是有积极的借鉴和参考价值的。但是，其缺陷也是很明显的，比如，无视资本主义遭遇的几次大的经济危机的实际教训，迷信市场万能，反对政府的必要干预；痴迷于供给、结构分析，只重视供给管理，忽略需求、总量分析，无视需求管理；只注意分析各类经济现象，不深入分析产生经济现象的制度因素。这些缺陷，是我们在推进供给侧结构性改革过程中，应该注意克服的。”[①]习近平反复强调：“我们讲的供给侧结构性改革，同西方经济学的供给学派不是一回事，不能把供给侧结构性改革看成是西方供给学派的翻版，更要防止有些人用他们的解释来宣扬‘新自由主义’，借机制造负面舆论。”[②]

① 习近平：《不能把供给侧结构性改革看成是西方供给学派的翻版》，《学习中国》2016 年 5 月 28 日。

② 《习近平谈治国理政》第 2 卷，外文出版社 2017 年版，第 251 页。

第十一章　构建以国内大循环为主体、国内国际双循环相互促进的新发展格局

构建以国内大循环为主体、国内国际双循环相互促进的新发展格局，是中国共产党根据我国发展阶段、环境、条件变化，特别是基于我国比较优势变化，审时度势作出的重大决策，是立足当前、着眼长远的战略谋划。习近平强调，构建新发展格局，是与时俱进提升我国经济发展水平的战略抉择，也是塑造我国国际经济合作和竞争新优势的战略抉择。

第一节　加快构建以国内大循环为主体、国内国际双循环相互促进的新发展格局是把握未来发展主动权的战略性布局

加快构建以国内大循环为主体、国内国际双循环相互促进的新发展格局，是根据我国发展阶段、环境、条件变化作出的战略决策，是事关全局的系统性深层次变革，不仅符合我国的基本国情和长远发展战略，也是在复杂的国际环境下保障我国经济安全和高质量发展的必然之举。

一、加快构建新发展格局是应对错综复杂国际环境变化的战略举措

改革开放后，我国利用劳动力低成本优势，积极参与国际分工与国际经济大循环，市场和资源“两头在外、大进大出”，通过产业不断升级提高在全球价值链中的位置，逐步成长为“世界工厂”。但 2008 年国际金融危机后，世界经济陷入持续低迷，国际贸易增速大幅放缓，全球市场萎缩，贸易保护主义抬头，一些国家民粹主义盛行，单边主义、保护主义严重冲击现行国际多边体系，全球投资经贸规则面临重构，国际环境中的不稳定性不确定性因素明显增加。特别是一些发达国家，以

维护其国家利益为名，大肆宣扬保护主义政策，甚至采取了一系列所谓的“退群”行动，严重破坏了世界自由贸易体系的正常运转。如作为世界第一大经济体的美国，自2008年至2016年间采取了600多项贸易保护措施，仅2015年就有90项，平均每四天推出一项，位居各国之首，堪称限制自由贸易的头号国家。在特朗普就任美国总统期间，以“美国优先”为圭臬，以“维护美国经济发展需要”“维护美国国家安全”为借口，美国先后退出《跨太平洋伙伴关系协定》《巴黎气候协定》，对进口商品加征关税，重启北美自由贸易协定谈判，推行贸易霸凌主义，阻挠WTO上诉机构法官遴选，在对外经济交往中大搞单边主义和保护主义，令美国与盟国关系及世界各国关系发生了深刻的变化。尤其是为了维护其霸权地位，美国单方面挑起中美经贸摩擦，极力打压我国高科技企业，加大对华高技术产品出口限制，进行所谓的“脱钩”和“去中国化”，使得我国参与的国际产业链出现“断链”风险。同时，当今世界科技领域的竞争日益加剧，全球产业链供应链安全面临着严峻挑战，“卡脖子”问题越来越突出。在当今世界正经历百年未有之大变局的时代背景下，在国际经济环境面临的不稳定性、不确定性风险日益严峻的形势下，我国只有把发展的立足点放在国内，进一步畅通国内大循环，更多依托国内大市场优势，充分挖掘内需潜力，最大程度激活内生动力和内生因素，才能把发展的主导权牢牢把握在自己手中，才能化解外部冲击和外需收缩带来的影响，才能以国内发展基本趋势向好的确定性应对外部环境变化的不确定性，才能在极端情况下保证我国经济正常运行和社会大局总体稳定，确保第二个百年奋斗目标顺利实现。

二、加快构建新发展格局是发挥我国超大规模经济体优势的内在要求

经过改革开放40多年的快速发展，我国已成为世界第二大经济体、制造业第一大国、货物贸易第一大国，有雄厚的物质基础、丰富的人力资源、完整的产业体系、强大的科技实力和持续提升的宏观经济治理能力，这既是我国保持国内大循环主体地位的重要保障，也是支撑我国深度融入国际经济循环的底气所在。从需求的角度来看，我国具有规模庞大的国内市场。2000年我国经济总量迈上10万亿元的台阶，2020年我国经济总量突破100万亿元，20年间经济规模扩大了约10倍，稳居世界第二位。2020年，我国人口已经超过14亿，中等收入群体超过4亿人，人均GDP突破1万美元，是世界上中等收入群体规模最大的国家，是全球最有潜力的超大规模消费市场。我国国内消费市场不仅规模大、范围广，而且需求层次多样，消费结构持续优化升级，国内大循环活力强劲。同时，我国

正处在新型工业化、信息化、城镇化、农业现代化快速发展阶段，投资需求潜力巨大。从供给的角度来看，我国具有世界上最完整、规模最大的工业生产体系，拥有 41 个工业大类、207 个工业中类、666 个工业小类，是全球唯一拥有联合国产业分类所列全部工业门类的国家。220 多种工业产品产量位居世界第一位，制造业增加值连续多年稳居世界第一位。从基础设施上看，到 2023 年末，我国的高铁营业里程达到 4.5 万公里，高速公路里程为 18.36 万公里，稳居世界第一，为国内大循环的良性运转提供了重要的硬件支撑。从科技水平上看，我国正从科技大国向科技强国不断迈进，研发经费投入年年递增，申请专利数量位居世界前列。近年来，我国的 5G 技术、北斗卫星导航系统、大口径射电望远镜等科技成就层出不穷，量子科学、芯片制造、铁基超导等基础研究领域不断取得重大突破。与此同时，一批国家级高新技术产业开发区和国家科学中心相继成立，创新活力不断涌现。人才方面，我国受过高等教育或拥有各种专业技能的人才队伍不断增多，2023 年接受高等教育的人口达 2.5 亿，是实现创新驱动发展的可靠保障，也是支撑我国经济韧性和潜力的底气所在。市场主体是市场上从事交易活动的组织和个人，是经济的“力量载体”。改革开放以来，特别是党的十八大以来，我国各类市场主体在数量上不断增长，在结构和质量上不断优化升级，新技术、新产业、新业态、新模式不断涌现，为我国经济发展和国际竞争力的提升不断积蓄新的动能。显然，无论是从需求层面看，还是从供给层面看，我国都具备构建以国内大循环为主体、国内国际双循环相互促进的新发展格局的优势条件。如何利用好已有的规模优势、激发强大的内需潜力、释放更大的发展动能，使国内市场成为最终需求的主要来源，成为当下和未来我国发展格局调整的关键所在。

三、加快构建新发展格局是适应我国经济发展阶段变化的主动选择

经济发展是螺旋式上升的过程，也是分阶段的。不同阶段对应不同的需求结构、产业结构、技术体系和关联方式，要求发展方式与时俱进。改革开放以后相当长时间内，我国依托国内劳动力资源丰富、劳动力成本较低的比较优势，积极参与和融入全球分工和专业化的体系，致力于发展外向型经济。一方面，从国外引进国内稀缺的发展资本和先进的技术设备，为国内经济发展注入动力；另一方面，充分发挥我国在劳动密集型产业和制造环节的国际竞争优势，大力发展国际贸易，积极拓展海外市场，形成市场和资源“两头在外”的发展模式，推动我国经济的高速增长和人民生活水平的快速提高。但伴随着中国特色社会主义进入新时代，我国经济发展也进入了新时代。一方面，我国社会主要矛盾已经逐渐转

化为人民日益增长的美好生活需要和不平衡不充分的发展之间的矛盾；另一方面，我国经济增长已由高速增长阶段转向高质量发展阶段，发展的动力机制正在从要素驱动转向创新驱动。同时，随着经济的快速发展，我国发展所具有的要素禀赋条件也在发生变化，劳动力、土地等生产要素的成本优势逐渐减弱，需求结构和生产函数发生重大变化，生产体系内部循环不畅和供求脱节现象显现，“卡脖子”问题突出。解决新矛盾，回应新挑战，要求我们必须主动适应新变化，加快构建新发展格局。习近平强调，“这个新发展格局是根据我国发展阶段、环境、条件变化提出来的，是重塑我国国际合作和竞争新优势的战略抉择”①。

四、加快构建新发展格局是确保我国经济发展与安全的需要

安全是发展的前提，发展是安全的保障。一个国家越发展、越开放，就越要重视发展安全问题，越要统筹好发展与安全的关系，不断增强自身竞争能力、开放监管能力、风险防控能力。随着经济全球化的发展，世界各国经济越来越成为你中有我、我中有你的共同体。各国之间通过国际贸易进行国际分工，开展国际产业合作，世界各国越来越融入全球市场体系之中，汇入到全球经济大循环体系之中，世界各国之间的联系日益增多，互补、依赖日益增强。全球市场的形成，有利于扩大市场的范围，有利于各国资源能源的交换，有利于技术的交流与学习，有利于各国经济和全球经济的发展。但是，各国都有自身的利益，特别是在充满国际竞争甚至存在国际对立的世界，作为一个主权国家，要想在经济发展上不受制于人，必须牢牢掌握经济发展的主动权，把经济发展的着力点放在独立自主、自力更生的基础上。如果过度依赖国际分工，其经济发展将会蕴藏巨大风险，因为一旦别国发生战争、政变、罢工、恐怖主义等危机，一件产品的某个零部件，或者某种资源、能源、农产品断供，就会使该国的整个生产过程被迫中断。特别是对我国这样一个发展中大国来说，更要坚持以国内大循环为主体，要构建完整的国民经济体系，构建完整的国内供应链、产业链，以免经济上受制于人。进入新时代，我国面临的国家安全形势更为严峻，外部压力前所未有，传统安全威胁和非传统安全威胁相互交织，“黑天鹅”“灰犀牛”事件时有发生。我们既要通过国际大循环充分利用国际国内两个市场、两种资源，也要增强生产链和供应链的风险意识和自给自足能力，充分利用我国地大物博、人口众多的优势，充分挖掘国内不同地区的自然优势，形成国内不同区域之间的合理分工，以确保我国经济在

---

① 习近平：《论把握新发展阶段、贯彻新发展理念、构建新发展格局》，中央文献出版社 2021 年版，第 372 页。

面对各种确定性或不确定性的风险挑战中都始终保持平稳健康可持续发展的良好态势。习近平强调："我们只有加快构建新发展格局，才能夯实我国经济发展的根基、增强发展的安全性稳定性，才能在各种可以预见和难以预见的狂风暴雨、惊涛骇浪中增强我国的生存力、竞争力、发展力、持续力，确保中华民族伟大复兴进程不被迟滞甚至中断，胜利实现全面建成社会主义现代化强国目标。"①

总之，加快构建新发展格局是基于我国发展阶段、环境和条件变化而作出的重大战略抉择，是正确把握社会主义建设规律的必然结果，体现了中国特色社会主义的优势，彰显了中国式现代化道路对西方国家崛起之路的超越和创造人类文明新形态的新进展。

第二节　以国内大循环为主体、国内国际双循环相互促进的新发展格局的科学内涵

构建以国内大循环为主体、国内国际双循环相互促进的新发展格局并非是对以往发展格局的简单修补，而是要充分依托我国超大规模市场优势，将国内经济高质量地融入经济全球化当中，实现国内循环和国际循环相辅相成、相得益彰、相互促进。

一、新发展格局的关键是经济循环的畅通

构建新发展格局最基本的内涵规定和最基本的考量是保持国民经济循环畅通。保持国民经济循环的畅通不仅是实现经济增长和发展的重要前提，更是实现经济高质量发展的重要条件。

社会再生产是一个生产、分配、流通、消费的动态循环过程。生产出来的产品，经过分配、流通、消费等环节，换回货币，开始下一阶段的生产，这一过程循环往复，推动社会经济不断发展。在正常情况下，如果经济循环顺畅，物质产品会增加，社会财富会集聚，人民福祉会增进，国家实力会增强，从而形成一个螺旋式上升的发展过程。反之，如果经济循环过程中出现堵点、断点，循环就会受阻，在宏观上就会表现为增长速度下降、失业增加、风险积累、国际收支失衡等情况，在微观上就会表现为产能过剩、企业效益下降、居民收入下降等问题。针对近年来国内外发展形势急剧变化对我国经济正常循环的挑战，习近平强调，"构建新发展格局的关键在于经济循环的畅通无阻，就像人们讲的要调理好统摄全身阴阳

① 习近平：《加快构建新发展格局　把握未来发展主动权》，《求是》2023年第8期。

气血的任督二脉。经济活动需要各种生产要素的组合在生产、分配、流通、消费各环节有机衔接,从而实现循环流转”①。

畅通国民经济循环,就是要畅通再生产过程的每一个环节。要提高科技含量,促进生产效率提高,生产更多适销对路的产品;要健全市场体系,改善交通运输条件,减少物流成本,提高流通效率;要促进合理分配,减少收入分配差距,促进社会共同富裕;要实施扩大内需战略,提高居民消费意愿,充分释放消费潜能。

二、新发展格局是以国内大循环为主体的发展格局

新发展格局中的“双循环”是“以国内大循环为主体”的双循环,“双循环”不是平均的,也不是像过去那样以国际循环为主体,而是强调以国内循环为主体,这是新发展格局的显著标志。如前所述,经济循环过程主要包括生产、分配、流通、消费四个关键环节,所谓“以国内大循环为主体”,就是要让这四个环节更多、更好地立足国内,充分挖掘我国超大规模市场潜力,让强大国内经济循环体系成为坚强的发展后盾和支柱。改革开放后,我国主动融入经济全球化之中,深度参与国际分工,实行“大进大出”战略,形成了市场和资源“两头在外”的发展格局,这是一种外贸依存度高的发展格局,有其历史合理性和历史贡献。但是,这种发展格局是难以持续的。2008 年国际金融危机发生以来,外需萎缩,保护主义抬头,显现了“两头在外”的发展格局的脆弱性。对此,以习近平同志为核心的党中央明确提出,我国经济循环要以国内大循环为主体,强调“必须把发展立足点放在国内,更多依靠国内市场实现经济发展”②,强调“国内循环越顺畅,越能形成对全球资源要素的引力场,越有利于构建以国内大循环为主体、国内国际双循环相互促进的新发展格局,越有利于形成参与国际竞争和合作新优势”③。“以国内大循环为主体”,意味着要坚持扩大内需这个战略基点,依托强大的国内市场,着力贯通生产、分配、流通、消费各个环节,推动金融、房地产同实体经济均衡发展,实现上下游、产供销有效衔接,促进农业、制造业、服务业、能源资源等产业门类协调发展;意味着要打破行业垄断和地方保护,破除妨碍生产要素市场化配置和商品服务流通的体制机制障碍;意味着要坚持以供给侧结构性改革为主线,提升产业链、供应链的完整性,优化供给结构,改善供给质量,提升供给体系对国内需求

---

① 《习近平谈治国理政》第 4 卷,外文出版社 2022 年版,第 176 页。

② 《习近平谈治国理政》第 4 卷,外文出版社 2022 年版,第 114 页。

③ 习近平:《论把握新发展阶段、贯彻新发展理念、构建新发展格局》,中央文献出版社 2021 年版,第 343 页。

的适配性，使国内市场成为最终需求的主要来源，形成供给创造需求、需求牵引供给的更高水平的动态平衡。

习近平指出，“人类历史上，没有一个民族、没有一个国家可以通过依赖外部力量、跟在他人后面亦步亦趋实现强大和振兴”①，“只有立足自身，把国内大循环畅通起来，努力炼就百毒不侵、金刚不坏之身，才能任由国际风云变幻，始终充满朝气生存和发展下去”②。习近平强调，“改革开放以来，我们遭遇过很多外部风险冲击，最终都能化险为夷，靠的就是办好自己的事、把发展立足点放在国内”③。构建新发展格局，首先要夯实国内大循环在新发展格局中的基础地位，确保具备强大的国内经济循环体系和稳固的基本盘，保持国内经济持续健康发展，巩固和发展我国经济的强大竞争力。国内经济运行越稳定、循环越顺畅，就越能形成对全球资源要素的引力场。

三、新发展格局是国内国际双循环相互促进的发展格局

新发展格局强调以国内大循环为主体，但绝不是关起门来封闭运行、自给自足，绝不是排斥国际循环，而是要在国内循环的基础上，紧密联系国际循环，使国内循环和国际循环形成相互促进的关系，共同推动经济循环。在经济全球化和开放经济条件下，任何国家的经济都是内外联通的，既有国内经济循环，也要参与国际经济循环。国内循环是国际循环的基础和保证，国际循环是国内循环的外延和补充。大国经济的一个重要特征就是以国内经济循环为主体，同时与国际经济循环紧密联系、相互促进。习近平强调：“以国内大循环为主体，绝不是关起门来封闭运行，而是通过发挥内需潜力，使国内市场和国际市场更好联通，以国内大循环吸引全球资源要素，更好利用国内国际两个市场两种资源，提高在全球配置资源能力，更好争取开放发展中的战略主动。”④

当今世界，经济全球化是不可阻挡的历史潮流。在你中有我、我中有你的世界经济格局中，无论哪一个国家都不可能脱离世界经济体系孤立发展，都必须要深度融入国际贸易和产业分工体系，在全球经济发展链条中发挥自己的独特优势和作用，唯如此，才能使本国经济发展在最大范围内获得动力和能量。促进国内国际双循环，是我国立足自身实际、顺应经济全球化发展趋势所作出的主动选

---

① 《习近平谈治国理政》，外文出版社 2014 年版，第 29 页。

② 《习近平谈治国理政》第 4 卷，外文出版社 2022 年版，第 175 页。

③ 中共中央宣传部、中央国家安全委员会办公室：《总体国家安全观学习纲要》，人民出版社 2022 年版，第 56 页。

④ 《习近平谈治国理政》第 4 卷，外文出版社 2022 年版，第 156 页。

择。习近平强调,新发展格局"不是封闭的国内单循环",而是更加"开放的、相互促进的国内国际双循环",强调"在新发展格局下……我们将更加积极地参与国际分工,更加有效地融入全球产业链、供应链、价值链,更加主动地扩大对外交流合作"。①

当然,今天我们所强调构建的国内国际双循环的经济发展格局与以往的积极参与国际经济大循环有所不同。习近平强调,构建新发展格局要"提高对资金、信息、技术、人才、货物等要素配置的全球性影响力"②,积极维护世界产业链供应链安全稳定。这表明我国未来会加强锻造自身竞争优势,加强对产业链供应链的主导性,参与国际大循环中的角色和位置将会得到提升,过去处于国际分工中低端位置的不利情况将逐渐得到改变。

四、新发展格局是系统的"整体发展格局"

新发展格局是以经济社会中各环节、各层面、各领域的互联互通为前提,通过国内国际双循环联动,实现国民经济"大循环"的一个有机整体。从纵向上,新发展格局强调要保障生产、分配、流通、消费等各环节畅通,形成国民经济良性循环。在生产环节,减少和消除制度、技术、成本等方面的制约,提供高质量产品和服务;在分配环节,通过更加合理完善的收入分配体系促进生产、消费等环节的畅通;在流通环节,打通流通堵点,发挥我国超大规模市场的优势;在消费环节,坚持扩大内需战略,释放消费潜能,培育完整内需体系。从横向上,新发展格局强调要保障产业间、地区间、供给和需求间的畅通。在产业间,减少低端产品的无效供给和产能过剩,缓解高端产品的供给不足;在地区间,破除区域壁垒,用一体化思维建设全国统一大市场,实现生产要素在各区域间的合理流动和优化配置,推动各地区在国内统一大市场下实现共同发展。再者,新发展格局强调的是双循环而不是单循环,是把国内循环和国际循环视为一个整体的循环体系。国内循环和国际循环彼此依赖,相互制约,相互交融,缺失其中任意一个循环,或者国内国际这两个循环没有充分发挥协同作用,我国经济发展都会受到极大的影响。只有内外兼顾,两个循环协调配合,整体推进,才能实现良性互动和有效运转。

---

① 习近平:《论把握新发展阶段、贯彻新发展理念、构建新发展格局》,中央文献出版社 2021 年版,第 447、449 页。

② 习近平:《论把握新发展阶段、贯彻新发展理念、构建新发展格局》,中央文献出版社 2021 年版,第 436 页。

五、新发展格局不是短期应急举措，而是相对长期的发展战略

新发展格局不是“出口转内销”的短期应急举措，并非被迫之举、权宜之计，而是具有全局覆盖性和长远指导性的发展战略，必须从长期性、全局性、系统性、深层次的角度加以认识和理解。习近平强调：“构建新发展格局是事关全局的系统性、深层次变革，是立足当前、着眼长远的战略谋划。我们要从全局和战略的高度准确把握加快构建新发展格局的战略构想。”①发展是硬道理，只有加快构建新发展格局，依托国内市场构建国内大循环，打通堵点，贯通生产、分配、流通、消费各环节，建设全国统一大市场，形成需求牵引供给、供给创造需求的更高水平经济大循环动态平衡，使国内市场主导国民经济循环特征更加明显，经济增长内需潜力不断释放，切实推动高质量发展，才能夯实我国经济发展的根基，确保在各种可以预见和难以预见的狂风暴雨、惊涛骇浪中增强我国的生存力、竞争力、发展力、持续力。只有加快构建新发展格局，提升国内大循环内生动力和可靠性，才能增强对国际循环的吸引力、推动力，才能有效应对前进道路上各种可以预见和难以预见的风险挑战，确保中国式现代化建设行稳致远。

第三节　加快构建以国内大循环为主体、国内国际双循环相互促进的新发展格局的战略举措

构建以国内大循环为主体、国内国际双循环相互促进的新发展格局是一项系统性工程，需要各方面的协调配合。增强我国竞争新优势需要提升科技创新能力和水平，畅通国内大循环需要建设全国统一大市场，推动经济高质量发展需要把实施扩大内需战略同深化供给侧结构性改革有机结合起来，促进国内国际双循环需要依靠高水平的对外开放。

一、提升科技创新能力和水平，实现高水平的自立自强

独立自主是中国共产党百年奋斗的重要经验之一，是立党立国的重要原则，自力更生是我国自立于世界民族之林的奋斗基点。站在新的发展阶段上，习近平从“能不能生存和更高水平发展”的高度来思考新发展格局，深刻阐明了构建新发展格局的精髓实质，揭示了构建新发展格局最深层次的内涵就是实现高水平的自立自强。所谓高水平的自立自强，就是改变以往低质量、低水平的经济循

① 《习近平谈治国理政》第4卷，外文出版社2022年版，第154页。

环模式，使资源处于充分高效配置状态，就是通过打赢关键核心技术攻坚战，占领创新高地，以科技创新武装自身，彻底摆脱发展受制于人的境地，从容应对外部风险挑战，最终实现长远发展和持续稳定发展。高水平自立自强的核心和关键是加快实现高水平科技自立自强，以自主科技创新支撑我国持续健康稳定的发展和更高水平更高质量的发展。

科技兴则民族兴，科技强则国家强。科学技术是第一生产力，创新是经济增长的动力和源泉。国家要强盛、民族要复兴，就必须大力发展科学技术，加快实现高水平科技自立自强。习近平强调："科技是国之利器，国家赖之以强，企业赖之以赢，人民生活赖之以好。中国要强，中国人民生活要好，必须有强大科技。"①加快实现高水平科技自立自强，不仅是国家强盛和民族复兴的战略基石，也是我国在极其复杂的国际环境下积极主动应对风险挑战和维护国家利益的必然选择，更是推动经济高质量发展、更好满足人民群众日益增长的美好生活需要的内在要求。其一，实现高水平科技自立自强是国家强盛和民族复兴的战略基石。习近平强调："实践反复告诉我们，关键核心技术是要不来、买不来、讨不来的。只有把关键核心技术掌握在自己手中，才能从根本上保障国家经济安全、国防安全和其他安全。"②纵观人类发展史，科技创新始终是一个国家、一个民族发展的不竭动力。当今世界正经历百年未有之大变局，科技创新是其中一个非常关键的变量。只有把科技创新搞上去，国家和民族的发展才会有源源不断的持久动力。其二，实现高水平科技自立自强是应对风险挑战和维护国家利益的必然选择。当前，国际环境错综复杂，不确定性不稳定性明显增加。我国要有效应对前进道路上的重大挑战、重大风险，必须不断提升我国发展的独立性、自主性、安全性，增强抗压能力、应变能力、对冲能力和反制能力。只有加快实现高水平科技自立自强，牢牢掌握发展主动权，我国的现代化进程才不会迟滞甚至被打断。其三，实现高水平科技自立自强是推动经济高质量发展、满足人民美好生活需要的内在要求。推动经济高质量发展，以质量变革、效率变革、动力变革推动现代化经济体系建设，要求以强大科技作支撑，提供新的发展空间、关键着力点和主要支撑体系。实现人民高品质生活，提高社会发展水平，亦要求以强大科技作支撑，把惠民、富民、利民、改善民生作为科技创新的重要方向，推出更多涉及民生的科技创新成果，以满足人民日益增长的多样化多层次化的美好生活需要。

---

① 《习近平谈治国理政》第 2 卷，外文出版社 2017 年版，第 267 页。

② 中共中央党史和文献研究院：《习近平关于网络强国论述摘编》，中央文献出版社 2021 年版，第 118 页。

构建新发展格局，必须坚持创新在我国现代化建设全局中的核心地位，大力发展科学技术，加快实现高水平科技自立自强。要强化国家战略科技力量，发扬科学家精神，鼓励大胆探索和合理质疑，加强基础研究、注重原始创新，努力实现更多"从0到1"的突破。要健全新型举国体制，充分发挥国家作为重大科技创新组织者的作用，支持周期长、风险大、难度高、前景好的战略性科学计划和科学工程建设。要改革和创新科研经费使用管理方式与科技评价制度，激发科研人员的创新活力。要坚持问题导向，深入研究和解决经济与产业发展急需解决的科技问题，围绕提升产业链供应链现代化水平，加快科技成果向现实生产力转化。要强化企业创新主体地位，推动企业成为技术创新决策、研发投入、科研组织和成果转化的主体，培育一批核心技术能力突出、集成创新能力强的创新型领军企业。要培育富有创新精神、科学头脑和国际化视野的优秀企业家队伍，发挥企业家精神在全面创新中的重要作用，以全球视野和宽广胸怀谋划企业发展，鼓励和引导企业家开展基础性前沿性创新研究，重视颠覆性和变革性技术创新。要发挥市场对技术研发方向、路线选择、要素价格、各类创新要素配置的导向作用，让市场真正在创新资源配置中起决定性作用。要建设高质量教育体系，推动全社会加大人力资本投入，加强基础研究人才培养，加强创新型、应用型、技能型人才培养。要充分激发人才创新活力，全方位培养、引进、用好人才，造就更多国际一流的科技领军人才和创新团队，培养具有国际竞争力的青年科技人才后备军。要加强国际科技交流与合作，在开放条件下促进科技能力提升。要全面深化科技创新体制机制改革，把我国已经积累的雄厚科技实力和集中力量办大事的制度优势转化为国家发展的"筋骨"和国际竞争的"内力"，以科技创新体制机制改革的强劲"动能"大幅提升我国科技创新能力和水平的"势能"。

二、将扩大内需战略与深化供给侧结构性改革有机结合起来

供给和需求是反映经济循环的两个基本要件，是分析和研究经济循环最为基础的一对理论范畴。没有需求，供给就无从实现，没有供给，需求就无法满足；供给能够创造需求，需求也会倒逼供给；供给必须以需求为牵引，需求必须以供给为依托；需求是经济增长的原动力，供给是增长的驱动力。经济的平稳健康发展离不开供给和需求两侧的协调平衡和良性互动。习近平指出："供给和需求是市场经济内在关系的两个基本方面，是既对立又统一的辩证关系，二者你离不开我、我离不开你，相互依存、互为条件。没有需求，供给就无从实现，新的需求可

以催生新的供给;没有供给,需求就无法满足,新的供给可以创造新的需求。”[①]只有供给和需求在结构和质量上实现有效对接和动态平衡,呈现出供给与需求相互影响、相互促进,在持续升级中完成螺旋式上升的循环过程,才能推动经济实现质的有效提升和量的合理增长,才能确保经济循环顺利进行。党的二十大报告指出,为实现经济循环的顺利进行,必须“把实施扩大内需战略同深化供给侧结构性改革有机结合起来”。

其一,实施扩大内需战略,提升消费对供给的拉动作用。根据经济发展的一般规律,需求结构变化会引导产业结构和供给结构调整。通过完善扩大内需政策支撑体系加快培育内需体系,能够增强需求结构变化对供给结构的牵引力度,形成需求引导供给机制,加快供给侧结构性改革。构建新发展格局,必须坚持扩大内需这一战略基点,充分发挥我国具有超大规模市场的优势,把满足国内需求作为发展的出发点和落脚点。一方面,建立和完善扩大居民消费的长效机制,充分释放消费潜力。要完善收入分配制度,稳定居民收入增长,使经济增长的好处惠及更多人群,不断提升居民消费能力;要完善社会保障制度,提升住房、教育、医疗、养老、托幼等公共服务水平,解决居民消费的后顾之忧;要不断优化消费环境,提升居民消费的获得感,增强居民的消费意愿。另一方面,完善扩大投资机制,保持投资合理增长。要不断拓展有效投资空间,优化投资结构,适度超前部署新型基础设施建设,扩大高技术产业和战略性新兴产业投资;持续激发民间投资活力,优化民营企业发展环境,依法保护民营企业产权和企业家权益,促进民营经济发展壮大。

其二,深化供给侧结构性改革,提升供给体系对需求变化的适配性。生产是满足需求的基础和前提。构建新发展格局,必须在扩大内需的同时,坚持以供给侧结构性改革为主线,提升供给体系对国内需求的适配性。改革开放以来,我国人均 GDP 持续增长,中等收入群体不断壮大,消费需求稳步上升,但这种消费的潜在需求是否能够真正转化为现实的市场需求,还取决于我国供给体系是否能够根据消费升级趋势尽快调整。若国内供给体系无法满足消费升级需要,在当下互联网迅速发展和经济全球化背景下,消费者就会通过跨境电商或境外消费得到满足,从而导致大量消费支出外流。而通过深化供给侧结构性改革,生产者以市场需求为导向,及时调整供给结构,提供消费者愿意购买和能够买得起的商品和服务,就能够将消费者的潜在需求真正转化为国内市场的现实需求,激发国内市场的消费潜力。同时,供给结构的优化升级会为消费者创造出新的需求和

① 《习近平谈治国理政》第 2 卷,外文出版社 2017 年版,第 252 页。

消费选择，特别是在新一轮科技革命的推动下，以新产业、新技术、新业态、新模式、新产品、新服务为主要内容的新供给将创造大量消费需求和投资需求，形成扩大内需的磅礴力量。习近平强调，“当前和今后一个时期，制约我国经济发展的因素，供给和需求两侧都有，但矛盾的主要方面在供给侧”，强调将供给侧结构性改革“作为当前和今后一个时期经济发展和经济工作的主线”①，要求加快发展现代产业体系，推动产业体系不断优化升级，以高质量的供给满足人们不断升级的需求。

其三，统筹扩大内需战略和深化供给侧结构性改革，实现需求牵引供给、供给创造需求的更高水平动态平衡。习近平强调：“要坚持供给侧结构性改革的战略方向，提升供给体系对国内需求的适配性，打通经济循环堵点，提升产业链、供应链的完整性，使国内市场成为最终需求的主要来源，形成需求牵引供给、供给创造需求的更高水平动态平衡。”②首先，要围绕建立和完善扩大居民消费的长效机制发力，更好发挥消费的基础性作用。建立和完善扩大居民消费的长效机制，就是要使居民保持一种相对稳定的消费能力，并随着经济增长不断提高消费水平。为此就要不断完善收入分配制度改革和社会保障制度改革，不断优化和改善市场消费环境，使居民有稳定收入能消费、没有后顾之忧敢消费、消费环境优获得感强愿消费。党的二十大报告提出，就业是最基本的民生，强调要强化就业优先政策，健全就业促进机制，促进高质量充分就业；分配制度是促进共同富裕的基础性制度，强调要坚持按劳分配为主体、多种分配方式并存，构建初次分配、再分配、第三次分配协调配套的制度体系，努力提高居民收入在国民收入分配中的比重，提高劳动报酬在初次分配中的比重；社会保障体系是人民生活的安全网和社会运行的稳定器，强调要健全覆盖全民、统筹城乡、公平统一、安全规范、可持续的多层次社会保障体系。这些改革方向和内容既是实施就业优先战略、深化收入分配制度改革、完善社会保障体系的重要任务，也是完善内需体系、畅通国民经济循环的重要要求。其次，要围绕完善扩大投资机制、拓展有效投资空间发力，更好发挥投资的关键作用。投资一头连着需求、一头连着供给，既是扩大内需的重要抓手，也是深化供给侧结构性改革的重要内容。居民最终消费是收入和就业的函数，而收入和就业的增长在一定意义上又取决于投资的增加。因此，消费和投资不能割裂开，构建新发展格局，需要协同发挥消费与投资对经济

① 中共中央文献研究室：《习近平关于社会主义经济建设论述摘编》，中央文献出版社2017年版，第95、107页。

② 《习近平谈治国理政》第4卷，外文出版社2022年版，第115页。

增长的支撑作用。要通过深化供给侧结构性改革完善投融资体制机制，注重提升公共投资效率，持续激发民间投资活力，吸引全球资源要素，打造市场化、法治化、国际化一流营商环境，让国企敢干、民企敢闯、外企敢投。以习近平同志为核心的党中央明确提出，统筹扩大内需和深化供给侧结构性改革，既要"着力扩大有收入支撑的消费需求、有合理回报的投资需求、有本金和债务约束的金融需求"①，又要"优化投资结构，保持投资合理增长，适度超前开展基础设施投资，推进新型基础设施、新型城镇化、交通水利等重大工程建设，支持有利于城乡区域协调发展的重大项目建设"②。这其实就是从消费和投资两个方面为搞好统筹扩大内需和深化供给侧结构性改革指明了具体着力方向。总之，深化供给侧结构性改革与扩大内需战略之间具有内在的一致性，深化供给侧结构性改革内嵌于扩大内需的要求之中，而扩大内需战略也要求通过深化供给侧结构性改革来落实。

三、加快建设全国统一大市场，健全现代流通体系

流通是畅通经济循环的重要基础，流通体系是畅通国民经济循环的"大动脉"。高效的流通体系能够在更大范围内把生产和消费联系起来，扩大交易范围，推动分工深化，提高生产效率，促进财富创造。构建新发展格局，必须把建设现代流通体系作为一项重要战略任务来抓，统筹推进现代流通体系硬件和软件建设，构建现代物流体系，完善综合运输大通道、综合交通枢纽和物流网络，发展流通新技术新业态新模式，完善流通领域制度规范和标准，培育壮大具有国际竞争力的现代物流企业，形成供需互促、产销并进的良性循环。

加快建设全国统一大市场是建设现代流通体系的关键环节，是构建"双循环"新发展格局的基础支撑和内在要求。循环是市场经济的本质，畅通是循环的内在要求。只有市场高效畅通，才能扩大市场规模容量，发挥市场促进竞争、深化分工的优势，进而形成强大国内市场。只有市场高效畅通，才能营造公平竞争的市场环境，激发各类市场主体的活力，推动市场供给端与需求端有机结合，实现以高质量的市场供给精准对接市场需求的目标。但实践中区域分割、地方保护和不当竞争等问题还时有发生，阻碍各种要素的自由流动，制

---

① 全国人民代表大会常务委员会办公厅：《中华人民共和国第十四届全国人民代表大会第一次会议文件汇编》，人民出版社 2023 年版，第 113 页。

② 中共中央宣传部、国家发展和改革委员会：《习近平经济思想学习纲要》，人民出版社、学习出版社 2022 年版，第 57～58 页。

约经济活动的高效循环。为此，迫切需要加快建设全国统一大市场，破除地方保护和市场分割，打通制约经济循环的关键堵点，促进商品、要素资源在更大范围内畅通流动。

其一，强化市场基础制度规则统一。健全市场体系基础制度是市场体系高效运行的根本。要完善统一的产权保护制度，坚持平等保护、全面保护、依法保护各类产权，提高制度化法治化水平；实行统一的市场准入制度，严格落实"全国一张清单"管理模式，推动实现市场准入效能评估全覆盖；维护统一的公平竞争制度，健全公平竞争制度框架和政策实施机制，建立公平竞争政策与产业政策协调保障机制，优化完善产业政策实施方式；健全统一的社会信用制度，推动社会信用体系建设高质量发展，加快推进社会信用立法。

其二，推进市场设施高标准联通。市场设施顺畅联通是经济循环畅通的基础条件。要以完善流通网络、畅通信息交互、丰富平台功能为抓手，着力提高市场运行效率。要推动国家物流枢纽网络建设，完善国家综合立体交通网，推进多层次一体化综合交通枢纽建设；进一步优化市场主体信息公示，便利市场主体信息互联互通；深化公共资源交易平台整合共享，明确各类公共资源交易纳入统一平台体系的标准和方式，不断完善大宗商品期现货市场交易规则。

其三，打造统一的要素和资源市场。要素资源自由流动是提高经济循环效率的重要保障。要健全城乡统一的劳动力市场，促进人才跨地区顺畅流动；加快发展统一的资本市场，坚持金融服务实体经济；加快培育统一的技术和数据市场，鼓励不同区域之间科技信息交流互动，建立健全数据安全、权利保护等基础制度和标准规范，提高全要素生产率；以建设全国统一的能源市场和培育发展全国统一的生态环境市场为依托，充分发挥资源流动的乘数效应，赋予经济增长强大动能。

其四，推进商品和服务市场高水平统一。商品和服务市场是人民群众感受最直接的市场，与民生福祉密切相关。要以人民群众关心、市场主体关切的领域为重点，着力完善质量和标准体系。加快健全商品质量体系，推动重点领域主要消费品质量标准与国际接轨，推进内外贸产品同线同标同质；不断完善标准和计量体系，优化政府颁布标准与市场自主制定标准结构，对国家标准和行业标准进行整合精简；全面提升消费服务质量，围绕住房、教育培训、医疗卫生、养老托育等重点民生领域，推动形成公开的消费者权益保护事项清单，完善纠纷协商处理办法。

其五，推进市场监管公平统一。提升政府监管效能是维护市场正常秩序的必然要求。要统一监管规则，完善市场监管程序，加强市场监管标准化规范化建设，依法公开监管标准和规则；要强化统一执法，统筹执法资源，减少执法层级，统一执法标准和程序，规范执法行为，减少自由裁量权，促进公平公正执法；要全面提升监管能力，完善“双随机、一公开”监管、信用监管、“互联网＋”监管、跨部门协同监管，加快推进智慧监管，建立健全跨行政区域网络监管协作机制。

其六，进一步规范市场竞争行为。要依法开展反垄断、反不正当竞争工作。及时清理废除各地区含有地方保护、市场分割、指定交易等妨碍统一市场和公平竞争的政策；全面清理歧视外资企业和外地企业、实行地方保护的各类优惠政策；依法清理废除妨碍平等准入和退出的规定做法；持续清理招标采购领域违反统一市场建设的规定和做法。

四、坚持开放发展新理念，推进更高水平的对外开放

构建新发展格局绝不意味着对外开放地位的下降，而是要进一步敞开开放的大门，不断提高对外开放的水平。推进高水平对外开放是实现国内国际双循环相互促进不可或缺的重要一环。党的二十大报告指出，为推进高水平对外开放，必须“依托我国超大规模市场优势，以国内大循环吸引全球资源要素，增强国内国际两个市场两种资源联动效应，提升贸易投资合作质量和水平。稳步扩大规则、规制、管理、标准等制度型开放。推动货物贸易优化升级，创新服务贸易发展机制，发展数字贸易，加快建设贸易强国。合理缩减外资准入负面清单，依法保护外商投资权益，营造市场化、法治化、国际化一流营商环境。推动共建‘一带一路’高质量发展。优化区域开放布局，巩固东部沿海地区开放先导地位，提高中西部和东北地区开放水平。加快建设西部陆海新通道。加快建设海南自由贸易港，实施自由贸易试验区提升战略，扩大面向全球的高标准自由贸易区网络。有序推进人民币国际化。深度参与全球产业分工和合作，维护多元稳定的国际经济格局和经贸关系”。

其一，夯实内循环基底，赢得开放发展战略主动。构建新发展格局，实行高水平对外开放，必须首先具备强大的国内经济循环体系和稳固的基本盘，唯如此，才能形成对全球要素资源的强大吸引力、在激烈全球竞争中的强大竞争力、在全球资源配置中的强大推动力。要坚定实施扩大内需战略，深化供给侧结构性改革，释放内需潜力，形成创新驱动发展模式，推动总需求和总供给在更高水平实现动态均衡，加快形成强大国内市场，加快建设现代流通体系，推进物流专

业化、信息化、规模化，增强国内大循环内生动力和可靠性。

其二，树立全球视野，全面谋划全方位对外开放大战略。对外开放是我国的基本国策。改革开放以来，我国顺应经济全球化大势，坚定不移推进高水平对外开放，积极融入世界经济，对外开放取得了一系列突破性进展和标志性成果。未来，为进一步提升我国对外开放水平，必须以更加积极主动的姿态走向世界，坚持实施更大范围、更宽领域、更深层次的对外开放，以国际循环提升国内大循环的效率和水平，既要持续深化商品、服务、资金、人才等要素流动型开放，又要稳步拓展规则、规制、管理、标准等制度型开放，还要利用好国内国际两个市场、两种资源，加强联动效应，使国内市场和国际市场更加联通、国内外资源更优配置，提升企业的全要素生产率和国际竞争力。

其三，深化外贸投资体制改革，建设更高水平开放型经济新体制。深化贸易和投资自由化便利化改革，促进贸易和投资的创新发展，增强贸易和投资的综合竞争力；深化外商投资改革，完善外商投资准入前国民待遇和负面清单管理制度，营造公平有序、充分竞争的外商投资营商环境；深化自由贸易试验区改革，推进自由贸易试验区规则、机制与国际对接，以自由贸易试验区和自由贸易港为试点，建设对外开放新高地。

其四，积极参与全球治理，推动全球治理朝着更加公正合理的方向发展。推动世界贸易组织、亚太经合组织等多边机制更好发挥作用，增强新兴市场国家和发展中国家在全球事务中的代表性和发言权。坚持经济全球化的正确方向，推动全球化不断前进，推动建设共同繁荣的世界经济。加大对全球发展合作的资源投入，共同培育全球发展新动能。积极传播中国理念，提出中国主张，贡献中国方案，确保各国在全球经贸体系中权利平等、机会平等、规则平等。

其五，提高防范抵御风险能力，筑牢开放发展安全屏障。安全是发展的前提，发展是安全的保障，越是开放越要重视安全。要不断增强开放监管能力、风险防控能力。要贯彻总体国家安全观，强化底线思维、极限思维，主动识变应变求变，防范化解内外部风险。持续完善商事法律公共服务体系，建设贸易摩擦预警与法律服务机制，防范对外投资合作风险。加强对外经贸法律人才的培养，增强涉外法治斗争和海外维权能力。

其六，推动“一带一路”高质量发展，不断完善共建“一带一路”合作机制。“一带一路”倡议，由我国倡议推动，基于沿线国家资源、人口、资本、技术等生产要素的比较优势，“各施所长、取长补短”。“一带一路”倡议有助于推动我国以更大范围、更宽领域、更深层次地参与到国际市场中，有利于激发技术溢出、制度创新、市场竞争活力，进一步促进国内产业结构升级、优化劳动力结构与促进技术、制度、管理创新，最终服务于国内大循环和国际国内双循环。“一带一路”倡议的实施，不仅为沿线各国开拓出了一条通向共同繁荣的机遇之路，更为我国开放发展开辟了新天地。为推进更高水平的对外开放，必须继续坚持共商共建共享原则，推动“一带一路”高质量发展。

第五篇

中国特色社会主义对外经济关系

第十二章　实施高水平对外开放

开放是当代中国的鲜明标识。中国经济已经同世界经济深度融合，成为世界经济发展的主要引擎。党的十八大以来，以习近平同志为核心的党中央坚定不移地实行对外开放的基本国策，实施更加积极主动的开放战略，推进对外开放迈上高水平发展阶段。

第一节　引领经济全球化健康发展

经济全球化是历史发展的必然。经济全球化为全球经济发展带来了机遇，使世界各国之间的关系呈现出一体化的特点。但2008年国际金融危机以来，经济全球化受到“逆全球化”冲击，挑战重重。中国准确把握经济全球化发展的历史大势，坚定维护多边主义和自由贸易，承担相适应的国际责任，引领经济全球化“逆流而上”，成为经济全球化的重要推动者、维护者和引领者，充分展现了大国担当。

一、经济全球化是历史发展的必然

经济全球化是指在生产不断发展、科技加速进步、社会分工和国际分工不断深化、生产的社会化和国际化程度不断提高的情况下，世界各国、各地区的经济活动越来越超出某一国家和地区的范围而相互联系、相互依存的过程。

经济全球化的历史进程，大致可以划分为三个阶段：第一个阶段是殖民扩张和世界市场形成。14世纪，意大利佛罗伦萨等城市出现了存在雇佣关系的工场手工业，资本主义开始萌芽，推动了商品经济的发展。15世纪新航路的开辟，彻底宣告了世界各地隔绝状态的终结，世界开始连成一个整体，从欧洲到亚洲、美洲和非洲等地的交通往来日益密切。新航路的开辟，既带来了贸易往来的发展，也带来了殖民国家对殖民地的征服和掠夺。18世纪末，以蒸汽机的发明和使用为标志,引起了第一次科技革命。第一次科技革命使生产效率飞速发展,资本主义国家的工业品销往国外,亚非拉地区成为其工业原料供应基地和商品倾销市场,世界市场网络初步形成。19 世纪 70 年代,以电力的发明和广泛应用为标志的第二次科技革命开始,汽车、电报、电话、飞机等相继问世,并投入使用,进一步促进了资本主义经济的发展,资本主义发展进入了垄断阶段。垄断资本在加强国内统治的基础上,不断将其势力范围拓展到国外,建立国际垄断统治。垄断资本向世界范围扩展的主要经济动因是将国内过剩的资本输出,以便在国外谋求高额利润;将部分非要害的技术转移到国外,以取得在别国的垄断优势,攫取高额垄断利润;争夺商品销售市场;确保原材料和能源的可靠来源。这些经济上的动因与垄断资本主义在政治上、文化上、外交上的利益联系紧密,交织发挥作用,共同促进了垄断资本向世界范围的扩展。随着资本输出的不断增加和垄断资本势力范围的迅速扩大,各国之间的经济联系日益密切,各国之间的经济交往更加频繁。第二个阶段是两个平行"世界市场"形成和发展。1917 年,俄国十月革命的胜利,打破了资本主义一统天下的格局。第二次世界大战后,一大批社会主义国家相继诞生,一大批原殖民地、半殖民地国家纷纷独立。由此,世界形成了社会主义和资本主义两大阵营,在经济上则形成了两个平行的"世界市场"。在以原子能、电子计算机、航空航天、微电子、生物工程等技术突破为标志的第三次科技革命的推动下,两个平行的"世界市场"既进行着激烈的相互竞争,也进行着一定程度的合作。在内部,他们在各自体系内加深合作,推进各种形式的一体化发展;在外部,资本在全球范围内进行新一轮的扩张,推动经济全球化走向体系化和制度化,世界各国的经济合作进一步加深,世界各地的联系更加便捷。第三个阶段是经济全球化快速发展。20 世纪 90 年代以来,随着冷战结束,两大阵营对立的局面不复存在,两个平行市场亦不复存在,各国相互依存大幅加强。与此同时,迅猛发展的互联网技术、信息技术将世界各国的经济活动空前广泛和深刻地联系在一起,为经济全球化提供了必要的物质技术条件;跨国公司的发展为经济全球化提供了适宜的组织形式;各国经济体制的变革和国际经济组织的发展为经济全球化创造了必要的体制和组织条件;世界局势相对缓和为各国之间的经济交往与合作创造了必要的环境条件。各国纷纷利用第三次科技革命带来的便利条件,积极发展与世界各国的经济合作,使得经济全球化程度不断加深。

经济全球化是世界历史发展的必然。"资产阶级,由于开拓了世界市场,使一切国家的生产和消费都成为世界性的了。……过去那种地方的和民族的自给自足和闭关自守状态，被各民族的各方面的互相往来和各方面的互相依赖所代替了。”[①]人类生产生活的范围和空间不断扩展，交往的范围逐渐从家庭、地方、民族、国家、区域走向世界，地方之间、国家之间、区域之间的交往日益便捷和密切，传统的国界和时空观念发生了变化，人类历史从民族历史发展成为世界历史，人类社会发展为具有紧密联系的整体，人类社会相互依存共生的趋势愈加明显。马克思主义世界历史理论指明了人类社会的一体性和整体化发展大势，突出了全球发展的客观性和整体性，从宏观上探索了人类社会发展的总体规律性。首先，社会全方位发展是世界历史的基本内容。人类社会历史是从低级到高级逐步发展的过程，既包括物质生产方式和社会形态等纵向的发展阶段，也包括国家间关系由分散封闭到交往融通的发展过程，世界历史发展的目标是通过国家间相互依存、相互作用增进合作共识，最终实现整体性发展。其次，世界历史的形成与发展是人类社会矛盾发展的产物，是客观和物质的自然过程，不以人的主观意志为转移。在马克思、恩格斯看来，人类历史向世界历史的转变是资本主义生产方式出现和向世界扩张的结果。随着资本主义生产方式的出现和向世界扩张，大工业“把自然力用于工业目的，采用机器生产以及实行最广泛的分工”[②]，从而使竞争普遍化，使跨区域、跨民族、跨国家的交往成为必然。最后，世界历史的整体性进步为经济全球化发展提供了动力。世界历史的形成是一个全方位、整体性的变迁与发展过程，增进了普遍性的世界交往，使得国家利益突破地域民族性而趋向世界历史性。马克思、恩格斯指出，大工业“首次开创了世界历史，因为它使每个文明国家以及这些国家中的每一个人的需要的满足都依赖于整个世界，因为它消灭了各国以往自然形成的闭关自守的状态”[③]，世界各个国家在经济上、政治上、文化上才真正有了密切的联系，人类历史才真正成为世界历史。自此，国家之间日益相互依赖，地域性的个人为世界历史性的、普遍的个人所代替，个人利益、国家利益和人类利益的一致性更加凸显。

经济全球化是社会生产力发展的客观要求。首先，生产力的发展是经济全球化的根本动力。历次科技革命都带来了劳动工具的跨越式发展，从而提高劳动生产率，促进生产方式变革，最终带来了生产力进步。生产力进步的直接结果是商品产量增加。扩大的生产需要更广阔的商品销售市场和原材料产地。商品的生产和销售跨越了国家、地区的界限，融入全球分工的产业链中。其次，经济

---

① 《马克思恩格斯选集》第1卷，人民出版社2012年版，第404页。

② 《马克思恩格斯选集》第1卷，人民出版社2012年版，第194页。

③ 《马克思恩格斯选集》第1卷，人民出版社2012年版，第194页。

全球化是实现世界范围内生产要素优化配置的有效手段。经济全球化开启以来,不同经济主体资源分配及经济发展的差异性特征推动了全球市场和国际分工的形成与发展,促进了生产要素在全球范围内的流动。市场化配置资源的驱动机制决定了全球市场和国际分工发展必然会更加相互依存,市场开放发展的格局和趋势不会逆转和停步。从社会生产力的发展规律看,效率、利益、技术和人才等诸多推动力在客观上推动了经济全球化前进和发展,经济全球化反过来又为生产力的发展提供了便利和条件。最后,经济全球化缘起于对经济发展的探索。随着经济全球化不断深入,不同国家的历史文化、资源禀赋和发展阶段的差异性特征使得分工合作成为经济效益最大化的理性选择。科技进步促使了经济活动中生产与消费的地理分离,国际市场的形成与发展则进一步增强了国家间的相互联系和相互依赖。资本的全球扩张属性与市场在资源配置中的优势地位交织结合,将不同国家和地区纳入经济全球化的合作网络,任何单方面的"脱钩断链"行为都将被全球化大势所淘汰。

经济全球化是科技发展进步的必然结果。人类历史发展表明,科技发展进步为经济全球化前行不断提供充足动力。从根本上说,科技创新的全球化过程是一个自我强化的过程,人员、知识和技术等科技创新要素的全球交流促进了新知识和创新成果的产生,反过来又丰富了更快更先进的知识和技术扩散手段。同时,科技革命推动的国际生产分工也被视为经济全球化前进发展的重要基础。历次科技革命都极大提升了社会分工效率,推动了经济全球化进程。第一次科技革命解决了社会化生产和远洋运输的"能源动力"问题,生产要素的地域比较优势使得生产和消费在空间发生了分离。第二次科技革命和第三次科技革命实现了交通运输和通信技术的飞跃发展,以产品内分工为主要形式的全球价值链成为全球生产分工的典型特征。随着全球数字化和智能化加速发展,以移动互联网、云计算、大数据和人工智能等新一代技术为代表的数字经济逐渐成为推动经济全球化发展的新引擎。

经济全球化是增进各国人民福祉的必由之路。经济全球化密切了不同国家和民族间的交往联系,符合不同国家和民族在全球范围内进行资源高效配置的需要,推动了社会生产力发展和人类文明进步,是不可阻挡的客观趋势。任何国家和民族要振兴与发展,任何国家的人民要实现幸福生活的美好愿望,都必须在全球化历史前进的逻辑中不断前进,在全球化时代发展的潮流中持续发展。习近平强调:"经济全球化是历史大势,促成了贸易大繁荣、投资大便利、人员大流动、技术大发展。”[①]经济全球化进程为先发国家的资本积累、产业升级和资源整合等提供了充足的发展动力和经济基础，也为进入这一进程的后发国家提供了融入世界市场的巨大机遇，加速了世界现代化和全球化进程，促进了各国民生福祉的提升。尽管早期的经济全球化伴随着西方殖民主义的扩张与掠夺，但是其在客观上推动了全球生产体系的兴起，带来了全球经济繁荣、财富逐步增长和人民生活的普遍改善，也促进了世界经济发展。冷战结束后，无论是世界经济的持续增长、投资贸易的繁荣便利、新科技革命和全球经济的创新、社会发展水平的提高、国际合作与相互依赖的深化、国际文化交流的深入，还是联合国千年发展目标和2030年可持续发展议程的制定实施，都充分展现了经济全球化对促进人民福祉的积极影响。经济全球化已经深入人心，符合绝大多数国家的根本利益，成为国际社会的普遍共识。

二、经济全球化面临不确定性冲击

新一轮科技变革和2008年国际金融危机开启了全球经济加速调整的时期。一方面，经济全球化深入发展，全球经济发展面临前所未有的机遇；另一方面，经济全球化受到“逆全球化”冲击，挑战重重。

经济全球化为全球经济发展带来了机遇。发达经济体利用其领先的经济、科技优势和对其有利的国际经济规则、国际经济秩序，成为经济全球化的巨大受益者。一大批新兴经济体抓住了经济全球化机遇，积极推行对外开放，充分发挥自身比较优势，国际竞争力不断提高，成功推进了本国发展。然而，经济全球化在促进商品和资本流动、科技和文明进步、各国人民交往的同时，也存在一些值得重视的矛盾和问题。习近平指出：“经济全球化是一把双刃剑，既为全球发展提供强劲动能，也带来一些新情况新挑战，需要认真面对。”[②]

第一，经济全球化的红利分配不均衡。在经济全球化进程中，发达国家凭借资本比较优势，获取大部分利润。发展中国家多处于价值链低端，依托劳动力比较优势赚取微薄利润。即使在发达国家内部，经济全球化发展过程也未能公平惠及社会各阶层，底层群众、弱势群体与精英阶层的财富鸿沟越来越大，劳动密集型产业大量向外转移，就业机会减少。经济全球化红利在国家之间、阶层之间分配不均衡，在经济下行时期矛盾更加尖锐，带来许多不确定性。

① 《习近平谈治国理政》第2卷，外文出版社2017年版，第543页。

② 中共中央党史和文献研究院：《习近平关于中国特色大国外交论述摘编》，中央文献出版社2020年版，第236页。

第二，全球价值链发展受制约。在经济全球化进程中，全球价值链越来越精密化、高效化、增值化，无疑促进了各国生产效率的提高。但是分工细化使全球价值链越来越长，价值链自身隐含的风险也在加大，其中一个“碎片”受损或“脱链”就会对全球价值链带来巨大风险。

第三，“逆全球化”频现。自2008年国际金融危机以来，国际经济关系中的国家主义、单边主义、贸易保护主义盛行，“逆全球化”势头明显上升，经济全球化正在遭遇前所未有的逆转和曲折。特别是近年来美国经济政策理念从“全球主义”转向大肆推行“美国优先”的贸易保护主义，频繁制造与其他经济体的贸易摩擦，给全球经济复苏之路增添了更大变数，严重制约了全球经济增长。英国脱欧为欧洲经济一体化发展和欧盟与世界经济的融合带来更多冲击，对经济全球化格局产生重大影响。

第四，全球经济治理体系加速调整。新兴经济体的快速发展打破了发达国家占主导地位的国际经济秩序。新兴经济体需要在全球治理中发出更多的声音。区域一体化组织如雨后春笋般涌现出来，成为制定国际经贸规则的新平台，世界贸易组织这个多边组织的改革被提上日程。

习近平强调：“人类社会发展的历史证明，无论会遇到什么样的曲折，历史都总是按照自己的规律向前发展，没有任何力量能够阻挡历史前进的车轮。”①所有的挑战都会成为经济全球化进一步发展的机遇。展望未来，经济全球化始终是人类社会前进的必由之路、不可逆转的时代潮流。中国必须顺应经济全球化的大逻辑、大趋势，紧紧抓住经济全球化的历史性机遇，积极主动融入经济全球化。

三、中国引领经济全球化健康发展

2023年8月，习近平在中非领导人对话会上的主旨讲话中强调，要“共同建设开放包容的世界经济”“我们要坚持拆墙而不是筑墙、开放而不是隔绝，坚持共商共建共享，不搞赢者通吃，推动构建开放型世界经济，让发展中国家更好融入国际分工，共享经济全球化成果”②。在开放发展中，中国始终积极主动地融入经济全球化，推动建设开放包容的世界经济，引领经济全球化健康发展。

第一，“一带一路”建设成就斐然。2013年9月，习近平在访问哈萨克斯坦期间提出了建设“丝绸之路经济带”的倡议；10月，在访问印度尼西亚期间又提出了

① 《习近平外交演讲集》第1卷，中央文献出版社2022年版，第3页。

② 习近平：《携手推进现代化事业　共创中非美好未来——在中非领导人对话会上的主旨讲话》，《人民日报》2023年8月26日。

建设“21世纪海上丝绸之路”的倡议，从而形成了“一带一路”倡议。“一带一路”倡议的提出，是中国对推动贸易投资合作新模式及推进全球经济治理体系改革的重大贡献。

“一带一路”倡议自提出以来，在国际上受到普遍关注和广泛欢迎。中国努力与沿线国家发展战略和相关区域一体化进程实现对接。与传统基于协定和规则的合作模式完全不同，“一带一路”倡议更加强调各国发展战略的协同，强调基础设施建设的互联互通，开拓了基于广泛自愿参与和发展伙伴关系的国际经贸合作新方向。“共商、共建、共享”是“一带一路”倡议的基本原则，并在党的十九大报告中被列为中国的全球治理观。第71届联合国大会通过的关于“联合国与全球经济治理”的决议也将该原则纳入其中，这表明来自中国的理念和智慧正在成为国际社会的共识。截至2023年6月底，中国与五大洲的150多个国家、30多个国际组织签署了200多份共建“一带一路”合作文件。

第二，自由贸易区战略形成开放新局面。党的十八大以来，中国加快实施自由贸易区战略，先后批准建立了21个自贸试验区和海南自贸港，初步形成了制度创新的试验田和高水平开放的探索区。以负面清单为主的市场准入开放模式、服务业开放和管理体制创新等，成为自贸试验区发展的有益尝试。自贸试验区除了制度创新，在金融方面先后探索了企业自由贸易账户、离岸金融等业务，进一步促进了企业业务发展。自贸区外向型经济的发展为中国稳定经济大盘发挥了重要的支撑作用。

第三，加快培育外贸竞争新优势。党的十八大以来，贸易强国建设和培育外贸企业竞争新优势提到重要位置。2013年，中国成为货物贸易第一大国。2020年起，中国货物与服务贸易总额跃居全球第一位。中国是全球货物贸易最重要的发动机和稳定器，在国际贸易中发挥着举足轻重的作用。

从产品看，中国货物出口经历了从以初级产品为主到以劳动密集型产品为主再到以机电和高新技术产品为主的升级。2023年，中国出口机电产品13.92万亿元，同比增长2.9%，占出口总值的58.6%。电动载人汽车、锂离子蓄电池、太阳能电池“新三样”领跑出口态势明显，成为货物贸易增长新动力。据中国海关统计，2023年，电动载人汽车、锂离子蓄电池和太阳能电池等“新三样”产品合计出口1.06万亿元，首次突破万亿元大关，增长29.9%，体现了从中国制造向中国创造的迈进。

从市场看，过去发达经济体是中国货物贸易的主要伙伴。党的十八大以来，共建“一带一路”国家在中国货物贸易发展中的地位显著提升。2023年，中国对共建

“一带一路”国家进出口 19.47 万亿元，增长 2.8%，外贸规模和占比均为共建“一带一路”倡议提出以来的最高水平。2023 年，中国对《区域全面经济伙伴关系协定》其他 14 个成员国合计进出口 12.6 万亿元，较协定生效前的 2021 年增长 5.3%。2023 年，中国对拉美、非洲分别进出口 3.44 万亿元和 1.98 万亿元，分别增长 6.8%和 7.1%。中国与东盟双边贸易继续增长，进出口规模达 6.41 万亿元。东盟连续 4 年保持中国第一大贸易伙伴地位，中国也连续多年为东盟第一大贸易伙伴。①

2023 年 9 月，习近平在二十届中央政治局第八次集体学习时强调，中国将始终“坚定站在历史正确一边，坚持经济全球化大方向，旗帜鲜明主张自由贸易和真正的多边主义，反对单边主义、保护主义，反对将经贸问题政治化、武器化、泛安全化，推动建设开放型世界经济”，引领经济全球化朝着更加开放、包容、普惠、平衡、共赢的方向发展。

第二节　扎实推进高水平对外开放

扎实推进高水平对外开放是以习近平同志为核心的党中央在新时代作出的重大战略决策。早在 2014 年 11 月亚太经合组织工商领导人峰会开幕式上，习近平就强调，“全面深化改革，就要推进高水平对外开放”②。2018 年 11 月，在首届中国国际进口博览会开幕式上的主旨演讲中，习近平指出：“举办中国国际进口博览会，是中国着眼于推动新一轮高水平对外开放作出的重大决策，是中国主动向世界开放市场的重大举措。”2019 年 10 月，《中共中央关于坚持和完善中国特色社会主义制度　推进国家治理体系和治理能力现代化若干重大问题的决定》提出：“建设更高水平开放型经济新体制。实施更大范围、更宽领域、更深层次的全面开放。”自此，“高水平对外开放”这一表述就开始频繁出现在党和政府的文件中。2020 年 10 月，党的十九届五中全会对实行高水平对外开放作出明确部署和指示，提出“实行高水平对外开放，开拓合作共赢新局面。坚持实施更大范围、更宽领域、更深层次对外开放，依托我国大市场优势，促进国际合作，实现互利共赢。要建设更高水平开放型经济新体制，全面提高对外开放水平，推动贸易和投资自由化便利化，推进贸易创新发展，推动共建‘一带一路’高质量发展，

---

① 参见海关总署：《2023 年“新三样”出口首破万亿元大关》，http://www.customs.gov.cn//customs/xwfb34/mtjj35/5627494/index.html。

② 《习近平外交演讲集》第 1 卷，中央文献出版社 2022 年版，第 209 页。

积极参与全球经济治理体系改革”;2020 年 12 月召开的中央经济工作会议提出,“构建新发展格局,必须构建高水平社会主义市场经济体制,实行高水平对外开放,推动改革和开放相互促进”;《中华人民共和国国民经济和社会发展第十四个五年规划和 2035 年远景目标纲要》明确,要“坚持实施更大范围、更宽领域、更深层次对外开放……推动构建人类命运共同体”;党的二十大报告提出,“坚持高水平对外开放,加快构建以国内大循环为主体、国内国际双循环相互促进的新发展格局”。

一、对外开放面临的新形势新要求

开放是当今世界的大势所趋。开放使中国深深融入世界的潮流之中。中国共产党把对外开放作为基本国策,就是顺应了时代发展潮流。1978 年,党的十一届三中全会作出了改革开放的重大决策,从此中国的经济发展迈出了对外开放的步伐。1979 年党中央国务院决定对广东、福建两省的对外经济活动实行特殊政策和优惠措施,1980 年设立深圳、珠海、汕头、厦门 4 个经济特区,标志着中国对外开放的航船正式扬帆起程。20 世纪 80 年代中期至 90 年代初,对外开放的范围由特区逐步扩大到了沿海、沿江、沿边地区,初步形成从沿海向内地推进的格局。1992 年相继开放沿江城市和三峡库区、边境和沿海地区省会城市、沿边城市,开放太原等 11 个内陆省会城市。随后几年,又陆续开放了一大批符合条件的内陆县市。2001 年 12 月,中国正式加入世界贸易组织,原区域性推进的对外开放转变为全方位的对外开放,中国的对外开放进入了全新的发展阶段。

进入新时代,中国对外开放面临的国际国内形势正在发生深刻复杂变化。从国际上看,世界正在经历百年未有之大变局,各国经济社会发展联系日益密切,全球治理体系和国际秩序变革加速推进。同时,世界经济深刻调整,新动能不足问题突出,发展不平衡、收入分配不平衡的问题加剧,新技术、新产业、新业态带来的新挑战凸显,一些国家政策内顾倾向明显,国际贸易和投资壁垒不断提高,全球单边主义、保护主义、民粹主义逐渐蔓延发酵,经济全球化遭遇波折,多边主义和自由贸易体制受到冲击,不稳定不确定因素增多,风险挑战加剧。世界面临开放与保守、合作与封闭、变革与守旧的重要抉择,既充满希望也充满挑战。从国内看,中国经济发展进入新常态,劳动力成本持续攀升,资源约束日益趋紧,环境承载能力接近上限,开放型经济传统竞争优势受到削弱,传统发展模式遭遇瓶颈。同时,中国人力资源丰富、市场规模庞大、基础设施比较完善、产业配套齐全,创新发展的制度环境和政策环境不断完善,开放型经济仍然具备综合竞争优势。国内外严峻的形势要求中国经济必须因势利导、乘势而上，推动开放型经济加快由要素驱动向创新驱动转变，由规模速度型向质量效益型转变，由成本、价格优势为主向以技术、标准、品牌、质量、服务为核心的综合竞争优势转变，不断提高对外开放的质量和水平。

扎实推进高水平对外开放是实现中国经济高质量发展、不断增强社会主义现代化建设的动力和活力、不断满足人民美好生活需要的必然要求。其一，以高水平对外开放助力中国经济高质量发展。高质量发展是全面建设社会主义现代化国家的首要任务。推进高水平对外开放，有利于引进更多国际先进要素，更好利用国际国内两个市场、两种资源，为中国发展扩空间、提质量、增动力，实现高水平科技自立自强。推进高水平对外开放，有利于增强国内大循环内生动力和可靠性，有利于提升国际循环质量和水平，有利于增强国内国际两个市场、两种资源联动效应。其二，以高水平对外开放更好满足人民美好生活需要。习近平指出："人民对美好生活的向往，就是我们的奋斗目标。"推动高水平对外开放，最终目的在于增进人民福祉。在开放经济条件下，大量优质消费品、先进技术设备、关键零部件和能源资源进口，既符合产业升级的需要，也满足了广大人民群众多层次多样化的消费需求，有助于提升人民生活品质，不断增强人民群众的获得感和幸福感。其三，以高水平对外开放推动中国经济稳健增长。当前，总需求不足是中国经济运行面临的突出矛盾。在以扩大内需为战略基点的同时，积极稳住对发达国家出口，扩大对新兴经济体和发展中国家出口，提升加工贸易水平，提高出口附加值，加快贸易强国建设，可以更好地持续发挥出口对经济的支撑作用。通过促进投资、提升服务、扩大开放、优化环境，可以更大力度地吸引和利用外资，既把优质存量外资留下来，又把更多高质量外资引进来，提高国际经贸合作的质量和水平。其四，以高水平对外开放增强中国经济国际竞争力。开放带来进步，封闭必然落后。改革开放 40 多年来，中国经济发展巨大成就是在不断扩大开放中取得的。对外开放吸引了大量国外直接投资以及先进技术、管理经验和外来人才，与国内生产要素相结合，共同推进经济发展。外资企业已经成为中国重要的市场主体，不仅深度融入国内经济大循环，而且有连接内外的优势，是国内国际双循环的重要桥梁和纽带，为中国经济实力的跃升作出了积极贡献。实行高水平对外开放，将提升中国市场对各类优质商品和投资的引力场作用，并在全球范围更加高效配置资源，助力中国优化经济结构、转化增长动力，加快塑造国际竞争合作新优势。

二、高水平对外开放的基本内涵

随着我国经济进入以推动高质量发展为主题的新发展阶段，对对外开放也提出了新的更高要求。党的二十大报告指出，要“推进高水平对外开放”。高水平对外开放具有丰富的内涵。

第一，更大的开放力度。习近平指出：“中国开放的大门不会关闭，只会越开越大。”[①]更高水平对外开放，体现在更加注重开放市场，继续放宽外资准入，进一步放开一般制造业，重点扩大金融、电信、医疗、教育、养老等领域对外开放，在更多领域允许外资控股或独资经营；完善市场化、法治化、国际化营商环境，强化公平竞争，激发市场活力；让内陆和沿边从开放“末梢”转向开放“前沿”，推动形成全面开放新格局。

第二，更高的开放质量。习近平指出，要“不断探索实践，提高把握国内国际两个大局的自觉性和能力，提高对外开放质量和水平”[②]。改革开放初期，以商品和要素为主的开放红利释放得比较充分，开放型经济规模不断扩大，国际份额不断提高。更高水平对外开放，体现在更加注重开放质量，从商品和要素流动型开放向规则、规制、管理、标准等制度型开放转变，全面实施准入前国民待遇加负面清单管理制度，形成与国际高标准规则相衔接的制度体系；提升外贸竞争新优势，促进引资引技引智紧密结合，提高全球配置资源能力，推动经贸强国建设；增强开放的联动性，以国内带国际，以国际促国内，更好统筹两个大局。

第三，更强的开放包容。习近平强调：“中国发展是属于全人类进步的伟大事业。中国将张开双臂，为各国提供更多市场机遇、投资机遇、增长机遇，实现共同发展。”[③]更高水平对外开放，体现在更加注重开放包容，秉持共商共建共享的全球治理观，积极倡导和而不同与和合共生，坚决反对封闭保护和孤立排他，推动全球贸易投资自由化便利化；积极参与全球经济治理体系改革，促进国际经济秩序更加公正合理，促进世界共同发展。

第四，更好的开放安全。习近平强调：“发展是安全的基础，安全是发展的条件。”[④]当前，中国正处于改革发展的关键期，面临着复杂多变的安全和发展环境，各种可以预见和难以预见的风险因素明显增多，维护国家安全的任务繁重艰巨。

---

① 《习近平著作选读》第2卷，人民出版社2023年版，第28页。

② 《习近平著作选读》第1卷，人民出版社2023年版，第438页。

③ 《习近平外交演讲集》第2卷，中央文献出版社2022年版，第230页。

④ 《习近平外交演讲集》第1卷，中央文献出版社2022年版，第136页。

更高水平对外开放，体现在更加注重开放安全，坚持总体国家安全观，坚持独立自主与扩大开放有机结合，既要扩大对外开放，又要保障国家经济安全；增强底线意识，深刻认识扩大开放中面临的新问题新挑战，防范化解重大风险，健全开放型经济安全保障体系。

三、扎实推进高水平对外开放的举措

2023 年 3 月，习近平在第十四届全国人民代表大会第一次会议上的讲话中指出："中国的发展惠及世界，中国的发展离不开世界。我们要扎实推进高水平对外开放，既用好全球市场和资源发展自己，又推动世界共同发展。"扎实推进高水平对外开放，需要坚持系统观念，全方位布局，推动国内国外两个市场深度融合。

第一，增强国内国际两个市场、两种资源联动效应。党的二十大报告强调："依托我国超大规模市场优势，以国内大循环吸引全球资源要素，增强国内国际两个市场、两种资源联动效应，提升贸易投资合作质量和水平。"高水平对外开放体现在用稳定、强大的国内市场，吸引全球资源要素。在改革开放进程中持续推进贸易投资自由化便利化，促进市场相通、产业相融、创新相促、规则相联，在更高开放水平上形成良性循环。用好国内国际两个市场、两种资源，促进资本和人员的流动，促进国内国际市场可持续发展，以国内市场的制度完善促成营商环境优化，以国内市场的发展壮大促进国内企业参与更高层次国际市场分工。

第二，稳步扩大制度型开放。习近平强调，推进高水平对外开放，必须要"稳步扩大规则、规制、管理、标准等制度型开放"①。制度型开放是由内而外的深层次开放，即通过国内深层次改革，推动国内规则体系和基本制度框架与国际高标准经济贸易规则双向有机衔接，并通过制度创新和外溢，向世界提供有效制度供给的开放，以"规则、规制、管理、标准"作为开放的核心要素。"规则开放"要求对接国际经贸规则，推动国内规则完善，积极参与并引领国际经贸规则体系建设；"规制开放"要求不断完善"市场在资源配置中起决定性作用，更好发挥政府作用"为特征的社会主义市场经济体制，推动社会主义市场经济体制与国际规制有机协调；"管理开放"要求通过管理体系和制度体系的完善，最大限度降低交易成本，建立有利于要素流动的政策法规体系，打造市场化、法治化、国际化的一流营商环境；"标准开放"要求构建与国际有机协调的标准体系，在新兴领域和前沿领域积极推动新型国际标准建立。

---

① 《习近平著作选读》第 1 卷，人民出版社 2023 年版，第 27 页。

第三,加快建设贸易强国。改革开放40多年来,中国已经成为全球贸易大国和投资大国,但距离党的二十大报告提出的“加快建设贸易强国”要求,仍有很大差距。面对当今国际局势复杂变化,必须要抓住国际产业和技术转移新机会,助力中国经济强链补链延链。要进一步加强与发展中国家和新兴经济体的经贸合作,推动进口与出口、货物贸易与服务贸易、贸易与投资协调发展,更好发挥资源要素互补性。要顺应全球区域经济一体化趋势,推动自贸区建设,扩大面向全球的高标准自贸区网络,为区域内乃至全球贸易投资增长增添动能。一方面,要稳住全球贸易大国地位。在巩固外贸传统优势的同时,加大对拉美、非洲等新兴市场的开拓力度。加快培育外贸竞争新优势,确保稳住外贸基本盘。另一方面,要加快结构调整和优化。聚焦质量和效益提升,推动货物贸易优化升级,加快发展贸易新业态,提高中国制造的质量水平,进一步打造具有国际竞争力的品牌产品,创新服务贸易发展机制,提升在国际经贸舞台上的发言权和话语权。

第四,优化区域开放布局。目前,中国区域发展不平衡不充分的问题仍比较突出,东部地区仍是开放型经济的主要集聚地,沿海强内陆弱的局面尚未根本扭转。要充分发挥中央和地方两个积极性,将不同地区开放进程与区域重大战略联通起来,以区域节点城市为基点拓展开放的广度和深度,形成全方位开放的高势能。要结合不同地区的区位优势、资源禀赋和产业经济基础,因地制宜地服务不同的国家战略,实现高水平对外开放。一方面,要继续巩固东部先导地位,提升东部地区的全球竞争力。充分发挥东部沿海地区和超大特大城市的优势地位,继续增强对高端要素的吸引能力,在国际创新合作领域率先探索,推动区域产业分工向全球产业链价值链高端攀升,在打造世界级产业集群、对标高标准国际经贸规则方面发挥示范引领作用。另一方面,加快中西部和东北地区开放步伐,打造新的对外开放前沿。优化中西部地区的开放平台建设,以高质量共建“一带一路”为契机,加快建设西部陆海新通道,支持承接国内外产业转移,培育区域新的开放高地和经济增长极,助推内陆地区成为开放前沿。

第三节 统筹开放发展和国家经济安全

安全是发展的前提,发展是安全的保障。辩证把握发展和安全的关系,对于在统筹推进开放发展和高水平安全的基础上,确保社会主义现代化事业顺利推进具有重大意义。党的二十大报告首次设立专章提出推进国家安全体系和能力现代化,充分彰显了国家安全在全面建成社会主义现代化强国中的战略地位。

一、开放发展与经济安全的辩证关系

发展与安全是相辅相成的。习近平在第二届世界互联网大会开幕式上强调:“安全和发展是一体之两翼、驱动之双轮。安全是发展的保障,发展是安全的目的。”①

经济安全与对外开放相伴而生,在开放发展中必须极端重视经济安全。习近平强调:“越是开放越要重视安全,统筹好发展和安全两件大事。”②要统筹好开放发展和经济安全,前提是深入理解和认识两者之间的辩证关系,把握两者互为条件、时有矛盾,又彼此支撑、相辅相成的内在逻辑。

第一,开放发展是经济安全的基础保障。从开放发展角度来看,对外开放与经济发展是经济安全的物质基础和根本保障,开放不仅有利于经济发展,根本上也有利于国家经济安全。可以说,发展是最大的安全,开放是长久的安全。经济全球化背景下,对外开放是大势所趋,只有有效利用全球资源、发挥比较优势方能促进国内经济持续发展。一个封闭的国家难以有效地配置资源和提高经济效率,从而难以获得经济的长期发展,其经济发展会滞后。经济发展长期滞后,国家的实力、竞争力、人民的福祉都不可能提高,抗冲击能力也必然低下。

第二,经济安全是开放发展的必要前提。从经济安全角度看,开放发展必须在经济安全的前提下才能实现、才可持续。在条件不成熟、能力不具备的情况下,不顾后果地片面开放必定是风险巨大,也不会带来经济的稳定发展。当前和今后一个时期,是国内国际各类矛盾和风险易发期,各种可以预见和难以预见的风险因素明显增多,要确保经济高质量发展,既要善于运用开放发展来夯实国家安全的实力基础,又要善于营造有利于经济社会高质量发展的安全环境。

二、经济安全是总体国家安全观的重要内容

总体国家安全观是以习近平同志为核心的党中央从战略和全局高度,针对世界安全形势和中国安全治理困境提出的重大战略思想。2014 年 4 月,习近平在中央国家安全委员会第一次会议上,首次提出了“总体国家安全观”的重大战略思想,初步阐述了国家总体安全观的概念和框架,提出要准确把握国家安全形势变化新特点新趋势,走中国特色国家安全道路。2015 年 7 月,立足总体国家安全观制定的《中华人民共和国国家安全法》颁布实施,极大拓展了中国国家安全

① 中共中央党史和文献研究院:《习近平关于网络强国论述摘编》,人民出版社 2021 年版,第 157 页。

② 习近平:《论把握新发展阶段、贯彻新发展理念、构建新发展格局》,中央文献出版社 2021 年版,第 412 页。

工作的内涵和外延，为建立健全各领域国家安全法律制度提供了总纲，为国家安全法律体系的构建奠定了坚实的基础。2017 年 10 月，党的十九大将“坚持总体国家安全观”纳入新时代中国特色社会主义基本方略，并写入党章。这是中国共产党历史上第一次将国家安全理论写进党代会报告，也是第一次把国家安全理论作为党的指导思想的重要内容。2018 年 4 月，习近平在十九届中央国家安全委员会第一次会议上强调：“要加强党对国家安全工作的全面领导，正确把握当前国家安全形势，全面贯彻落实总体国家安全观，努力开创新时代国家安全工作新局面，为实现‘两个一百年’奋斗目标、实现中华民族伟大复兴的中国梦提供牢靠安全保障。”2022 年 10 月，党的二十大报告明确，“推进国家安全体系和能力现代化，坚决维护国家安全和社会稳定”，强调要“把维护国家安全贯穿党和国家工作各方面全过程，确保国家安全和社会稳定”。

总体国家安全观是一个内容丰富、开放包容、不断发展的安全观念体系。习近平强调，“当前我国国家安全内涵和外延比历史上任何时候都要丰富，时空领域比历史上任何时候都要宽广，内外因素比历史上任何时候都要复杂”，强调“必须坚持总体国家安全观，以人民安全为宗旨，以政治安全为根本，以经济安全为基础，以军事、文化、社会安全为保障，以促进国际安全为依托，走出一条中国特色国家安全道路”。[①] 习近平指出：“贯彻落实总体国家安全观，必须既重视外部安全，又重视内部安全，对内求发展、求变革、求稳定、建设平安中国，对外求和平、求合作、求共赢、建设和谐世界；既重视国土安全，又重视国民安全，坚持以民为本、以人为本，坚持国家安全一切为了人民、一切依靠人民，真正夯实国家安全的群众基础；既重视传统安全，又重视非传统安全，构建集政治安全、国土安全、军事安全、经济安全、文化安全、社会安全、科技安全、信息安全、生态安全、资源安全、核安全等于一体的国家安全体系；既重视发展问题，又重视安全问题，发展是安全的基础，安全是发展的条件，富国才能强兵，强兵才能卫国；既重视自身安全，又重视共同安全，打造命运共同体，推动各方朝着互利互惠、共同安全的目标相向而行。”[②]总体国家安全观是一种理念，强调的是国家安全的全面性和整体性，即通过统筹协调安全各领域的需求，将国家安全的本质内涵与内在结构向宽领域和立体化的方向拓展，最大限度地维护国家整体安全。总体国家安全观强调运用系统思维将国家安全状态、能力及其过程理解为一个有机系统的观念体

---

① 中共中央党史和文献研究院：《习近平关于总体国家安全观论述摘编》，中央文献出版社 2018 年版，第 4 页。

② 中共中央党史和文献研究院：《习近平关于总体国家安全观论述摘编》，中央文献出版社 2018 年版，第 4～5 页。

系，即从战略和全局的高度看待国家各层面、各领域安全问题，统筹运用各方面资源和手段予以综合解决，实现国家安全多方面内容和要求的有机统一。

经济安全是指一国维护国民经济发展和经济实力处于不受根本威胁的状态和能力，具体体现为一国保障其经济主权独立、经济发展所需资源有效供给、经济体系独立稳定运行、整体经济福利不受恶意侵害和不可抗力损害的状态与能力。从广义上看，经济安全包括资源能源安全、金融安全、粮食安全、科技安全等诸多方面，表现为一国政府能够有效维护本国经济制度和相关法律、确立本国经济发展战略目标、管控本国经济、抵御外国资本和国际市场的竞争与冲击、保持国内外市场竞争优势、保障和提高人民生活水平等。具体来说，经济安全涵盖三层含义：一是牢固掌握本国经济主权和经济命脉，自主决定本国经济制度、发展战略、自然资源利用和主要经济活动的权利不受侵犯；二是经济发展不受国内外因素的威胁和侵害，具备可持续发展的条件；三是国家具有较强的经济竞争力、资源能源保障能力、危机管理能力和参与制定国际经济规则的能力。

经济安全是总体国家安全观的重要内容，是国家安全的基础。随着和平与发展成为时代主题，特别是冷战结束后，经济全球化迅速扩展，经济互动日益增多，经济竞争成为大国竞争的主战场，频频出现的经济领域危机、摩擦和制裁成为世界各国面对的突出问题。这就使得经济安全在国家安全体系中的基础地位越来越凸显。在和平发展的当今时代，国家维护安全，从根本上来说，是为了发展经济，提高人民的生活水平。从党的执政基础看，经济安全是坚持人民至上和坚持独立自主的基本条件。国家制定和实施安全战略，经济利益是基本的出发点，国家的政治、军事乃至环境政策在很大程度上都是以经济建设为中心。没有经济安全，文化、教育、社会等领域安全也就无从谈起。此外，国家间的矛盾、冲突和斗争在很大程度上也围绕经济利益而展开。因此，维护经济安全成为国家最重要的职责之一。

三、统筹好开放发展和经济安全的基本原则

进入新发展阶段，面对复杂动荡的国际形势和构建新发展格局的艰巨任务，必须增强忧患意识，统筹好开放发展和经济安全。一方面，坚持高水平对外开放不动摇，进一步提升开放的广度、深度和力度，以开放促发展、以发展保安全；另一方面，积极应对开放发展中各种可能的风险挑战，不断提升处置公共安全事件和急难险重经济安全问题的能力，特别是要注重经济主权安全和经济政策自主、金融安全、产业和技术安全、能源资源安全。

第一，统筹好开放发展和经济安全，必须提升开放发展的广度和深度。习近平指出："改革开放是决定当代中国命运的关键一招，也是决定实现'两个一百

年'奋斗目标、实现中华民族伟大复兴的关键一招。"[①]要以共建"一带一路"高质量发展为抓手，推动更大范围开放；要以自贸区和自贸港的先行先试为探索，稳步拓展规则、管理、标准等制度型开放，推动更深层次的开放。实践表明，与世界经济深度融合，"你中有我、我中有你"的经济格局更为安全。新时代，中国必须在更大范围、更广领域和更高层次上开展国际经济合作，充分发挥国内超大规模市场优势，充分利用国内国际两个市场、两种资源，集聚全球优质资源，在国内国际双循环相互促进中实现高质量发展。

第二，统筹好开放发展和经济安全，必须解决经济安全的痛点和难点。在开放发展中维护经济安全，必须切实增强忧患意识，坚持底线思维，着力防范化解各类重大风险，确保不发生系统性风险。要从整体上构建经济体系的安全保障体制，建立和完善经济安全防控机制，提高应对风险、迎接挑战、化险为夷的能力，更好防范全球经济系统中隐藏的"灰犀牛"和"黑天鹅"对经济稳定带来的冲击。要围绕核心基础技术、关键基础材料等薄弱环节，多渠道加大支持力度，加快补齐产业链供应链创新链短板，构建自主可控、安全可靠的国内生产供应体系，破解经济发展的"卡脖子"问题。要通过构筑与更高水平开放相匹配的监管和风险防控体系，健全金融监管和市场监管，健全开放安全保障体系，加强跨周期政策设计和逆周期调节，丰富风险应对政策工具，防止资本无序扩张，防范跨境资本异常流动风险，防范世界经济波动和国际经济政策外溢效应带来的风险冲击。要坚持以公平正义为理念引领全球治理体系变革，加强宏观政策协调，维护世界贸易组织和国际经济金融机构的多边合作体制，树立共同体意识，强化系统观念，增强政策协同，防范系统性风险。

① 中共中央宣传部：《习近平新时代中国特色社会主义思想学习纲要(2023年版)》，学习出版社、人民出版社2023年版，第82页。

第十三章　高质量共建"一带一路"

"一带一路"倡议是习近平在中国特色社会主义进入新时代的背景下，为积极主动参与国际经济合作而提出的重大战略构想。从"一带一路"理念的提出，到"共商、共建、共享"原则的确立，从倡议到实践再到推动共建"一带一路"高质量发展，"一带一路"建设不断取得实质性成效，不仅为中国高水平对外开放起到了推动作用，而且为沿线各国及全球经济发展提供了机遇，成为深受欢迎的国际公共产品和国际合作平台。

第一节　"一带一路"倡议的提出

"一带一路"是习近平在新时代新机遇新挑战下创造性提出的对外开放战略构想，是新时代中国实行全方位对外开放的重大举措，是推动共建各国共同发展与繁荣的"康庄大道"。

一、"一带一路"倡议是中国实行全方位对外开放的重大举措

2013 年 9 月，习近平在哈萨克斯坦访问时，首次提出了构建"丝绸之路经济带"的设想，提出"为了使我们欧亚各国经济联系更加紧密、相互合作更加深入、发展空间更加广阔，我们可以用创新的合作模式，共同建设'丝绸之路经济带'。……以点带面，从线到片，逐步形成区域大合作"①。2013 年 10 月，在出访印度尼西亚时，习近平又提出了"共同建设 21 世纪海上丝绸之路"的倡议，提出"中国愿同东盟国家加强海上合作，使用好中国政府设立的中国—东盟海上合作基金，发展好海洋合作伙伴关系，共同建设 21 世纪'海上丝绸之路'"②，强调中国愿与东盟各国"共享机遇、共迎挑战，实现共同发展、共同繁荣"。2013 年 11 月，中国共产党

---

① 《习近平谈治国理政》，外文出版社 2014 年版，第 289 页。

② 《习近平谈治国理政》，外文出版社 2014 年版，第 293 页。

第十八届中央委员会第三次全体会议审议通过了《中共中央关于全面深化改革若干重大问题的决定》，要求"加快同周边国家和区域基础设施互联互通建设，推进丝绸之路经济带、海上丝绸之路建设，形成全方位开放新格局"[①]。从此，"一带一路"成为新时代中国对外开放的重要政策主张。

"一带一路"是中国面向世界勾画出的一幅宏伟蓝图：陆上东西贯通欧亚大陆，南北对接中巴、孟中印缅经济走廊，海上贯通太平洋—印度洋—大西洋。"一带一路"是当今世界上跨度最长的经济大走廊，"一带"是从中国向欧亚大陆腹地及西部延展，即依托国际大通道，以沿线中心城市为支撑，以重点经贸产业园区为合作平台，共同打造新亚欧大陆桥、中蒙俄、中国—中亚—西亚、中国—中南半岛等国际经济合作走廊；"一路"是从中国向太平洋、印度洋、大西洋延展，即以重点港口为节点，共同建设通畅安全高效的运输大通道。

"一带一路"建设是中国在新时代实行全方位对外开放的重大举措，是新时代构建中国开放型经济新体系的顶层设计。改革开放以来，中国对外开放事业取得了举世瞩目的伟大成就，但受地理区位、资源禀赋、发展基础等因素影响，对外开放总体呈现东快西慢、海强陆弱格局，与发达国家经贸合作规模较大，与新兴经济体和发展中国家经贸合作潜力尚未得到充分挖掘。"一带一路"建设，体现了中国主动、主导推动周边国家经济合作、共同打造政治互信、经济融合、文化包容的利益共同体、命运共同体、责任共同体的战略意图，为实现中国开放型经济与开放型世界经济的内外联动提供了具体的思路和方案，也为解决中国自身对外开放不平衡、不充分问题提供了现实的抓手。推进"一带一路"建设，有利于提升中国对外开放的广度和深度，在提升"向东"开放水平的同时，加快"向西"开放步伐，助推内陆沿边地区由对外开放的边缘变成对外开放的前沿，促进中国对外开放空间逐步从沿海、沿江向内陆、沿边延伸，提升新兴经济体和发展中国家在中国对外开放格局中的地位，构建海陆统筹、东西互济、面向全球的开放新格局。推进"一带一路"建设，不仅有利于中西部地区更好地利用国际国内两个市场、两种资源，加快经济结构调整和转型升级，增强自我发展能力，而且有助于推动东中西部地区优势互补、良性互动、协调发展。正如习近平所讲："建设丝绸之路经济带、二十一世纪海上丝绸之路，是党中央统揽政治、外交、经济社会发展全局作出的重大战略决策，是实施新一轮扩大开放的重要举措，也是营造有利周边环境的重要举措。形象地说，这一带一路，就是要再为我们这只大鹏插上两只翅

---

① 中共中央文献研究室：《十八大以来重要文献选编》(上)，中央文献出版社2014年版，第526页。

膀，建设好了，大鹏就可以飞得更高更远。”①

二、共建“一带一路”旨在推动沿线各国共同发展与繁荣

共建“一带一路”旨在促进沿线各国经济要素有序自由流动、资源高效配置和市场深度融合，推动沿线各国开展更大范围、更高水平、更深层次的区域合作，共同打造开放、包容、均衡、普惠的区域经济合作架构，推动沿线各国共同发展与繁荣。

共建“一带一路”，契合沿线国家的共同需求，有助于实现沿线国家优势互补和经贸交流，有助于促进沿线各国互利共赢和共同发展。“一带一路”沿线各国，大多是新兴经济体和发展中国家。从资源富集情况看，“一带一路”覆盖区域是全球最主要的能源和战略资源供应基地，区域内资源互补性强。从比较优势来看，“一带一路”沿线国家处于不同发展阶段，具有不同的禀赋优势，互补性很强，有的国家能源资源富集，有的国家劳动力丰富，有的国家市场空间广阔，有的国家基础设施建设需求旺盛，沿线各国在农业、纺织、化工、能源、交通、通信、金融、科技等诸多领域具备进行经济技术合作的广阔空间。从发展潜力看，“一带一路”沿线国家普遍发展势头良好。尤其是国际金融危机后，“一带一路”相关国家在对外贸易、吸收外资等方面的增长速度均高于全球平均水平。推进“一带一路”建设，有助于沿线各国进一步发挥各自的比较优势，促进区域内要素有序自由流动、资源高效配置、市场深度融合，把经济互补性转化为发展推动力，形成互补互利互惠的良好局面。

“一带一路”建设秉持的基本原则是“共商、共建、共享”。习近平强调，“‘一带一路’建设秉持的是共商、共建、共享原则，不是封闭的，而是开放包容的；不是中国一家的独奏，而是沿线国家的合唱”②，强调“一带一路”建设要“抓住发展这个最大公约数，不仅造福中国人民，更造福沿线各国人民”③。“共商”是“一带一路”倡议的基本理念，就是沿线各国平等参与、充分协商；“共建”是“一带一路”倡议的核心，就是沿线各国共同参与，共同承担责任；“共享”就是沿线各国共同分享合作成果、共享发展机遇。“共享”是“一带一路”国际合作可持续性发展的基础。共享收益体现为微观和宏观两个层面：微观层面是共建项目的收益分配，这

---

① 中共中央文献研究室：《习近平关于全面深化改革论述摘编》，中央文献出版社 2014 年版，第 134～135 页。

② 中共中央文献研究室：《习近平关于社会主义经济建设论述摘编》，中央文献出版社 2017 年版，第 261 页。

③ 《习近平谈治国理政》第 2 卷，外文出版社 2017 年版，第 504 页。

种收益分配是以市场原则为基础；宏观层面是共建项目的带动效应，共建项目不仅促进沿线国家参与经济全球化，而且形成设施联通的网络效应和对非“一带一路”国家的贸易溢出效应。“共商”“共建”和“共享”三者之间互相依赖：“共商”是基础，只有得到多边、区域和双边广泛的支持，才能保证“共建”项目的顺利展开；“共建”是实现国际合作的具体体现，“共建”项目的选择、建设和运营会涉及一系列技术、标准规则和资金筹措等复杂问题，只有建立有效的国际合作机制，才能实现合作“共享”，进入国际合作的良性循环；“共享”是“共商”“共建”的目标，如果没有足够的“共享”收益，则“共建”项目难以维系，“共商”合作缺乏基础，中国与各国共同打造全球经济治理新主张的初衷难以实现。

“一带一路”建设在内容上涵盖了“政策沟通”“设施联通”“贸易畅通”“资金融通”“民心相通”等方方面面。习近平强调，“我们要建设的互联互通……应该是基础设施、制度规章、人员交流三位一体，应该是政策沟通、设施联通、贸易畅通、资金融通、民心相通五大领域齐头并进。这是全方位、立体化、网络状的大联通，是生机勃勃、群策群力的开放系统”①，要“聚焦政策沟通、设施联通、贸易畅通、资金融通、民心相通，聚焦构建互利合作网络、新型合作模式、多元合作平台，聚焦携手打造绿色丝绸之路、健康丝绸之路、智力丝绸之路、和平丝绸之路……让‘一带一路’建设造福沿线各国人民。”②

第二节　推动共建“一带一路”高质量发展

2018 年 8 月，习近平在推进“一带一路”建设工作 5 周年座谈会上明确提出，要“推动共建‘一带一路’向高质量发展转变”，标志着共建“一带一路”从“大写意”进入“工笔画”时代。2019 年 4 月，习近平在第二届“一带一路”国际合作高峰论坛开幕式上的讲话中，阐述了推动共建“一带一路”高质量发展的基本内涵，强调“秉持共商共建共享原则，倡导多边主义，大家的事大家商量着办，推动各方各施所长、各尽所能，通过双边合作、三方合作、多边合作等各种形式，把大家的优势和潜能充分发挥出来。……坚持开放、绿色、廉洁理念，不搞封闭排他的小圈子，把绿色作为底色，推动绿色基础设施建设、绿色投资、绿色金融，保护好我们赖以生存的共同家园。……努力实现高标准、惠民生、可持续目标，引入各方普遍支持的规则标准，推动企业在项目建设、运营、采购、招投标等环节按照普遍接受的国

① 《习近平谈“一带一路”》，中央文献出版社 2018 年版，第 48 页。

② 《习近平谈治国理政》第 2 卷，外文出版社 2017 年版，第 503 页。

际规则标准进行，同时要尊重各国法律法规。要坚持以人民为中心的发展思想，聚焦消除贫困、增加就业、改善民生，让共建‘一带一路’成果更好惠及全体人民，为当地经济社会发展作出实实在在的贡献”。2020 年 10 月，党的十九届五中全会通过的《中共中央关于制定国民经济和社会发展第十四个五年规划和二〇三五年远景目标的建议》，对具体推动共建“一带一路”高质量发展作出了原则部署，强调“坚持共商共建共享原则，秉持绿色、开放、廉洁理念，深化务实合作，加强安全保障，促进共同发展。推进基础设施互联互通，拓展第三方市场合作。构筑互利共赢的产业链供应链合作体系，深化国际产能合作，扩大双向贸易和投资。坚持以企业为主体，以市场为导向，遵循国际惯例和债务可持续原则，健全多元化投融资体系。推进战略、规划、机制对接，加强政策、规则、标准联通。深化公共卫生、数字经济、绿色发展、科技教育合作，促进人文交流”。2022 年 10 月，党的二十大报告将推动共建“一带一路”高质量发展作为推进高水平开放的重要方向，强调在我国迈上全面建设社会主义现代化国家新征程、向第二个百年奋斗目标进军的过程中，要推动共建“一带一路”高质量发展。2023 年 10 月，习近平在第三届“一带一路”国际合作高峰论坛开幕式上的主旨演讲中进一步强调，“中方愿同各方深化‘一带一路’合作伙伴关系，推动共建‘一带一路’进入高质量发展的新阶段，为实现世界各国的现代化作出不懈努力”。共建“一带一路”高质量发展，既是时代的要求，又是各国的期盼。

一、推动共建“一带一路”高质量发展的动因

推动共建“一带一路”高质量发展，既是中国以高水平开放促进高质量发展的需要，也是共建国家自身发展的需要，同时也是国际社会寻求发展合作共克时艰的需要。

第一，推动共建“一带一路”高质量发展是中国以高水平开放促进高质量发展的需要。党的十九大报告提出，“我国经济已由高速增长阶段转向高质量发展阶段”；党的二十大报告更是强调，“高质量发展是全面建设社会主义现代化国家的首要任务”。高质量发展就是“能够很好满足人民日益增长的美好生活需要的发展，是体现新发展理念的发展，是创新成为第一动力、协调成为内生特点、绿色成为普遍形态、开放成为必由之路、共享成为根本目的的发展”①。从对外开放角度看，高水平对外开放格局的形成是推动高质量发展的必由之路。而高质量共

① 中共中央党史和文献研究院：《十九大以来重要文献选编》(上)，中央文献出版社 2022 年版，第 139 页。

建“一带一路”是高水平对外开放格局的关键环节。作为新时代中国推进高水平对外开放的重大举措，共建“一带一路”高质量发展有助于推进高水平制度型开放、推动区域开放布局优化、筑牢高水平开放安全屏障。

其一，以共建“一带一路”高质量发展推进高水平制度型开放。推动高质量发展，必须坚持市场化改革方向，建设更高水平开放型经济新体制。推动共建“一带一路”高质量发展，必须稳步扩大规则、规制、管理、标准等制度型开放，通过高质量政策沟通，加强减让关税、解决贸易争端、减少贸易壁垒、降低准入门槛以及海关安全和通关便利化等规则的协调对接。以双边和多边协议为牵引，加强中国与沿线国家在服务贸易、电子商务、知识产权和环境保护等“边境后”规则领域的沟通与协调。以设施联通为桥梁促进电力、通信和交通基础设施标准的互认和统一。以可持续发展为导向推动构建低碳绿色标准体系，引导合作国家绿色低碳经济转型。总之，通过共建“一带一路”高质量发展，可以促进国内市场化改革，构建与国际通行规则相衔接的制度体系和监管模式，以“一带一路”高质量发展开拓中国高质量改革开放新局面。

其二，以共建“一带一路”高质量发展推动区域开放布局优化。党的二十大报告提出，“依托我国超大规模市场优势，以国内大循环吸引全球资源要素，增强国内国际两个市场两种资源联动效应”。共建“一带一路”是国内国际双循环的连接点，对促进区域协调发展，构建陆海内外联动、东西双向互济的开放格局具有重要促进作用。一是推动西部地区对外开放形成新格局。推进西北五省内陆开放型试验区建设，打造内陆型开放前沿阵地，加快西部陆海新通道建设，实现综合性国际物流大通道“水铁联运”，建设面向东盟的开放合作高地、面向南亚东南亚和环印度洋地区开放的辐射中心。二是推动东北地区对外开放取得新突破。推动东北地区借力共建“一带一路”，对标国际先进营商环境，补齐短板，借助陆海双重“门户”优势，打造向北开放融入世界经济体系的重要支撑点。三是推进中部地区对外开放加速崛起。促进中部地区在东西双向互济的开放格局中更好发挥枢纽衔接作用，依托“中欧班列”和郑州—卢森堡“空中丝绸之路”不断增强集疏中转能力，推动打造陆海内外联动的内陆开放型经济新高地。四是促进东部地区对外开放形成新优势。巩固东部地区开放先导地位，对接国际最高标准经贸规则，引领服务贸易创新发展，率先推动全方位高水平开放，形成以东部为先导的高水平开放“新雁阵”模式。

其三，以共建“一带一路”高质量发展筑牢高水平开放安全屏障。一是筑牢基础性风险防范屏障。建立跨部门的“一带一路”沿线国家风险防范中心，为企业参与共建保驾护航。规范企业投资经营行为，提高企业防御风险能力，做好事前管理、服务和引导，加强事中、事后指导、监管和保障。二是筑牢建设项目风险防范屏障。建立沿线国家项目数据库，形成公开透明的项目信息公开机制，建设与国际资本市场相互衔接的投融资平台，确保"一带一路"项目建设安全顺利进行。三是筑牢风险防范的法律屏障。通过海外利益风险评估、安全预警机制和国际商事争端解决机制等，为共建"一带一路"高质量发展、推进高水平对外开放提供法治保障。

第二，推动共建"一带一路"高质量发展是共建国家自身发展的需要。共建"一带一路"将互联互通作为关键，促进基础设施、制度规章、人员交流"三位一体"，实现政策沟通、设施联通、贸易畅通、资金融通、民心相通五大领域齐头并进，为促进各国共同发展繁荣开辟了新路径。共建"一带一路"将基础设施"硬联通"作为优先方向，推动构建以新亚欧大陆桥等经济走廊为引领，以中欧班列、陆海新通道等大通道和信息高速路为骨架，以铁路、港口、管网等为依托的互联互通网络，辐射带动更广区域更多人口参与国际产业链供应链价值链合作，显著提升了沿线国家的发展能力。共建"一带一路"将规则标准"软联通"作为重要支撑，大力促进贸易和投资自由化便利化，把握数字化、网络化、智能化发展机遇，发展"丝路电商"等新业态新模式，建设数字丝绸之路、创新丝绸之路，为持续疲弱的世界经济和国际贸易增添新亮色、注入新动能。据测算，共建"一带一路"将使"发展中的东亚及太平洋国家"的国内生产总值平均增加 2.6%至 3.9%。共建"一带一路"将沿线国家民心相通作为社会根基，开展形式多样、领域广泛的人文交流，建设智力丝绸之路、绿色丝绸之路、健康丝绸之路，聚焦消除贫困，帮助沿线国家实现可持续发展。据世界银行预测，到 2030 年，共建"一带一路"有望帮助全球 760 万人摆脱极端贫困、3200 万人摆脱中度贫困。① 推动共建"一带一路"高质量发展符合共建国家的发展需求，是确保"一带一路"行稳致远的需要。

第三，推动共建"一带一路"高质量发展是国际社会寻求发展合作的需要。近年来，百年变局以前所未有的烈度向纵深演化，国际局势动荡变革的特征更加突出。受地缘政治紧张、单边主义、保护主义以及全球粮食、能源和债务危机等影响，经济全球化遭遇逆流。一方面，国家间和各国内部发展不平衡、不充分问题严重。一些发达国家滥用制裁，鼓吹"脱钩"，全球产业链、供应链遭到冲击。发展中国家的需求未能得到发达国家应有的重视，发展中国家尤其是欠发达国家和地区所获得的发展援助严重不足。另一方面，全球发展进程遭受严重冲击，

① 参见林子涵：《共建"一带一路" 共享发展繁荣》，《人民日报》(海外版)2023 年 10 月 23 日。

落实联合国2030年可持续发展议程面临挑战。尽管世界经济面临多重挑战，发展仍是当今世界的重要主题，加强国际合作、共克时艰是国际社会的共同诉求，特别是发展中国家的共同心声。“一带一路”倡议提出以来，与联合国2030年可持续发展议程实现对接，并通过帮助弥补可持续发展目标落实方面的若干差距，助力实现2030年议程。作为国际经济合作倡议，习近平强调，“一带一路”倡议的核心内涵，“是促进基础设施建设和互联互通，加强经济政策协调和发展战略对接，促进协同联动发展，实现共同繁荣。这一倡议的最高目标，是在‘一带一路’建设国际合作框架内，各方携手应对世界经济面临的挑战，开创发展新机遇，谋求发展新动力，拓展发展新空间，实现优势互补、互利共赢，不断朝着人类命运共同体方向迈进”[①]。国际社会寻求国际合作、共同应对世界发展问题的共同愿望，成为推进共建“一带一路”高质量发展的重要动力。

二、高质量共建“一带一路”的内容

2023年10月，习近平在第三届“一带一路”国际合作高峰论坛开幕式上的主旨演讲中，宣布了中国支持高质量共建“一带一路”的八项行动，包括构建“一带一路”立体互联互通网络、支持建设开放型世界经济、开展务实合作、促进绿色发展、推动科技创新、支持民间交往、建设廉洁之路、完善“一带一路”国际合作机制，为未来高质量共建“一带一路”指明了发展方向，提供了根本遵循和行动指南。

高质量共建“一带一路”更加注重合作共赢。“一带一路”倡议提出以来，中国始终秉持人类命运共同体理念，坚持“共商、共建、共享”原则，尊重各国历史文化、宗教信仰、意识形态、社会制度、发展阶段差异，致力于打造政治互信、经济融合、文化包容的利益共同体、责任共同体和命运共同体，成为构建人类命运共同体的生动实践。

高质量共建“一带一路”践行互联互通。共建“一带一路”倡议坚持以互联互通为主线，不断深化政策沟通、设施联通、贸易畅通、资金融通、民心相通，促进了全球范围内生产要素有序流动、资源高效配置、市场深度融合，成为引领国际合作的重要平台、助推经济全球化的关键引擎。

高质量共建“一带一路”谋求共同发展。“一带一路”倡议致力于将中国的发展与世界各国的发展结合起来，将中国式现代化与人类社会现代化、与广大发展中

① 中共中央宣传部：《习近平新时代中国特色社会主义思想学习纲要（2023年版）》，学习出版社、人民出版社2023年版，第278页。

国家在内的各国现代化连接起来，以推动各国共同发展、共同繁荣。2013 年以来，“一带一路”倡议从亚欧大陆延伸到非洲和拉美，覆盖全球 3/4 以上的国家，拉动近万亿美元投资，为共建国家创造 42 万个工作岗位，带动近 4000 万人摆脱贫困。

高质量共建“一带一路”谨记人民期盼。实现人的自由而全面的发展，更好地满足各国人民在卫生、生态、科技、文明等各方面的需要，是实现世界现代化的题中应有之义。锚定人民对美好生活的向往，顺应世界各国人民对文明进步的渴望，共建“一带一路”不断推进新领域合作。各国携手共建“科技丝绸之路”，倡导并践行“开放、公平、公正、非歧视”的国际科技合作理念；共建“健康丝绸之路”，建立紧密的卫生合作伙伴关系，构建人类卫生健康共同体；深耕“绿色丝绸之路”，为保护生态环境、实现碳达峰和碳中和、促进人与自然和谐共生作出重要贡献；推进“数字丝绸之路”，推进数字技术同实体经济深度融合，缩小全球数字鸿沟，促进人工智能健康有序安全发展。

第三节　共建“一带一路”的理论创新

共建“一带一路”，既是对马克思主义世界市场理论和世界历史理论的坚持，也实现了对马克思主义世界市场理论和世界历史理论的发展与创新。

一、共建“一带一路”对马克思主义世界市场理论的发展

在马克思世界市场理论中，所谓世界市场指的是资本主义生产方式下的世界市场，或是资本统治下的世界各国进行商品交易和价值增值的广阔平台。首先，世界市场实质上是资本关系支配下的世界市场。马克思认为，世界市场的形成是资本主义生产方式下发展生产力的历史手段，是为了适应和推动资本主义生产方式下进一步发展生产力。世界市场与资本主义生产方式紧密联系，是生产力与生产关系相互作用推动下资本关系的“最发展的形式”[①]，是资本关系的最高外化形态。此外，世界市场的形成是资本通过资本主义生产方式战胜了其他一切生产方式来实现的，资本迫使一切民族卷入世界市场并采用资本主义的生产方式存活下来。资本所创造出来的一个新世界，是资本“按照自己的面貌为自己创造出一个世界”[②]，是资本统治和支配下的世界，是资本主义生产方式普及下

① 《马克思恩格斯全集》第 30 卷，人民出版社 1995 年版，第 9 页。

② 《马克思恩格斯文集》第 2 卷，人民出版社 2009 年版，第 36 页。

的一个世界。其次，世界市场形成的推动力量和依靠力量是资产阶级。马克思、恩格斯在《共产党宣言》中明确提出：“资产阶级，由于开拓了世界市场，使一切国家的生产和消费都成为世界性的了。”[①]马克思、恩格斯认为，世界市场是由资产阶级所开创的，被打上了资产阶级的烙印。新航路的开辟和新大陆的发现，离不开新兴资产阶级在人力、物力、财力方面对欧洲冒险家们的支持。对财富的渴望、对自由的向往、对实现更加美好生活的期待支撑着以麦哲伦和哥伦布为代表的欧洲航海家最终完成了地理大发现，为世界市场的形成提供了历史前提。同时，得益于地理大发现，资产阶级作为一个新兴阶级，成功地“把中世纪遗留下来的一切阶级排挤到后面去”[②]。最后，世界市场形成的根本动力是资本的驱动。马克思认为，“资本是资产阶级社会的支配一切的经济权力”[③]，是支撑世界市场形成的原动力。正是“不断扩大产品销路的需要，驱使资产阶级奔走于全球各地”[④]。地理大发现后，基于最大限度地攫取剩余价值的目的，资本要求突破民族和地域限制，消除阻挠资本无限增值的一切障碍。地理大发现开辟出的新的广阔市场，打破了当地存在的封建经济结构和土地所有制形式，催生出一大批产业工人。产业工人的出现为资本在世界市场雇用更多工人、实现无限增值提供了基本条件，世界市场成为资本采用雇佣劳动制度剥削工人并实现资本增值的外在平台。因此，所谓的世界市场带有明显的资本主义的制度属性，它不从属于其他什么阶级，而只从属于资产阶级，是资产阶级使用资本追逐剩余价值、实现资本增值的外在场所。

马克思认为，世界市场不仅仅是经济活动的平台，更是人类社会交往的反映。在人类社会发展的不同历史阶段，世界市场的特征也不尽相同，但是始终只有一个世界市场。“一带一路”倡议正是对此的延续与发展。习近平强调：“‘一带一路’建设不是另起炉灶、推倒重来，而是实现战略对接、优势互补。”[⑤]中国顺应经济全球化的趋势，提出的“一带一路”倡议，其初衷不只是要带动周边国家的发展，更主要的是联合世界各国进一步开拓世界市场，进一步发展世界市场所提供的新愿景。

共建“一带一路”，不仅是对马克思世界市场理论的坚持，而且实现了对马克

---

① 《马克思恩格斯文集》第2卷，人民出版社2009年版，第35页。

② 《马克思恩格斯文集》第2卷，人民出版社2009年版，第33页。

③ 《马克思恩格斯文集》第8卷，人民出版社2009年版，第31～32页。

④ 《马克思恩格斯文集》第2卷，人民出版社2009年版，第35页。

⑤ 习近平：《论把握新发展阶段、贯彻新发展理念、构建新发展格局》，中央文献出版社2021年版，第169页。

思世界市场理论的发展。其一，共建“一带一路”以共同发展为价值追求，扩展了马克思世界市场的危机应对理论。马克思曾经预测，世界市场的经济危机大概每10年会出现一次。世界历史的发展证明，马克思的预测基本被证实，而且随着世界市场的发展，危机的破坏力越来越大。但是，问题的根源却不在世界市场本身。马克思认为，“工厂制度的巨大的跳跃式的扩展能力和它对世界市场的依赖，必然造成热病似的生产，并随之造成市场商品充斥，而当市场收缩时，就出现瘫痪状态。工业的生命按照中常活跃、繁荣、生产过剩、危机、停滞这几个时期的顺序而不断地转换。”[①]世界市场的危机也周期性出现。共建“一带一路”坚持创新驱动发展，把握数字化、网络化、智能化发展机遇，助力各方实现跨越式发展。共建“一带一路”是各国共同参与、共同构建的，“一带一路”不独属于中国，其成果是世界共享的，正如习近平所说：“‘一带一路’是共赢的，各国共同参与，遵循共商共建共享原则，实现共同发展繁荣。这条路不是某一方的私家小路，而是大家携手前进的阳光大道。”[②]“一带一路”应对世界市场危机的思路并不是转嫁危机，而是号召各国共同面对危机并通过有效合理的机制，通过协商对话来解决危机，这是对世界市场危机应对思路的重要拓展和创新。其二，共建“一带一路”以互利共赢为目标导向拓展了马克思世界市场关系理论。世界市场话语权的本质是各参与国与主体国之间的关系问题。世界市场形成早期，资本主义国家在世界市场上拥有绝对的话语权，积累了大量的财富，获得了世界市场上的垄断地位，并且不断地进行扩张，奴役、压榨世界市场上落后的国家，或者是以贸易摩擦的方式攫取其他国家的利润。世界市场在严重的参与主体关系不对等的情形下发展，带来的是马克思所言的“文明的暴行”和更加不平等不均衡的发展。共建“一带一路”，超越以实力抗衡为基础的丛林法则、霸权秩序，摒弃你输我赢、你死我活的零和逻辑，跳出意识形态对立、地缘政治博弈的冷战思维，走和平发展道路，致力于从根本上解决永久和平和普遍安全问题；不走剥削掠夺的殖民主义老路，不做凌驾于人的强买强卖，不搞“中心—边缘”的依附体系，目标是实现互利共赢、共同发展繁荣；超越国界阻隔、超越意识形态分歧、超越发展阶段区别、超越社会制度差异、超越地缘利益纷争，是开放包容的合作进程；以文明交流超越文明隔阂，以文明互鉴超越文明冲突，以文明共存超越文明优越，推动文明间和而不同、求同存异、互学互鉴。习近平强调：“不同民族、不同文化要‘交而通’，而不是‘交而恶’，彼此要多拆墙、少筑墙，把对话当作‘黄金法则’用起来，大家一起

① 《马克思恩格斯全集》第44卷，人民出版社2001年版，第522页。

② 中共中央党史和文献研究院：《习近平谈“一带一路”》，中央文献出版社2018年版，第80页。

做有来有往的邻居。"[①]"一带一路"倡议所包含的"和平合作、开放包容、互学互鉴、互利共赢"的精神，在一定程度上重新定义了世界市场上参与主体之间的关系，缓和了过去发展中国家与发达国家之间紧张的关系，弘扬了全人类的共同命运与利益，推动着世界市场更好更全面发展。

二、共建"一带一路"对马克思主义世界历史理论的发展

"世界历史"这一概念最早是由哲学家黑格尔提出的。马克思世界历史理论通过对黑格尔世界历史思想的批判，具体阐述了"历史向世界历史的转变"过程。马克思认为，世界历史不是从来就有的，而是随着地理大发现和资本主义势力的扩张，欧洲一些国家在不断地通过资本主义扩大版图、大量抢夺海外势力范围、发展商品经济、掠夺黄金等，使从欧洲到非洲、美洲、东南亚以及太平洋诸群岛的航线全部被开辟出来，世界各大洲之间便开始发生交往和联系而逐渐形成的。马克思所说的"世界历史"是资本主义生产方式和交往方式发展的产物，是随着西方科技的创新、大工业的发展，逐步打破各民族之间的原始封闭状态，不断跨越空间障碍，进入了"各个相互影响的活动"构成的历史。历史向世界历史的转变、民族史走向世界史，是世界历史前进的主题。马克思世界历史理论的核心思想主要包括：第一，生产力的发展以及世界交往的形成是历史向世界历史转变的内在动因；第二，世界市场的出现是世界历史形成的重要标志；第三，历史向世界历史转变是资本主义发展到一定阶段的必然趋势；第四，资产阶级在世界历史进程中充当了双重角色；第五，普遍性的真正的世界历史阶段只有在共产主义社会中才会实现，人类的发展趋势必然是共产主义。

马克思主义世界历史理论揭示了开放发展的价值，为共建"一带一路"提供了理论支撑。在历史向世界历史的转变过程中，各民族之间彼此封闭、隔绝的现状被打破了，各民族在普遍交往中相互促进、相互影响，从而促进了生产力的全面发展。马克思主义认为，世界历史发展的影响首先表现在经济领域，但又不局限在经济领域。开放发展不能仅仅停留在经济领域，而要全方位对外开放。生产力和生产关系、经济基础和上层建筑相互作用、相互制约，支配着整个社会发展进程。共建"一带一路"将马克思主义世界历史理论运用于国际层面，发展了马克思主义关于生产力和生产关系、经济基础和上层建筑关系的理论。习近平指出，"过去数十年，国际经济力量对比深刻演变，而全球治理体系未能反映新格

① 《习近平谈治国理政》第2卷，外文出版社2017年版，第461页。

局,代表性和包容性很不够”,强调“全球治理体系只有适应国际经济格局新要求,才能为全球经济提供有力保障”[①],强调“共建‘一带一路’不仅是经济合作,而且是完善全球发展模式和全球治理、推进经济全球化健康发展的重要途径”[②],明确共建“一带一路”要“顺应经济全球化的历史潮流,顺应全球治理体系变革的时代要求,顺应各国人民过上更好日子的强烈愿望”[③]。习近平的这些重要论述,指明了当今时代国际层面经济基础与上层建筑之间的矛盾关系,为全球治理体系改革奠定了坚实的理论根基。共建“一带一路”是全方位的互联互通倡议,包含了政治、经济、文化等众多内容,包含了从官方到民间等众多层面。空间布局上,在国内覆盖了东北、西北、西南、东南、华北、华中、华南等几乎所有省区市,在国际覆盖了亚洲、欧洲、非洲、美洲、澳洲等大多数国家,推动“世界历史”在当代继续深入发展。同时,当今世界依然处于资本主义占主导地位的世界历史时代,资本逻辑依然是世界历史发展的主导逻辑。“一带一路”正是超越资本逻辑,变革世界体系的伟大尝试。共建“一带一路”追求的是发展、崇尚的是共赢、传递的是希望,开拓的是和平之路、繁荣之路、开放之路、创新之路、文明之路。实践证明,共建“一带一路”顺应了世界历史的发展要求,符合世界各国人民的心愿,在推动世界发展的同时,也推动着资本主义世界历史朝着更加开放、普惠、包容的世界历史转变。

---

① 《习近平谈治国理政》第2卷,外文出版社2017年版,第479、481页。

② 中共中央党史和文献研究院:《习近平关于中国特色大国外交论述摘编》,中央文献出版社2020年版,第100页。

③ 中共中央党史和文献研究院:《习近平外交演讲集》第2卷,中央文献出版社2022年版,第180页。

第十四章　积极参与全球经济治理

近年来，以全球贸易摩擦为表征的保护主义、国家主义、民粹主义和经济民族主义强势抬头，“逆全球化”思潮兴起，经济全球化受阻，多边治理机制陷入前所未有的困境，国际经济治理格局深刻调整，全球经济治理体系面临快速变革和全面重构。作为负责任的大国，中国始终坚持真正的多边主义，高举人类命运共同体旗帜，积极参与全球经济治理体系建设和改革，推动全球经济治理体系朝着更加公正合理的方向发展。

第一节　全球经济治理面临的困境

全球经济治理与经济全球化进程相互促进。经济全球化的发展为全球经济治理提出了内在要求，全球经济治理的发展为经济全球化的发展创造了有利环境。当今世界，百年未有之大变局加速演变，经济全球化遭遇多重挑战，全球经济治理与国际形势变化的不适应不对称前所未有，亟待朝着更加公正合理、普惠共赢的方向改革完善。

一、全球经济治理的形成和变革

从理论来看，全球治理概念出现于 20 世纪 90 年代，被视为应对冷战后国际关系和国际问题发展的重要思路。1995 年，联合国全球治理委员会在《我们的全球伙伴关系》报告中首次针对“治理”进行定义，指出“治理”包含三层意思：第一，治理是个人和公共或私人机构管理其共同事务的诸多方式的总和；第二，治理是使相互冲突或不同的利益得以调和并且采取联合行动的持续过程；第三，治理既包括有权迫使人们服从的正式制度和规则，也包括人们和机构自主同意的或符合其利益的各种非正式制度安排。全球经济治理是指各国政府、国际组织、跨国公司等多元行动主体按照一系列的制度和规则对全球或跨国经济领域内的共同问题进行协调和管理的过程。全球经济治理的关键词在于"治理",即如何为全球经济健康平稳运行进行有效协调和管理,包括制定国际贸易投资领域的通行游戏规则、提供国际经贸领域的协调机制、推动全球性的国际合作等。全球经济治理的兴起,既表明人类对全球化时代所面临的共同问题和共同命运的认知,也意味着人类开始共同努力追求全球性的安全和普遍繁荣。

从实践来看,第二次世界大战结束以来,全球经济治理主要经历了三个发展阶段。第一阶段,以布雷顿森林体系的成立为标志,全球经济治理开始运行,与其对应的治理机构包括国际货币基金组织、世界银行、关税及贸易总协定等。第二阶段,以七国集团的诞生为标志,全球经济治理开始扩展到国家之间尤其是发达国家之间的宏观经济合作。第三阶段,以二十国集团的成立为标志,全球经济治理模式开始从发达国家之间的合作转向发达国家和新兴市场国家之间的合作。

二、全球经济治理的困境

近年来,尽管发展中国家在全球经济治理体系中的地位及话语权有所提升,但仍不足以改变全球经济治理的西方主导特征。发达国家仍然在全球价值链分工、国际金融及货币体系、国际经贸规则制定等方面占据着绝对的主导地位。英美等国采取一系列遏制后发经济体的措施,并对国际组织实施政治裹挟,以经济问题政治化来维护西方在全球治理体系中的实质性主导地位。同时,发达经济体内部相互掣肘,彼此竞争,严重破坏世界经济格局的稳定性。

全球经济治理从功能上看是解决全球性经济问题的举措和方法,全球经济治理的困境集中表现在应对全球性重大经济问题的无能为力。全球经济治理是与全球性经济问题相伴相生的,全球性问题越多,越需要有更多的应对策略,需要全球合作共同解决各类事务。近年来,全球经济治理难题空前之多,治理难度空前之大,全球经济陷入治理困境。

其一,资源与环境的供求冲突,即人类对资源需求无限与资源供给有限所形成的治理困境。地球虽是人类共同生存的家园,但各国资源禀赋不均衡,各国为了发展经济竞相向自然界索取资源,对环境造成了极大破坏,而局部的环境破坏往往导致全球外溢。近年来,气候变化引起的极端天气已经向人类不可持续的发展模式发出了警告。与环境相关的全球经济治理问题一直是热门问题,特别是伴随着人类社会的工业化进程而日益加剧。

其二,国内经济与国际经济的冲突,即实行以我为主的经济发展与推动全球经济增长所形成的冲突。某些发达国家一方面对跨国公司降低税率,另一方面严格抵制发展中国家对自身企业的补贴，对国内与国际实行明显的双重标准。这充分体现了同一政策在国内与国际的不平等，为了国内发展推行保护主义政策，同时又要求其他国家扩大开放。在全球政治经济发生深刻变革的新形势下，一些国家为了谋求自身的发展，甚至以全球经济治理为由，对其他国家采取歧视性的经贸政策。虽然现实发展需要构建全球层面的投资制度以保障资本的跨境便捷流动，推动世界经济增长，但各国的利益冲突、制度冲突使得全球经济治理举步维艰。当前经济全球化的运行及治理机制存在不可调和的内在矛盾，即经济全球化要求国际规则融合，而为实现规则融合所导致的国家主权让渡又严重削弱了各国经济社会治理能力，从而激化各阶层矛盾，并为催生"逆全球化"浪潮埋下了伏笔。

其三，技术传播与保护的冲突，即狭隘保守的技术观念、政策所造成的治理困境。科学技术作为第一生产力对世界经济具有根本性影响，全球经济增长的原动力来自技术的创新发展和全球传播。第二次世界大战后，世界经济大发展与战后构建的有助于促进技术流动与合作的国际经济体系密切相关。但是，技术的全球传播在驱动世界经济增长和福利改善的同时也加剧了收入分配的不平等，狭隘的技术保护观念开始冒头，一些国家和企业开始采取技术保护主义策略。在这样的背景下，国际技术合作难度增加，协调国际技术流动的机制受阻。

其四，国家安全审查适用性的冲突，即经济问题陷入政治化的治理困境。长期以来，经济与政治密切相关，因为经济决定政治，政治决定国家政策，而政策影响经济。这种政治与经济的影响关系不仅在主权国家之内而且在全球范围内广泛存在，不少经济问题被政治因素干扰。随着经济全球化的大发展，主权国家干预国际经济的形式也发生了一些变化，从显性的直接对抗转向更加隐性的"玻璃门""弹簧门"。不少国家以国家安全的名义设置一系列限制商品、资本与人才跨国自由流动的障碍，滥用国家安全审查，干预国际贸易和投资。

其五，治理主体与治理客体的冲突，即全球经济治理主体意愿下降与全球治理难题不断增多的矛盾冲突加剧导致全球经济治理陷入困境。首先，从全球经济治理主体看，参与主体的积极性由高变低。全球经济治理的主体包括主权国家、非政府组织、跨国公司、私人机构等，全球经济治理对各主体来说是非必须、非义务性的，因此全球经济治理特别容易陷入"公地悲剧"的境地。而治理主体多元化和利己主义更加剧主权国家参与全球经济治理的意愿下降。治理主体的多元化一方面为推动全球经济治理增加了力量，另一方面也削弱了所有参与主体的责任感，导致全球经济治理达成一致性制度的难度加大。特别是主权国家在全球经济治理中作用减弱、角色感缺失非常不利于多边制度创新，这也是导致当前全球经济治理改革缓慢的最关键因素。在国际政治经济格局深刻变革背景下，主权国家仍是控制全球政治、经济、社会的最核心主体，脱离了国家，全球经济治理很难真正发挥作用。目前全球经济治理制度改革在主体层面上的最大问题在于主权国家相互推诿，有些国家既不愿主动修改现有国际经济制度，又不愿妥协达成新制度。主权国家推动全球经济治理的意愿下降，直接导致全球经济治理制度改革的难度加大，缺乏有效制度约束的全球经济陷入治理困境。其次，从经济治理的客体看，治理对象由少变多，治理难题呈现爆发式增长，但制度创新跟不上现实需要。而影响全球经济治理制度创新缓慢的因素，除了治理主体积极性、主动性不够等主观因素外，也与全球经济治理难题不断增多有关。制度创新不会被凭空创造出来，而是要基于现实，在发现问题、解决问题的过程中推动制度创新。在全球化背景下，商品、资本、技术、人才、数据等各种生产要素在全球范围内加速流动，形成了更多的要素组合与合作模式，新的经济形式、新的应用场景层出不穷，新的问题也随之产生。如互联网新技术的广泛创新和全球传播，推动了新零售、跨境电商等迅速崛起，但是相关问题也不断出现，如跨境电信诈骗、互联网跨国洗钱、利用网络侵犯知识产权等；新经济业态层出不穷导致全球经济治理的范围从贸易冲突、投资争端、金融监管等拓展到了跨境数据安全、碳达峰与碳中和、新型跨国经济犯罪等领域。从全球经济治理客体的角度看，技术创新及其在全球传播催生的经济新业态、新模式，在一定程度上导致全球经济治理问题逐渐增多，传统的全球经济治理机制已经不能覆盖全球面临的新的挑战，新的全球经济治理机制产生滞缓，跟不上时代发展的步伐，致使全球经济治理陷入困境。

第二节　中国积极参与全球经济治理的路径

为完善全球经济治理体系贡献中国智慧和中国方案，引导全球经济治理体系朝着更加开放包容、更加公平高效和更有利于可持续发展的方向演进，既是中国立足新时代推动经济高质量发展的必然要求，也是中国担当大国责任的题中应有之义。

一、为全球经济治理积极贡献中国智慧

全球经济治理需要与时俱进、因时而变。全球经济治理体制变革，离不开时代精神和思想理念的引领，全球经济治理规则应体现更加公正合理的要求。党

的十八大以来，以习近平同志为核心的党中央洞察国际风云、把握时代脉搏、引领世界潮流，围绕全球经济治理提出一系列新理念新思想新主张，为有力推动全球经济治理的改革与创新贡献了中国智慧、中国方案。

一是倡导平等、开放、合作、共享的全球经济治理观。习近平指出："推进全球经济治理要倡导平等、开放、合作、共享的全球经济治理观。应该以平等为基础，更好反映世界经济格局新现实，增加新兴市场国家和发展中国家代表性和发言权，确保各国在国际经济合作中权利平等、机会平等、规则平等。应该以开放为导向，坚持理念、政策、机制开放，适应形势变化，广纳良言，充分听取社会各界建议和诉求，鼓励各方积极参与和融入，不搞排他性安排，防止治理机制封闭化和规则碎片化。应该以合作为动力，全球性挑战需要全球性应对，合作是必然选择，各国要加强沟通和协调，照顾彼此利益关切，共商规则，共建机制，共迎挑战。应该以共享为目标，提倡所有人参与，所有人受益，不搞一家独大或者赢者通吃，而是寻求利益共享，实现共赢目标。"①这一全球经济治理观系统完整、逻辑严密、内涵丰富，深刻阐明了完善全球经济治理的改革方向，既契合国际大势，又照顾各方关切；既站在世界发展和人类进步的道义制高点上，又摒弃零和博弈、强权政治等陈旧思维；既与中国的务实行动交相辉映，又顺应和平发展的时代潮流，赢得了国际社会的广泛共鸣和普遍赞誉。

二是强调践行真正的多边主义。党的十八大以来，习近平在联合国、二十国集团、亚太经合组织、金砖国家等多边机制会议上，多次就多边主义的核心要义、基本原则、推进路径等作出深刻阐释，为全球经济治理弘扬、践行和发展多边主义提供重要战略引领。习近平在联合国日内瓦总部的演讲中指出："国际规则应该由各国共同书写，全球事务应该由各国共同治理，发展成果应该由各国共同分享。""多边主义是维护和平、促进发展的有效路径。"②在世界面临团结还是分裂、合作还是对抗、公道还是霸道的抉择关头，习近平深刻回答了世界需要什么样的多边主义、各国怎样践行多边主义等重要理论和实践问题，为不确定不稳定的世界注入正能量。

三是倡议携手构建人类命运共同体。"构建人类命运共同体"，是以习近平同志为核心的党中央准确把握时代发展大势，为未来世界和平长远发展提供的中国方案。其一，构建人类命运共同体的全球经济治理是一种鼓励不同行为体

① 中共中央宣传部、国家发展和改革委员会：《习近平经济思想学习纲要》，人民出版社、学习出版社2022年版，第137～138页。

② 《习近平外交演讲集》第2卷，中央文献出版社2022年版，第18、26页。

高度参与的共同治理模式。它强调全球体系中的不同维度、不同层面行为体的共同参与，并达成共同的治理意愿。共同的治理意愿催生关于治理的共有知识，并在人类共同体中的成员间流动、运转和更新。人类命运共同体理念重视的是治理过程的平等性与正义性。治理共同意识的产生和共有知识的流动是每个成员的协同参与，而不是大国意志主导。其二，构建人类命运共同体的全球经济治理是一种平衡权力和社会目标的治理模式。经济治理进程需要建立在不同行为体共同参与、平等协商的基础上，全球经济治理也需要尽量平衡权力目标和社会目标。虽然人类命运共同体理念下的全球治理包含不同类型的成员，但由于他们治理能力的差异，国家仍然是人类命运共同体中进行经济治理的最为重要的参与者之一，也是影响全球经济的主要角色之一。其三，构建人类命运共同体的全球经济治理是一种以正确的义利观推动的普惠式全球经济治理模式。人类命运共同体形成的共有意志明确包含了“相互依赖”“一荣俱荣，一损俱损”等生动要素，这要求人类命运共同体成员在努力追求自身利益的同时也要兼顾到他人的合理关切，共同推动正确的义利观深入人心，不断实现全球民主和公平正义。全球经济治理的过往实践很大程度上忽视了新兴国家和发展中国家的治理能力和优势，同时也漠视了他们的利益关切和诉求。而人类命运共同体所形成的共有意志以正确的义利观为导向，鼓励寻求全球经济治理中的基本公平和正义，很大程度上维护了“弱势成员”的利益。其四，构建人类命运共同体的全球经济治理是以多边机制为基础，以人类根本福祉为目的，以共有意志为价值导向，并兼顾多元主体特色的治理模式。一方面，人类命运共同体理念关照下的全球经济治理是以多边机制为最根本制度基础的，其对传统多边机制的超越在于鼓励多边机制尽量发挥功能的融合；另一方面，人类命运共同体理念关照下的全球经济治理是以共有意志为导向并兼顾多元主体个性的治理模式；再一方面，人类命运共同体理念关照下的全球经济治理在尊重共有意志的同时，允许成员发挥所长，依据自身的功能特点和专长进行全球经济治理。构建人类命运共同体理念回应了各国人民求和平、谋发展、促合作的普遍诉求，为有效解决日益凸显的治理赤字、信任赤字、和平赤字、发展赤字等人类共同问题提供了路径选择，不仅承载着中国人民对建设美好世界的崇高理想和不懈追求，而且也反映了世界各国人民对和平公正新秩序的美好期待，得到了国际社会的广泛认同。联合国安理会、人权理事会等机构都将“构建人类命运共同体”理念载入了相关的决议，认为这一理念体现了中国对推动世界可持续发展的长远眼光，与联合国推动各国实现自身发展的理念有异曲同工之妙，值得世界各国借鉴。

二、以中国力量推动全球经济治理变革

面对全球经济治理存在的困境，中国积极主动参与全球经济治理，以中国力量推动全球经济治理变革。

中国坚决捍卫多边贸易体制。面对发达国家在国际分工中边缘化中国的阴谋和企图，中国坚决捍卫以世界贸易组织为代表的多边贸易体制。对美国单方面挑起的大规模贸易摩擦及技术封锁，中国坚决维护自身的合法权益，与美国的单边主义和贸易霸凌行为开展了有理有利有节的斗争。与此同时，中国加快推进国内体制机制改革，以制度型开放实现规制融合，稳定和巩固与发达国家的经贸往来。2013 年以来，中国先后分 6 批次成立了 21 个自由贸易试验区，以高标准国际经贸规则为参照，在贸易投资自由化便利化、服务业开放、知识产权保护、营商环境建设等方面大力推动体制机制创新，制度型开放取得显著成效。在加快与高标准国际经贸规则对接的基础上，中国主动推进与传统经贸伙伴的双边及区域性经贸合作，构建面向全球的高标准自由贸易区网络。

依托联合国、世界贸易组织、国际货币基金组织、世界银行等国际组织以及二十国集团峰会等平台，中国与发达国家积极展开对话及合作，参与全球经济治理体系改革，推动更加公平合理的国际经济治理体系的构建与完善。关于国际贸易领域的治理，中国先后发布《中国关于世贸组织改革的立场文件》和提交《中国关于世贸组织改革的建议文件》。习近平强调，“中方赞成对世界贸易组织进行必要改革，关键是要维护开放、包容、非歧视等世界贸易组织核心价值和基本原则，保障发展中国家发展利益和政策空间。要坚持各方广泛协商，循序推进，不搞‘一言堂’”[①]；“要坚决反对保护主义，维护以世界贸易组织为核心的多边贸易体制，提升新兴市场国家和发展中国家在国际事务中的发言权和影响力”[②]。关于国际金融领域的治理，中国主张“要继续改革国际金融体系，按期完成国际货币基金组织第十六轮份额检查，扩大特别提款权作用，筑牢全球金融安全网，提高发展中国家代表性和发言权”[③]；“要加快并切实落实国际货币基金组织改革方案，加强全球金融安全网”[④]。中国发起建立了亚洲基础设施投资银行。亚洲基础设施投资银行是一个政府间性质的亚洲区域多边开发机构，成立的宗旨是

① 《习近平外交演讲集》第 2 卷，中央文献出版社 2022 年版，第 171 页。

② 《习近平外交演讲集》第 2 卷，中央文献出版社 2022 年版，第 232 页。

③ 《习近平外交演讲集》第 2 卷，中央文献出版社 2022 年版，第 310 页。

④ 《习近平外交演讲集》第 1 卷，中央文献出版社 2022 年版，第 219 页。

促进亚洲区域建设互联互通化和经济一体化的进程,并且加强中国及其他亚洲国家和地区的合作,重点支持基础设施建设。亚洲基础设施投资银行是首个由中国倡议设立的多边金融机构,是对国际金融体系的有益补充。中国还与其他金砖国家一道成立了金砖国家新开发银行,为金砖国家以及发展中国家和新兴经济体的发展提供必要的金融支持。

中国积极推动世界贸易组织、亚太经合组织等多边机制更好发挥作用,呼吁在国际货币基金组织和世界银行等国际金融组织内进行改革,扩大金砖国家、上海合作组织等合作机制影响力,增强新兴市场国家和发展中国家在全球经济治理中的代表性和发言权。习近平强调,推动完善全球经济治理,要"把增加发展中国家代表性和发言权的有关共识和决定落到实处,确保各国在国际经济合作中机会平等、规则平等、权利平等。……防范主要经济体经济政策变动给金砖国家带来负面外溢效应"①。

中国团结发展中国家共建"一带一路"。"共商、共建、共享"既是"一带一路"秉持的原则,也是中国一直倡导的全球治理观,充分体现了相互尊重、公平正义、合作共赢的国际合作理念。共建"一带一路"跨越不同地域、不同发展阶段、不同文明,走的是对话而不对抗、结伴而不结盟、互学互鉴的国与国交往新路;坚持继承创新、主动作为、求同存异、兼容并蓄,是对现有国际机制的有益补充和完善,促进现有国际秩序、国际规则增量改革。共建"一带一路"不仅是经济合作,而且是完善全球发展模式和全球治理、推进经济全球化健康发展的重要途径。

中国坚定奉行独立自主的和平外交政策,坚持对外开放的基本国策,坚定奉行互利共赢的开放战略,坚持经济全球化正确方向,坚持深化拓展平等、开放、合作的全球伙伴关系,加强同世界各主要经济体的宏观政策协调,主张把二十国集团建设成稳定世界经济、构建国际金融安全网、改善全球经济治理的重要力量。

三、勇于开启全球经济治理新的发展征程

发展是硬道理。全球经济治理应该以开放为导向,以合作为动力,以共享为目标。全球经济治理体系必须反映世界经济格局的深刻变化。全球治理体系变革的关键是兼顾公平和效率,符合变化了的世界政治经济形势,满足应对全球性挑战的现实需要,顺应和平发展合作共赢的历史趋势。面对未来全球系统性经

① 《习近平外交演讲集》第1卷,中央文献出版社2022年版,第161～162页。

济风险挑战，中国大力倡导“和平、发展、合作、共赢”，主张“让团结代替分裂、合作代替对抗、包容代替排他”。

中国倡议坚持以平等为基础，尊重各国的社会制度和发展道路，推动全球经济治理体系更加公正合理；坚持以合作为动力，坚持共商共建共享，促进合作共赢。习近平指出：“不管国际格局如何变化，我们都要始终坚持平等民主、兼容并蓄，尊重各国自主选择社会制度和发展道路的权利，尊重文明多样性，做到国家不分大小、强弱、贫富都是国际社会的平等成员，一国的事情由本国人民做主，国际上的事情由各国商量着办。”①

中国主张全球经济治理的各参与主体应发挥积极性和主动性，着眼全球共同发展的长远目标和现实需要，凝聚促进发展的国际共识，培育全球发展新动能，推动更加包容的全球发展、更加普惠的全球发展、更有韧性的全球发展。在全球经济治理过程中，要秉持人类命运共同体理念，“坚持对话协商，推动建设一个持久和平的世界；坚持共建共享，推动建设一个普遍安全的世界；坚持合作共赢，推动建设一个共同繁荣的世界；坚持交流互鉴，推动建设一个开放包容的世界；坚持绿色低碳，推动建设一个清洁美丽的世界”②。

中国主张全球经济治理各方在全球贸易、数字经济、绿色转型、反腐败等方面狠下功夫，共同构建开放透明的全球贸易和投资治理格局，释放全球经贸投资合作潜力；共同构建绿色低碳的全球能源治理格局，推动全球绿色发展合作；共同构建包容联动的全球发展治理格局，以落实联合国2030年可持续发展议程为目标，共同把全球市场的“蛋糕”做大、把全球共享的机制做实、把全球合作的方式做活，不断为全球经济治理注入正能量。

---

① 《习近平外交演讲集》第1卷，中央文献出版社2022年版，第19～20页。

② 习近平：《高举中国特色社会主义伟大旗帜 为全面建设社会主义现代化国家而团结奋斗——在中国共产党第二十次全国代表大会上的报告》，人民出版社2022年版，第62～63页。

参考文献

[1]《马克思恩格斯选集》第1～4卷,人民出版社2012年版。

[2]《马克思恩格斯文集》第1～10卷,人民出版社2009年版。

[3]《列宁选集》第1～4卷,人民出版社2012年版。

[4]《毛泽东选集》第1～4卷,人民出版社1991年版。

[5]《毛泽东文集》第1～2卷,人民出版社1993年版。

[6]《毛泽东文集》第3～5卷,人民出版社1996年版。

[7]《毛泽东文集》第6～8卷,人民出版社1999年版。

[8]《邓小平文选》第2卷,人民出版社1994年版。

[9]《邓小平文选》第3卷,人民出版社1993年版。

[10]《江泽民文选》第1～3卷,人民出版社2006年版。

[11]《胡锦涛文选》第1～3卷,人民出版社2016年版。

[12]《习近平谈治国理政》,外文出版社2014年版。

[13]《习近平谈治国理政》第2卷,外文出版社2017年版。

[14]《习近平谈治国理政》第3卷,外文出版社2020年版。

[15]《习近平谈治国理政》第4卷,外文出版社2022年版。

[16]《习近平著作选读》第1卷,人民出版社2023年版。

[17]《习近平著作选读》第2卷,人民出版社2023年版。

[18]习近平:《之江新语》,浙江人民出版社2007年版。

[19]习近平:《在哲学社会科学工作座谈会上的讲话》,人民出版社2016年版。

[20]习近平:《在民营企业座谈会上的讲话》,人民出版社2018年版。

[21]习近平:《在庆祝改革开放40周年大会上的讲话》,人民出版社2018年版。

[22]习近平:《论坚持全面深化改革》,中央文献出版社2019年版。

[23]习近平:《在企业家座谈会上的讲话》,人民出版社 2020 年版。

[24]习近平:《论坚持推动构建人类命运共同体》,中央文献出版社 2018 年版。

[25]习近平:《论把握新发展阶段、贯彻新发展理念、构建新发展格局》,中央文献出版社 2021 年版。

[26]习近平:《论坚持党对一切工作的领导》,中央文献出版社 2019 年版。

[27]中共中央文献研究室:《十一届三中全会以来重要文献选读》(上),人民出版社 1987 年版。

[28]中共中央文献研究室:《十一届三中全会以来重要文献选读》(下),人民出版社 1987 年版。

[29]中共中央文献研究室:《十六大以来重要文献选编》(上),中央文献出版社 2005 年版。

[30]中共中央文献研究室:《十八大以来重要文献选编》(上),中央文献出版社 2014 年版。

[31]中共中央文献研究室:《十八大以来重要文献选编》(中),中央文献出版社 2016 年版。

[32]中共中央党史和文献研究院:《十八大以来重要文献选编》(下),中央文献出版社 2018 年版。

[33]中共中央党史和文献研究院:《十九大以来重要文献选编》(上),中央文献出版社 2019 年版。

[34]中共中央党史和文献研究院:《十九大以来重要文献选编》(中),中央文献出版社 2021 年版。

[35]中共中央党史和文献研究院:《十九大以来重要文献选编》(下),中央文献出版社 2023 年版。

[36]中共中央宣传部:《习近平新时代中国特色社会主义思想三十讲》,学习出版社 2018 年版。

[37]中共中央宣传部:《习近平总书记系列重要讲话读本(2016 年版)》,学习出版社、人民出版社 2016 年版。

[38]中共中央宣传部:《习近平新时代中国特色社会主义思想学习纲要》,学习出版社、人民出版社 2019 年版。

[39]中共中央宣传部:《习近平新时代中国特色社会主义思想学习纲要(2023 年版)》,学习出版社、人民出版社 2023 年版。

[40]中共中央宣传部、国家发展和改革委员会:《习近平经济思想学习纲要》,人民出版社、学习出版社 2022 年版。

[41]中共中央文献研究室:《习近平总书记重要讲话文章选编》,中央文献出版社 2016 年版。

[42]中共中央文献研究室:《习近平关于全面深化改革论述摘编》,中央文献出版社 2014 年版。

[43]中共中央文献研究室:《习近平关于协调推进"四个全面"战略布局论述摘编》,中央文献出版社 2015 年版。

[44]中共中央文献研究室:《习近平关于社会主义经济建设论述摘编》,中央文献出版社 2017 年版。

[45]中共中央文献研究室:《习近平关于科技创新论述摘编》,中央文献出版社 2016 年版。

[46]中共中央文献研究室:《习近平关于社会主义社会建设论述摘编》,中央文献出版社 2017 年版。

[47]中共中央文献研究室:《习近平关于全面建成小康社会论述摘编》,中央文献出版社 2016 年版。

[48]中共中央文献研究室:《习近平关于社会主义生态文明建设论述摘编》,中央文献出版社 2017 年版。

[49]中共中央党史和文献研究院:《习近平关于"三农"工作论述摘编》,中央文献出版社 2019 年版。

[50]中共中央党史和文献研究院:《习近平关于中国特色大国外交论述摘编》,中央文献出版社 2020 年版。

[51]中共中央党史和文献研究院:《习近平关于总体国家安全观论述摘编》,中央文献出版社 2018 年版。

[52]中共中央党史和文献研究院:《习近平关于网络强国论述摘编》,中央文献出版社 2021 年版

[53]《习近平外交演讲集》第 1～2 卷,中央文献出版社 2022 年版。

[54]中央农村工作领导小组办公室:《习近平关于"三农"工作的重要论述学习读本》,人民出版社 2023 版。

[55]《中共中央、国务院关于实施乡村振兴战略的意见》(2018 年 1 月 2 日)。

[56]《中共中央、国务院关于建立健全城乡融合发展体制机制和政策体系的意见》(2019 年 4 月 15 日)。

[57]《中共中央、国务院关于营造更好发展环境支持民营企业改革发展的意见》(2019年12月)。

[58]《中共中央、国务院关于促进民营经济发展壮大的意见》(2023年7月14日)。

[59]《中共中央、国务院关于加快建设全国统一大市场的意见》(2022年3月25日)。

[60]《中共中央、国务院关于深化国有企业改革的指导意见》(2015年8月24日)。

[61]《中共中央、国务院关于构建更加完善的要素市场化配置体制机制的意见》(2020年3月30日)。

[62]《中共中央、国务院关于新时代加快完善社会主义市场经济体制的意见》(2020年5月11日)。

[63]本书编写组:《〈中共中央关于坚持和完善中国特色社会主义制度、推进国家治理体系和治理能力现代化若干重大问题的决定〉辅导读本》,人民出版社2019年版。

[64]本书编写组:《党的十九大报告辅导读本》,人民出版社2017年版。

[65]本书编写组:《党的二十大报告学习辅导百问》,学习出版社、党建读物出版社2022年版。

[66]中共中央文献研究室:《毛泽东年谱(1949—1976)》第4卷,中国文献出版社2013年版。

[67]中共中央文献研究室:《毛泽东邓小平江泽民论科学发展》,中央文献出版社2008年版。

[68]中共中央宣传部:《邓小平同志建设有中国特色社会主义理论学习纲要》,学习出版社1995年版。

[69]中共中央文献研究室:《江泽民论有中国特色社会主义(专题摘编)》,中央文献出版社2002年版。

[70]中共中央文献研究室科研管理部:《改革开放三十年研究文集》,中央文献出版社2009年版。

[71]中共中央文献研究室:《科学发展观重要论述摘编》,中央文献出版社2008年版。

[72]本书编委会:《马克思主义经济思想的历史与现实》,经济科学出版社

2017 年版。

[73]《马克思主义政治经济学概论》编写组:《马克思主义政治经济学概论》,人民出版社、高等教育出版社 2021 年版。

[74]本书编写组:《毛泽东思想和中国特色社会主义理论体系概论》,高等教育出版社 2023 年版。

[75]本书编写组:《新时代中国特色社会主义理论与实践》,高等教育出版社 2021 年版。

[76]本书编写组:《习近平新时代中国特色社会主义思想概论》,高等教育出版社、人民出版社 2023 年版。

[77]本书编写组:《中国特色社会主义政治经济学十五讲》,中国人民大学出版社 2016 年版。

[78]国家行政学院经济学教研部:《新时代中国特色社会主义政治经济学》,人民出版社 2018 年版。

[79]夏永祥:《社会主义市场经济理论》,高等教育出版社 2014 年版。

[80]田应奎:《新时代经济思想研究》,人民出版社 2019 年版。

[81]王伟光:《马克思主义中国化的最新理论成果——习近平治国理政思想研究》,中国社会科学出版社 2016 年版。

[82]王伟光:《当代中国马克思主义的最新理论成果》,中国社会科学出版社 2018 年版。

[83]何爱平等:《新时代中国特色社会主义政治经济学的创新发展研究》,人民出版社 2018 年版。

[84]中共中央党史研究室:《中国共产党的九十年》,中共党史出版社 2016 年版。

[85]逄锦聚:《治国理政经济思想研究》,经济科学出版社 2017 年版。

[86]逄锦聚等:《中国特色社会主义政治经济学通论》,经济科学出版社 2017 年版。

[87]逄锦聚等:《中国特色社会主义政治经济学》,经济科学出版社 2021 年版。

[88]刘雅静:《新时代中国特色社会主义经济思想研究》,山东大学出版社 2021 年版。

[89]张宇:《中国特色社会主义政治经济学》,中国人民大学出版社 2018 年版。

[90]张宇等:《中国特色社会主义政治经济学》,高等教育出版社 2023 年版。

[91]张宇:《中国特色社会主义政治经济学是怎样一门科学》,济南出版社 2017 年版

[92]第一财经:《"一带一路"引领全球化新时代》,上海交通大学出版社 2017 年版。

[93]武力:《中国社会主义政治经济学演变背景研究》,济南出版社 2019 年版。

[94]贾后明:《论马克思主义经济学的当代性与中国化》,中国社会科学出版社 2016 年版。

[95]人民日报理论部:《深刻把握习近平新时代中国特色社会主义思想的精髓》,人民日报出版社 2018 年版。

[96]张宇燕:《习近平新时代中国特色社会主义外交思想研究》,中国社会科学出版社 2019 年版。

[97]顾海良主编:《中国特色社会主义政治经济学史纲》,高等教育出版社 2019 年版。

[98]于洪君:《"一带一路":国际合作的新范式》,党建读物出版社 2020 年版。

[99]任保平:《新时代中国特色社会主义政治经济学的创新》,人民出版社 2018 年版。

[100]任保平:《从经济增长质量到高质量发展》,经济科学出版社 2022 年版。

[101]陈伯庚等:《中国特色社会主义政治经济学》,高等教育出版社 2023 年版。

[102]程恩富:《中国特色社会主义政治经济学重大原则》,济南出版社 2017 年版。

[103]洪银兴:《学好用好中国特色社会主义政治经济学》,江苏人民出版社 2017 年版。

[104]洪银兴:《中国特色社会主义政治经济学理论体系构建》,经济科学出版社 2016 年版。

[105]周新城:《关于中国特色社会主义政治经济学的若干问题》,研究出版社 2018 年版。

[106]宋涛:《政治经济学教程》,中国人民大学出版社 2023 年版。

[107]吴宣恭:《所有制理论与社会主义政治经济学创新》,济南出版社 2017 年版。

[108]慎海雄:《习近平改革开放思想研究》,人民出版社 2018 年版。

后 记

党的十八大以来，习近平总书记多次提出，要立足我国国情和我国发展实践，揭示新特点新规律，提炼和总结我国经济发展实践的规律性成果，把实践经验上升为系统化的经济学说，不断开拓当代中国特色社会主义政治经济学新境界，并明确提出了坚持中国特色社会主义政治经济学的重大原则。《中国特色社会主义政治经济学基本问题研究》这本教材的编写，顺应了新时代大力推进中国特色社会主义政治经济学建设和发展的要求，回应了马克思主义理论及相关学科开展中国特色社会主义政治经济学教学和研究的诉求。教材着重围绕中国特色社会主义政治经济学的若干重大基本问题展开研究：一是从理论渊源、发展进程等不同视角，解读和分析了中国特色社会主义政治经济学形成与发展的客观必然性；二是从中国特色社会主义经济发展理念、中国特色社会主义基本经济制度、中国特色社会主义经济发展与经济运行、中国特色社会主义对外经济关系等不同角度，总结和分析了中国特色社会主义政治经济学的主要内容；三是从世界观和方法论等不同视角，深入阐述了中国特色社会主义政治经济学对马克思主义政治经济学的继承和创新发展，比较和分析了中国特色社会主义政治经济学同西方经济学的区别与联系，特别是重点阐释了习近平经济思想对马克思主义政治经济学、对中国特色社会主义政治经济学的突出贡献和创新性发展。

本教材的特色主要体现在：其一，坚持问题导向，立足实践基础。时代是思想之母，实践是理论之源。聆听时代和实践的声音，回应时代和实践发展的关切，是中国特色社会主义政治经济学的重要使命。基于此，教材在编写过程中，重点对改革开放以来特别是中国特色社会主义进入新时代后我国经济发展中提出的重大理论和实践问题进行了系统梳理，并针对这些重大基本问题，分篇分章地进行了分析和阐释。其二，充分体现中国特色社会主义政治经济学与时俱进的理论品质。在教材编写过程中，全面贯彻习近平新时代中国特色社会主义思想和党的二十大精神进教材的要求，将党和国家领导人最新提出的经济发展理念和观点融进教材中，充分体现了党对中国特色社会主义经济建设规律探索的最新成就。其三，具有很强的针对性。教材是在总结多年教学经验的基础上编写而成的，在内容的选择和结构的安排上充分体现了研究生课程专题化教学的要求。其四，在结构设计上有所创新。教材采用篇、章、节的结构设计，体系更加清晰，逻辑更加严密。

本教材是集体智慧的结晶。山东大学马克思主义学院刘雅静教授负责教材大纲的设计和全书的通稿工作，撰写了导论、第一篇（第一章、第二章）、第四篇（第九章、第十章、第十一章），参与了第三篇、第五篇部分内容的写作；山东师范大学马克思主义学院李茗茗副教授撰写了第二篇（第三章、第四章、第五章）；聊城大学马克思主义学院杨守宝副教授撰写了第三篇（第六章、第七章、第八章）；山东大学马克思主义学院闵琪副教授撰写了第五篇（第十二章、第十三章、第十四章）。本教材在写作过程中，参考和借鉴了学界的相关研究成果，在此对相关学者表示衷心感谢。本教材的出版得到了山东大学马克思主义学院的资助，得到了山东大学出版社的支持，在此一并表示感谢。同时，本教材也是山东省教育厅 2022 年教改项目“学科素养和人才培养相统一视角下思政课高质量发展研究”(Z2022293)的中期成果。

刘雅静

2024 年 4 月 26 日